JUDEN IN DER PROVINZ

Beiträge zur Geschichte der Juden in der Pfalz zwischen Emanzipation und Vernichtung

Hrsg. Alfred Hans Kuby

JUDEN IN DER PROVINZ

**Beiträge zur Geschichte der Juden
in der Pfalz zwischen Emanzipation
und Vernichtung**

Verlag Pfälzische Post

2. durchgesehene Auflage, März 1989
(1. Auflage, Oktober 1988)

© Verlag Pfälzische Post GmbH, Neustadt a.d. Weinstraße,
Gesamtherstellung: Verlag Pfälzische Post GmbH, Maximilianstraße 31,
6730 Neustadt a.d. Weinstraße

Das Umschlagfoto zeigt den Jüdischen Friedhof in Steinbach am Glan
(Landkreis Kusel). — Foto: Hanns-Friedrich von Bosse.

ISBN 3-926912-05-7

Inhalt

Vorwort

Was für eine Geschichte dieses Buch haben wird, wissen wir nicht. Aber es hat eine Vorgeschichte, und von der soll hier die Rede sei. Als im Jahre 1985 das etwas zwielichtige Jubiläum der 1935 von Joseph Bürckel eingeweihten »Deutschen Weinstraße« gefeiert wurde, sah sich die Evangelische Akademie der Pfalz veranlaßt, mit einer Tagung »Joseph Bürckel und der Hitlerismus in der Pfalz« daran zu erinnern, daß es dieser Gauleiter war, der als erster — zusammen mit seinem Nachbarn in Baden — seinen Gau »judenfrei« machen wollte. Schon bei der Vorbereitung der Tagung zeigte es sich, daß die in Frage stehende Thematik nicht an einem einzigen Wochenende abgehandelt und dann zu den Akten gelegt werden könnte. So fand 1986 eine Studienreise »Auf den Spuren von Widerstand und Verfolgung« nach Frankreich statt, die bis nach Gurs am Rande der Pyrenäen und nach Oradour sur Glane führte. Und so bildete sich im gleichen Jahr ein Arbeitskreis für jüngere jüdische Geschichte in der Pfalz, dessen Mitglieder sich schnell darauf einigten, zum 50. Jahrestag des November-Pogroms von 1938 mit einer Sammlung von Aufsätzen zur Geschichte der Juden in der Pfalz von der Französischen Revolution bis zur Vernichtung der jüdischen Gemeinden in der Nazizeit an die Öffentlichkeit zu treten. Mit der darin vorgelegten ausführlichen Bibliographie sei allen, die sich mit der Geschichte der Juden in der Pfalz näher befassen wollen, eine in dieser Art einmalige Arbeitshilfe an die Hand gegeben.

Der Arbeitskreis dankt der Evangelischen Kirche der Pfalz (Protestantische Landeskirche) und dem Institut für pfälzische Geschichte und Volkskunde für die in den zurückliegenden drei Jahren gewährte technische Unterstützung. Er bedankt sich bei den politischen, kirchlichen und wirtschaftlichen Institutionen, die durch finanzielle Zuschüsse das Erscheinen des vorliegenden Bandes ermöglicht haben. Es sind dies
der Bezirksverband Pfalz
der Landkreis Südliche Weinstraße
der Oberbürgermeister der Stadt Pirmasens
die Evangelische Kirche der Pfalz
das Bischöfliche Ordinariat Speyer
»amnesty international«, Gruppe Neustadt a.d.W.
die Badische Anilin und Soda-Fabrik Ludwigshafen a.Rh.

Die Landeszentrale für politische Bildung hat uns dankenswerter Weise die Abnahme von 200 Exemplaren der Gesamtauflage von tausend garantiert. Daß wir auch von privater Seite entsprechende Zusagen erhielten, hat uns die Ausführung unseres Vorhabens erleichtert.. Für die redaktionelle Betreuung verdienen Hanns-Friedrich von Bosse und Michael Lintz den besonderen Dank der übrigen Mitglieder unseres Arbeitskreises.

Die nun entstandene Sammlung von Beiträgen beansprucht nicht die neuere Geschichte der Juden in der Pfalz oder die jeweils angesprochenen Einzelthemen völlig abzudecken. Sie möchte jedoch bewußt eine andere Art von Sammlung darstellen als das vor zwei Jahren erschienene Buch »Juden in der Pfalz« (Landau 1986). Die Mitglieder des Arbeitskreises sind sich darin einig, daß es angesichts der Vernichtung der jüdischen Existenz in unserem Land mit »Empfindungen des Mitgefühls« nicht getan ist.

Abschließend sei noch darauf hingewiesen, daß jeder der Autoren für seinen eigenen Beitrag verantwortlich ist und sich auch das Urheberrecht vorbehält.

September 1988   *Alfred Hans Kuby*

Wilhelm Kreutz:

Die Entwicklung der Berufs- und Sozialstruktur der pfälzischen Juden (1818-1933)

Wer die Entwicklung der Berufs- und Sozialstruktur des pfälzischen Judentums im 19. und frühen 20. Jahrhundert analysiert, muß sich bewußt sein, daß dieser Untersuchungsgegenstand mehr erfordert als eine rein »akademische« Auseinandersetzung mit speziellen Quellen-, Methoden- oder Interpretationsproblemen. Er muß vielmehr auch die politische Brisanz seines Themas mitbedenken, d.h. er muß sich vorweg der Tatsache stellen, daß in der langen Geschichte der Judenfeindschaft wirtschaftlichen Argumenten eine zentrale Bedeutung und Funktion zukam. [1]

Schon in der Phase des religiös motivierten Antijudaismus, der sich vom 11. bis zum 18. Jahrhundert in zahllosen Pogromen und Judenvertreibungen entlud, waren es neben tief verwurzeltem Fremdenhaß und religiösem Fanatismus vor allem der in Krisenzeiten noch gesteigerte Unmut gegen den Einfluß jüdischer Hoffaktoren, Geldverleiher und Händler, der als Vorwand für die Aufstachelung des Volkszorns diente. Und nachdem im Zeitalter der Emanzipation die drückendsten Beschränkungen zögernd aufgehoben worden waren, die viele Jahrhunderte lang die Juden aus der Gesellschaft ausgegrenzt hatten, gewann der Nachweis ihrer fortdauernden wirtschaftlichen Sonderstellung eine neue Qualität. Die statistisch belegbare Konzentration der Juden in wenigen Wirtschaftsbereichen und ihr daraus vermeintlich objektiv ableitbarer übergroßer ökonomischer Einfluß dienten dem politischen und völkischen Antisemitismus nicht nur als Beweis für die Existenz unveränderbarer Rasseeigenschaften des Judentums, sondern sie trugen auch entscheidend dazu bei, die Losung von der »Verjudung« Deutschlands in weiten Kreisen der deutschen Öffentlichkeit »salonfähig« zu machen.

So verwundert es nicht, daß in der nationalsozialistischen Propaganda der wirtschaftlichen »Ausnahmestellung« des Judentums eine besondere Rolle zufiel. Gerade die Analyse der auf Publikumswirksamkeit angelegten antisemitischen Filme unterstreicht, welche Bedeutung man wirtschaftlichen Vorurteilen beimaß. Das Motiv der »sexuellen Abartigkeit« der Juden, ihrer »Gier nach der arischen Frau«, das der »Stürmer« seinen Lesern in penetranter Stumpfsinnigkeit einzuhämmern versuchte, trat hier ebenso in den Hintergrund wie die Propagierung der »jüdisch-marxistischen Weltverschwörung«, der nur in den filmischen Gestaltungen der »Kampfzeit« eine zentrale dramaturgische Funktion zukam. [2] Demgegenüber konzentrierten sich Filme wie »Der ewige Jude«, »Jud Süß« oder »Die Rothschilds« darauf, dem Publikum den »brennenden Ehrgeiz«, die »Skrupellosigkeit«, den

»Machthunger« und die »Geldgier« »des« Juden drastisch vor Augen zu führen. Sie bebilderten die Propagandaformel der »jüdisch-plutokratischen Weltverschwörung« und schilderten deren historische Genese. Der vorgeführte Aufstieg »schachernder Ghettojuden« zu mächtigen Hoffaktoren oder zu Bankiers von europäischem Einfluß verwies die Zuschauer nachdrücklich darauf, daß die »Juden unser Unglück« seien und daß »Jud' sein« und »reich sein« untrennbar zusammengehöre.

Aber das Wissen um diese historisch gewachsenen Vorurteilsstrukturen und die Kenntnis ihrer Funktion in der nationalsozialistischen Vernichtungspolitik darf nicht dazu führen, die Entwicklung der Berufs- und Sozialstruktur des deutschen Judentums sowie seiner Rolle im Wirtschaftsleben zu tabuisieren. Denn gerade das Verdrängen dieses vermeintlich »heiklen« Themas bestätigte die massiven Ressentiments, die — wie jüngste Äußerungen und Diskussionen belegen — nichts von ihrer Wirksamkeit eingebüßt haben.[3] Sie können nur dann als Vorurteile entlarvt und korrigiert werden, wenn man die historischen Gegebenheiten ohne falsch verstandene Rücksichtnahme untersucht.

Dieser Forschungsaufgabe hat sich die Geschichtsschreibung in den letzten Jahrzehnten mit zunehmender Intensität angenommen. Vor allem seit Mitte der 1960er Jahre sind ebenso grundlegende wie richtungsweisende Studien entstanden, die sowohl den »internen« sozio-ökonomischen Wandel der deutsch-jüdischen Minderheit im 19. und 20. Jahrhundert als auch dessen Wechselverhältnis mit dem dominierenden Strukturwandel der deutschen Gesellschaft und Wirtschaft detailliert analysierten.[4] Sie trugen damit der an sich banalen, häufig aber vernachlässigten Tatsache Rechnung, daß es »keine jüdische Wirtschaft gab, sondern daß die Juden innerhalb der deutschen Wirtschaft tätig waren«.[5] Auf diese Weise konnte das Verhalten der jüdischen Minorität als erfolgreiche oder fehlgeschlagene Anpassungsleistung an einen dynamischen Industrialisierungsprozeß gefaßt werden, auf den sie selbst kaum Einfluß hatte. Zugleich wurde die Kontinuität bzw. Diskontinuität ihrer Berufs- und Sozialstruktur von den statischen Zu- und Festschreibungen besonderer religiöser oder charakterlicher Eigenschaften abgelöst und nicht mehr allein aus den rechtlichen Beschränkungen der Voremanzipationsphase »erklärt«, ohne daß die Bedeutung fortwährender gesellschaftlicher Zurücksetzung oder Feindseligkeiten verkannt worden wäre. Allerdings zeigte sich bald, daß generelle, auf ganz Deutschland bezogene Untersuchungen weder den Unterschieden des Industrialisierungsprozesses noch den landschaftlichen Besonderheiten der jüdischen Minderheitsgruppe gerecht wurden. Die empirische Ausrichtung der Forschung ließ die Notwendigkeit zu regionalen und berufssektoralen Studien hervortreten. Aber den Forderungen der Wissenschaft sind bislang nur wenige Taten gefolgt.[6] Vor allem der seit dem 17. Jahrhundert manifeste Gegensatz von städtischer und ländlicher »Jüdischheit«, der in der Epoche von Emanzipation und Industrialisierung sich teilweise noch weiter verstärkte, fand bislang nur wenig Beachtung.[7] Dies gilt sowohl für die Entwicklung des süd- bzw. südwestdeutschen Landjudentums und seiner spezifischen Funktionen für die bäuerliche Wirtschaft insgesamt als auch für die sozio-ökonomischen Besonderheiten der pfälzischen Judenschaft im 19. und 20. Jahrhundert. Darüber können die nützlichen Hinweise von Jacob Toury und Monika Richarz[8] ebensowenig hinwegtäuschen wie die in dieser Frage kaum hilfreichen Ausführungen Hermann Arnolds. [9] Hinzu kommt, daß in der verdienstvollen mehrbändigen »Dokumentation« der Landesarchivverwaltung Rheinland-Pfalz der wirtschaftliche Aspekt sehr knapp behandelt und aufgrund der generellen Vernachlässigung des ehemals bayerischen Rheinkreises das »Erwerbsleben« der pfälzischen Juden fast völlig unterschlagen wird. [10] Da darüber hinaus sowohl die lokalgeschichtliche[11] als auch die heterogene wirtschaftsgeschichtliche Literatur der Pfalz[12] nur vereinzelte weiterweisende Informationen enthält, ist für die Darstellung der sozio-ökonomischen Verhältnisse der pfälzischen Juden — neben der Zusammenfassung der bisherigen weitverstreuten Ergebnisse — die systematische Erschließung grundlegender »neuer« Quellen unerläßlich.

Zur Lösung dieser Aufgabe versuchen die nachfolgenden Ausführungen einen Beitrag zu leisten. In einem ersten Teil sollen anhand bereits publizierter Materialien die demographische Entwicklung und der gesellschaftliche »Aufstieg« der pfälzischen Juden skizziert werden, die im 19. Jahrhundert die Zahl und den Charakter der israelitischen Gemeinden des bayerischen Rheinkreises entscheidend veränderten. In einem zweiten Teil soll danach der Wandel der Berufs- und Sozialstruktur von der Jahrhundertwende bis zum Beginn des Dritten Reiches detaillierter nachgezeichnet werden. Grundlage dieser Erörterungen sind die Berufszählungsergebnisse der Jahre 1885, 1907 und 1933, die erstmals vergleichend ausgewertet werden. [13] Wenngleich damit zumindest für diese Phase differenziertere Aussagen möglich sind, ist vorweg auf die generellen Schwächen der herangezogenen Daten hinzuweisen. Zum einen haben sich in diesem Zeitraum die Erhebungsmethoden verändert, so daß ein »unmittelbarer« Vergleich der Ergebnisse von 1933 und jener der Vorjahre erschwert wird. Zu bedenken ist ferner, daß in den rund fünf Monaten zwischen der sog. »Machtergreifung« und der Volks- bzw. Berufszählung vom 16.6.1933 die »rechtliche« Ausschaltung jüdischer Beamter, der organisierte SA-Terror und der in der Pfalz besonders konsequente Wirtschaftsboykott bereits viele Juden gezwungen hatte, ihre Heimat zu verlassen. Zum anderen handelt es sich bei diesen Erhebungen um statistische »Momentaufnahmen«, in denen sich kurzfristige konjunkturelle Schwankungen ebenso niedergeschlagen haben wie allgemeine Entwicklungstrends. Eine differenzierte Interpretation dieser Daten setzte eine präzise Bestimmung der jeweiligen wirtschaftlichen Situation voraus, die im folgenden nur angedeutet werden kann. Hinzu kommt, daß die bloße Berufsverteilung keinerlei Aussagen über Umsatz, Kapitaleinsatz, Produktivität, Wirtschaftskraft, usw. der einzelnen Berufsgruppen bzw. -abteilungen zulassen, anhand derer ihre Bedeutung für den Industrialisierungsprozeß erst angemessen eingeschätzt werden könnte. Auch in dieser Frage wären ergänzende Untersuchungen notwendig, die im Rahmen dieses Aufsatzes nicht möglich sind. Nicht zuletzt ist darauf hinzuweisen, daß die Statistiken nur »Glaubensjuden« erfaßten. Zu dieser konfessionellen Kategorie zählten alle rechtlich anerkannten Mitglieder der jüdischen Gemeinden. Der Austritt aus diesen Gemeinden, sei es, um sich taufen zu lassen, sei es, um »konfessionslos« zu werden, schlug sich somit auch in der Statistik nieder. Diese Konversionen oder Fluchtversuche vor der Diskriminierung entsprangen jedoch nicht nur privaten Motiven oder gesellschaftlichem Druck. Ihre Zahl war vielmehr auch abhängig vom sozialen Status oder örtlichen Umfeld der Betroffenen. Da sie etwa in den Städten höher lag als auf dem Land und mit steigendem Bildungsgrad oder Sozialprestige zunahm, beeinflußte sie die Erhebungsergebnisse. Wenngleich für die Pfalz keinerlei repräsentative Zahlen vorliegen, aber mit großer Wahrscheinlichkeit davon auszugehen ist, daß bei der überwiegend ländlichen Prägung der jüdischen Gemeinden den Austritten hier nur eine geringe Bedeutung zukam, ist festzuhalten, daß in den Berufsstatistiken sowohl die Unter- und Mittelschicht als auch das »orthodoxe« Element tendenziell stärkere Beachtung fanden.

Der soziale und berufliche Wandel der pfälzischen Juden im 19. Jahrhundert

Die Bevölkerungsentwicklung

Als König Maximilian I. aus dem Wittelsbachischen Haus Pfalz-Zweibrücken 1816 von dem »bayerischen Gebiet auf dem linken Rheinufer« Besitz ergriff, lebten auf rund 6.000 qkm mit einer Gesamtbevölkerung von etwa 430.000 Menschen cirka 10.000 Juden (2,3%). Ihre Zahl war in den Jahren, in denen das Territorium zu Frankreich gehört hatte und in denen sie in den Genuß voller Menschen- und Bürgerrechte gelangt waren, merklich angewachsen und stieg in der Folgezeit noch weiter an (vergl. Tabelle 1). Während sich die Gesamtbevölkerung bis 1834 um 1,6% vermehrte, betrug ihre jährliche Zuwachsrate 2,5%. Doch damit hatte dieser Wachstumsprozeß seinen Zenit bereits überschritten. Zwar stieg die Zahl der Juden noch bis in die Mitte der 1850er Jahre an, aber die jährlichen Zugewinne machten mit 0,46% nur noch ein Bruchteil der früheren aus und lagen zudem unter denen der gesamten Einwohnerschaft (0,7%). Ihr relativer Bevölkerungsanteil, der 1834 mit 2,7% sein Maximum erreicht hatte, fiel langsam aber stetig ab. [14]

Der Vergleich dieser demographischen Veränderungen mit denen der deutsch-jüdischen Minorität insgesamt macht deutlich, daß beide Prozesse zu Beginn des Jahrhunderts gleiche Tendenzen aufwiesen. Höhere Gebürtigkeit und geringere Sterblichkeit als in der Gesamtbevölkerung ließen den Geburtenüberschuß der Juden zunächst überproportional anwachsen und erhöhten vorübergehend ihren prozentualen Bevölkerungsanteil, bevor die Verhältnisse sich umkehrten und trotz weiter steigender Gesamtzahlen der Minderheit ihr relativer Anteil absank. Dieser demographische Vorgang war in der Pfalz allerdings weitaus stärker ausgeprägt und viel früher beendet als in den übrigen Staaten des Deutschen Bundes bzw. des Deutschen Reiches. Im Gegensatz zur deutsch-jüdischen Minorität insgesamt, die bis zur Jahrhundertwende anwuchs und erst zwischen 1865 und 1875 ihr prozentuales Maximum erreichte [15], nahm die jüdische Bevölkerung der Pfalz nach 1854 nicht nur relativ, sondern auch absolut ab. 1895 lebten hier weniger Juden als 1818, obwohl sich in diesem Zeitraum die Gesamtbevölkerung des »bayerischen Rheinkreises« um mehr als 70% vermehrt hatte.

Die Ursachen dieser ins Auge springenden demographischen Sonderentwicklung des pfälzischen »Landjudentums« sind bislang statistisch wie quellenmäßig nur

Tabelle 1:

Jahr	DEUTSCHES REICH		PFALZ			Landau	Speyer	Kaiserslautern	Ludwigshafen
	Juden	%	Ges.bev.	Juden	%				
1818/19	(214.000*)	0,97*)	446.000	10.470	2,3				
1823			499.000	12.269	2,5			57 = 1,0%	
1834			555.000	14.428	2,7	341		108 = 1,5%	
1840			579.000	15.296	2,65		80 = 1,3%		
1846/47	326.000*	1,04*	608.000	15.574	2,55	458[1]	190 = 2,5%	210 = 2,1%	
1852	462.000	1,29		15.636			196 = 2,3%		107[1]
1855			586.000				301 = 3,1%		
1861			608.000	14.582	2,4		319 = 3,1%		
1864		1,4	625.000	14.225	2,3	377	370 = 3,3%		
1867			626.000	13.024	2,1		436 = 3,8%	519 = 3,4%	
1871	471.000*	1,23*	615.000	12.466	2,0	303	425 = 3,5%		181 = 1,3%
1875	512.000	1,25	641.000	12.094	1,9		440 = 3,45%		200 = 1,5%
1880			677.000	11.998	1,8	433	539 = 3,45%	600 = 2,2%	210 = 1,4%
1885			696.000	11.526	1,65	514		716[1]	271 = 1,3%
1890	568.000	1,15	728.000	10.998	1,5		535 = 3,3%		
1895			766.000	10.423	1,4	658	508 = 2,7%		401 = 1,0%
1900			832.000	10.108	1,2	821	520 = 2,5%		
1905	535.000*	0,93*	886.000	9.606	1,1	857 = 5%[1]	476 = 2,2%	779[1] = 1,5%	608 = 0,9%
1910	615.000	0,95	937.000	8.998	0,96			720 = 1,3%	754 = 0,9%
1925	564.000	0,9	932.000	7.850	0,8	709	335 = 1,4%	744 = 1,3%	1.211 = 1,3%
1933	500.000*	0,77*	986.000	6.487	0,66	596	269	648 = 1,0%	1.070

Deutsches Reich: Die Zahlen beruhen weitgehend auf Schätzungen und variieren entsprechend des Dt. Reichs. * Grenzen nach 1918. Alle Zahlenangaben Schmelz (wie Anm. 13).
Pfalz: Alle Zahlenangaben nach Arnold, 1968 (wie Anm. 7), S. 62.
Landau: Zahlen n. Heß (wie Anm. 9). [1] Arnold, 1967, S. 92f.
Speyer: Alle Zahlen n. Bezirksgruppe Speyer (wie Anm. 9).
Kaiserslautern: Alle Zahlen nach Arnold, 1967 (wie Anm. 7), S. 92 — %-Angaben n. Friedel (wie Anm. 9)
Ludwigshafen: Alle Zahlen nach Arnold, 1967 (wie Anm. 7), S. 94 & Poller (wie Anm. 9), S. 57

schwach belegt. [16] Doch die verstreuten Hinweise lassen erkennen, daß die »natürlichen« Faktoren dieses Bevölkerungsrückgangs, die sinkende Geburtenrate und die ansteigende Mortalität, in engem Zusammenhang mit großen Wanderungsverlusten gesehen werden müssen. Denn da vorwiegend junge Menschen, vor allem junge Männer, ihre Heimat verließen, nahm mit der Zahl der Eheschließungen auch die der Geburten ab. Die Gemeinden überalterten und infolgedessen stieg — wenn auch später — die Sterblichkeitsrate an. Wieviele pfälzische Juden jedoch ins »Ausland« und wieviele in andere Regionen Deutschlands abwanderten, ist nicht geklärt. Mit großer Wahrscheinlichkeit anzunehmen ist jedoch, daß der breite Auswanderungsstrom, der sich im 19. jahrhundert vor allem nach Übersee ergoß, auch große Teile der israelitischen Bevölkerung erfaßte.

So verließen in den wirtschaftlichen Krisenjahren 1842-1846 etwa 3% der pfälzischen Juden den Rheinkreis, aber nur 1,7% der Gesamtbevölkerung. [17] Doch die hohe Auswandererquote der südpfälzischen Landkommissariate legt den Schluß nahe, daß viele von ihnen nicht nach Amerika gingen (vgl. Tabelle 2). Demgegenüber zog es 1857 92% der jüdischen Auswanderer, deren Anteil mit 4,5% fast doppelt so hoch war wie der jüdische Bevölkerungsanteil, nach Übersee. [18] Aber diese zufälligen, in sich widersprüchlichen Quellenbelege, die allenfalls die Größenordnung der Migration insgesamt andeuten [19], lassen keinerlei Rückschlüsse auf die quantitative Verteilung der Wanderungsziele zu. Und wenngleich zahlreiche Einzelerkenntnisse der Familienforschung bezeugen, daß die pfälzischen Juden in der zweiten Jahrhunderthälfte verstärkt in die süddeutschen Handelszentren (vor allem nach Frankfurt und Mannheim) abwanderten, so fehlt hierfür genaueres Zahlenmaterial.

Im Gegensatz hierzu läßt sich die Binnenwanderung der pfälzischen Juden genauer verfolgen. Nachdem vom ausgehenden 18. bis zum frühen 19. Jahrhundert ein regionaler Ausbreitungsprozeß zur Gründung neuer jüdischer (Klein-)Gemeinden in zahlreichen Dörfern geführt hatte, verdichtete sich seit den 1850er Jahren die jüdische Bevölkerung in Orten entlang der Eisenbahnlinien und in den pfälzischen Städten. [20] Die Einwohnerzahlen für Landau, Speyer, Kaiserslautern und später für Ludwigshafen (vgl.: Tabelle 1) unterstreichen diesen Urbanisierungsvorgang: im gleichen Zeitraum, in dem die Gesamtzahl der Juden erheblich absank, wuchsen ihre städtischen Gemeinden bedeutend an. Daß diese Stadt-Land-Wanderung keineswegs einheitlich und unmotiviert erfolgte, zeigen die beachtlichen Wachstumsunterschiede der einzelnen städtischen Gemeinden. So verlor Speyer, das pfälzische Verwaltungszentrum und bis zur Jahrhundertmitte die größte Stadt des Kreises, schon im letzten Drittel des Jahrhunderts an Attraktivität. Kaiserslautern, der wichtigste frühindustrielle Standort der Region, dessen Einwohnerzahl nach 1860 stark anstieg, zog dagegen bis zur Jahrhundertwende viele Juden der west- und nordpfälzischen Landgemeinden an, bis zum Beginn des 20. Jahrhunderts die neue Metropole, Ludwigshafen, alle anderen Städte an Anziehungskraft überholte.

Trotz insgesamt wenig befriedigender Quellenlage und unzureichender lokalgeschichtlicher Vorarbeiten kann demnach festgehalten werden, daß die für ganz Deutschland charakteristische Mobilität der jüdischen Minderheit sowie ihr Drang in die Städte auch in der Pfalz zu beobachten sind. Allerdings beeinträchtigten die

Tabelle 2: Übersicht über die israelitische Bevölkerung der Pfalz (mit Angabe von Erwerbszweig, Beschäftigung und Zahl in den letzten fünf Jahren ausgewanderten Juden — 1848)

Land-kommissariate		Bergzabern	Kusel	Frankenthal	Germersheim	Homburg	Kaiserslautern	Kirchheim-bolanden	Landau	Neustadt	Pirmasens	Speyer	Zweibrücken	PFALZ: GESAMT
Juden ges.		1.371	599	2.361	1.192	627	1.267	1.787	2.241	1.532	1.101	1.140	456	15.574
Zahl der in den letzten 5 Jahren Ausgewanderten		101 *7,4%	—	70 *3,0%	34 *2,9%	6 *0,9%	76 06,0%	10 *0,6%	74 *3,3%	5 *0,3%	55 *5,0%	29 *2,9%	3 *0,7%	463 *3,0%
Ackerbau	%	—	1,5	1,2	3,2	0,8	—	2,0	3,5	3,3	7,4	4,1	3,5	2,5
Handel & Ackerbau	%	30,7	7,7	8,5	—	12,5	1.9	4,0	13,7	6,4	6,0	17,4	34,1	10,6
Handel	%	48,6	33,0	75,2	78,4	74,1	89.3	74,9	61,0	75,0	77,3	46,0	20,0	66,8
Gewerbe	%	20,6	57,6	15,0	18,2	12,5	8.7	19,0	21,6	15,3	9,2	32,3	42,3	19,9

(in: W. Knopp (Bearb.), Statistische Materialien zur Geschichte der jüdischen Bevölkerung. Dokumentation zur Geschichte der jüdischen Bevölkerung in Rheinland-Pfalz und im Saarland von 1800 bis 1945, Bd. 5, Koblenz 1975, Seite 68.
* Prozentangaben korrigiert nach J. Toury, Jewish Manual Labour and Emigration. Records from some Bavarian Districts (1830-1857), in: YLBI 16 (1971), S. 52 (Vgl. auch Anm. 17)

agrarische Struktur der Region und das Fehlen eines urbanen Zentrums eine stärkere Ausbildung dieser Tendenzen. Obwohl 1875 im Rheinkreis mit 27% dreimal mehr Israeliten als Pfälzer insgesamt in Gemeinden über 10.000 Einwohnern lebten[21], waren dies weitaus weniger als etwa im benachbarten Baden oder im rechtsrheinischen Bayern, wo traditionelle städtische Gemeinden — wie Mannheim, Nürnberg oder Fürth — die jüdische Bevölkerung des Umlandes sehr viel früher und sehr viel stärker angezogen hatten.

Das napoleonische Dekret und die allgemeinen wirtschaftlichen Rahmenbedingungen

Nach dem Ende der napoleonischen Ära waren die pfälzischen Juden in rechtlicher Hinsicht besser gestellt als viele ihrer Glaubensgenossen in anderen Staaten des Deutschen Bundes. Zwar verlängerte die bayerische Regierung 1818 die Beschränkungen des sog. »décret infâme« auf unbestimmte Zeit, durch die der französische Kaiser die vollständige staatsbürgerliche Gleichstellung der Israeliten 1808 für zehn Jahre aufgehoben hatte. [22] Aber die einschneidenden Diskriminierungsgesetze, die seit dem Wiener Kongreß in ganz Deutschland das Ende der »Emanzipationsepoche« einläuteten, blieben ihnen erspart, weil die bayerische Verfassung von 1818 die Fortdauer der »französischen Institutionen« der Pfalz garantierte. Im Gegensatz zum »Matrikelgesetz«, das die Rechtsstellung und die Erwerbstätigkeit der Juden im rechtsrheinischen Bayern stark einengte, setzte das napoleonische Dekret vor allem den Handels- und Kreditgeschäften enge Grenzen. Neben der Festschreibung des Eheverbots zwischen Christen und Israeliten, der Einführung der Militärpflicht sowie einem Zuzugsverbot für alle nicht Ackerbau treibenden Juden, behinderte es die Einklagbarkeit von Schulden, setzte den zulässigen Höchstzinssatz auf 10% fest und verlangte von allen Handel treibenden Juden jährliche Moralitätspatente. [23] Nur wer alle zwölf Monate zwei positive Leumundszeugnisse vorlegen konnte, behielt seine Konzession. Ziel dieser Bestimmungen war nicht nur der Schutz vor Auswüchsen oder einer unliebsamen Konkurrenz. Vielmehr sollte durch sie die starke Konzentration der Juden im Handels- und Kreditgeschäft abgebaut und diese einer landwirtschaftlichen oder handwerklichen Tätigkeit zugeführt werden, die keinen Einschränkungen unterlagen.

Wie die Anhänger der Emanzipation sahen die Initiatoren dieses Gesetzes in der wirtschaftlichen Sonderstellung der Minderheit weniger das Ergebnis besonderer religiöser oder charakterlicher Eigenschaften, sondern jahrhundertelanger gesellschaftlicher Ausgrenzung. Aber aus den Erfahrungen der Revolutionsepoche glaubte man ableiten zu können, daß die bloße Aufhebung der Unterdrückungsgesetze nicht ausreiche, ihre »bürgerlichen Verhältnisse zu verbessern«. Da die Juden keine Bereitschaft hätten erkennen lassen, sich zu ändern, müsse die völlige rechtliche Gleichstellung vorübergehend zurückgenommen und als Prämie für einen gelungenen »Sozialisierungsprozeß« ausgesetzt werden.

An die Stelle eines revolutionären Liberalismus war ein aufgeklärter Staatsdirigismus getreten, der überzeugt war, die Untertanen zu ihrem Glück zwingen zu müssen. Die Frage, ob die Wirtschaftsstruktur eine solche »Bewährung« überhaupt zuließ, ignorierten die französischen Beamten dabei ebenso wie später die bayerischen oder die konservativen Kammerabgeordneten, die eine Revision dieses Dekrets mit dem Hinweis auf die (generelle) »Unverbesserlichkeit« der Juden ablehnten.

Bei einer Prüfung der Verhältnisse hätten sie leicht feststellen können, daß weder vom Ackerbau noch vom Handwerk der Pfalz verlockende Anreize ausgingen. Zwar stand die Landwirtschaft vor allem in der Vorderpfalz auf einem hohen Niveau und erzielte weit größere Ernteerträge als die altbayerische. Doch sie litt unter der Zerstückelung des Bodens und dem immensen Bevölkerungsdruck. Diese Probleme konnten durch arbeitsintensive Sonderkulturen nur teilweise überdeckt werden, zumal der Anbau von Wein und Tabak in hohem Maße auf den Export angewiesen war. Auf dem pfälzischen Handel aber lasteten politische Hypotheken der Vergangenheit und der Gegenwart. Zu den alten infrastrukturellen Bürden dieses ehemaligen feudalen Flickenteppichs, der vor der Revolution in mehr als vierzig Herrschaften aufgeteilt gewesen war, hatten sich seit dem Wiener Kongreß neue gesellt. Der einheitliche Wirtschaftsraum des linken Rheinlandes war zerschnitten und die Pfalz isoliert worden. Der partielle ökonomische Aufschwung der napoleonischen Ära geriet ins Stocken, weil die »neuen« Zollschranken — zumindest bis zur Gründung des deutschen Zollvereins — den Absatz pfälzischer Produkte in Preußen, Baden, ja sogar im rechtsrheinischen Bayern erschwerten, während der Rheinkreis als »Freihandelszone« von ausländischen Gütern überschwemmt wurde. Kamen zu diesen generellen Schwierigkeiten noch Mißernten hinzu, schwollen Volksarmut und Hunger dramatisch an. So verwundert es nicht, daß von 1816 bis zum Ende des Jahrhunderts etwa 250.000 bis 340.000 Pfälzer ihre Heimat vor allem in Richtung Amerika verließen. [24]

Das Hauptkontingent der Auswanderer stellten neben der ländlichen Unterschicht die Gesellen, die weder im übersetzten Handwerk noch in den wenigen fabrikartigen Betrieben Arbeit und Brot fanden. Die einheimische Textilindustrie geriet nach 1816 in eine lang anhaltende Krise, weil sie mit den billigen Importen aus England nicht konkurrieren konnte. Die traditionelle Erzförderung und -verhüttung verlor im Vormärz durch die Umstellung der Eisengewinnung von Holz- auf Steinkohle rasch an Bedeutung, da die pfälzischen Kohlegruben nur einen Teil des Eigenbedarfs decken konnten. Allein die eng mit der Landwirtschaft verbundenen Genuß- und Nahrungsmittelgewerbe waren besser ausgebildet. Doch von den zahlreichen Mühlen oder Brauereien, die nur für den regionalen Bedarf produzierten, gingen wenig Impulse aus. Die pfälzische Wirtschaft blieb bis zur Jahrhundertmitte überwiegend agrarisch bestimmt und krisenanfällig. Aber daß 1852 noch immer mehr als zwei Drittel der Erwerbstätigen in der Landwirtschaft beschäftigt waren, zeugt weniger von der Leistungsstärke dieses Sektors als vielmehr von einer verspäteten Industrialisierung und einer schwachen Infrastruktur.

Die Berufs- und Sozialstruktur der pfälzischen Juden

In ähnlicher Weise wie die Erwerbsstruktur der Gesamtbevölkerung wies auch die von völlig verschiedenen Ausgangsbedingungen ausgehende Berufsstruktur der pfälzischen Juden im Vormärz große Beharrungstendenzen auf (vergl. Tabelle 2). Obgleich es unter den Israeliten selbst nicht an Versuchen mangelte, ihren Glaubensgenossen den Übergang in sog. »produktive« Berufe zu ermöglichen, verminderte sich ihre Konzentration im Handel nicht entscheidend. Wenn man einer Übersicht über die Erwerbszweige der pfälzischen Juden aus dem Jahr 1848 glauben darf, blieben den Aktivitäten des Kirchheimbolander »Vereins zur Unterstützung armer israelitischer Gewerbelehrlinge und Schulaspiranten im Rheinkreis«, der nach dem Hambacher Fest seinen Wirkungskreis mit Genehmigung der Regierung auf die ganze Pfalz ausdehnte, nur ansatzweise Erfolge vergönnt. [25] Auffällig ist zunächst die anhaltend geringe Neigung der Minderheit für den Ackerbau, der ihnen im Mittelalter und in der frühen Neuzeit verboten war. Demgegenüber wuchs ihre Bereitschaft, Grund und Boden zu erwerben, den sie jedoch weitgehend im Nebenberuf oder durch Tagelöhner (darunter auch jüdische) bewirtschafteten. Entgegen den in der älteren Literatur verbreiteten Behauptungen spielten bei diesem Landerwerb aber weder die »Nationalgüterversteigerungen« der Franzosenzeit noch der sog. »Landwucher« eine Rolle. Neuere Forschungen haben gezeigt, daß auch die wohlhabenderen Mitglieder der bedeutenden jüdischen Gemeinden der Südpfalz sich beim Verkauf von Kirchen- oder Emigranteneigentum merklich zurückhielten [26], und die sog. »Wucherenquete« des reformischen »Vereins für Socialpolitik« aus dem Jahre 1887 unterstreicht, daß dem »Landwucher« in der Pfalz keinerlei Bedeutung zukam. [27]

Mehr Aufmerksamkeit als diesen vorurteilsbelasteten Meinungen kommt in diesem Zusammenhang den gravierenden Abweichungen bei den Ergebnissen der einzelnen Landkommissariate zu. Gerade die starken Unterschiede zwischen den Kuseler und den Zweibrücker Zahlen auf der einen sowie der Kaiserslauterer und der Pirmasenser auf der anderen Seite, die nicht mit grundlegend verschiedenen Erwerbsbedingungen dieser Regionen erklärt werden können, lenken den Blick auf die Problematik der Erfassungskategorien und der Erfassungsweise, die in hohem Maße von der pro- oder antijüdischen Einstellung der zuständigen Beamten abhing. Während Anhänger der Emanzipation eher bereit waren, den Veränderungen in der Berufsstruktur auch zahlenmäßig Ausdruck zu verleihen, versuchten Beamte, die den Juden feindlich gesinnt waren, deren »Unverbesserlichkeit« nachzuweisen. Welchen »Spielraum« sie hatten, lassen detaillierte lokale Quellen erkennen, die zugleich die fortschreitende Differenzierung der jüdischen Berufsstruktur belegen. Nachdem zu Beginn des Jahrhunderts in der ganzen Pfalz noch die herumziehenden Trödler und Hausierer dominiert hatten, fächerte sich die Erwerbsstruktur in der ersten Hälfte des 19. Jahrhunderts weiter auf. Bemerkenswert ist hierbei nicht nur die zunehmende Spezialisierung des Handelssektors und der manuellen Tätigkeiten. Neben die bisherigen Altwaren- und Altkleiderhändler, die schrittweise kleine Läden eröffnen konnten, traten bis zum Vorabend der Revolution Leder-, Haut-, Leinwand-, Vieh-, Getreide-, Tabak- oder Weinhändler, während im Gewerbebereich zu den traditionellen, für die Versorgung der Gemeinden notwendigen Berufszweigen der Metzger und Bäcker nun Schneider, Goldsticker, Hut-, Kappen-, Schuh- oder Uhrmacher hinzukamen. Noch bemerkenswerter ist die weite Verbreitung »kombinierter«, sich ergänzender Erwerbstätigkeiten in den Sparten »Gewerbe und Handel«, »Ackerbau und Handel« sowie »Ackerbau, Gewerbe und Handel«, die nicht nur den bescheidenen wirtschaftlichen Aufstieg der jüdischen Minderheit dokumentieren, sondern auch deren Anpassung an die Wirtschaftsstruktur der Pfalz. Zugleich aber stellten diese »gemischten« Erwerbszweige die Rubrizierung der Haushaltsvorstände — vor allem bei wenig differenzierten Statistiken — in das Belieben der Beamten. Die etwa 18% Erwerbstätigen dieser Kategorien, die Toury für den Landkreis Neustadt belegen kann, lassen die Größenordnung für »verzeichnende« Eingriffe in der einen oder anderen Richtung erkennen.[28] Auf diese Weise werden auch die beträchtlichen Unterschiede der einzelnen Landkommissariate verständlich.

Insgesamt aber bleibt festzustellen, daß sich die jüdische Konzentration in den Handelsberufen nur ganz allmählich abbaute. Diese Kontinuität der jüdischen Berufsstruktur ist jedoch weniger ein Beweis für die geringe Flexibilität der jüdischen Minderheit oder gar für ihre »Unverbesserlichkeit«, als vielmehr ein Zeichen für die Statik der wirtschaftlichen Verhältnisse der Pfalz. Zu bedenken ist ferner, daß die Juden in der durch Realteilung, schlechte Infrastruktur und Handelshemmnisse beeinträchtigten Agrarwirtschaft des Rheinkreises — wie in vielen anderen Regionen des Reiches auch — lebenswichtige Funktionen erfüllten: sie sicherten den Export landwirtschaftlicher Erzeugnisse, sie versorgten auch die abgelegensten Dörfer mit Vieh, Pferden oder Fertigwaren, und sie gaben den Kleinbauern Kredit. Wie stark sie in den Wirtschaftskreislauf der pfälzischen Gemeinden eingebunden waren und wie wenig sich ihre finanziellen Verhältnisse von denen der (Klein-)Bauern unterschieden, hat August Kopp am Beispiel der Alsenzer Dorfjuden anschaulich geschildert.[29]

Und daß die Konzentration der Minderheit in den Handelsberufen kaum etwas über ihre soziale Lage aussagt, verdeutlichen Steuerlisten und schriftliche Quellen. Ein Bericht des Speyerer Kreisdirektors aus dem Jahre 1815 umreißt die ökonomische Ausgangssituation der Juden in ebenso richtungsweisender wie prägnanter Weise. Neben 20% der »Familien, welche zur ... wohlhabenden Klasse gehören«, die aber »im Ganzen dem Mittelstand der christlichen Staatsbürger gleich zu stellen« seien, könne man die 30% umfassende zweite Klasse »der minder wohlhabenden Handwerkerklasse gleich stellen«. Die dritte Kategorie, etwa 40%, »ist arm«, die vierte Klasse, rund 10%, »ist ganz arm ..., sie ernährt sich mit Betteln und hat keinen bestimmten Wohnort«.[30] Die Hälfte der pfälzischen Juden fristete demnach zu Beginn des 19. Jahrhunderts eine mehr als kümmerliche Existenz am Rande oder außerhalb der Gesellschaft. Diese Aussage wird durch eine Erhebungsliste für die Kultusumlage im Departement Donnersberg aus dem Jahr 1809 bestätigt. Von den Beitragspflichtigen waren bei fünfzehn Steuerklassen in den oberen sieben nur 4,5% eingeordnet, hingegegen in den unteren vier Klassen 81,1%.[31] Eine Vermögensliste aus Dürkheim von 1807 weist fünfzehn der ansässigen Familien (= 36%) als »arm« oder »sehr arm«, d.h. ohne jeden mobilen oder immobilen Besitz, aus. Neunzehn Familien (= 45%) verfügten über einen geringen (bis 400 Francs), sieben über einen bescheidenen Besitz (bis 1.000 Francs) und nur ein Einwohner hatte es zu mäßigem Wohlstand gebracht (1.200 Francs).[32] Etwas besser gestellt waren 1815 die Juden in Essingen, von denen immerhin rund 24% über ein Vermögen von mehr als eintausend Francs verfügten und 21% noch am unteren Rand der besitzenden Schicht angesiedelt waren. Aber auch hier sind mehr als 50% aller jüdischen Einwohner der Unterschicht zuzurechnen.[33] Und von den 31 Gewerbetreibenden, die 1808 in Landau zwecks Ausstellung von Moralitätspatenten erfaßt wurden, waren allein zwanzig Trödler oder Hausierer.

Im Vormärz besserte sich diese Lage nur schrittweise und in bescheidenem Umfang. Wenn 1829 von 150 Familien des Landkreises Pirmasens 35 als »gänzlich arm« bezeichnet werden[34] und eine Dürkheimer Steuerliste aus dem Jahr 1833 von 53 Haushaltsvorständen nur noch vier als besitzlos und neunzehn als minimal besteuert ausweist[35], so läßt dies auf eine allmähliche Abnahme der Rand- und Marginalexistenzen schließen. Den pfälzischen Juden, vor allem den am unteren Rand der Gesellschaft vegetierenden, gelang es ganz langsam, eine gesicherte soziale Position zu erlangen, und dieser »Aufstieg« setzte sich bis zur Jahrhundertwende fort.

Aber auch dieser Prozeß darf ebensowenig überschätzt werden wie die immer wieder beklagten »Wuchergeschäfte« der Juden, zu denen den meisten die ökonomischen Voraussetzungen fehlten. Wenngleich die Tatsache, daß es zu überhöhten Zinsgewinnen oder Betrügereien kam, nicht geleugnet werden kann, so bedarf es in dieser Frage doch weitergehender Untersuchungen.[36]

Die von Wilhelm Heinrich Riehl 1857 in seinem »Pfälzer Volksbild« herausgestellten »Wucherprozesse«[37] z.B. werden nur vor dem Hintergrund der tiefgreifenden Wirtschaftskrise der Revolutionsära verständlich, die die Zahl der Bankrotte in der überschuldeten Landwirtschaft dramatisch ansteigen ließ. Hinzu kam, daß die Behörden ihren durch Revolution und Reaktion herabgesetzten Ruf nicht noch durch »Untätigkeit« in einer scheinbar zentralen »(Über-)Lebensfrage« weiter schädigen wollten. Und Prozesse gegen jüdischen »Gewohnheitswucher« waren populär, zumal in einer Region, wo sich seit Jahrzehnten starke Ressentiments gegen die Hypothekengesetze angestaut hatten.[38] Daß zu den Hauptangeklagten dieses drei Jahre dauernden, in 700 Fällen ermittelnden Großprozesses, zu dem rund 1.900 Zeugen vorgeladen wurden, neben dem Dürkheimer Handelsmann Joseph Wolf und dem Bissersheimer Isaak Kuhn auch der (christliche) Rentner Georg Jacob Retzer aus Freinsheim zählte, zeigt jedoch, wie notwendig differenzierte Analysen sind.[39] Der geringe Zuspruch, den die in der zweiten Jahrhunderthälfte entstehenden genossenschaftlichen Darlehenskassen auf dem Land fanden, unterstreicht überdies die zwiespältige Einstellung vieler Bauern sowohl gegenüber Finanzgeschäften als auch gegenüber den jüdischen Geldverleihern. Obwohl sie sich einerseits über deren »Wucherzinsen« beklagten, zogen sie andererseits weiterhin deren diskrete »Privatdarlehen« den »öffentlichen« Krediten der Unterstützungskassen vor, da sie vor den Formalitäten zurückschreckten.[40]

Daneben gilt es darauf hinzuweisen, daß die jüdische Oberschicht in der Pfalz schmal blieb, und die in anderen Staaten des Deutschen Bundes einflußreichen Bankiers fehlten. Zwar gab es z.B. in Kaiserslautern, Neustadt oder Speyer jüdische Bankgeschäfte, die aber nur lokale Bedeutung hatten und weitgehend dem Konzentrationsprozeß der »Großen Depression« (1875-1895) zum Opfer fielen.[41] An den Großinvestitionen, beim pfälzischen Eisenbahnbau, bei der Gründung der BASF oder anderer Unternehmen, mit denen seit Mitte der 1850er Jahre die pfälzsiche Industrialisierung vorangetrieben wurde, waren sie nicht beteiligt. Hier dominierten die süddeutschen Großbanken, bei denen jüdische Bankiers aus Mannheim eine wichtige Rolle spielten.[42] Die engen Verpflichtungen Mannheimer Finanzkreise mit der Führungsspitze des pfälzischen Wirtschaftsbürgertums, besonders mit den Mittelhaardter »Weinbaronen«, belegen die starken Bindungen der Region zu ihrer »alten« Hauptstadt. [43] Wenngleich genauere Untersuchungen der ökonomischen Wechselbeziehungen zwischen Mannheim und der Pfalz noch ausstehen, deuten zahlreiche Indizien darauf hin, daß gerade an diesem Komplex zugleich der unterschiedliche wirtschaftliche Aufstiegs- und Anpassungsprozeß von Stadt- und Landjudentum genauer gefaßt werden könnte. Im Gegensatz etwa zu den jüdischen Finanziers aus Mannheim, die über ihre zahlreichen Aufsichtsratsposten wesentlichen Einfluß auf den Industrialisierungsvorgang rechts und links des Rheins nahmen [44], darf davon ausgegangen werden, daß die pfälzischen Juden beim Aufbau der »neuen« Industrien nur mittelbaren Anteil hatten. In diesem Zusammenhang nimmt auch der aus Posen stammende Chemiker, Heinrich Caro, dessen Farbstoffentwicklungen zum Erfolg der BASF beitrugen, eine Ausnahmestellung ein. [45] Zu verweisen ist allenfalls auf den aus Gründstadt stammenden Weinhändler, Jacob Levino, der mit dem Verkauf seiner Ludwigshafener Weinsäurefabrik an die Pforzheimer Firma Benckiser (1858) deren Niederlassung in der Chemieindustrie ermöglichte. [46]

Demgegenüber lassen viele Einzelbelege erkennen, daß die jüdische Mittelschicht ihre in den vorangegangenen Jahrzehnten errungene Schlüsselstellung im Landwaren- und Produktenhandel, vor allem im Vieh-, Wein-, Leder- und Tabakhandel, behaupten konnte. Die steigende Produktivität der Landwirtschaft kam ihnen hierbei ebenso zugute wie die durch den fortschreitenden Industrialisierungsprozeß verbesserte Nachfrage und der Anschluß der Pfalz an den nationalen wie internationalen Güterverkehr, der sich durch den Ausbau des Eisenbahnnetzes und des Ludwigshafener Hafens ständig verbesserte. Positive Auswirkungen gingen von Mannheim aus, das zu einem der bedeutendsten Getreideumschlagplätze Deutschlands aufstieg. [47] Es überrascht daher nicht, daß in den als besonders »liberal« geltenden 1860er Jahren jüdische Kaufleute wie Jacob Adler (Speyer), Mayer Thalman (Ludwigshafen), Simon Levi (Landau) oder Isaak Wolf (Edenkoben) ihre Heimatgemeinden in der pfälzischen »Kreis-Gewerbe- und Handelskammer« vertraten, und Simon Levi 1866 nach dem Ausscheiden Ludwig Andreas Jordans zum Vorsitzenden dieses Gremiums gewählt wurde. [48]

Einzelne jüdische Gewerbetreibende, die insgesamt vornehmlich in den Bekleidungs- sowie Genuß- und Nahrungsmittelbranchen arbeiteten, verstanden es zudem, die neuen industriellen Entfaltungsmöglichkeiten zu nutzen. Die Kunstwollfabrik »Kuhn und Adler« in Ludwigshafen und die Zigarrenfabrik der Gebrüder Mayer in Kaiserslautern dokumentieren, daß sie auch in den für die Pfalz bedeutsamen Industriezweigen Fuß faßten. Diese Zusammenhänge müßten allerdings durch eine Analyse der zeitgenössischen Gewerbestatistiken und der Industrieausstellungskataloge noch präziser belegt werden. [49] Daneben scheint der 1840 von Salomon Stern in Queichhambach/Albersweiler gegründeten Zündholzfabrik, die sich unter seinen Nachfolgern zu einem bedeutenden Unternehmen entwickelte, und dem Steinbruchbetrieb des Albersweiler Elias Siegel aber eher singuläre Bedeutung zuzukommen. [50] Dennoch, schon diese wenigen punktuellen Hinweise verleihen dem positiven Zeugnis Kontur, das Georg Schirges den jüdischen Handels- und Gewerbetreibenden Mitte der 1860er Jahre ausstellte: »Auch das confessionelle Gemisch der Bevölkerung, namentlich die bedeutende Anzahl jüdischer Einwohner, ist der Entwicklung der pfälzischen Gewerbetätigkeit günstig. ...

Rührigkeit, Genügsamkeit, Ausdauer, Sparsamkeit, Nüchternheit sind Tugenden, die in zahlreichen jüdischen Geschäften mit Intelligenz verbunden und Ursache blühender Verhältnisse sind.«[51]

Die Entwicklung der Berufs- und Sozialstruktur vom Ausgang des 19. Jahrhunderts bis zum Beginn des Dritten Reiches

Die Bevölkerungsentwicklung

Der seit Mitte der 1850er Jahre für die demographische Entwicklung der pfälzischen Juden charakteristische Bevölkerungsrückgang setzte sich auch am Ende des 19. und zu Beginn des 20. Jahrhunderts fort (vgl.: Tabelle 1). Im Gegensatz zur stetig anwachsenden Gesamtbevölkerung, die gerade um die Jahrhundertwende besonders stark zunahm, sank ihr Anteil am Vorabend des Ersten Weltkriegs unter 1% ab und machte zu Beginn des Dritten Reichs nur noch 0,66% aus. Neben den fortdauernden Wanderungsverlusten schlugen hierbei auch die vergleichsweise geringen Migrationsgewinne durch die sog. »Ostjuden« zu Buche.[52] 1933 firmierten nur 11,8% der pfälzischen Juden — hingegen 19,8% im Reich — als »Ausländer«, obwohl fast die Hälfte von ihnen in Deutschland einschließlich der 1918 abgetretenen Gebiete geboren war. Rund zwei Drittel von ihnen lebten in Ludwigshafen: während sie in der Chemiestadt etwa 45% der jüdischen Gemeinde ausmachten, erreichten sie in den restlichen jüdischen Gemeinden der Pfalz nur den verschwindend geringen Anteil von 5%. Dieses Ergebnis spiegelt die Verhältnisse auf Reichsebene wider, wo die »Ostjuden« ebenfalls in die urbanen Zentren drängten und die jüdische Konzentration in den Großstädten noch erhöhten.[53]

In ähnlicher Weise setzte sich der schon im 19. Jahrhundert erkennbare Verstädterungsprozeß der pfälzischen Juden im Kaiserreich und in der Weimarer Republik fort. Von 1875 bis 1905 erhöhte sich ihre Zahl in Gemeinden über 10.000 Einwohnern um fast 50%. 1933 lebten 16,5% in Ludwigshafen, 43,4% in den übrigen Städten und 40,1% in Gemeinden unter 10.000 Einwohnern, hingegen 70% der deutschen Juden in Großstädten und nur 17% in kleineren Gemeinden.[54] Die Struktur der Juden war damit weitaus »traditioneller« als die ihrer Glaubensgenossen im Reich.

Die Berufs- und Sozialentwicklung

Der »konservative« Charakter des pfälzischen Judentums wird auch durch den Vergleich ihrer Berufsstruktur mit der Berufsgliederung der Gesamtbevölkerung bestätigt. Bemerkenswert ist hierbei nicht nur die fortdauernde große Bedeutung des Handelssektors, sondern auch die auffallende Kontinuität ihrer Berufsgruppenzugehörigkeit. Der tief in die Wirtschaft der Pfalz einschneidende Industrialisierungsprozeß (vgl.: Tabelle 3) scheint mehr oder weniger an ihnen »vorbeigegangen« zu sein. Zwar ist es nicht überraschend, daß die gewaltigen Verluste der Landwirtschaft sie nicht berührten. Im Gegenteil, gerade der durch die strukturelle Krise des Agrarsektors bewirkte Rückgang der Beschäftigtenzahlen, der in der

Tabelle 3: Gliederung der Erwerbstätigen der Pfalz nach Wirtschaftsabteilungen (%)

	1882	1895	1907	1933
Landwirtschaft	53,8	39,6	38,9	26,1
Industrie & Handwerk	28,2	38,4	38,3	40,4
Handel	6,1	8,8	9,8	11,9
Öffentl. Dienst & freie Berufe		5,4	4,6	5,8
Sonstige	11,9	7,8	8,4	15,8

Angaben nach den Reichsstatistiken (wie Anm. 13)

Tabelle 4: Gliederung der jüdischen Erwerbstätigen der Pfalz nach Wirtschaftsabteilungen (%)

	1895	1907	1933
Landwirtschaft	4,7	3,3	2,0
Industrie & Handwerk	12,9	15,5	13,3
Handel	60,4	59,9	58,9
Öffentl. Dienst & freie Berufe	5,0	5,0	5,8
Sonstige	17,0	16,3	20,0

Angaben nach den Reichsstatistiken (wie Anm. 13)

»Großen Depression« der 1880er Jahre seinen Höhepunkt erreichte, bestätigt im Nachhinein die Kurzsichtigkeit der »Erziehungsgesetze« des 19. Jahrhunderts.

Mehr Beachtung verdient demgegenüber, daß auch das starke Anwachsen des industriellen Sektors sich nur schwach auswirkte und der Anteil jüdischer Erwerbstätiger in den freien Berufen sowohl weitgehend konstant als auch auf dem Niveau der Gesamtbevölkerung blieb (vgl. Tabellen 3 und 4). Wie stark sich in diesem Punkt der Mangel an urbanen Zentren auswirkte, lassen die Zahlen für Ludwigshafen erkennen, wo der Prozentsatz der im öffentlichen Dienst und in den freien Berufen tätigen Juden mehr als doppelt so hoch war (12,8%). Insgesamt aber blieben die Anteile der jüdischen Ärzte (8%) und Zahnärzte (7,3%) sowie der Rechtsanwälte (15,9%) der Pfalz unter dem Reichsdurchschnitt. Im Erziehungswesen spielten sie, sieht man von den Ludwigshafener Gymnasien ab, ebensowenig eine Rolle wie in den künstlerischen Berufen. Jüdische Schriftsteller oder Journalisten wurden weder 1895 noch 1933 »gezählt«. Neben dem Fehlen eines geistigen Zentrums, das Intellektuelle und Künstler seit dem 19. Jahrhundert aus der Pfalz abwandern ließ, ist hierbei zu berücksichtigen, daß diese zu den ersten Verfolgten des Dritten Reiches gehörten und den Juni 1933 im Gefängnis oder in der Emigration erlebten.

Inwieweit dieser erste Eindruck zu modifizieren und die Rolle der Juden im Handelsbereich zu relativieren ist, zeigt die genauere Analyse ausgewählter Berufsgruppen und Berufe. (vgl. Tabelle 5)

Die Aufschlüsselung des gewerblichen Sektors nach einzelnen Branchen unterstreicht, daß allein die beiden auch bei den Gesamtbeschäftigungszahlen führenden Bereiche, das Nahrungs- und Genußmittel- sowie das Bekleidungsgewerbe, für die jüdischen Erwerbstätigen von Bedeutung waren. Allerdings ist bei diesen Wirtschaftsgruppen die Vermischung von klassischer handwerklicher und industrieller Berufstätigkeit zu berücksichtigen. So dürfte die verhältnismäßig hohe Zahl der im Nahrungs- und Genußmittelbereich beschäftigten Israeliten einerseits auf Metzger und Bäcker sowie deren Angestellte zurückzuführen sein, die für die Versorgung der Gemeinden wichtig waren. Andererseits kommt darin der große Anteil jüdischer Unternehmer an der pfälzischen Tabakindustrie zum Ausdruck. Dieser Industriezweig wurde, parallel zur Verlagerung der badischen Tabakfabriken von den Städten aufs Land, zwischen 1860 und 1880 in der Pfalz angesiedelt. Ausschlaggebend war hierbei nicht der einheimische Tabakanbau, sondern die Tatsache, daß in diesen strukturschwachen Gebieten genügend Arbeitskräfte vorhanden waren und hier die Löhne niedrig gehalten werden konnten.[55] Die Beteiligung jüdischer Unternehmer überrascht angesichts ihrer Dominanz im Tabakhandel und der geringen Investitionskosten dieses Produktbereichs, die den »Einstieg« in diese Branche erleichterten, nicht. Am Vorabend des Ersten Weltkriegs finden sich Rauchwarenunternehmungen jüdischer Fabrikanten u.a. in Speyer, in Kaiserslautern (Gebrüder Mayer, ab 1866; Wertheimer & Sonnenberg, ab 1877; Felsenthal & Co, ab 1892), in Landau (Hugo Feibelmann, Julius Mayer II.) sowie ab 1897 in Ingenheim die Zigarrenfabrik der in Landau ansässigen Gebrüder Fried, die am Ende der Weimarer Republik 150 Arbeiter beschäftigte. Ein weiteres Indiz für die Einbindung jüdischer Fabrikanten in die charakteristischen Wirtschaftszweige der Pfalz liefern die beiden Landauer Zuckerwarenfabrikanten, Arthur und Ferdinand Schwarz, oder der Speyerer Malzfabrikant, Isaak Mayer.[56]

Auch für das an zweiter Stelle der Beschäftigungszahlen stehende Bekleidungsgewerbe muß der hohe Anteil traditioneller Handwerksberufe, der Schneider, Schuster oder der Putzmacherinnen, berücksichtigt werden. Hinzu treten vereinzelte industrielle Betriebe, wie die Herrenkleiderfabriken in Speyer (M. Freyfuß Söhne, Sigmund Mayer Söhne). Ob und in welchem Ausmaß jüdische Unternehmer an dem seit Ausgang des 19. Jahrhunderts dominierenden Zweig der pfälzischen Wirtschaft, der Schuhindustrie in und um Pirmasens, beteiligt waren, bedarf der Klärung. Ihre starke Stellung im Schuhhandel läßt zumindest auf einen nicht unwesentlichen Einfluß schließen, der durch Schuhfabriken in Speyer und Pirmasens, wie der Firma des Stadtrats Karl Wolff oder des Max Frank, bestätigt wird.[57] Daß sich darüber hinaus in Kaiserslautern mit der Fabrik »Hohmann & Heilbronner« (ab 1899) zumindest ein lederverarbeitender Betrieb findet, rundet diesen Eindruck ab.

Tabelle 5: Gewerbliche Wirtschaft im Wandel

	ERWERBSTÄTIGE DER PFALZ (GESAMT)			JÜD. ERWERBSTÄTIGE*		
	1895	1907	1933	1895	1907	1933
Steine und Erden	11.119 = 7,6%	14.343 = 7,1%	10.695 = 3,7%	17	11	keine Ang.
Metallverarbeitung	8.965 = 5,8%	12.290 = 6,1%	15.681 = 5,5%	12	20	11
Maschinen- & App.bau	8.344 = 5,7%	15.587 = 7,7%	18.963 = 6,6%	6	25	10
Chemie	6.220 = 4,3%	8.330 = 4,1%	24.879 = 8,7%	13	15	19
Textilindustrie	8.176 = 5,6%	8.348 = 4,1	7.638 = 2,7%	26	22	17
Papierindustrie	9.840 = 6,7%	11.305 = 5,6%	3.190 = 1,1%	5	8	keine Ang.
Nahrungs- & Genußmittel	15.161 = 10,4%	21.160 = 10,5%	25.852 = 9,0%	220	272	187
Bekleidung & Reinigung	28.461 = 19,5%	31.346 = 15,5%	48.867 = 17,0%	214	261	157
Handelsgewerbe	26.783 = 11,5%	16.740 = 13,3%	36.302 = 12,7%	2.537	2.686	2.114

Angaben nach J. Wysocki (wie Anm. 12), S. 238; Angaben zu den jüdischen Erwerbstätigen* nach den Reichsstatistiken (wie Anm. 13)

Die Beschäftigtenzahlen der übrigen Gewerbebranchen fallen dagegen kaum ins Gewicht. Weder in den maßgeblichen Sektoren der ersten Industrialisierungsphase der Pfalz, dem Bereich »Steine und Erden« oder der Papier- und Textilindustrie, noch in den Wachstumsbranchen der zweiten Phase, dem Maschinen- und Apparatebau sowie der Chemie, sind sie in nennenswertem Umfang vertreten. Industrielle Ansätze, wie das schon erwähnte Steinbruchunternehmen Josef Siegels oder die Kunstwollfabrik »Kuhn & Adler«, blieben wohl ebenso Ausnahmen wie die Kaiserslauterer Seifensiederei »Feibelmann & Tuteur« (ab 1873), die Speyerer Bürstenmaterialfabrik »Cahn & Rheinauer«, die dortige Möbelfabrik »A. Mayer Sohn«, die Schäftefabriken Tuteur sowie Bernhard Roos in Kaiserslautern bzw. Speyer oder die seit den 1890er Jahren eingerichtete chemisch-technische Produktionsstätte der Firma »Lippmann & Biernbaum« in Ludwigshafen. Bemerkenswert ist allein die Tatsache, daß in Kaiserslautern, dem führenden industriellen Standort der ersten Wachstumsphase, drei metallverarbeitende Fabriken mit jüdischer Beteiligung entstanden: neben der Stahlgießerei Lindeck (ab 1893), die Nähmaschinenfabrik »Koenig & Co« (ab 1882), die der ehemalige Landauer Schneider und Kompagnon, Carl Mayer, später allein leitete, sowie die Eisengießerei »Lauer und Co.« (1893).

Nicht zuletzt ist in diesem Zusammenhang auf das Wirken des ehemals in Steinbach ansässigen Bäckers Isidor Dreyfus (Tryfuß) einzugehen, der die pfälzische Diamantenindustrie begründete. Angeregt von seinen in London im Diamantenhandel tätigen Brüdern und mit Hilfe Hanauer Facharbeiter richtete er Ende der 1880er Jahre in der bei Brücken gelegenen Neumühle eine erste Diamantenschleiferei ein, die »Keimzelle« dieses sprunghaft anwachsenden Industriezweigs, der bald eine Spitzenposition in Deutschland einnahm. [58]

Zusammenfassend darf — ungeachtet der Zufälligkeit und Begrenztheit der hier aufgeführten Beispiele — festgehalten werden, daß von jüdischen Unternehmern durchaus positive Impulse für die erste Industrialisierungsphase der Pfalz ausgingen. Auffällig ist dabei, daß sie Branchen bevorzugten, in denen sie ihre im Handel gewonnenen Kenntnisse und Geschäftsverbindungen nutzen konnten. Allerdings ist nicht zu verkennen, daß ihr um die Jahrhundertwende leicht ansteigender Anteil am Gewerbesektor insgesamt gering blieb und bis 1933 abfiel. Der deutliche Rückgang der Beschäftigtenzahlen weist darauf hin, daß sie vorwiegend in Branchen beschäftigt waren, die — wie etwa die Tabakindustrie — nach dem ersten Weltkrieg starke Einbußen zu verzeichnen hatten. Diese Verluste waren jedoch nicht auszugleichen, weil sie in den für die Industrie des 20. Jahrhunderts wichtigen Leitsektoren nicht Fuß gefaßt hatten.

Die detaillierte Aufschlüsselung des Handelssektors unterstreicht die Konzentration jüdischer Erwerbstätiger im »Waren- und Produktenhandel in stehendem Beschäftsbetrieb« (vgl. Tabelle 6). Hinter den hohen Prozentzahlen verbirgt sich der große Anteil jüdischer Händler im pfälzischen Vieh-, Wein-, Tabak- und Lederhandel ebenso wie die breite Palette jüdischer Einzelhandelsgeschäfte. Demgegenüber kommt allen anderen Berufsgruppen dieses Wirtschaftszwigs nur untergeordnete Bedeutung zu. Daß der Geld- und Kredithandel nach den Handelsvermittlern, den Hausierern und den Gastwirten erst an fünfter Stelle rangiert, läßt erkennen, wie stark sein Einfluß überschätzt wurde. Beachtenswerter aber ist, daß der

Tabelle 6:

	1895		1933		1895		1933	
	Erwerbstätige insgesamt	jüdische Erwerbstätige	Erwerbstätige insgesamt	jüdische Erwerbstätige	jüd. % an Gesamterwerbst.	jüd. % an Selbständigen	jüd. % an Gesamt erwerbst.	jüd. % an Selbständigen
Handel & Verkehr	29.352 = 100%	2.585 = 100%	64.287 = 100%	2.173 = 100%	8,8%	15,1%	3,4%	7,65%
Handelsgewerbe	14.937 = 51%	2.537 = 98,1%	36.302 = 56,5%	2.114 = 97,3%	17,0%	20,4%	5,8%	9,5%
Waren- & Prod.h.	12.507 = 42,6%	2.259 = 87,4%	31.491 = 49%	1.973 = 90,8%	18,1%	21,3%	6,3%	10,3%
Geld- & Kredith.		21 = 0,8%						
Handelsvermittl.	779 = 2,7%	193 = 7,5%	642 = 1%	124 = 5,7%	24,9	25,5	19,3	23,7
Hausierhandel		49 = 0,4%						
Versich.* & Bank	160* = 0,5%*	11* = 0,4%*	3.465 = 5,4%	37 = 1,7%	6,9%	10,9%	1,1%	4,4%

Anteil jüdischer Erwerbstätiger des gesamten Wirtschaftsbereichs von der Jahrhundertwende bis zum Beginn des Dritten Reiches kontinuierlich zurückging. Lassen die Verhältniszahlen der »Gesamterwerbstätigen« wie der »Selbständigen« des Jahres 1895 noch den »Vorsprung« erkennen, den die jüdische Minderheit im 19. Jahrhundert gerade in den Handelsgewerben »herausarbeiten« konnte, so zeigen die Zahlen von 1933 ihren stark gesunkenen Anteil. Aber diese Verluste gingen weniger auf das Konto der rückläufigen Zahl jüdischer Erwerbstätiger, sondern sie drücken das erhebliche Anwachsen des Gesamtsektors aus. Während die Zahl der Gesamtbeschäftigten und der Selbständigen in diesen vier Jahrzehnten sich mehr als verdoppelte (+ 119% bzw. + 105%), fiel die Zahl der jüdischen Erwerbstätigen um 15,9%, die der Selbständigen um 23,8% ab. Und die zunehmende Konzentration der Gesamtbeschäftigten in den Handelsgewerben zeigt, daß die ökonomische Gesamt- wie die Berufsentwicklung sich den Verhältnissen der Minderheit annäherte. Die immer wieder bekämpfte wirtschaftliche »Sonderstellung« der Juden entpuppt sich somit als ein durch die historisch-sozialen Bedingungen verursachter »Entwicklungsvorsprung«, der infolge des wirtschaftlichen Wandels immer weiter nivelliert wurde. Die hohe Kontinuität der Berufsgruppenzugehörigkeit israelitischer Erwerbstätiger unterstreicht überdies erneut den »konservativen« Charakter der pfälzischen Land- und Kleinstadtjuden. Sie verharrten gerade auch in dem Wirtschaftsbereich, in dem sie aufgrund der historischen Entwicklung stark vertreten waren, in den einmal erreichten Positionen. Neue Berufs- und Betätigungsfelder erschlossen sie sich auch in diesem Sektor kaum. So blieben etwa die »Kommissionäre, Mäkler und Agenten (ohne Versicherungen)«, die zumeist ohne größeres Eigenkapital Handelsgeschäfte vermittelten und hierbei vor allem ihre persönlichen Beziehungen zu den Handelspartnern nutzten, die am deutlichsten überrepräsentierte Berufsgruppe. Demgegenüber errangen die jüdischen Erwerbstätigen im schnell anwachsenden Versicherungsgewerbe nur einen relativ geringen Anteil.

Diese Ergebnisse bestätigen somit die Zweifel, die in der neueren Forschung an der immer wieder behaupteten ökonomischen »Anpassungsfähigkeit« und sozialen »Flexibilität« der jüdischen Minderheit angemeldet wurden.[59] Sie belegen, daß die pfälzischen Juden noch stärker als ihre Glaubensgenossen in anderen Regionen des Deutschen Reiches im Waren- und Produkthandel konzentriert waren und noch länger als jene in diesem Wirtschaftssektor verharrten. Zwar konnten sie dadurch für einige Zeit die allgemeine ökonomische Entwicklung vorteilhaft nutzen und erfüllten gerade in der überwiegend agrarisch strukturierten Wirtschaft der Pfalz zentrale Funktionen. Ihr Verhalten war somit durchaus wirtschaftlich gerechtfertigt. Viel weniger einleuchtend ist jedoch ihr hartnäckiges Verweilen in den gleichen Berufsgruppen, als diese durch das rasche Schrumpfen des landwirtschaftlichen Sektors, periodische Wirtschaftskrisen sowie die verschärfte Konkurrenz von Konsumgenossenschaften bzw. Warenhäusern allmählich ins Hintertreffen gerieten und der fortschreitende Industrialisierungsprozeß neue Tätigkeitsfelder eröffnete. Wenngleich die bisherigen Forschungen zur Wirtschaftsentwicklung in der Pfalz im 20. Jahrhundert kaum Aussagen über die ökonomische Bedeutung der einzelnen Wirtschaftsabteilungen zulassen, so muß davon ausgegangen werden, daß spätestens die besondere politische Situation des Rheinkreises während der Weimarer Republik und die ökonomischen Krisen der 1920er Jahre den Handelssektor stark beeinträchtigten.[60] Das Verharren der Juden in dieser Branche entzieht sich somit immanent wirtschaftlichen Begründungen. Die Ursachen hierfür müssen vielmehr in anderen Bereichen gesucht werden.

Zum einen müßte die Berufsstruktur der pfälzischen Juden mit ihrer bisher kaum erforschten Altersstruktur in Beziehung gesetzt werden; denn die starken Migrationsverluste legen zumindest den Schluß nahe, daß es einen Zusammenhang zwischen abnehmender beruflicher Flexibilität und allmählicher Überalterung gibt, weil die nachwachsenden, innovationsbereiten Generationen keine »neuen« Beschäftigungen im Rheinkreis suchten, sondern diesen verließen. Zum anderen muß die sinkende Mobilität der pfälzischen bzw. deutschen Juden gerade als gruppenspezifische und -dynamische Verhaltensweise einer Minorität — auch im Vergleich mit der anderen Minderheiten — neu analysiert und bewertet werden: hierbei wird ihr unübersehbarer Drang nach beruflicher Selbständigkeit, ihre Suche nach Gruppenidentität und ihr Festhalten an überlieferten Fähigkeiten vor dem Hintergrund der Wechselbeziehungen von Selbst- und Fremdeinschätzung näher zu untersuchen sein. Geklärt werden muß, ob das »wirtschaftliche« Verhalten der jüdischen Minorität auch in der Industrialisierungsphase nicht viel stärker von außerökonomischen Anreizen oder Hemmnissen bestimmt wurde, als bisher angenommen.[61]

Auch wenn diese Fragen bislang unbeantwortet blieben, so kann beim gegenwärtigen Stand der Forschung die Parole der Nationalsozialisten von der »zunehmenden Verjudung« der deutschen Wirtschaft in den Bereich der Legende bzw. der Propaganda verwiesen werden. Die statistischen Erhebungen und die Analyse der ökonomischen Gesamtentwicklung auch der Pfalz jedenfalls »rechtfertigen« weder die Boykotte jüdischer Geschäfte noch die Ausschaltung aller Juden aus der Wirtschaft. Aber weil die Nationalsozialisten sich auf die Wirksamkeit und die weite Verbreitung der wirtschaftlich begründeten Judenfeindschaft »verlassen« konnten, benutzten sie deren Argumente, um ihren pathologischen Judenhaß und ihren Rasseantisemitismus »salonfähig« zu machen, der auch vor der physischen Vernichtung, dem fabrikmäßigen Holocaust, nicht zurückschreckte.

Anmerkungen

1 Vgl. u.a.: H.W. Gerhard, Die wirtschaftlich argumentierende Judenfeindschaft, in: K. Thieme (Hg.), Judenfeindschaft. Darstellungen und Analysen, Frankfurt 1963, S. 80-125; W. Treue, Zur Frage der wirtschaftlichen Motive im deutschen Antisemitismus, in: W.E. Mosse/A. Paucker (Hgg.), Deutsches Judentum in Krieg und Revolution 1916-1923, Tübingen 1971, S. 387-408

2 Vgl.: D. Hollstein, »Jud Süß« und die Deutschen. Antisemitische Vorurteile im nationalsozialistischen Spielfilm, Frankfurt-Berlin-Wien 1983; dies zeigen Filme wie etwa »Hitlerjunge Quex« oder »Hans Westmar«.

3 Vgl.. z.B. die Diskussionen um das Theaterstück von R.W. Faßbinder, »Der Müll, die Stadt und der Tod«, oder die Äußerungen des ehemaligen Korschenbroicher Bürgermeisters, zur Haushaltssanierung müsse man »schon einige Juden erschlagen« (Der Spiegel, Nr. 10 vom 3. März 1986, S. 59 ff.).

4 A. Barkai, Sozialgeschichtliche Aspekte der deutschen Judenheit in der Zeit der Industrialisierung, in: Jahrbuch des Instituts für Deutsche Geschichte der Universität Tel Aviv 11 (1982), S. 237-260; E. Bennathan, Die demographische und wirtschaftliche Struktur der Juden, in: W.E. Mosse/A. Paucker (Hgg.), Entscheidungsjahr 1932. Zur Judenfrage in der Endphase der Weimarer Republik, Tübingen 1965, S. 87-131; A. Prinz, Juden im Deutschen Wirtschaftsleben. Soziale und wirtschaftliche Struktur im Wandel 1850-1914. Bearb. u. hg. v. A. Barkai, Tübingen 1984; J. Toury, Der Eintritt der Juden ins deutsche Bürgertum, in: H. Liebeschütz/A. Paucker (Hgg.), Das Judentum in der deutschen Umwelt. 1800-1850, Tübingen 1977, S. 139-243 (= Toury, Eintritt); Ders., Soziale und politische Geschichte der Juden in Deutschland 1847-1871. Zwischen Revolution, Reaktion und Emanzipation, Düsseldorf 1977 (= Toury, Geschichte).

5 A. Prinz (wie Anm. 4), S. 3

6 Vgl. u.a.: J. Toury, Jüdische Textilunternehmer in Baden-Württemberg, Tübingen 1984

7 Vgl.: M. Richarz, Emancipation and Continuity. German Jews in the Rural Economy, in: W.E. Mosse/A. Paucker/R. Rürup (Hgg.), Revolution and Evolution. 1848 in German-Jewish History, S. 95-115; St. Jersch-Wenzel, On German Jews in the Rural Economy — A Comment, in: ebd., S. 117-122; W.J. Cahnmann, Village and Small-Town Jews in Germany. A Typological Study, in: YLBI 19 (1974), S. 119-133; U. Jeggle, Judendörfer in Württemberg, Tübingen 1969.

8 Vgl. deren Publikationen in Anm. 4 und Anm. 5; siehe auch: M. Richarz (Hg.), Jüdisches Leben in Deutschland. Selbstzeugnisse zur Sozialgeschichte, Bd. 1: 1780-1871, Stuttgart 1976, vor allem S. 137-176 und Bd. 2: 1871-1918, Stuttgart 1979, vor allem S. 137-218.

9 H. Arnold, Von den Juden in der Pfalz, Speyer 1967 (= Arnold, 1967); Ders., Die Juden in der Pfalz vor ihrer Verfolgung und Vernichtung im Dritten Reich. Karte 103 zum Pfalzatlas. Erläuterungen im Textband III, Speyer 1983, S. 1335-1342 (= Arnold, 1983); Ders., Juden in der Pfalz. Vom Leben pfälzischer Juden, Landau 1986 (= Arnold, 1986).

10 W. Knopp (Bearb.), Über die Juden im Erwerbsleben, in: Dokumentation zur Geschichte der jüdischen Bevölkerung in Rheinland-Pfalz und im Saarland von 1800-1945, Bd. 3, Koblenz 1972, S. 403-454.

11 Vgl. die mehr oder weniger ausführlichen Angaben in: H. Heß, Die Landauer Judengemeinde. Ein Abriß ihrer Geschichte, Landau 1968; Geschichte der Juden in Speyer, hg. v.d. Bezirksgruppe Speyer d. Hist. Vereins, Speyer 1981; H. Friedel, Aus der Geschichte der Kaiserslauterer Judengemeinde, in: Pfälzer Heimat 27 (1976), S. 99-103; O. Poller, Geschichte der Juden in Ludwigshafen, in: ebd. 21 (1970), S. 56-62 (Ortsgeschichtliche Hinweise sind, soweit nicht anders vermerkt, diesen Darstellungen entnommen.)

12 Für diesen Beitrag wurden u.a. herangezogen: H. Gruber, Die Entwicklung der pfälzischen Wirtschaft 1816-1834 unter besonderer Berücksichtigung der Zollverhältnisse, Diss. Mannheim 1961; H. Haan, Gründungsgeschichte der Industrie- und Handelskammer für die Pfalz im Spiegel der pfälzischen Wirtschaftsentwicklung (1800-1850), In: Beiträge zur pfälzischen Wirtschaftsgeschichte, Speyer 1968, S. 177-207; J. Wysocki, Die pfälzische Wirtschaft von den Gründerjahren bis zum Ausbruch des Ersten Weltkrieges, in: ebd., S. 213-251; Ders., Zwischen zwei Weltkriegen, wirtschaftliche Probleme der Pfalz 1918-1939, in: ebd., S. 255-249; J. Kermann, Die Industrialisierung der Pfalz im 19. Jahrhundert, in: Pfälzische Landeskunde, Bd. 3, Landau 1981, S. 280-304.

13 Da die Berufszählungsergebnisse von 1882 nur für Bayern insgesamt veröffentlicht wurden und die Erhebung von 1925 keine konfessionelle Aufteilung der Zahlen enthält, können diese nicht berücksichtigt werden. Die anderen statistischen Angaben sind den Einzelbänden des »Statistik des Deutschen Reiches« entnommen: für 1895: Bde. N.F. 103, 106 & 111; für 1907: Bde. N.F. 206 & 207; für 1933: Bde. N.F. 451 & 456.

14 Der von Arnold für das Jahr 1852 errechnete jüdische Bevölkerungsanteil von 2,67% muß korrigiert werden, da er die jüdische Bevölkerungszahl von 1852 mit der Gesamtbevölkerungszahl von 1855 korreliert. In diesen drei Jahren wanderten aber mehr als 20.000 Pfälzer aus, so daß die %-Angaben verzerrt sind.

15 Vgl.: Toury (wie Anm. 4) & U.O. Schmelz, Die demographische Entwicklung der Juden in Deutschland von der Mitte des 19. Jahrhunderts bis 1933, in: Zeitschrift für Bevölke-

rungswissenschaft 8 (1982), S. 31-72; die z.T. abweichenden Zahlen ergeben sich aus der unterschiedlichen Berücksichtigung der territorialen Veränderungen des Deutschen Reichs.

16 Trotz einiger Schwächen und Rechenfehler grundlegend: Arnold, 1967 (wie Anm. 9).
17 Angaben in: J. Toury, Manual Labour and Emigration. Records from some Bavarian Districts (1830-1857), in: YLBI 16 (1971), S. 52 & W. Knopp (Bearb.), Statistische Materialien zur Geschichte der jüdischen Bevölkerung, Dokumentation (wie Anm. 10), Bd. 5, S. 68. (Die bei Knopp angegebenen %-Zahlen für die jüdischen Auswanderer sind allerdings falsch, weil ihre »Kopfzahl« auf die »Familienzahl« der jüdischen Bevölkerung bezogen wurde. Diesen Fehler hat auch Sigrid Faltin in ihrer ansonsten verdienstvollen Dissertation über die pfälzische Auswanderung übernommen. Vgl.: S. Faltin, Die Auswanderung aus der Pfalz nach Nordamerika im 19. Jahrhundert. Unter besonderer Berücksichtigung des Landkommissariats Bergzabern, Frankfurt-Bern-New-York 1987, S. 55-62, bes. Schaubild 1, S. 60)
18 Toury, ebd., S. 61
19 Arnolds Aussage, daß zwischen 1847 und 1871 rund 8.000 Juden nach Übersee ausgewandert seien, beruht auf einem hypothetischen »Rechenmodell«; diese Kennzeichnung fehlt allerdings in seinen neuen Veröffentlichungen. (Vgl. Arnold, 1967, S. 88; Arnold, 1983, S. 1338 und Arnold, 1986, S. 188).
20 Vgl. die Karte in: Arnold, 1983 (wie Anm. 9), S. 1337; siehe hierzu auch die Listen von Judengemeinden in A. Kopp. Die Dorfjuden in der Nordpfalz. Dargestellt an der Geschichte der jüdischen Gemeinde Alsenz ab 1665, Meisenheim am Glan 1968 und W. Knopp (wie Anm. 10), die diesen Ausbreitungsprozeß belegen.
21 Vgl.: Arnold, 1967 (wie Anm. 9), S. 92.
22 Vgl.: A. Doll, Die bayerische Pfalz, in: Dokumentation (wie Anm. 10), Bd. 2, S. 269-296.
23 Vgl.: H. Mathy, Die Juden in der Französischen Zeit von 1798/1801 bis 1814, in: Dokumentation (wie Anm. 10), Bd. 1, S. 69-94.
24 Vgl.: S. Faltin (wie Anm. 17) und R. Paul, Auswanderung und Emigration aus der Pfalz im 19. und 20. Jahrhundert, in: Ders. (Bearb.), 300 Jahre Pfälzer in Amerika, Landau 1983, S. 62-80.
25 Vgl.: Dokument 22, in: Doll (wie Anm. 22), S. 334,; zum Gesmatproblem siehe: D.T. Bermann, Produktivierungsmythen und Antisemitismus. Assimilatorische und zionistische Berufsumschichtungsbestrebungen unter den Juden Deutschlands und Österreichs bis 1938. Eine historisch-soziologische Studie, Diss. phil. München 1971.
26 Vgl. M. Martin, Emigration und Nationalgüterveräußerungen im pfälzischen Teil des Departements Du Bas-Rhin, Diss. Mainz, Weisenheim/Sand 1980, S. 157ff.
27 Vgl.: Der Wucher auf dem Lande in der bayerischen Rheinpfalz. Bericht des Advokatsanwalts Mahla aus Landau, in: Der Wucher auf dem Lande. Berichte und Gutachten, veröffentlicht vom Verein für Socialpolitik, Leipzig 1887, S. 113-119.
28 Toury, Geschichte (wie Anm. 4), S. 369-371.
29 Vgl.: A. Kopp (wie Anm. 20)
30 Zitiert nach: Toury, Eintritt (wie Anm. 4), S. 149
31 Vgl.: Arnold, 1986 (wie Anm. 9), S. 76
32 Vgl.: Dokument 3, in: Knopp (wie Anm. 10), S. 43f.
33 Vgl.: Arnold, 1986 (wie Anm. 9), S. 76
34 Vgl.: ebd., S. 76
35 Vgl.: Dokument 14, in: Knopp (wie Anm. 10), S. 43f.
36 Zur Überschätzung des »Wuchers« vgl. Toury, Geschichte (wie Anm. 4), S. 371-381
37 W.H. Riehl, Die Pfälzer. Ein rheinisches Volksbild, Neustadt 1973 (= ND der Ausgabe Stuttgart und Augsburg 1857), S. 263-271
38 Vgl.: J. Kehrmann, Die Kreditverhältnisse in der Pfalz im 19. Jahrhundert unter besonderer Berücksichtigung des Hypothekenkredits und der Anfänge der Pfälzischen Hypothekenbank, in: Festschrift zum 100-jährigen Bestehen der Pfälzischen Hypothekenbank. 1886-1986, Bd. 2, Speyer 1986, S. 169-226.
39 Vgl.: Anzeige Blatt der Kreis-Hauptstadt Speyer vom 26.10.1854 & Der christliche Pilger. Ein katholisches Sonntagsblatt, 2. Beilage zu Nr. 12 vom 26.3.1853, S. 74, Beilage zu Nr. 17 vom 29.4.1853, S. 104 sowie Beilage zu Nr. 22 vom 3.6.1853, S. 131.

40 Vgl.: Knopp (wie Anm. 10), S. 406f. sowie M. Richarz (wie Anm. 7) und Wucher auf dem Lande (wie Anm. 27).

41 Belegt sind Bankhäuser u.a. in Landau (Julius Marx [1912]), Kaiserslautern (Kehr, ab 1881) und Neustadt (Edmund Loeb & Co., ab 1883); vgl. neben der ortsgeschichtlichen Literatur (wie Anm. 11) H.-P. de Longueville, Das Neustadter Bankwesen unter besonderer Berücksichtigung des 19. Jahrhunderts, in: Neustadt an der Weinstraße. Beiträge zur Geschichte einer pfälzischen Stadt, hg. v.d. Stadt Neustadt/Weinstraße, Neustadt/Weinstraße 1975, S. 551-584, vor allem S. 570f. und R. Haas, Die Entwicklung des Bankwesens im deutschen Oberrheingebiet, Mannheim o.J. (1970)

42 Vgl.: K. Grunwald, Europe's Railways and Jewish Enterprise. German Jews as Pioneers of Railway Promotion, in: YLBI 12 (1967), S. 178f.

43 Vgl.: H. Hesselmann, Das Wirtschaftsbürgertum in Bayern 1890-1914. Ein Beitrag zur Analyse der Wechselbeziehungen zwischen Wirtschaft und Politik am Beispiel des Wirtschaftsbürgertums in Bayern der Prinzregentenzeit, Wiesbaden 1985. Daß andererseits aber auch gerade in Ludwigshafen ansässige Juden in Mannheim »tätig« waren, belegen die Tabakfabrik von Bernhard Morgenthau (seit 1852 in der Chemiestadt ansässig) und die Aktivitäten Jacob Levinos (Vgl.: Dokumentation (wie Anm. 10), Bd. 9.2, Nr. 1077, S. 491)

44 Vgl. die Listen der Aufsichtsratsmitglieder der oberrheinischen Großbanken und ihre wirtschaftlichen Unternehmungen in der Pfalz, in: Haas (wie Anm. 41), S. 108ff.

45 Vgl.: C. Schuster, Heinrich Caro, in: K. Oberdorffer (Hg.), Ludwigshafener Chemiker II, Düsseldorf 1960, S. 45-83

46 H. Kube, Die Industrialisierung in Ludwigshafen am Rhein bis 1892 (Chemie und Metallverarbeitung), Diss. Heidelberg 1962, S. 69ff.

47 Vgl.: G. Franz, Die Entstehung des Landwarenhandels, in: Tradition. Zeitschrift für Unternehmensgeschichte 5 (1960), S. 65-82, vor allem S. 70

48 Vgl. die Jahresberichte der Kreis-Gewerbe- und Handelskammer der Pfalz, 1860ff.; vor allem für das Jahr 1866, S. 108.

49 Vgl. z.B. den Katalog der dritten pfälzischen Industrie-Ausstellung zu Kaiserslautern im Sommer 1872, Stuttgart 1872.

50 Vgl.: Arnold, 1986 (wie Anm. 9), S. 81.

51 G. Schirges, Gewerbliche Betriebsamkeit, in: Bavaria. Landes- und Volkskunde des Königsreichs Bayern, Bd. 4.2: Bayerische Rheinpfalz, München 1867, S. 471.

52 Vgl.: T. Maurer, Ostjuden in Deutschland 1918-1933, Hamburg 1986.

53 Die Sonderstellung, die die jüdische Gemeinde Ludwigshafens in beruflicher und sozialer Hinsicht innerhalb des pfälzischen Judentums einnahm, müßte ebenso dringlich erforscht werden wie die Geschichte der israelitischen Gemeinde selbst.

54 Vgl.: Arnold, 1967 (wie Anm. 9), S. 92f.

55 Zur Entwicklung der pfälzischen Tabakindustrie vgl. die in Anm. 12 genannten Publikationen; dort finden sich auch weitere Literaturhinweise.

56 Für die Ermittlung der Namen der im Speyerer Adressbuch von 1901 aufgeführten jüdischen Fabrikanten danke ich Frau Menrath vom Stadtarchiv Speyer.

57 Vgl.: J.B. Lehnung, Geliebtes Pirmasens. Heimatgeschichtliche Erinnerungen, Bd. 6: 1890-1900 (Leider sind die detaillierten Bände durch ihre annalistische Anlage kaum systematisch auszuwerten).

58 Vgl.: Die Diamantindustrie im Südteil des Kreises Kusel, in: W. Schlegel/A. Zink, 150 Jahre Landkreis Kusel, Otterbach-Kaiserslautern 1968, S. 174f.

59 Vgl. u.a.: A. Barkai, Sozialgeschichtliche Aspekte (wie Anm. 4), bes. S. 241f. und S. 255ff.

60 Vgl.: J. Wysocki, Zwischen zwei Weltkriegen (wie Anm. 12) und H.O. Hess, Strukturwandlungen der pfälzischen Industrie unter der Einwirkung der südwestlichen Gebietsverluste des Deutschen Reichs, Speyer 1933.

61 Vgl. hierzu das von A. Barkai vorgestellte Hypothesenmodell von S. Kuznets, in: A. Barkai, Sozialgeschichtliche Aspekte (wie Anm. 4), S. 258ff.

Georg Schuhmacher

Die Emanzipation der pfälzischen Juden im Spiegel der Neuen Speyerer Zeitung und der Debatten der bayerischen Kammern (1819 - 1851)

Einleitung

Das heutige Gebiet der Pfalz war nach der Französischen Revolution und den Napoleonischen Kriegen 20 Jahre Bestandteil des französischen Staates. Durch das Gesetz vom 27. September 1791 wurden in Frankreich und damit auch in den eroberten linksrheinischen Gebieten die Juden den Christen gleichgestellt.

Antisemitische Agitation führte dazu, daß Napoleon am 17. März 1808 ein diskriminierendes Dekret erließ, dessen Geltungsdauer zunächst auf 10 Jahre beschränkt war. Es hatte in der Pfalz bis Mitte des 19. Jahrhunderts Gültigkeit. Die pfälzischen Juden durften gemäß diesem sogenannten »decret infame« keinen Handel, Maklerei oder Schacherei betreiben, es sei denn, sie erhielten vom Präfekten ihres Departements ein Patent. Dieses Patent war alle Jahre zu erneuern, wobei die Erteilung desselben von der Zustimmung des Munizipalrates abhängig war. Dieser mußte bestätigen, daß der entsprechende Jude weder Wucher noch einer unerlaubten Schacherei nachging. Ferner hatte das Konsistorium der entsprechenden Bezirkssynagoge die »gute Aufführung und Redlichkeit« des Juden zu bezeugen. Am gleichen Tag wurde ein weiteres Dekret Napoleons erlassen, das die Organisation und Aufgabenstellung der Synagogen, der Departementskonsistorien und des Zentralkonsistoriums ordnete.

Als die Pfalz 1816 mit Bayern vereinigt wurde, blieben die Verordnungen Napoleons in Kraft.

Wesentlich schlechter war dagegen die Lage der Juden im rechtsrheinischen Bayern. Das bayerische Judenedikt von 1813, das mittelalterliche Beschränkungen der bürgerlichen Rechte der Juden beinhaltete und bis 1861 Bestand haben sollte, zwang Tausende von Juden zur Auswanderung. Die natürliche Vermehrung der jüdischen Familien wurde durch das Edikt beschränkt. »Jede Familie erhielt eine Matrikelnummer, die nur auf den ältesten Sohn vererbt werden konnte, während die übrigen Kinder kein Niederlassungsrecht erwarben. Nur durch Einheirat oder durch die Erlernung von Berufen in Handwerk, Ackerbau und Fabrikation konnten diese eine Matrikelnummer erhalten, womit gleichzeitig eine Politik der zwangsweisen Berufslenkung einsetzte.«[1]

Im folgenden sollen die Debatten in den beiden Kammern des bayerischen Landtags über die staatsbürgerlichen und bürgerlichen Rechte der Israeliten nachvollzogen werden. Daran schließt sich die Berichterstattung in der Neuen Speyerer Zeitung (im folgenden: NSZ) an, soweit es das vorhandene literarische Material zuläßt.

Erste Versuche der Revision 1819

Bereits kurz nach der feierlichen Eröffnung des ersten Landtags wurden im April 1819 lebhafte Diskussionen über die Judenfrage geführt. Der oberbayerische Abgeordnete von Utzschneider, 2. Bürgermeister der Residenzstadt München, warf den Juden vor, durch ihren Hausier- und Schacherhandel die Existenz der christlichen Handels- und Gewerbeleute zu bedrohen. Er forderte, den Juden sollten alle Hausierpatente abgenommen und keine neuen mehr ausgestellt werden. Dieser Antrag fand bei den überwiegend reaktionär eingestellten Rednern, die das Bild des Handelsjuden in besonders negativer Weise herausstellten, Resonanz. Demgegenüber betonten die liberalen Redner immer wieder, »daß ein großer Teil der jüdischen Bevölkerung insbesondere auf dem Land in ärmsten Verhältnissen lebte und zu wucherischen Kreditgeschäften gar nicht das nötige Grundkapital besaß.«[2] Generell wurde die Auffassung vertreten, daß spezifisch jüdische Bräuche abzuschaffen seien, bevor man an eine Emanzipation denken könne. Der Abgeordnete Köster aus Friedelsheim forderte die israelitischen Staatsbürger auf, den Sabbath zu verlegen sowie das Verbot der Mischehe aufzugeben. Konsistorialrat Schultz aus Speyer betonte die Notwendigkeit einer gegenseitigen Annäherung. Gleichzeitig setzte er auch die Bereitschaft der Juden voraus, »nicht mehr zeitgemäße Bräuche abzuschaffen.«[3]

Die Bestrebungen des bayerischen Staates, die Juden in irgendeiner Form, wenn auch nicht als vollberechtigte, so doch auf keinen Fall mehr als unterdrückte Untertanen zu behandeln, standen jedoch erst am Beginn. Hinzu kam, daß die bayerische Regierung 1819 genug andere Probleme zu lösen hatte.

Als der erste Landtag im Juli 1819 schloß, versprach der König, das Innenministerium mit einer Revision der bestehenden Judengesetze zu beauftragen. Doch im Gegensatz zur Kreisregierung in Speyer, die eine weitgehend rechtliche Gleichstellung befürwortete, sah das Ministerium eine Anerkennung der vollen Staatsbürgerrechte als nicht zeitgemäß an. Im Gutachten des zuständigen Referenten mischten sich alte Vorurteile und judenfeindliche Ressentiments mit fortschrittlichen Argumenten, die unterstrichen, daß auch in München allmählich erste Keime der Aufklärung aufgingen.[4] Der Staatsrat beschloß, der Ständeversammlung kein toleranteres Gesetz vorzulegen. Vielmehr eröffnete er dieser, daß die königlichen Stellen, die sich mit der Revision beschäftigten, zu der Überzeugung gekommen seien, die Zeitverhältnisse gestatteten eine Revision noch nicht. König Max I. war mit dieser Stellungnahme einverstanden, und so wurde der erste Revisionsversuch zu Fall gebracht.

Im gleichen Jahr wandte sich auch die NSZ der Judenfrage zu, ohne jedoch direkt auf die Diskussionen in der Ständeversammlung einzugehen.

Am 3. August 1819 berichtete sie nur über deren Verabschiedung sowie über das königliche Versprechen, sich »der ohnedies schon früher beabsichtigten Revision ... der Verhältnisse der jüdischen Glaubensgenossen anzunehmen.«[5] Eine Stellungnahme erfolgte in diesem Artikel nicht. Kurze Zeit später, am 19. August 1819 ging die NSZ erstmals auf die »Juden-Treibjagden«, der sog. Hep-Hep-Unruhen ein. Und in der folgenden Woche, am 26. August 1819, berichtete sie von »Gassenjungen und sonstigem Gesindel«, das sich zusammenrotte und Juden bedrohe. Zentren dieser Verfolgungen waren u.a. Frankfurt, Würzburg und Heidelberg. In der Pfalz selbst war von diesen Unruhen kaum etwas zu spüren. Zwei Tage später erfolgte das Versprechen, daß »diese Zeitung es verkündet, ob und wie weit den unglücklichen zum Teil auch gänzlich verarmten Opfern Gerechtigkeit widerfahre.«[6] Am 31.8.1819 griff die Zeitung die Initiatoren der antijüdischen Ausschreitungen scharf an, und wies die Leser darauf hin, daß auch Kaufleute daran beteiligt seien,«... die den Juden ihren Unglauben und ihre asiatische Abstammung gerne verzeihen würden, wenn diese nur den Handel mit Waren..., ihnen allein überließen.«[7] Neben der ausführlichen Berichterstattung über die antisemitischen Ausschreitungen wurde die Judenfrage in zahlreichen Leserbriefen diskutiert, bzw. kommentiert. »Die große Anzahl der Zuschriften, die die NSZ zu dieser Frage erreichten, bietet anschauliches Material für den latenten Antisemitismus in Deutschland.«[8] So prangerte eine Zuschrift die Errichtung einer Talmud-Schule an, da sie die Juden ins Verderben führe. Sollten die Juden weiterhin den Talmud als Grundlage aller Bildung betrachten, dann seien ihre Ansprüche auf bürgerliche Rechte eine Anmaßung. Doch es gab auch Christen, die ihre jüdischen Mitbürger gegen die Angriffe des Gesindels verteidigten. »Die Juden vor dem Pöbel zu schützen«, sei, wie die NSZ hervorhob, »eine Sache der Gerechtigkeit und Menschlichkeit.«[9]

Die Judenfrage in der zweiten Sitzungsperiode des Landtags 1822

Ohne daß die Stellung der pfälzischen Juden eigens erörtert worden wäre, zeigte sich 1822 eine verstärkte Ablehnung der Abgeordneten gegenüber dem Judentum. Der Deputierte Köster gab den bestehenden Gesetzen die Schuld, daß die Juden einen »Staat im Staate« bildeten. Er forderte die Regierung auf, der jüdischen Bevölkerung die uneingeschränkten staatsbürgerlichen Rechte zu verleihen. Sein Kollege Stephani sah demgegenüber den Verzicht der jüdischen religiösen Eigentümlichkeiten als Voraussetzung für eine Emanzipation an. Insbesondere die Gesetze über Speisen und Getränke, das jüdische Verbot von Mischehen und der jüdische Sabbath waren ihm ein Dorn im Auge.

Die Gegner der Judenemanzipation waren nicht gewillt, die Lage der unterdrückten Bürger zu verbessern. Sie protestierten vielmehr gegen die ihrer Meinung nach zu lasche Handhabung der Gesetze. Wie wenig das Gedankengut der Aufklärung innerhalb des Behördenapparates verbreitet war, zeigt die Antwort des Innenministeriums auf die in der zweiten Kammer aufgeworfene Frage nach dem Stand der 1819 zugesagten Gesetzesvorlage. Es »lehnte eine Novellierung der bestehenden Bestimmungen ab, einerseits weil Gegenströmungen, von individuellen Interessen ausgelöst, nicht dazu berechtigten, die einmal eingeräumten Rechte den aufwärts strebenden Juden wieder zu entziehen, andererseits diese bei den bestehenden Voraussetzungen vorerst noch genügend Möglichkeiten hatten in der begonnenen Bildung fortzuschreiten und allmählich immer zahlreicher in das bürgerliche Gesellschaftsleben einzutreten.«[10]

Im Gegensatz zu 1819 berichtete die NSZ über diese Debatten ausführlicher. Am 23. März 1822 teilte sie ihren Lesern die sarkastischen Äußerungen des Abgeordneten Anns mit, der es meisterhaft verstand die Realität zu verdrehen: »Vernichtung droht dem christlichen Handel; vor 15 Jahren waren die Juden bedürftig, jetzt werden es die Christen. Sollen unsere Kinder Knechte der Juden werden? Sind sie so mächtig geworden, daß man sich nicht mehr an sie wagen darf?«[11]

Kurze Zeit später informierte sie die Leser über eine Eingabe der Juden an die Ständeversammlung, die »das Ergebnis der Beratungen einer Versammlung von Juden aus allen Teilen des Königreichs zu sein scheint.«[12] Darin wurde u.a. gefordert, daß die Juden »im Übergange von ihren bisherigen Beschäftigungen zur Arbeit« begünstigt werden sollten. Ferner verlangte man eine freie Zulassung zu allen Wissenschaften, Künsten, Fabriken, Gewerben, Handwerken und Ackerbau, sowie die Möglichkeit, sich auch in »judenleeren« Gemeinden ansässig machen zu dürfen. Ihr erklärtes Ziel war die Aufhebung der Ausnahmegesetze. In der folgenden Stellungnahme wurde bemängelt, daß die Juden selbst nichts getan hätten, um die »Hauptsteine aus der Scheidewand zu reißen,«[13] die eine Assimilation erschwerten.

Am 11. April ging die NSZ erneut auf die Debatten in der Ständeversammlung ein und hob vor allem die Ausführungen des Abgeordneten Köster hervor, der eine bessere Judenerziehung forderte. Gleichzeitig wies man die Leser darauf hin, daß auch andere Abgeordnete eine restriktivere Gesetzgebung forderten. So habe der Abgeordnete v. Weinbach beklagt, daß Bayern durch den Erwerb seiner neuen Provinzen eine Erbschaft von 44 000 Juden gemacht habe. Die antijüdische Stimmung sei in einzelnen Gemeinden so weit fortgeschritten, daß eine gewaltsame antijüdische Erhebung befürchtet werden müsse. »Was am meisten gegen die Juden reize, sei dies, daß ihr den Christen abgewuchertes Geld ihnen den Zutritt in die Amtsstuben der Regierungen und Ministerien öffne.«[14] Eine Verurteilung dieser absurden Äußerungen aber unterblieb. Stattdessen veröffentlichte man in der Ausgabe vom 13. Juni 1822 die Ergebnisse einer Volks-und Berufszählung: In Bayern lebten in 10663 Familienverbänden 53402 Juden. Davon betrieben 252 Ackerbau und 169 ein Gewerbe. Die Zahl der ausgestellten Hausierhandels-Patente belief sich auf 2605.

Der Antrag der pfälzischen Abgeordneten von 1831 zur Aufhebung des Dekrets von 1808

»Mit der Eröffnung der neuen Ständeversammlung 1831 starteten mehrere Abgeordnete des Rheinkreises in der 2. Kammer auf Grund einer Eingabe der pfälzischen Judenschaft vom 28. Februar den ersten speziellen Versuch, die für die pfälzischen Juden geltenden Ausnahmebestimmungen außer Kraft zu setzen: Das Dekret von 1808 sei wegen seiner Intoleranz nicht mehr zeitgemäß, die Juden des Rheinkreises hätten ihr Interesse an einer Eingliederung in das bürgerliche Leben aktiv bewiesen, so daß eine Aufhebung des Dekrets und der einschlägigen Verordnungen... angebracht sei.« [15] Den Antrag auf Aufhebung der Sonderbestimmungen unterstützten die Abgeordneten Culmann, Fitting, Heydenreich, Klein, Schickedanz, Schultz und Willich. Er wurde, zusammen mit einer Anzahl anderer Anträge am 5. November 1831 in der 2. Kammer diskutiert.

In dieser Debatte betonte der Abgeordnete Lang, [16] daß es ein unumstößliches Fundament der Gerechtigkeit sei, daß gleichen Pflichten auch gleiche Rechte entsprechen. Die in der Zivilgesetzgebung enthaltenen Beschränkungen der Juden seien ebenso entehrend für die Christen, wie drückend für die Juden. Er forderte die freie Ausübung der Religion und beklagte, daß Bayern in der Sache der Emanzipation aufgrund religiöser Vorurteile weit hinter anderen Staaten zurückbleibe. Die Tatsache, daß die Juden an einem anderen Tag als die Christen Gott verehrten, könne unmöglich ein Hindernis auf dem Weg zu einer rechtlichen Gleichstellung darstellen.

Der Abgeordnete von Ehrne verwies darauf, daß die Israeliten sich dem Staatszwecke gemäß verhielten. Mit ihrer Gleichstellung gegenüber den übrigen Staatsbürgern wäre es ihnen möglich, als »vorteilhafte Mitglieder« für den Staat hervorzutreten. Auch dürfe der Talmud keinesfalls als schädlich und unbrauchbar eingestuft werden. Vielmehr seien darin, was auch Gelehrte bestätigten, allgemein anerkannte Grundsätze und viel Moralität enthalten. Er beantragte, einen Gesetzesentwurf über die staatsbürgerlichen Verhältnisse der israelitischen Glaubensgenossen vorzulegen, in dem die bisherigen Sonderregelungen eliminiert seien. Damit war der Verzicht auf Forderungen wie Abschaffung des Talmud oder Verlegung der Sabbathfeier auf den Sonntag gemeint.

Sein Kollege Schwindel war der Ansicht, daß die Grundsätze der Menschlichkeit und der Gerechtigkeit eine Gleichstellung aller bürgerlichen Rechte erwirken müßten. Die Religion dürfe kein Hindernis sein. Haß, Leidenschaftlichkeit und Vorurteile sollten verschwinden. Der Abgeordnete Weinmann bemerkte, daß die Juden in keinerlei Hinsicht hinter den übrigen Staatsbürgern zurück blieben, und wandte sich gegen ihre pauschale Verunglimpfung. Die überwiegende Mehrheit zahle Abgaben, leiste Dienst für die Verteidigung des Vaterlandes und Gehorsam gegen das Gesetz. Erst die Vielzahl der Ausnahmegesetze hätten ihre Abwendung von Ackerbau und Viehzucht bewirkt; dies sei aber nicht ihre Schuld. Auch dem jüdischen Volk müsse sittliche Veredlung und höchste Vervollkommnung durch eine volle Emanzipation in staatsbürgerlicher Hinsicht ermöglicht und gewährleistet werden.

Der Deputierte Scheuing fügte hinzu, daß es nicht in dem Willen der Vorsehung liegen könne, daß einer Konfession Vorzüge gegenüber einer anderen eingeräumt würden. Daher seien Christen niemals berechtigt, die Verlegung des Sabbaths auf den Sonntag und die Abschaffung des Talmuds als Voraussetzung für eine Emanzipation zu fordern.

Christian Culmann, der 2. Sekretär der Ständeversammlung, bedauerte, daß der Befreiung der Juden von den Ausnahmegesetzen nichts mehr im Weg stehe außer blindem Religionshaß und tief verwurzelten Vorurteilen. Der jetzige Zustand der Juden sei das Ergebnis jahrhundertealter Unterdrückung.

Der Abgeordnete Rudhart bemängelte, daß der Zustand der Juden in vielerlei Hinsicht höchst übel, schmählich und verderblich sei. Die Quelle des Übels liege in dem, was die Juden von anderen unterscheide. »Dies kann nur entweder seine Religion oder das bürgerliche Gesetz sein.«[17] Seiner Meinung nach, stelle die Religion der Juden kein Hindernis dar, alle staatsbürgerlichen Pflichten zu erfüllen. »Der Grund muß daher wo anders liegen, und er liegt ohne Zweifel bloß in den bürgerlichen Gesetzen und in der Behandlung der Juden... Das was die Juden zum Juden im schlechten Sinne macht, ist die Behandlung durch die Christen.«[18] Man habe kein Recht von den Juden zu fordern, auf Bestandteile ihrer Religion zu verzichten, um in den Genuß der vollen staatsbürgerlichen Gleichberechtigung zu gelangen.

Zwei Tage später blieb es dem Deidesheimer Bürgermeister Andreas Jordan vorbehalten, durch einen Zusatzantrag in der Ständekammer die Emanzipation der jüdischen Glaubensgenossen wieder ins Stocken zu bringen. Er beantragte, daß zunächst der Bericht der Kreisregierung über die Stellungnahme der Verwaltungs- und Justizbehörden abgewartet werden müsse. Weiter verwies er auf schlechte Erfahrungen mit den Juden im Rheinkreis und forderte die Beibehaltung des Napoleonischen Dekrets bis zur Beseitigung seiner Ursachen. Neben dem Antrag der Abgeordneten des Rheinkreises wurde auch dieser Antrag angenommen, »was einer erneuten, unbefristeten Aufschiebung gleichkam.«[19]

Am 21. November beriet die Kammer der Reichsräte über den Antrag der Abgeordneten des Rheinkreises. Der zuständige Ausschuß der 1. Kammer war der Ansicht, daß auch »die Juden in den übrigen Kreisen noch nicht im Reinen mit ihren Rechten« seien, also könnten »die Juden im Rheinkreis auch noch warten, bis etwas Allgemeines in dieser Beziehung geschehe.«[20] Man war der Meinung, daß der Zeitpunkt für eine staatsbürgerliche Gleichberechtigung immer noch nicht gekommen sei. Es bedürfe erst ausführlicher Erörterungen des Zustandes der Juden im allgemeinen, um sich definitiv für eine Emanzipation aussprechen zu können. Die 1. Kammer faßte daraufhin den Entschluß, den »Antrag auf Aufhebung der königlichen Verordnung vom 6. Juli 1818 den Staatsministerien der Justiz und des Innern zur geeigneten Würdigung zu übergeben.«[21] Damit war der Antrag der pfälzischen Abgeordneten zunächst einmal gescheitert.

Aus dem Jahr 1831 fehlt ein Großteil der Originalausgaben der NSZ. In den erhaltenen Dokumenten finden sich keine Berichte über die Debatten in der Ständeversammlung bzw. über das Schicksal der pfälzischen Juden. Lediglich in einem Leserbrief äußerte sich ein Jude, »der an allem, was das Wohl und Wehe unserer Glaubensgenossen betrifft, warmen Anteil nimmt«[22], zu der aktuellen Situation. Er beklagte, daß die Petitionen an Fürsten und Stände, die öffentlichen Aufrufe und Denkschriften noch nicht dazu geführt hätten, den Juden die gleichen Rechte wie »allen anderen Gliedern des Staates« zu verleihen.

Die Kammerdebatten 1834 über die Verbesserung der bürgerlichen Verhältnisse der Juden

Drei Jahre später löste ein Antrag der Abgeordneten von Eberz, Schwindel, Weinmann und Willich in der Ständekammer erneut Diskussionen über die bürgerlichen und politischen Rechte der jüdischen Glaubensgenossen aus. Schwindel führte aus:»Staatsgenossen wegen des Glaubensbekenntnisses von bürgerlichen und politischen Rechten auszuschließen, sagt dem Grad der Bildung, auf dem wir stehen, nicht mehr zu.«[23] Und der Staatsminister des Innern, Fürst Wallerstein, vertrat die Ansicht, daß mit der Übergabe dieses Antrages an den Innenminister ein erster Schritt erfolgt sei, der dem Wunsch der Kammer von 1831 Rechnung trage, die Verhältnisse der israelitischen Glaubensgenossen bedeutend zu verändern. Entscheidend sei jedoch, den rechten Weg zu finden, der die Lage der Israeliten verbessere, ohne die Folgen »ihrer bisherigen Verwahrlosung, wenigstens bei den Israeliten der kleineren Orte, Generationen hindurch nachteilig auf die übrigen Klassen der Staatsbürger einwirken zu lassen.«[24]

Der Pfälzer Abgeordnete Schultz ging auf die Ausführungen seines Kollegen von Dresch ein, der eine vollkommene Gleichstellung der Juden aus nationalen Gründen abgelehnt hatte, »weil die Juden immer noch als eine ausgesonderte Nation betrachtet werden müssen, ..., und nie mit der christlichen Nation sich zusammenschließen können, so lange nicht unsere Kirchengesetze, besonders unsere Ehegesetze ganz anders werden.«[25] Um diese Besorgnisse zu beschwichtigen, schlug er vor, »daß von sämtlichen israelitischen Gemeinden im Königreiche...die schriftliche Erklärung eingeholt werde, daß der Name Israelit oder Jude sich nur auf den religiösen Glauben beziehe, nicht aber auf Ansprüche und Hoffnungen hindeute, denen die...Aussicht auf Wiederherstellung eines jüdischen Reiches oder jüdischer Herrschaft zugrunde läge.«[26]

Doch das Engagement des Referenten aus Speyer war vergebens. In seiner Sitzung vom 14. Juni 1834 beschloß der zuständige 3. Ausschuß, den bayerischen Juden die staatsbürgerlichen Rechte noch nicht einzuräumen, weil die öffentliche Meinung der Emanzipation nach wie vor entgegenstehe. Ferner wurde der Kammer der Reichsräte empfohlen, zu einer für die Juden möglichst günstigen Revision des Edikts von 1813 zu kommen.

Demgegenüber war die königliche Kreisregierung für »das bayerische Gebiet am Rhein«, die zahlreiche Berichte über die Lage der Pfälzer Juden eingeholt hatte, zu der Überzeugung gelangt, daß alle Ausnahmegesetze aufzuheben seien.

Die NSZ griff in einem Artikel vom 8.2.1834 die israelitischen Volks- und Religionslehrer in Rheinbayern an. Zwar habe sich der Zustand der israelitischen Schulen gegenüber den letzten Jahren verbessert, aber es gebe noch viel zu tun. So hätten die Religionslehrer es bisher versäumt, Aufklärung und Bildung zu vermitteln.

Insgesamt sei das Verhältnis zwischen Lehrern, Schülern und Eltern dergestalt, daß »die Jugend nicht wahrhaft gebildet werden könne, und es dürften noch manche Jahrzehnte unter solchen Verhältnissen vergehen, ehe an eine allgemeine Veredlung des israelitischen Volkes gedacht werden könne.«[27]

Dieser Artikel löste eine rege Leserbriefdebatte über die Verhältnisse der Juden aus. Darin sahen sich vor allem die an überkommenen religiösen Vorschriften festhaltenden Rabbiner heftiger Kritik ausgesetzt.

Eine besonders hämische Zuschrift bemerkte, »daß wir die Rabbiner sehr leicht entbehren können, denn

1. zum Gottesdienst brauchen wir sie nicht, da haben wir bloß einen Vorsänger nötig

2. zum Kopulieren brauchen wir sie wieder nicht, denn selbst nach dem strengsten Talmudisten darf jeder kopulieren, der nur die dabei zu beachtenden Zeremonien kennt, und

3. zum Beschneiden der Kinder läßt sich der Herr Rabbiner ohnehin nicht gebrauchen.«[28]

Als die Leserbriefe zunehmend schärfere antijüdische Tendenzen offenbarten, sah sich die Redaktion veranlaßt, klarzustellen, daß es ihre eigentliche Intention gewesen sei, das Emanzipationsstreben der Juden zu unterstützen. Deshalb wurden Briefe, die allzu unflätige Beschimpfungen enthielten, nur noch teilweise abgedruckt.

Wie tief verwurzelt Vorurteile und Fanatismus in der Bevölkerung waren, zeigt ein Bericht der NSZ vom 29.7.1834. Darin wird von der Ermordung eines 6jährigen Jungen aus dem niederbayerischen Neuhofen berichtet, dem angeblich Blut entzogen worden sei. Die leichtgläubige Menge folgerte hieraus, »daß dabei Juden und jüdischer Fanatismus tätig gewesen sein müßten.«[29] Obwohl im weiteren Verlauf der Untersuchung nichts auf eine Beteiligung von Juden hinwies, blieb man nicht nur bei der gefaßten Meinung, sondern schritt zur Tat. Die Wohnungen der Neuhofer Juden sowie die örtliche Synagoge wurden erstürmt und zerstört.

Obwohl die NSZ auch 1834 ihre Leser über die Landtagsdebatten nur kurz und meist kommentarlos informierte, läßt sich in diesem Jahr eine verstärkte Berichterstattung über die jüdische Frage feststellen. Die Vielzahl der eingesandten Leserbriefe dokumentiert deutlich, wie stark man sich in der Öffentlichkeit mit dem Emanzipationsstreben auseinandersetzte, die Wege einer möglichen Gleichberechtigung diskutierte oder jüdische Einzelschicksale verfolgte. Bemerkenswert ist, daß es immer wieder auch Juden selbst waren, die sich zu den Möglichkeiten zweck- und zeitgemäßer Reformen äußerten. Viele bekundeten ihre Bereitschaft, einen Teil der religiösen Zeremonialgesetze aufzugeben, um zur Gleichberechtigung zu gelangen.

Der Revisionsversuch im Jahr 1845/46

Nach der Kammerdebatte von 1834 verschwanden die Emanzipationsbestrebungen fast zwölf Jahre lang aus dem Gesichtskreis der Ständekammern. Erst 1845 erhoben verschiedene jüdische Gemeinden erneut Klage gegen ihre eingeschränkte staatsbürgerliche Stellung. Unter den zahlreichen Petitionen befand sich auch eine Initiative der israelitischen Kultusgemeinde von Kirchheimbolanden, die am 3. Januar der Kammer der Abgeordneten ein Gesuch überreichen ließ. Im Namen der etwas mehr als 16 000 pfälzischen Juden forderte sie die sofortige Aufhebung des Dekrets vom März 1808 sowie der späteren damit zusammenhängenden Bestimmungen von 1815 und 1826.

Unter Hinweis auf die mangelnde Zweckmäßigkeit der Gesetze verlangte sie, daß die Gleichheit vor dem Gesetz endlich verwirklicht werden müsse. In allen rechtlichen Fragen solle eine Gleichstellung mit den christlichen Untertanen erfolgen. Das sogenannte Moralitätspatent, ohne das alle Handlungen eines Juden nichtig und wirkungslos waren, müsse ebenso abgeschafft werden wie die Artikel des Napoleonischen Dekrets, die die Gültigkeit der Darlehen von Juden regelten. Dieser Antrag wurde am 10. Februar 1846 in die 2. Kammer eingebracht und von sämtlichen anwesenden pfälzischen Abgeordneten unterstützt. Namentlich waren dies die Abgeordneten Baader, Brunck, Eppelsheimer, Hack, Heintz, Kern, Lilier, Reudelhuber, Scholler, Stockinger, Tillmann, Willich und Wolf. Der liberale Dürkheimer Stadtrat Eduard Eppelsheimer sprach die Hoffnung aus, daß nun der Tag nicht mehr fern sei, »an welchem auch bezüglich der Ausübung der politischen Rechte jede konfessionelle Scheidewand fallen werde.«[30] Überdies unterstützten insgesamt 42 pfälzische Gemeinden die Kirchheimbolander Forderungen und betonten, daß die pfälzischen Juden sich würdig gezeigt hätten, der Gleichheit vor dem Gesetz teilhaftig zu werden.

Hinzu kamen Anträge von jüdischen Gemeinden aus dem rechtsrheinischen Bayern, die für die Verbesserung der Verhältnisse der israelitischen Gemeinden eintraten. Nachdem der pfälzische Antrag am 16. März diskutiert worden war, sprach sich die Kammer der Abgeordneten am 16. Mai einstimmig für die Aufhebung des Napoleonischen Dekrets aus. Die Kammer der Reichsräte wollte aber den pfälzischen Juden nicht mehr als eine gründliche und zeitgemäße Revision des Dekrets und der einschlägigen Verordnungen zugestehen. Der Abgeordnete Christmann bedauerte, daß es zu keiner Übereinstimmung zwischen beiden Kammern gekommen sei. Da man auf jeden Fall einen Gesamtbeschluß zustande bringen wolle, sei dem Beschluß der ersten Kammer beizutreten. Im Interesse des allgemeinen Handelsverkehrs beantragte nun Christmann, die Paragraphen, die sich auf das Moralitätspatent bezogen, durch Landtagsabschied außer Kraft zu setzen, und diesem Zusatzantrag stimmte die Kammer der Reichsräte am gleichen Tag zu.[31]

Nun war nur noch die Zustimmung des Staatsrates notwendig. Am 21. März wurden sowohl der allgemeine, als auch der die Pfalz betreffende Antrag behandelt. Der zuständige Referent Minister von Abel stellte in seinem Gutachten fest, daß die napoleonischen Ausnahmegesetze in der Vergangenheit oft umgangen worden seien. Es sei daher notwendig, weitere Erfahrungsberichte bei der pfälzischen Kreisregierung einzuholen. Zunächst solle durch den Landtagsabschied eine gründliche und zeitgemäße Revision der in der Pfalz geltenden Gesetze zugesichert werden. Der König folgte mit einer geringfügigen Modifikation den Anträgen des Referenten. »Damit waren die Hoffnungen der pfälzischen Juden von neuem zunichte gemacht, ihr Anliegen wieder auf die lange Bank geschoben worden.«[32] Ob bzw. wie sich die NSZ zu diesen Petitionen, Debatten und Entschließungen äußerte, ist leider nicht mehr feststellbar, da der Jahrgang 1846 verloren gegangen ist.

Die Judenfrage nach der 1848er Revolution

Die Märzrevolution brachte zunächst auch für die Pfalz einen Wandel der politischen Verhältnisse. Das Gesetz vom 15. April 1848 über die Wahl der bayerischen Abgeordneten zur Volksvertretung in der Frankfurter Paulskirche legte fest, daß weder das aktive noch das passive Wahlrecht an ein bestimmtes Glaubensbekenntnis gebunden seien. Die Verkündigung des Gesetzes erfolgte erst nach der Stellungnahme des Staatsrates und der Zustimmung der Ständeversammlung. Kurze Zeit später, am 4. Juni 1848, betonte Artikel 8 des Gesetzes über die Wahl der Landtagsabgeordneten, daß die Verschiedenheit des Glaubensbekenntnisses weder die aktive noch die passive Wahlfähigkeit behindere. Damit kamen die zu diesem Zeitpunkt 15 574 Personen zählenden pfälzischen Israeliten, ebenso wie ihre rechtsrheinischen Glaubensgenossen, »in den weitgehenden Genuß der ihnen noch vorenthaltenen sogenannten staatsbürgerlichen Rechte.«[33]

Die Ausarbeitung des versprochenen Emanzipationsgesetzes aber stand noch immer aus. Erst im Herbst begannen in beiden Kammern die Beratungen des Gesetzentwurfs. Inzwischen hatte sich aber die allgemeine politische Situation grundlegend geändert. »Die revolutionären Bewegungen von 1848/49 waren niedergeworfen, die Reaktion des kommenden Jahrzehnts, die nach dem Scheitern der revolutionären Bewegung den gesellschaftlichen Emanzipationsprozeß zwar nicht aufhalten, aber doch deutlich verlangsamen konnte..., zeichnete sich ab; dadurch ist auch die weitere Entwicklung der rechtlichen Gleichstellung der Juden in Bayern im allgemeinen wie auch der pfälzischen in der folgenden Zeit gekennzeichnet.«[34]

Als am 6. und 10.-14.12.1849 über den Gesetzentwurf debattiert wurde, waren in allen anderen Teilen Deutschlands die Juden als vollberechtigte Staatsbürger bereits aufgenommen worden.

Carl Scharpff aus Kusel eröffnete die Aussprache mit dem Hinweis, daß das Napoleonische Dekret, das ursprünglich rein »transitorischer Natur« gewesen sei, jetzt schon 41 Jahre bestehe. Nun endlich sei die Zeit reif, dieses Unrecht auszugleichen, zumal die Ausnahmegesetze den beabsichtigten Zweck nicht erfüllt hätten. Der redliche Jude sei durch sie unterdrückt worden, der unredliche hätte sie zu umgehen gewußt.

Ludwig Römmich aus Neustadt verwies darauf, daß in allen anderen Verfassungen Deutschlands die Juden bereits völlig emanzipiert seien, nur nicht in Bayern. Der Grundsatz der Verfassung, »Gleichheit durch das Gesetz und vor dem Gesetz«, müsse jetzt auf sie angewandt werden.

Im weiteren Verlauf der Verhandlungen waren es besonders die Gegner des Gesetzentwurfs, die unermüdlich antisemitische Pauschalurteile und Ressentiments in die Debatte einbrachten. Oftmals wurden die Redner sogar persönlich ausfällig, wenn sie, wie die Abgeordneten Ruland und Sepp, über den »wahren Charakter« der Juden herzogen. So betonte Ruland, daß es eine vollkommene Gleichstellung seiner Meinung nach niemals geben könne, da die Juden durch die Stammes- und Charakterverschiedenheit stets Fremdlinge bleiben würden. »Die Geschichte bezeichnet den Charakter dieses Volkes als böswillig, hartnäckig, treulos und undankbar.«[35] Ruland warf Römmich vor, »er habe mit seiner Behauptung, der Charakter des jüdischen Volkes sei in Folge einer 1000jährigen Verfolgung so unvorteilhaft geworden, eine banale Redeweise gebraucht. Er huldige einem Philanthropismus, der die eigenen Kinder töte und die fremden aufnehme«. Ruland sprach von einem Gesetzentwurf, den er für die Rettung der armen Bauern vor dem »verderblichen, unausrottbaren Schachergeist der Juden verlange.«[36] Wie fast alle konservativen Redner berief sich Ruland auf den christlichen Staat, in den die Juden nicht integriert werden könnten, da sie am Umsturz des staatlich-christlichen Lebens interessiert seien.

Noch weitaus polemischer argumentierte der Historiker Sepp, der sein ganzes geschichtliches Wissen aufbot, um die These von der Gefährlichkeit der Juden zu untermauern. Die uneingeschränkte Emanzipation führe, so betonte er, dazu, daß die Landbevölkerung den Juden schutzlos ausgeliefert sei. Die Folge wäre eine totale Verarmung. Der Jude bleibe immer Jude und wolle die Emanzipation nur benutzen, um daraus Nutzen zu ziehen. Es sei ein Hohn von Emanzipation zu sprechen, während alle christlichen Staaten bereits von der Gnade der Juden abhängig seien.

Staatsminister von der Pfordten gab zu bedenken, daß durch die Gewährung des Wahlrechts für die Juden ein Präzedenzfall geschaffen worden sei, der es erfordere, daß man sie jetzt auch voll emanzipiere. Der christliche Staat werde durch den Gesetzentwurf weder angegriffen, noch bei Seite geschoben. Sein Kollege Staatsminister Dr. Ringelmann verteidigte ebenfalls den vorgelegten Gesetzentwurf. Die Emanzipation der Juden beruhe auf 2 Grundsätzen:
1. »Gleichheit des Gesetzes und vor dem Gesetz«
2. »Die religiösen Beziehungen sollen keinen Unterschied machen in Bezug auf die bürgerlichen und staatsbürgerlichen Rechte.«[37]

Dr. Weiß ging noch einmal ausführlich auf alle pfälzischen Gesetze ein und zeigte, welch große Ungerechtigkeit sich hinter ihnen verberge.[38] In der Pfalz könne bislang von einer vollständigen Emanzipation nicht die Rede sein. Von Vorteil sei lediglich, daß die pfälzische Gesetzgebung keine Restriktionen in Beziehung auf Verehelichung und Ansässigmachung kenne.

Die Frage der Genehmigung einer Gleichstellung stellte die Abgeordneten vor die Wahl zwischen Fortschritt oder Rückschritt. Am 14. Dezember kam der Entwurf endlich zur Abstimmung und wurde mit 91 gegen 40 Stimmen angenommen. Nun war nur noch die Zustimmung der Kammer der Reichsräte notwendig. Aber unter dem Eindruck von 600 Adressen mit ungefähr 80 000 Unterschriften, die sich gegen die Emanzipation wandten, versagte die 1. Kammer in ihrer Sitzung vom 16. Februar 1850 dem Gesetzentwurf ihre Zustimmung. Initiiert wurde diese Unterschriftensammlung von dem kirchlich-konservativen Lager in Bayern. »Wenn auch die Kammer der Reichsräte in anderen Fällen Adressenstürme mit souveräner Verachtung behandelt hatte, so war sie jetzt eifrig bestrebt, diese Adressen zu nutzen und die Stimme des Volkes laut und vernehmlich erklingen zu lassen.«[39] Die dem Ministerium zugeleiteten Berichte legten beredtes Zeugnis davon ab, wie stark Vorurteile und Neid noch immer in breiten Bevölkerungsschichten verwurzelt waren.

Damit war auch dieser Versuch gescheitert, den Juden in der Pfalz eine uneingeschränkte Integration in die »nachrevolutionäre Gesellschaft« zu ermöglichen.

Obwohl der Entwurf sogar vom König und der Regierung getragen wurde, konnte der »liberale Geist« der Revolution sich nicht als integraler Bestandteil der Politik der 50er Jahre etablieren.

Die Berichterstattung der NSZ ist in den ersten Monaten des Jahres 1849 durch die Diskussion über die Verabschiedung der Grundrechte gekennzeichnet. In der Ausgabe vom 1. März 1849 wird darauf verwiesen, daß die Annahme der Grundrechte auch die Emanzipation der Juden und die Genehmigung zu sogenannten Mischehen beinhalte. Aus Kaiserslautern wurde berichtet, daß das dortige Bezirksgericht die unbedingte Gesetzeskraft der Grundrechte anerkannt habe. »Es war einem Juden ein Eid nach jüdischem Ritus zugeschoben, allein das Gericht entschied, daß solches nach § 19 der Grundrechte unzulässig und darauf nicht zu erkennen sei... Möchten doch alle unsere Gerichte..., ebenso entscheiden, dann würde der ganze Kampf wegen der Grundrechte völlig gegenstandslos werden.«[40]

Aus Speyer wurde 2 Tage später gemeldet: »Endlich ist es auch den Juden vergönnt, von den Früchten der großen deutschen Revolution zu sammeln. Am 17. März 1849, im zweiten Jahre der deutschen Umwälzung, wurden die jüdischen Einwohner von Speyer (zum ersten Mal seit Menschengedenken in einem öffentlichen Blatt) vom königlichen Landkommissariat aufgefordert, ihre Moralitätspatente, d.h. die Zeugnisse der Anerkennung ihrer Menschenrechte sobald als möglich einzuholen.«[41]

Im Frühsommer des Jahres 1849 wurde die NSZ durch den Kommandierenden des königlich bayerischen Armeekorps in der Pfalz verboten. Nachdem im Herbst das Erscheinen wieder gestattet war, mußte sich das Blatt zunächst »auf die Mitteilung von Tatsachen beschränken.«[42]

Kritik gegen die bayerische Regierung war nicht möglich. Am 18. September 1849 wurde das Programm der »Linken« in der bayerischen Volkskammer in der NSZ veröffentlicht. Darin enthalten war die Forderung nach »Selbstbestimmung und Mündigkeit für sämtliche Kirchengemeinden bei politischer Gleichberechtigung aller Staatsangehörigen ohne Rücksicht auf das Glaubensbekenntnis.«[43]

Im Gegensatz zu den vorherigen Jahren erfolgte 1849 eine ausführliche Schilderung über die Judendebatten im Landtag. Bereits bei Eröffnung der Auseinandersetzung verwies die Zeitung darauf, daß es sich bei dem Gesetzentwurf »die staatsbürgerlichen und bürgerlichen Rechte der israelitischen Glaubensgenossen betreffend« auch um die Anerkennung des § 16 der Grundrechte handle, der, mit Ausnahme Bayerns, bereits in ganz Deutschland Geltung erlangt habe. Weiter wurde die »Linke« gelobt, die den Entwurf des Ministeriums vorbehaltlos unterstützte, während die Rechte und das Zentrum in dieser Frage gespalten waren.

Die einzelnen Diskussionsbeiträge der Deputierten wurden von der NSZ nachgezeichnet. Dabei bescheinigte man den Emanzipationsbefürwortern, daß sie ihr Anliegen »warm und aufrichtig empfohlen hätten«.[44]

Die Ausführungen Rulands, eines Emanzipationsgegners, erfolgten dagegen »mit der professionsmäßigen Salbung eines Predigers in näselndem Ton und automatischer Gebärde.«[45]

Besonders hervorgehoben wurde die Rede des Ministers von der Pfordten, der den Standpunkt der Regierung veranschaulichte. Seiner Meinung nach wolle das Gesetz nur die bürgerlichen und staatsbürgerlichen Verhältnisse ordnen. Dem Abgeordneten Dr. Bayer, der ein Plädoyer für die Juden hielt, wurde von Seiten der NSZ bescheinigt, daß seine herrliche Rede lebendigen Beifall erhalten habe. Die Ausführungen Döllingers, der sich für eine beschränkte Emanzipation aussprach, empfand man als eine »Mischung aus Honig und Gift«.[46] Über den 1. Präsidenten der Abgeordnetenkammer, Hegnenberg, wird berichtet, daß er die vor Lügen strotzende Rede des Abgeordneten Sepp mehrmals korrigierte, und diesem bescheinigte, »mehr Sympathie für Singvögel als für Juden zu haben.«[47]

Nachdem die Kammer der Abgeordneten den Gesetzentwurf über die Judenemanzipation am 18. Dezember angenommen hatte, kommentierte am nächsten Tag die NSZ diese Entscheidung mit kritischer Distanz: »Daß der gestrige Beschluß der Kammer der Abgeordneten betreffs der Judenemanzipation erst nach einer 5tägigen, mitunter sehr leidenschaftlichen Debatte ...zu Stande kam, gibt gewiß keinen allzu günstigen Begriff von der Höhe, auf welcher das bayerische Volk und die Majorität der ...erwählten Volksvertretung steht.«[48] Besonders scharf wurden die geistlichen Abgeordneten angegriffen, die sich nicht den Vorstellungen der Linken angeschlossen hatten. Damit waren insbesondere die Abgeordneten Wolfsteiner, Schmitt und Boos gemeint, die sich als kirchliche Vertreter gegen eine Emanzipation aussprachen.

Am 25. Dezember wurde der Leser über die Vorbereitung von Bittschriften an die Kammer der Reichsräte informiert, die die Emanzipation der Juden verhindern sollten. Ausgangspunkt dieser Initiativen seien der Verein für religiöse Freiheit, die Pius-Vereine und der katholische Klerus.

In der Ausgabe vom 5. Januar 1850 stellte die NSZ fest, daß das Judenemanzipationsgesetz in der Kammer der Reichsräte nur wenig Gegner finde. Die Mehrzahl der Reichsräte habe sich trotz aller »Volksbotenadressen« für die Annahme des Gesetzes entschieden. Schwere Vorwürfe erhob die NSZ am 22.1.1850. Die Adressen gegen die Juden würden oftmals unter falschen Vorspiegelungen erschlichen werden und seien deshalb nicht mit der Stimme des Volkes gleichzusetzen. In Altbayern versuche man, selbst in den Schulen antijüdische Stimmung zu erzeugen, und wer »das frivole Treiben so mancher frommen Herren kennt, die von der Kanzel und im Beichtstuhl statt Liebe und Duldung zu predigen den niedrigen Fanatismus aufstacheln, der wird diese Stimmen nicht für die Stimmen des Volkes erkennen.«[49]

Am 16. Februar erwiderten mehrere jüdische Studenten die Vorwürfe des Abgeordneten Sepp. Punkt für Punkt widerlegten sie in einem Leserbrief, den die NSZ aus dem »Bayerischen Rheinboten« übernahm, die Anschuldigungen des heftigsten Gegners der Gleichberechtigung und klagten auch Döllinger an, den wahren Kern der jüdischen Religion nicht zu verstehen. Am Ende gaben sie ihren Wünschen mit den Worten Ausdruck: »...so kann uns doch niemand den Glauben entreißen,...den heiligen Glauben an den endlichen Sieg der Vernunft und der Gerechtigkeit.«[50]

Vier Tage später zitierte man Graf Montgelas, der betonte, daß die Emanzipationsentscheidung in engem Zusammenhang mit der Frage stehe: »Soll der bayerische Staat in Zukunft noch, wie bisher, ein christlicher sein, soll er auch in Zukunft noch auf dem Fundament der christlichen Religion und der christlichen Sittengesetze ruhen, oder sollen die religiösen Verhältnisse von den staatlichen gelöst werden und an die Stelle des christlichen Staates der indifferente Rechtsstaat treten. So lange der bayerische Staat auf dem Fundament der christlichen Religion ruht, wäre die völlige Gleichstellung der Israeliten, der urspünglichen Gegner des Christentums, mit den Christen eine beispiellose Inkonsequenz, eine schwere Verletzung dieses Fundaments. Im christlichen Staat müsse an und für sich der Nichtchrist von allen Ämtern ausgeschlossen bleiben, welche die Leistung des christlichen Eides zur Vorbedingung haben und welche überhaupt mit der christlichen Religion in engem Zusammenhang stehen.«[51] Wie fast alle konservativen Redner berief er sich auf den christlichen Staat, ohne klar zu definieren, was er eigentlich damit meine. Anschließend gab der Graf eine Übersicht der an die Reichsräte gesandten Adressen: Für eine Emanzipation waren nur vier, aber 600 dagegen. Von diesen 600 Adressen stammten 190 aus Oberbayern, 110 aus Niederbayern, 94 aus Unterfranken, 87 aus Schwaben, 75 aus der Oberpfalz, 30 aus Mittel- und 14 aus Oberfranken, keine aus der Pfalz.[52]

Am gleichen Tag meldete die NSZ, daß die Kammer der Reichsräte in ihrer Sitzung vom 16. Februar den Gesetzentwurf über die Emanzipation der Juden mit 30 gegen 6 Stimmen verworfen habe. Die 6 Reichsräte, die für die Gleichberechtigung stimmten, waren Fürst Hohenlohe, Giech, Arnold, Reigersberg, Armansperg und Heintz.[53] Kurze Zeit später verkündete die NSZ, daß ganz Deutschland sein tausendjähriges Unrecht durch vollkommene Gleichstellung der Juden gutzumachen suche; allein in Bayern würden die Juden Außenseiter bleiben. Weiter wurde Verwunderung darüber geäußert, daß ausgerechnet diejenigen, die es sonst nie wagten, einen Wunsch des Königs abzuschlagen, am heftigsten gegen eine Verbesserung protestierten. Auch juristisch sei in unverantwortlicher Weise gehandelt worden. »Ein Ausschuß wurde gänzlich umgangen; kein Minister zu den Sitzungen des Ausschusses geladen; kein Antrag wurde gestellt; der Entwurf der Regierung und der zweiten Kammer gar nicht geprüft.«[54] Die Gegner der Emanzipation sahen sich heftigsten Angriffen gegenübergestellt. Die Entscheidung der Reichsratskammer wurde scharf kritisiert: »Aber glaubt Ihr, daß ihr darum den Geist der Zeit zu zerstören im Stande seid? Die Glaubensfreiheit hat überall gesiegt, sie muß auch bei uns siegen, weil sie eine Wahrheit ist; über Euch aber wird schon die Gegenwart richten.«[55]

Die Gleichberechtigung, eine unabweichbare Forderung der Humanität und der Vernunft, war jedoch Mitte des 19. Jahrhunderts in der Pfalz noch nicht erreicht. Nachdem man ihre Emanzipationshoffnungen enttäuscht hatte, setzte eine starke Auswanderung von Juden aus der Pfalz ein. »Einen gleich weitgehenden Gesetzesentwurf in der Folgezeit durchzubringen, wäre unmöglich gewesen, außerdem gar nicht mehr in der Absicht der Regierung gelegen. Man griff deshalb im nächsten Jahr auf einen der in der Kammer der Reichsräte bei der Ablehnung eingebrachten Modalitätsanträge, das Emanzipationsgesetz auf die Gebiete des Zivilrechts und des Zivilprozesses zu beschränken, zurück.«[56] Für die Pfalz bedeutete der Entwurf die Aufhebung der bisherigen Beschränkungen des Bürgerrechts. Lediglich in der ersten Kammer wurden zusätzliche Änderungsanträge gestellt, wonach die Fragen des Judeneids und die Beseitigung der polizeilichen Gebote und der Verordnungen in separaten Gesetzesvorlagen geregelt werden sollten. Nachdem der Entwurf in allen Entscheidungsinstanzen angenommen wurde, kam es zur Verkündigung des Gesetzes am 29. Juni 1851.

Durch dieses Gesetz wurden alle zivilrechtlichen und prozessualen Beschränkungen des napoleonischen »decret infame« aufgehoben, »ebenso die Artikel 7 bis 8 des Dekrets von 1808, obwohl wesentlich staatspolizeilicher Natur, da sie für die Juden den Gerichten gegenüber auch als zivilrechtliche Ausnahmebestimmungen anzusehen seien; einzig die Abnahme des Entscheidungseides more judaico und Artikel 16 des Dekrets, betreffend den Zuzug von Israeliten von außerhalb des Kreises, bestanden noch weiter, wobei auch die Bewohner der rechtsrheinischen Kreise, Juden wie Christen, als Ausländer galten.«[57] Damit war die staatsbürgerliche Emanzipation weitgehend abgeschlossen.

Das Verbot des Zuzugs von Ausländern bzw. das der Ehe zwischen Juden und Christen wurde durch das Gesetz über Heimat, Verehelichung und Aufenthalt vom 16. April 1868 beseitigt. Die Tilgung der letzten Diskriminierung, die Aufhebung des Judeneids, fand erst 1869 durch die Einführung der neuen bürgerlichen Zivilprozeßordnung statt.

Anmerkungen

1 Richarz, M. (Hrsg.): Jüdisches Leben in Deutschland, Selbstzeugnisse zur Sozialgeschichte 1780 - 1871, New York 1976, S. 24
2 Franz, E.: Bayerische Verfassungskämpfe von der Ständekammer bis zum Landtag, München 1926, S. 17
3 Doll, A.: Die bayerische Pfalz, in: Dokumentation zur Geschichte der jüdischen Bevölkerung in Rheinland-Pfalz und im Saarland von 1800 - 1945, Koblenz 1972, Band 2, S. 270
4 Schwarz, St.: Die Juden in Bayern im Wandel der Zeiten, München 1980, S. 213
5 NSZ (Neue Speyerer Zeitung), 3. August 1819
6 NSZ, 28. August 1819
7 NSZ, 31.8.1819
8 Müller, Fr. H.: Johann Friedrich Butenschoen und die Neue Speyerer Zeitung (1816 - 1831), Speyer 1986, S. 172
9 NSZ, 9. September 1819
10 Doll, A.: Die bayerische Pfalz, ebenda, Bd. 2, S. 276
11 NSZ, 23. März 1822
12 NSZ, 6. April 1822
13 NSZ, 6. April 1822
14 NSZ, 11. April 1822
15 Doll, A.: Die bayerische Pfalz, ebenda, Bd. 2, S. 277
16 Verhandlungen der 2. Kammer der Ständeversammlung des Königreichs Bayern, 1831, Bd. 22, Protokoll CXXIX, S. 48 f.
17 Verhandlungen der 2. Kammer..., ebenda, 1831, Bd. 22, Protokoll CXXIX, S. 115
18 Verhandlungen der 2. Kammer,..., ebenda, 1831, Bd. 22, Protokoll CXXIX, S. 119
19 Doll, A.: Die bayerische Pfalz, ebenda, Bd. 2, S. 278
20 Verhandlungen der Kammer der Reichsräte (1. Kammer) 1831, Bd. 8, S. 333
21 Verhandlungen der 1. Kammer, ebenda, 1831, Bd. 8, S. 336
22 NSZ, 15. März 1831
23 Verhandlungen der Kammer der Abgeordneten..., ebenda, 1834, Bd. 3, S. 78/79
24 Verhandlungen der Kammer der Abgeordneten..., ebenda, 1834, Bd. 3, S. 86
25 Verhandlungen der Kammer der Abgeordneten..., ebenda, 1834, Bd. 5, S. 346
26 Verhandlungen der Kammer der Abgeordneten..., ebenda, 1834, Bd. 6, S. 134

27 NSZ, 28. Februar 1834
28 NSZ, 26. März 1834
29 NSZ, 29. Juli 1834
30 Verhandlungen der Kammer der Abgeordneten..., ebenda, 1846, Bd. 3, S. 357
31 Verhandlungen der Kammer der Abgeordneten..., ebenda, 1846, Bd. 6, S. 481/482
32 Doll, A.: Die bayerische Pfalz, ebenda, Bd. 2, S. 283
33 Doll, A.: Die bayerische Pfalz, ebenda, Bd. 2, S. 285
34 Doll, A.: Die bayerische Pfalz, ebenda, Bd. 2, S. 286
35 Verhandlungen der Kammer der Abgeordneten..., ebenda, 1849, Bd. 2, S. 486
36 Mar, W.: Die pfälzischen Abgeordneten im bayerischen Landtag, insbesondere beim
   ersten Landtag der Revolutionszeit 1849/50, Dissertation, München 1954, S. 256
37 Verhandlungen der Kammer der Abgeordneten..., ebenda, 1849, Bd. 2, S. 532
38 Marx, W., ebenda, S. 258
39 Marx, W., ebenda, S. 259
40 NSZ, 19. März 1849
41 NSZ, 21. März 1849
42 NSZ, 14. September 1849
43 NSZ, 18. September 1849
44 NSZ, 14. Dezember 1849
45 NSZ, 14. Dezember 1849
46 NSZ, 18. Dezember 1849
47 NSZ, 18. Dezember 1849
48 NSZ, 19. Dezember 1849
49 NSZ, 22. Januar 1850
50 NSZ, 16. Februar 1850
51 NSZ, 20. Februar 1850
52 NSZ, 20. Februar 1850
53 NSZ, 21. Februar 1850
54 NSZ, 28. Februar 1850
55 NSZ, 28. Februar 1850
56 Doll, A.: Die bayerische Pfalz, ebenda, Bd. 2, S. 287/288
57 Doll, A.: Die bayerische Pfalz, ebenda, Bd. 2, S. 290

Helga Karch:

Die politische Partizipation der Juden in der Pfalz

Gegenstand der nachfolgenden Ausführungen ist die Teilnahme der pfälzischen Juden am politischen Leben des bayerischen Rheinkreises vom Beginn des 19. Jahrhunderts bis zum Ende der Weimarer Republik, die bislang nur unzureichend erforscht wurde. Zwar fand der jahrzehntelange zähe, durch viele Rückschläge geprägte Kampf der Minderheit um politische und gesellschaftliche Gleichberechtigung in der Literatur immer wieder Berücksichtigung[1]; auf die Fragen jedoch, ob bzw. auf welche Art und Weise die pfälzischen Juden die Partizipationsmöglichkeiten nutzen konnten, die sich ihnen durch den fortschreitenden »Emanzipationsprozeß« eröffneten, gibt es bis heute nur punktuelle Antworten, vor allem weil die politisch aktiven Juden der Rheinpfalz unzulänglich erfaßt wurden. Diese Forschungslücke soll im folgenden ansatzweise geschlossen werden. Hauptanliegen der Darstellung ist es, möglichst viele der Juden vorzustellen, die als Gemeinderäte, als Abgeordnete des bayerischen Landtags oder als Mitstreiter der »außerparlamentarischen« Protest- bzw. Revolutionsbewegungen hervortraten. Daneben sollen ihre Motive und Anschauungen, ihre parteipolitische Ausrichtung und ihre soziale Herkunft näher untersucht werden. Aber — und dies darf einleitend nicht verschwiegen werden — auch der vorliegende Beitrag bleibt durchaus begrenzt. Er versteht sich nicht als »abschließende« Gesamtinterpretation, die angesichts der geringen Vorarbeiten auch kaum möglich ist, sondern vielmehr als »ersten« Versuch, ein bislang wenig berücksichtigtes, nichtsdestoweniger wichtiges Thema der pfälzisch-jüdischen Geschichte ins Blickfeld zu rücken. Denn erst die Analyse der politischen Partizipation der Israeliten oder ihrer Teilnahme am öffentlichen und kulturellen Leben der Region läßt auch Antworten auf die zentrale Frage nach dem »tatsächlichen Ausmaß« und dem Charakter ihrer gesellschaftlichen Integration zu. Und gerade heute, nach dem gewaltsamen Ende deutsch-jüdischen Zusammenlebens, gilt es, sich der gemeinsamen Vergangenheit zu erinnern und deren Probleme, aber auch deren Selbstverständlichkeiten ins allgemeine Bewußtsein zurückzurufen.

Wertvolle Anregungen und erste Hinweise verdankt die Arbeit dem grundlegenden Werk des israelischen Historikers, Jacob Toury, »Die politischen Orientierungen der Juden in Deutschland«, sowie dessen Detailstudien zur kommunalen Selbstverwaltung im Vormärz und der Bedeutung der Revolution von 1848 für die politische Identität der Minderheit.[2] Neben diesen Untersuchungen, in denen erstmals die zahlreichen jüdischen Quellen des 19. Jahrhunderts systematisch ausgewertet wurden, konnte auch die mehrbändige »Dokumentation zur Geschichte der jüdischen Bevölkerung in Rheinland-Pfalz und im Saarland von 1800 bis 1945« mit Gewinn herangezogen werden, die sowohl eine Fülle von amtlichen Veröffentlichungen, Verwaltungs- und Justizakten als auch die ausgedehnten Debatten um die »Judenfrage« in den Ständekammern des Großherzogtums Hessen-

Darmstadt, des Königreichs Bayern sowie des rheinischen Provinziallandtags zugänglich macht.[3] Als äußerst hilfreich erwiesen sich vor allem die profunden und detaillierten Ausführungen Anton Dolls zur Emanzipation der pfälzischen Juden, die für jede Auseinandersetzung mit ihrem dornenreichen »Weg zur Gleichberechtigung« unentbehrlich geworden sind.[4] Demgegenüber fanden sich in den von ihm bearbeiteten Quellen und in den anderen Bänden der Dokumentation zur Teilnahme der Juden am kommunalen und parlamentarischen Leben ihrer Heimat nur vereinzelte Hinweise. Um so deutlicher müssen deshalb die beiden richtungsweisenden Aufsätze Bernhard Gerlachs von den anderen Publikationen abgehoben werden.[5] Gerade seine faktenreichen Untersuchungen zum politischen Engagement der Kaiserslauterer Juden in der ersten Hälfte des 19. Jahrhunderts unterstreichen, wie fruchtbar eine intensive Erforschung der überlieferten Archivalien ist und wie notwendig sie wäre. Eine umfassende Sichtung dieses Materials hätte jedoch den Rahmen dieser Arbeit gesprengt. Für diesen Beitrag konnten allein die in den genannten Publikationen in zahlreichen Ortschroniken und regionalen bzw. örtlichen Parteigeschichten verstreuten Informationen zusammengetragen und mit Hilfe von regionalen oder lokalen Zeitungen sowie durch einzelne Stadt- bzw. Gemeinderatsprotokolle konkretisiert und vervollständigt werden.[6] Aber auch diese Recherchen stießen immer wieder an quellenbedingte Grenzen. So war z. B. in vielen Fällen nicht zu klären, wann genau oder wielange ein jüdischer Gemeinde-bzw. Stadtrat dem örtlichen Selbstverwaltungsgremium angehörte oder gar welche »Partei« er dort vertrat. Die »Heterogenität« der vorliegenden Ergebnisse spiegelt somit auch die Disproportionalität des Forschungstandes und der Quellen wider. Während die politischen Aktivitäten im Vormärz und in der Revolution von 1848 durchaus breit dokumentiert werden können, weisen die Aussagen zu den Nachmärzjahren und zum Kaiserreich sowie zu der in der pfälzischen Regionalgeschichtsschreibung stark vernachlässigten Weimarer Republik einige »Lücken« auf.

Vom Wiener Kongreß zur Revolution von 1848/49

Die pfälzischen Juden waren bis zur völligen Aufhebung aller die israelitische Minderheit betreffenden Ausnahmegesetze in Bayern am 3. 7. 1869 in rechtlicher Hinsicht besser gestellt als ihre Glaubensgenossen in den rechtsrheinischen Kreisen des Königreichs oder in anderen Staaten des Deutschen Bundes.[7] Ihr besonderer Status folgte aus der fast zwanzigjährigen Zugehörigkeit der späteren Pfalz zu Frankreich. Denn da König Maximilian I. in verschiedenen Zusatzartikeln zur bayerischen Verfassung vom 26. 5. 1818 im wesentlichen alle jene Rechte bestätigte, die seinen linksrheinischen Untertanen aus der revolutionären oder der napoleonischen Gesetzgebung erwachsen waren, blieben auch für die pfälzischen Juden die »französischen« Bestimmungen in Geltung. Diese Garantie bezog sich sowohl auf die völlige rechtliche und staatsbürgerliche Gleichstellung aller Juden Frankreichs vom 27. 9. 1791 als auch auf die kaiserlichen Dekrete von 1808, durch die vor allem ihr zivilrechtlicher und wirtschaftlicher Status stark beschnitten worden waren.[8] Allerdings durchbrach die bayerische Regierung dieses Prinzip in einem, gerade die staatsbürgerlichen Rechte der pfälzisch-jüdischen Minderheit wesentlich beeinträchtigenden Punkt. Mit Verordnung vom 5. 10. 1818 hob man ihre Wählbarkeit in die Ständekammer auf. Diese Maßnahme war notwendig geworden, weil große Teile der bayerischen Verfassung, in denen allen im Königreich geborenen Juden das »Indigenat« (Staatsbürgerrecht), aber nicht die völlige Gleichstellung mit den christlichen Staatsbürgern zuerkannt worden war, auf die Pfalz keine Anwendung finden konnten.[9] Festzuhalten bleibt, daß die Verordnung nur das passive Wahlrecht betraf, nicht jedoch das sog. »Wahlstimmrecht«. Die pfälzischen Juden durften bei den nach indirektem Modus erfolgenden Wahlen zur zweiten Kammer nicht nur ihre Stimmen abgeben, sondern auch als Wahlmänner fungieren. Ihre Wählbarkeit auf kommunaler Ebene war gleichfalls nicht tangiert; das Amt eines Gemeinderats stand ihnen — zumindest »theoretisch« — ebenso offen wie das eines Geschworenen.

So überrascht es nicht, daß mit Jonas Marx und Moses Altschul bereits 1820 zwei jüdische Bürger Ingenheims im örtlichen Gemeinderat vertreten waren, in den einige Jahre später auch Herm. Fried gewählt wurde.[10] Der Vorsteher der großen israelitischen Gemeinde dieses südpfälzischen Orts, Bernhard Roos, hatte ab 1833 das Amt eines Gemeinderatsmitgliedes und ab 1869 gar das des Bürgermeisters inne.[11] Von Bad Dürkheim ist die Wahl des Lederhändlers Jonathan Gernsheim in den Gemeinderat belegt (1838). Daneben trat er auch als Mitglied des Rekrutierungsrates für das Landkommisariat Neustadt und einige Jahrzehnte später als Mitbegründer des örtlichen Altertumsvereins hervor (1872), dessen Sammlungen er bis zu seiner Übersiedlung nach München verwaltete.[12] In Mußbach bekleidete ab 1838 der Gutsbesitzer und Weinhändler Veit Mahler das Amt eines Schöffen.[13] Dennoch ist es fraglich, welche der Aussagen, die Ende der 1830er Jahre in zwei bedeutenden deutsch-jüdischen Zeitungen publiziert wurden, der Realität entsprachen oder zumindest auf die Verhältnisse der Pfalz übertragen werden können. Am 17.5.1838 umriß ein Mitarbeiter der »Allgemeinen Zeitung des Judentums« die Situation so: »Bei allen Gemeindewahlen finden wir Juden von Seiten der Christen auserkoren und es gibt keinen deutlicheren Beweis für die gute Stimmung ... als daß selbst zur Jury nicht selten Juden gewählt werden.«[14] Diesem positiven Befund stellte, ebenfalls 1838, ein journalistischer Kollege bei der gleichen Zeitung sein eher nüchternes Urteil gegenüber: »... hier und da (werden) Israeliten durch das Vertrauen ihrer christlichen Mitbürger zu deren Vorständen und Vertretern berufen«.[15] Noch negativer beurteilte ein Jahr später ein Berichterstatter der »Israelischen Annalen« die Lage. Er suchte sogar nach Gründen, warum so wenig Juden in städtische Ämter gewählt würden und führte dies darauf zurück, daß »viele Christen, die mit den Gesetzen gerade nicht so vertraut sind, von der Unfähigkeit der Wahlen zur Ständeversammlung sowohl, als auch, wie es aus der Praxis fast hervorzugehen scheint, von der Unfähigkeit, irgend ein Amt überhaupt zu bekleiden, schlossen, daß auch bei der Gemeindewahl kein Israelit wahlfähig sei.«[16]

Diese Uneinigkeit der zeitgenössischen jüdischen Beobachter in der Einschätzung der Partizipation ihrer Glaubensgenossen am politischen Leben des Vormärz, erschwert nicht nur eine eindeutige Bewertung der verstreuten Einzelinformationen, sondern läßt auch Skepsis gegenüber allzu euphemistischen Gesamtbeurteilungen aufkommen. Und Beispiele, wie das des Kirchheimbolander Gutsbesitzers und ehemaligen Mitglieds des jüdischen Konsistoriums im Donnersbergdepartement, Raphael Durlacher, verstärken diese Zweifel noch. Er war, »ausgezeichnet durch seine Rechtlichkeit« sowie »seine Abneigung gegen jenen Handelszweig«[17], schon am 20. 11. 1816 von den Bestimmungen des sog. »Judendekrets« befreit worden[18], und erhielt bei der Gemeinderatswahl von 1821 eine ansehnliche Stimmenzahl, wurde aber als Israelit vom Amt eines Stadtrats ausgeschlossen.[19] Dieser Vorgang unterstreicht noch einmal, daß weder von den Rechtsnormen noch von einigen positiven Beispielen auf die tatsächlichen Partizipationsmöglichkeiten geschlossen werden kann. Vielmehr muß in Betracht gezogen werden, daß die praktische Umsetzung des rechtlich Verbürgten zeitlich weit hinter dem eigentlichen Gesetzgebungsakt hinterherhinkte, denn sie war wesentlich abhängig von der Einstellung der christlichen Mehrheit gegenüber der israelitischen Minderheit. Zwar sind aus der Pfalz für die erste Hälfte des 19. Jahrhunderts keine den süddeutschen »Hep-Hep-Unruhen« von 1818/19 oder den Ausschreitungen im Odenwald während der Revolution von 1848/49 vergleichbaren antijüdischen »Excesse« bekannt. Aber aus dieser Tatsache allein darf nicht unmittelbar auf eine besonders tolerante oder gar generell judenfreundliche Stimmung geschlossen werden. Daß die oben zitierten Berichterstatter antijüdischen Ressentiments mit keinem Wort erwähnten, ja selbst der »kritischste« Beobachter die geringen Partizipationschancen mit »Unwissenheit« beschönigte, darf in diesem Zusammenhang nicht überraschen. Die vorsichtige Haltung findet ihre Erklärung in der »Loyalität« der Minderheit, die die Aufhebung ihrer Ausnahmestellung anstrebte und deshalb jeden Konflikt sowohl mit der Obrigkeit als auch mit ihrer Umwelt zu vermeiden versuchte.

»Wer als Jude seinen Lebensunterhalt sichern wollte, mußte sich einer loyalistischen, den Behörden genehmen politischen Haltung befleißigen, denn die Juden standen ja nun einmal unter Sonderrecht. Diejenigen Juden, die nach Amalgamierung mit der übrigen Bevölkerung und nach voller Gleichberechtigung strebten, glaubten unter dem reaktionären Regime des Vormärz keinen besseren Weg zu sehen, als den der offenen bezeugten Loyalität. Und ein Großteil der orthodoxen Juden betrachtete aus seiner religiösen Sicht die Treue zur herrschenden Dynastie und zu der von ihr eingesetzten Behörde als seine ihm gebotene profane Pflicht. Woher auch die Motive für den Loyalismus der Juden kamen — im Vormärz war er unter ihnen vorherrschend.«[20]

Wenn Toury daraus ableitet, daß sich deshalb nur verschwindend wenige Juden offen zum Liberalismus bekannt hätten, so ist diese Feststellung zumindest für die Pfalz einzuschränken. Als am 15. 1. 1832 die Bürger Kaiserslauterns den aus München zurückkehrenden Abgeordneten der liberalen Opposition, Daniel Ritter aus Sembach, mit einem Bürgerfest ehrten, und der als oppositioneller Wortführer bekannte protestantische Pfarrer seines Heimatortes, Johann Heinrich Hochdörfer ihm eine Grußadresse überreichte, fanden sich darauf auch die Unterschriften Sembacher Juden.[21] Diese demonstrativen Begrüßungsfeiern, deren Zahl im Vorfeld des Hambacher Festes rapide anstieg, waren jedoch keine rein geselligen Rituale, sondern »unter dem Deckmantel der Geselligkeit« organisierte Treffen der »außerparlamentarischen Oppositionsbewegung«.[22]

In ähnlicher Weise fand zwei Wochen später der Aufruf des »Deutschen Vaterlandsvereins zur Unterstützung der freien Presse« vom 29. 1. 1832 bei den Juden in und um Kaiserslautern ein breiteres Echo. Ihn unterstützten der Eisenhändler J. Felsenthal, der Lehrer Isaak Strauß aus Münchweiler [23] sowie verschiedene Juden aus Otterberg. [24] Sie alle förderten einen Verein, der es sich zur Aufgabe gemacht hatte, die von der Zensur bedrohten liberalen Zeitungen und deren Redakteure finanziell abzusichern, ein vom Postversand unabhängiges Vertriebsnetz aufzubauen und die bürgerlich-liberale Opposition Deutschlands durch ein Netz von Filialvereinen zusammenschließen. [25] Daß unter den Tausenden, die am 27. 5. 1832 auf den Hambacher Schloßberg hinaufzogen, auch Israeliten gewesen sein sollen, erstaunt demnach kaum noch. [26] Denn dieses machtvolle Bekenntnis zu »Einheit und Freiheit der deutschen Nation« wurde ja von der pfälzischen Opposition und dem Preßverein gemeinsam veranstaltet.

Noch verständlicher wird das Engagement der pfälzischen Juden auf Seiten des »entschiedenen Liberalismus«, wenn man berücksichtigt, daß es die liberalen Abgeordneten des Rheinkreises waren, die im Februar 1831 eine parlamentarische Initiative zur Beseitigung aller Ausnahmegesetze eingeleitet hatten. Am 3. 11. 1831, nur wenige Wochen vor den hier angesprochenen Ereignissen, hatte der Neustadter Deputierte Willich vor dem Plenum der zweiten Kammer den von nahezu allen seinen pfälzischen Kollegen unterstützten Aufhebungsantrag damit begründet, daß die »Judendekrete« den Gleichheitsgrundsatz der Verfassung verletzten und einen Eingriff in die Glaubens- wie Gewissensfreiheit darstellten. [27]
Nicht zuletzt bleiben alle diese von den bayerischen Behörden argwöhnisch beobachteten und sorgfältig registrierten Aktionen zunächst noch innerhalb des gesetzlichen Rahmens und genossen in der Pfalz große Sympathie. Das Engagement der Angehörigen der Minderheit stellte damit einerseits zwar eine Loyalitätsverweigerung oder gar -verletzung gegenüber der Obrigkeit dar; es war andererseits aber zugleich eine Loyalitätsbekundung für eine politische Bewegung, die gerade auch regionales Selbstbewußtsein und politisch-kulturelles Eigenverständnis zu artikulieren suchte. Die israelitischen »Unterzeichner« der Aufrufe optierten in dem Moment, in dem die Loyalität gegenüber ihrer »unmittelbaren gesellschaftlichen Umwelt« und die Loyalität gegenüber einer »entfernten Obrigkeit« miteinander in Konflikt gerieten, für die Solidarität mit ihrer engeren Lebensgemeinschaft.

Besonders hervorzuheben ist, daß einzelne Juden auch die scharfen Proteste unterstützten, die sich im Sommer 1832 gegen die Diskriminierung und Kriminalisierung der Oppositionsbewegung wandten. Ihre Namen finden sich sowohl auf der streitbaren Resolution des Dürkheimer Lehrers, Friedrich Wilhelm Knöbel, die am 1. 8. 1832 von einer in Kaiserslautern versammelten Volksmenge verabschiedet wurde[28], und der gemäßigteren Culmannschen Entschließung vom 9. 8. des gleichen Jahres [29] als auch im »Schwarzen Buch« der Metternichschen Polizeibehörde. [30] Gegen den Kaiserslauterer Advokaten Maximilian Hatry wurde ein Untersuchungsverfahren »wegen versuchte(r) Aufreizung zum Ungehorsam gegen die bestehende Staatsregierung« eröffnet, am 30. 5. 1833 aber eingestellt. Die Behörden ermittelten gleichfalls gegen den 1812 in Blieskastel geborenen Mediziner, Leo Herz, dessen Beiname, »Siebenpfeiffer« (nach dem populären Journalisten und Hauptredner des Hambacher Festes), den politischen Kontext unmittelbar erkennen läßt. Herz, der wie Hatry in Heidelberg studiert und dort einer Burschenschaft sowie einer revolutionären Verbindung von Studenten und Bürgern angehört hatte, war nach Abschluß seines Studiums als Arzt in Kandel tätig. Die gegen ihn laufenden Untersuchungen konnten am 28. 3. 1839 aus Mangel an Beweisen niedergeschlagen werden.[32]

Wenngleich die hier angeführten Beispiele keineswegs ausreichen, um die Haltung der pfälzischen Bevölkerung gegenüber der Minorität insgesamt zu beurteilen, so unterstreichen sie doch, daß die in vielen vergleichenden Studien des Emanzipationsprozesses im 19. Jahrhundert herausgestellte »freiere Atmosphäre« des Rheinkreises, die auch zu einer vermehrten Teilnahme der Minderheit am politischen Leben der Region geführt habe, empirisch zu belegen ist.[33] Zweifellos entfalteten die Juden der Pfalz schon im Vormärz politische Aktivitäten, die den kommunalen Rahmen ebenso sprengten wie die Grenzen ihres spezifischen Eigeninteresses, auch wenn sie sich an das liberale Lager anschlossen, das ihre »Emanzipation« auf parlamentarischer Ebene vertrat. Sie standen für dessen Ziele sogar noch ein, nachdem die behördlichen Verfolgungen begonnen hatten.

Wie bei der Gesamtbevölkerung sind dabei auf israelitischer Seite soziologische Unterschiede der politisch Aktiven unübersehbar. Während auf der kommunalen Ebene die Vertreter des Handels- und Gewerbestandes, also die Mitglieder der jüdischen Ober- bzw. der gehobenen Mittelschicht, eindeutig dominierten, standen in den Reihen der »entschiedenen« Opposition vornehmlich freiberuflich tätige Intellektuelle.

Diese Differenzen verwischten sich im Verlauf der Revolution von 1848 kaum, in der Toury den »Wendepunkt« der politischen Orientierung der deutsch-jüdischen Minderheit sieht. Der »Völkerfrühling« des März 1848 habe ihre Hoffnungen auf eine baldige umfassende Emanzipation so stark keimen lassen, daß der vorherrschende »Loyalismus« allmählich zurückgetreten und das politische Engagement angewachsen sei. Die erstmals in allen Staaten des Deutschen Bundes praktizierte Gleichstellung bei den Wahlen zur Paulskirche bzw. zu den einzelnen Kammern und die breite Grundrechtsdiskussion im Frankfurter Parlament, hätten eine Bewegung in Gang gesetzt, die nach dem Scheitern der hochfliegenden Pläne nicht mehr aufzuhalten gewesen sei.[34]

Diese Entwicklung ist auch in der Pfalz zu beobachten, obgleich es hier bis zum Jahreswechsel 1848/49 vergleichsweise »ruhig« blieb. Die politische Bewegung verlief zunächst innerhalb gesetzlicher Bahnen, zumal nach dem Rücktritt Ludwigs I. und der Regierungsneubildung durch seinen Nachfolger, Maximilian II., die Erfüllung der Märzforderungen nur eine Frage der Zeit zu sein schien. Erkennbaren Ausdruck fand das Engagement der Bevölkerung im Frühjahr 1848 vor allem in den allerorten aufgestellten Bürgerwehren. Unter denen, die hier ihre demokratische Gesinnung, aber keineswegs ihre Bereitschaft zum revolutionären Kampf demonstrierten, sind auch zahlreiche Juden zu finden.

Auf der Liste der am 3.4. gebildeten Landauer »Bürgerwehr« etwa, die 393 Namen aufweist, sind mindestens 26 jüdische Bürger der Stadt verzeichnet.[35] Ihre berufs- und altersmäßige Zusammensetzung unterstreicht den »gemäßigten« Charakter der Garden. Hier waren Angehörige des Handels- und Handwerkerstandes ebenso vertreten wie alle Altersstufen zwischen 28 und 51 Jahren.[36] Das auffallend große Engagement der Landauer Juden ist auf den Einfluß des hier wirkenden Bezirksrabbiners, Elias Grünebaum, zurückzuführen, der sich schon im Vormärz mit zahlreichen Schriften als Verfechter von Emanzipation und Liberalismus zu erkennen gegeben hatte.[37] Sein Eintreten für die Märzerrungenschaften bekundete er am 20. 9.1848 in einer pathetischen Festrede, die er anläßlich der Fahnenweihe der Bürgerwehr hielt.[38] Israeliten waren auch im demokratisch orientierten Turnverein Edenkobens[39] sowie in der Bürgerwehr bzw. der Sicherheitsgarde Kaiserslauterns repräsentiert. Zwei lokale Quellen verzeichnen im Frühjahr 1849 zum einen sieben, zum anderen fünf Angehörige der jüdischen Gemeinde.[40]

Noch bemerkenswerter ist das offene Eintreten einzelner pfälzischer Juden für die Revolution, als der Rheinkreis das Scheitern der Paulskirche mit offenem Aufstand beantwortete.[41] Nachdem Friedrich Wilhelm IV. die Kaiserkrone ausgeschlagen und die bayerische Regierung sich geweigert hatte, die Reichsverfassung anzuerkennen, konstituierten sich am 2.5.1849 in Kaiserslautern ein sog. »Landesverteidigungsausschuß« und am 17. des gleichen Monats eine provisorische Regierung, die sich von München lossagte. Aber schon am 18.6.1849 war dieser »Hochverratsakt« beendet. Ein preußisches Interventionsheer zerstörte die pfälzischen »Republikträume« ebenso wie kurze Zeit später die der badischen Freischaren.

In Otterberg, wo die meisten Juden auf der Seite der Revolution standen, trat besonders Lazarus Straus der Jüngere hervor, der 1850 in die USA emigrierte.[42] Er unterstützte — wie Isaac Mayer aus Edenkoben[43] — die Revolutionäre vor allem mit Geldspenden. Der Ludwigshafener Arzt, Jonas Löwenthal, der aus der Würzburger Gegend stammte, wurde als Offizier der Bürgerwehr dort zum Platzkommandanten erhoben. Er entzog sich seiner Verhaftung durch die Flucht in die Schweiz und wurde 1851 »in Abwesenheit« zum Tode verurteilt.[44] Zu den politisch Verfolgten und gerichtlich Belangten der Reaktionszeit gehören außerdem der Anwalt Lazarus Kaufmann aus Frankenthal[45], der praktische Arzt A. Dreifuhs (Dreyfuß) aus Edenkoben[46] sowie der Maler und Daguerreotypist, Ludwig Moser gen. Wolf aus Speyer, der 1851 zum Tode verurteilt, aber ein Jahr später freigesprochen wurde. Unter den behördlichen Repressionen zu leiden hatte auch der Rechtskandidat Gottlieb Ludolf Loeb aus Ungstein, dem man 1852 die Übernahme in den Staatsdienst verweigerte.[47]

Vom »Nachmärz« bis zum Ende des Kaiserreichs

Die staatliche und bürokratische Reaktion der frühen 1850er Jahre zerstörte aber nicht nur die nationalen und parlamentarischen Hoffnungen in Deutschland oder trieb die Revolutionäre in die Emigration. Sie enttäuschte auch die Emanzipationserwartungem der jüdischen Minderheit im rechts- wie linksrheinischen Bayern. Das 1849 im Landtag diskutierte Emanzipationsgesetz wurde im Frühsommer 1851 nur mit starken Einschränkungen verabschiedet, obwohl die Majorität der ersten und der zweiten Kammer es zuvor angenommen hatten, und die bayerische Regierung sowie der König zunächst bereit gewesen waren, der Aufhebung aller Ausnahmegesetze zuzustimmen. Aber sie wichen schließlich doch vor den scharfen At-

tacken der katholischen Abgeordneten und der von ultramontaner Seite organisierten Petitionsflut zurück, die sich vor allem aus den altbayerischen Kreisen in
die Residenzstadt ergoß. Das Gesetz vom 29.6.1851 hob nur die Beschränkungen
auf, die gewohnheits-, erb- oder güterrechtliche Fragen betrafen, nicht jedoch das
Eheverbot zwischen Christen und Juden sowie den Ausschluß der Juden vom juri-
stischen Staatsdienst, besonders vom Richteramt. [48] Festzuhalten ist jedoch, daß es
dem Ministerium von der Pfordten nicht gelang, das Wahlgesetz des Revolutions-
jahres zu revidieren, und die Minorität somit im Besitz des aktiven wie passiven
Wahlrechts blieb. Analog hierzu erlangte sie auf dem Verordnungsweg am
28.5.1852 auch das passive Wahlrecht zum reorganisierten pfälzischen Landrat
und zu den Distrikträten. Am 24.2.1867 hob eine Ministerialentschließung endlich
alle noch bestehenden Beschränkungen auf, und diese Annulierung der »Judendekrete« wurde am 3.7.1869 durch ein Gesetz bekräftigt. Es war der gerade in den
1860er Jahren vielerorts wiedererstarkte freiheitliche Geist des Liberalismus, der
mehr als ein halbes Jahrhundert nachdem die Pfalz mit dem Königreich vereinigt
worden war, die rechtliche Diskriminierung beendete.

Vor diesem Hintergrund darf es nicht überraschen, wenn 1869 mit dem Landauer Kaufmann Simon Levi und dem in Speyer geborenen Rechtskonsulenten Karl
Adler die ersten beiden Juden in den bayerischen Landtag gewählt wurden. [49] Sie gehörten der nationalliberal orientierten pfälzischen Fortschrittspartei an, die bis in
die 1880er Jahre hinein bei allen Wahlen eindeutig dominierte. [50] In ihr hatten sich
seit 1859/60 — mit Ausnahme des demokratischen Abgeordneten Kolb — alle Liberalen der Revolutionszeit reorganisiert. Sie schlossen sich jedoch erst 1868 an die
Bayerische Fortschrittspartei an. Innen- oder gesellschaftspolitische Differenzen
traten hierbei hinter die alles beherrschende Frage der nationalen Einheit zurück.

Einer der Exponenten der kleindeutschen Lösung war der am 21.4.1817 in
Kirchheimbolanden geborene, seit 1848 in Landau ansässige Simon Levi. Er hatte
sich schon vor dem preußisch-österreichischen Krieg für ein Zusammengehen Bayerns mit Preußen eingesetzt und damit den Schwenk der pfälzischen Liberalen ins
kleindeutsche Lager mitvollzogen, der Mitte der 1860er Jahre gerade auch unter
dem Eindruck einer neuerlichen Expansionspolitik Frankreichs erfolgte. Dieser
politischen Richtung blieb Levi auch als Deputierter des Wahlkreises Landau-
Neustadt treu. Als am Vorabend des deutsch-französischen Kriegs von 1870/71
der von der katholischen »Patriotischen Partei« beherrschte parlamentarische
Ausschuß noch die bewaffnete Neutralität Bayerns befürwortete, wies Levi in einer Rede darauf hin, daß in der Pfalz Einigkeit darüber bestehe, daß man an der
Seite Preussens kämpfen müsse, ungeachtet der Schwierigkeiten, die der Heimat
daraus erwachsen könnten: »Die Pfalz ist einmütig bereit, im Notfalle lieber unter-
zugehen, als schmachvoll zu bestehen unter dem Schutze Frankreichs. (...) Wir
wissen, daß wir von unseren norddeutschen Brüdern im Jahre 1813 von der
Fremdherrschaft befreit wurden und daß wir jetzt mit ihnen gehen müssen trotz aller Gefahr. (...) Wenn Sie neutral bleiben, sind wir für Sie verloren.« [51] Bei den späteren Beratungen über den Beitritt Bayerns zum Reich unterstützte er mit Nachdruck die Bündnisverträge, die den Zusammenschluß besiegeln sollten. Neben diesem nationalen Engagement war Levi, der seit 1866 auch der pfälzischen »Kreis-
Gewerbe- und Handelskammer« vorstand, als Mitglied des Finanzausschusses

auch aktiv an der Beratung ökonomischer Fragen beteiligt. 1875 lehnte er, der drei Jahre zuvor noch an der Neugestaltung der jüdischen Kultusgemeinden der Pfalz lebhaften Anteil genommen hatte, die ihm angebotene Wiederwahl ab, weil er einem Jüngeren Platz machen wollte. Als Mitglied des Verwaltungsrates der Pfälzischen Eisenbahnen, in den ihn der König berufen hatte, als Vorstand der israelitischen Kultusgemeinde Landaus und nicht zuletzt als jahrzehntelanges Mitglied des Stadtrats seiner Heimatgemeinde (1863: Ersatzmann, 1868-1900: Stadtrat) blieb er jedoch in der pfälzischen Wirtschaft wie in der kommunalen Politik aktiv.

Demgegenüber trat der zweite jüdische Abgeordnete der Pfalz, Karl Adler, der zwischen 1869 und 1875 den Wahlkreis Speyer-Frankenthal vertrat, weniger in den Blickpunkt der parlamentarischen Öffentlichkeit. [52] Vielleicht auch, weil der Rechtskonsulent, der ab 1873 in Freinsheim und von 1884 bis zu seinem Tod im Jahr 1886 in Bad Dürkheim wirkte, sich vor allem um gesellschaftliche Probleme kümmerte, die in jenen Jahren eindeutig im Schatten der nationalen Frage standen. Das sozialpolitische Engagement dieses Vertreters linksliberaler Politik war dabei in besonderem Maße auf Fragen der Fabrikinspektion und der -ordnungen gerichtet.

Hinzuweisen ist in diesem Zusammenhang noch auf den am 27.7.1871 in Ludwigshafen geborenen Rechtsanwalt, Friedrich Goldschmit, auch wenn er von 1905 bis 1911 den fränkischen Wahlkreis Wunsiedel vertrat und einige Jahre zuvor zum protestantischen Glauben übergetreten war. [53] Im Rahmen seiner parlamentarischen Tätigkeit konzentrierte er sich auf Probleme der inneren Verwaltung, der Beamtenschaft sowie auf Verfassungsfragen, vor allem auf deren Verletzung durch staatliche Behörden. Er gehörte der Liberalen Fraktion an, stand aber sowohl seiner Partei als auch seiner Heimat kritisch gegenüber. Immer wieder beklagte er den viel zu »geringen politischen Sinn« der bayerischen »Untertanen«.

Ob allerdings die Tatsache, daß er in jenen Jahren der einzige bürgerliche Abgeordnete jüdischer Abstammung im bayerischen Landtag war, mit dem seit den 1880er Jahren auch im Königreich wieder stärker hervorgetretenen Antijudaismus und dem unter dem Eindruck der »Großen Depression« sich organisierenden politischen Antisemitismus begründet werden kann, bedarf ebenso der Klärung wie die Frage, ob diese Entwicklung auch in der Pfalz ihren Niederschlag fand. [54] Bei dem im Rheinkreis schnell anwachsenden »Bund der Landwirte« jedenfalls scheinen antijüdische Ressentiments keine entscheidende Rolle gespielt zu haben. [55] Und die bei der gegenwärtigen, zugegebenermaßen unvollständigen Erfassung jüdischer Kommunalpolitiker zumindest ansatzweise erkennbare Tendenz, daß deren Zahl in den letzten Jahren vor dem Ersten Weltkrieg zurückging, kann auch andere Ursachen haben. Es ist zum einen nicht von der Hand zu weisen, daß das Absinken der jüdischen Bevölkerung in der Pfalz und ihre Abwanderung in die Städte der Region diesen besonders in den ländlichen Gemeinden zu konstatierenden Rückgang der Partizipation in erheblichem Maße mitbedingte. Zum anderen mag in den städtischen Zentren, wie etwa in Ludwigshafen, das Anwachsen der Arbeiterschaft die Wahlchancen der eher liberal orientierten Vertreter der jüdischen Mittel- bzw. Oberschicht beeinträchtigt haben. Eine eindeutige Gewichtung dieser Faktoren muß jedoch künftigen Untersuchungen vorbehalten bleiben. Zu klären ist ferner, ob und wann die im 19. Jahrhundert spürbare »freiere Atmosphäre« des Rheinkreises »verloren« ging und inwieweit dieser Verlust von liberalen Traditionen die

Haltung der pfälzischen Bevölkerung gegenüber der jüdischen Minderheit beeinflußte. Die Heterogenität der vorliegenden Ergebnisse läßt auch in diesem Punkt noch kein klares Urteil zu.

So werden z.B. für Albersweiler jüdische Gemeinderäte nur in den 1870er Jahren erwähnt.[56] Aber schon das Beispiel Bad Dürkheims zeigt, daß dies durchaus nicht die Regel war. Hier wurden 1904 der ehemalige Volksschullehrer und Begründer der örtlichen Realschule, Simon Bärmann, sowie der Weingutsbesitzer und Kommerzienrat, Friedrich Wilhelm Mayer, in den Stadtrat gewählt. Beide gehörten zu den Honoratioren der Salierstadt. Bärmann, 1833 in Kindenheim geboren, hatte bereits 1865 zusammen mit dem Ingenheimer Pfarrer Brion eine Privatschule ins Leben gerufen und 1875 in Dürkheim seine private Realschule gegründet, die 1920 verstaatlicht wurde.[57] Mayer, der sich als Wohltäter der Gemeinde große Verdienste erwarb — er vermachte ihr seinen gesamten Waldbesitz und stiftete eine beträchtliche Summe für das örtliche Schwimmbad — fungierte bei den Landtagswahlen von 1905 als Wahlmann und zog bei den Kommunalwahlen vom 20.11.1909 erneut in den Stadtrat ein.[58] Anstelle von Simon Bärmann wurde bei diesen Wahlen sein Sohn, Heinrich Bärmann, gewählt, der seit 1899 der Realschule vorstand.[59]

In Edenkoben gehörten Julius Herrmann und Julius Weidenreich dem Stadtrat ebenso an wie der 1900 in Wiesbaden verstorbene Adolf Bloch, der 1865 den Vorschußverein der Gemeinde mitbegründete und später dem Aufsichtsrat der daraus hervorgegangenen Volksbank vorsaß.[60]

Die zahlenmäßig starke jüdische Gemeinde Ingenheims stellte von 1869 bis 1884 mit Bernhard Roos sogar den Bürgermeister dieser südpfälzischen Gemeinde. Hier hatte der jüdische Lehrer, Sender Dreyfuß, auch das Amt des Gemeindeschreibers inne. Daneben saß Herm. Fried im Stadtrat.[61]

Für Landau ist als erster jüdischer Stadtrat der Kaufmann Lazarus Löb zu nennen, der dem kommunalen Gremium von 1864 bis 1867 und von 1870 bis 1873 angehörte. Ihm folgten 1868 Simon Levi (bis 1900) und 1884 Jesaias Brunner, Joseph Mayer sowie Emanuel Siegel. Von 1904 bis 1909 gehörte Heinrich Levy, der auch im Direktionsrat der »Königlich Bayerischen Staatsbahnen« saß, dem Stadtrat an.[62]

In Ludwigshafen war der am 1.4.1843 geborene Leiter des Hypothekenbüros der »Süddeutschen Creditbank« und königlich-serbische wie königlich-italienische Konsul, Julius Goldschmit, bei der Gemeindewahl vom 6.11.1869 als Wahlausschußmitglied beteiligt. Bei den Kommunalwahlen von 1894 wurde er zwar als Kandidat aufgestellt, aber nicht gewählt.[63] Demgegenüber gehörte der am 14.11.1830 geborene Mitinhaber der Eisengroßhandlung »Wolf Netter« (gegr. 1856), Samuel Netter, insgesamt sechs Wahlperioden lang dem lokalen Gremium an (1869-1894). Knapp zwei Wahlperioden saß Anfang der 1860er Jahre auch der Gründer eines Eisen- und Farbwaren-Detailgeschäftes (gegr. 1854) und Inhaber der »Königlichen Salzniederlage« (ab 1859), Max Lippmann, im Stadtrat.[64]

Neben Pirmasens, wo der Schuhfabrikant Karl Wolff im Stadtrat saß[65], ist hier auf Speyer einzugehen, wo ab 1863 jüdische Mitbürger regelmäßig in das lokale Selbstverwaltungsgremium gewählt wurden: von 1863 bis 1869 der Lederhändler Carl David, von 1869 bis 1874 der Arzt Adolf David, von 1880 bis 1898 der Lederhändler Theodor David, von 1874 bis 1879 und von 1884 bis 1899 der Kaufmann Sigmund Herz sowie von 1899 bis 1907 der Fabrikant Jakob Mayer.[66]

In Venningen schließlich gehörten Jakob Herrmann, genannt Leime Jockel (geb. 19.4.1827, gest. 1.1.1898), sein Sohn Julius Herrmann, Aron Teutsch der Jüngere (geb. 11.8.1826, gest. 30.10.1905) sowie dessen Sohn Heinrich Teutsch (geb. 6.1.1856) dem Gemeinderat an.[67]

Auch wenn die hier vorliegenden Belege nur einen Teil der auf lokaler Ebene politisch aktiven Juden umfassen und mit Ausnahme Simon Levis eine parteipolitische Zuordnung der Kommunalpolitiker aus den Quellen nicht hervorgeht, so lassen sich doch einige generelle Aussagen machen. Auffällig, wenn auch nicht überraschend, ist die immer wieder hervortretende Familienkontinuität. Sie unterstreicht, zusammen mit den Hinweisen auf die Berufsstruktur und die ehrenamtlichen Tätigkeiten, daß die jüdischen Gemeinde- bzw. Stadträte der jüdischen Ober- oder der gehobenen Mittelschicht zuzurechnen sind. Zumindest ihnen bzw. ihren Familien gelang im 19. Jahrhundert der Aufstieg ins Bürgertum, vereinzelt wohl auch in den Kreis der örtlichen Honoratioren. Dies läßt auch die Vermutung zu, daß sie dem liberalen Lager zuzurechnen sein dürften. Ob sie der in der Pfalz klar dominierenden nationalliberalen Fortschrittspartei oder eher dem seit den 1880er Jahren sich neu organisierenden Linksliberalismus zuneigten, muß anheim gestellt bleiben.

Die Weimarer Republik

Im Gegensatz hierzu läßt sich die parteipolitische Bindung der politisch aktiven Juden der Pfalz während der Weimarer Republik exakter angeben: sie gehören in erster Linie der Deutschen Demokratischen Partei oder der Sozialdemokratischen Partei an. Damit bestätigen die pfälzischen Belege den im ganzen Reich erkennbaren Trend.[68] Die Sonderentwicklung der liberalen Parteien des Rheinkreises in den 1920er Jahren scheint hierauf keinen entscheidenden, bestenfalls einen bestärkenden Einfluß ausgeübt zu haben. Das sehr späte Auftreten der DNVP, die sich erst ab 1927 formierte, kann in diesem Zusammenhang vernachlässigt werden, da die antisemitische Ausrichtung dieser Partei auch u.a. dazu geführt hat, daß in ihr Juden zumindest nicht als Wahlkandidaten zugelassen wurden.[69] Ob in der pfälzischen DVP, die infolge des anfänglichen Fehlens der DNVP und ihres engen Bündnisses mit dem »Bund der Landwirte« auf dem rechten Flügel der Gesamtpartei stand, Juden zumindest auf lokaler Ebene eine Rolle spielten, konnte noch nicht eindeutig geklärt werden, weil keine parteigeschichtlichen Arbeiten zum pfälzischen Liberalismus der 1920er Jahre vorliegen. In den hier ausgewerteten lokalen Quellen und Studien allerdings ist eine Aktivität jüdischer Mandatsträger in der DVP nicht nachzuweisen.

So gehörte der Bad Dürkheimer Lehrer an der Bärmannschen Realschule, Ludwig Strauß, von 1918 bis 1933 nicht nur dem Stadtrat an, sondern er war zugleich Vorsitzender des Ortsvereins der DDP.[70] Seine weiteren Funktionen im Aufsichtsrat der Volksbank, im Vorstand des Gewerbe- und des Wissenschaftlichen Vereins sowie als langjähriger Leiter der Liedertafel und des Arbeitervereins lassen erkennen, in welch hohem Maße sich der Vorsitzende des Rabbinatsbezirks Bad Dürkheim öffentlich engagierte und in die örtliche Gesellschaft integriert war.

Dies gilt in ähnlicher Weise für den an der Ludwigshafener Oberrealschule tätigen Neuphilologen, Adolf Wetzler.[71] Auch er gehörte der DDP an und vertrat seine Partei im Stadtrat. Bis 1933 war er zudem in der Ortsgruppe des Literarischen Vereins der Pfalz aktiv. Nach der »Machtergreifung« seines politischen Mandats und seiner pädagogischen Stellung enthoben wurde er 1942 zunächst ins Konzentrationslager Theresienstadt deportiert und schließlich in Ausschwitz ein Opfer des farbikmäßigen Massenmordes.

Der pfälzischen DDP gehörten außerdem der Landauer Lederwarenhändler und Stadtrat Viktor Weiß[72], der Speyerer Fabrikant und Stadtverordnete (1920-1929), Sigmund Dreyfuß, sowie Hedwig Marx-Mayer und Betty Blum an, die während der Weimarer Jahre auf der Ersatzliste der Speyerer Ortsgruppe standen;[73] der Haßlocher Gemeinderat, Leo Löb (1929-1933), symathisierte zumindest mit den Demokraten.[74]

Demgegenüber ist die Parteizugehörigkeit des Venninger Gemeinderats, Richard Teutsch[75] ebensowenig bekannt, wie die des Wallhalbener Gemeinderats und Viehhändlers, Emanuel Katz, der in Gurs ums Leben kam.[76] Dies gilt auch für Ludwig Samuel, der dem Gemeinderat Rodalbens angehörte und 1933 ins KZ Dachau gebracht wurde[77] sowie für die Deidesheimer Gemeinderäte, Max Reinach und Oswald Feis, die beide bis zur Gleichschaltung der Gemeindevertretungen im Frühsommer 1933 ihr politisches Mandat ausübten.[78] Auch sie fielen der nationalsozialistischen Vernichtungspolitik zum Opfer: Max Reinach, den man wie tausend andere 1940 nach Gurs deportiert hatte, wurde in Auschwitz umgebracht, der Weingroßhändler Oswald Feis aus dem Frankenthaler Altersheim verschleppt und im Zuge der Aktionen gegen das sog. »lebensunwerte Leben« ermordet.

Daß in der Weimarer Zeit politisch aktive Juden auch den Weg zur Sozialdemokratie fanden, zeigt zunächst das Beispiel des 1882 geborenen Weinhändlers, Richard Joseph, der von 1920 bis 1929 im Stadtrat saß. Joseph, der am 1. Juni 1923 anstelle des von den französischen Besatzungsbehörden ausgewiesenen Bürgermeisters Wilhelm Bauer, in alle Ausschüsse nach- und zum stellvertretenden vierten Bürgermeister aufrückte, spielte in der Landauer SPD keine unerhebliche Rolle, obwohl er keinesfalls als »typischer« Vertreter der Partei angesehen werden kann. Dies geht auch aus seinem Engagement für das Kleinhandwerk und den Mittelstand hervor. Bemerkenswert ist, daß er aus seiner jüdischen Identität keinen Hehl machte. So lehnte er städtische Hilfsmaßnahmen »für notleidende Studierende« mit der Begründung ab, daß »auf allen Hochschulen, bei sämtlichen studentischen Kooperationen, selbst bei den Bübchen im Gymnasium, wovon Landau keine Ausnahme« mache, »Antisemitismus getrieben« werde und Unterstützungsgelder »zu deutsch-völkische(n) Propaganda benutzt würden«.[79] Am 11. März 1933 wurde er wie der DDP-Stadtrat Weiß verhaftet und ins »Lager Rheinpfalz des Freiwilligen Arbeitsdienstes« verbracht, da die Gefängnisse nach der ersten Verhaftungswelle kommunistischer und sozialdemokratischer Mandatsträger überfüllt waren.[80]

Auch in der Neustadter SPD waren jüdische Bürger aus exponierter Stelle vertreten. Der 1871 in Landau geborene Gustav Weil wurde 1925 stellvertretender, 1928 erster Vorsitzender des Ortsvereins und fungierte ab 1930 im Stadtrat auch als Fraktionsvorsitzender. Daneben übte die 1881 in Michelfeld geborene Selma Mayer von 1929 bis 1932 das Amt einer zweiten Schriftführerin aus. Sie emigrierte 1934 nach Palästina, Weil 1938 in die USA.[81]

Alle diese — durchaus ergänzungsbedürftigen — Einzelinformationen belegen, daß trotz des in den 1920er Jahren zunehmenden Antisemitismus und der großen Wahlerfolge der NSDAP in der Pfalz jüdische Mitbürger auch während der Weimarer Republik am politischen Leben der Region partizipierten. Sie engagierten sich dabei vorzugsweise in der linksliberalen DDP und blieben damit den seit dem frühen 19. Jahrhundert erkennbaren freiheitlich-demokratischen Prinzipien treu. Ihr Bekenntnis zu Republik und gesellschaftlichen Reformen wird daneben durch ihr politisches Wirken in der Sozialdemokratie unterstrichen. Allerdings scheint ihre Teilnahme an der Politik auf die kommunale Ebene beschränkt geblieben zu sein. Dennoch, gerade das Schicksal, das die jüdischen Gemeinden und Stadträte während der nationalsozialistischen Diktatur erleiden mußten, zeigt, wie tief der Holocaust auch in das politische Leben der Pfalz einschnitt.

Anmerkungen

1 Stefan Schwarz: Die Juden in Bayern im Wandel der Zeiten, München 1980; Anton Doll: Die bayerische Pfalz, in: Dokumentation zur Geschichte der jüdischen Bevölkerung in Rheinland-Pfalz und im Saarland von 1800 bis 1945. Hrsg. von der Landesarchivverwaltung Rheinland-Pfalz in Verbindung mit dem Landesarchiv Saarbrücken. Bd. 2, Koblenz 1979, S. 269ff.
2 Jacob Toury: Die politischen Orientierungen der Juden in Deutschland. Von Jena bis Weimar. Tübingen 1966; ders.« »Deutsche Juden« im Vormärz, in: BLBI 8 (1965), S. 65ff.; ders.: Der Anteil der Juden an der städtischen Selbstverwaltung im vormärzlichen Deutschland, in: BLBI 6 (1963), S. 265ff.; ders.: Die Revolution von 1848 als innerjüdischer Wendepunkt, in: L. Liebeschütz, A. Paucker (Hgg.): Das Judentum in der deutschen Umwelt, Tübingen 1977, S. 359ff.
3 Dokumentation (wie Anm. 1), 9 Bde., Koblenz 1972ff.
4 Vgl.: Doll (wie Anm. 1), S. 269ff.
5 Bernhard H. Gerlach: Die Lage der jüdischen Bevölkerung im Raum Kaiserslautern zwischen 1816 und 1840, in: Jahrbuch zur Geschichte von Stadt- und Landkreis Kaiserslautern Bd. 18/19 (1980/81), S. 275ff.; ders: Juden in Kaiserslautern und ihre Beteiligung an der Revolution, in: ebd., Bd 22/23 (1984/85), S. 299ff.
6 Zur benutzten Literatur und den Quellen siehe folgende Einzelnachweise.
7 Vgl. hierzu und im folgenden Doll (wie Anm. 1) und Schwarz (wie Anm. 1)
8 Vgl. Helmut Mathy: Die Juden in der Französischen Zeit von 1798/1801 bis 1814, in: Dokumentation (wie Anm. 3), Bd. 1, S. 69ff.
9 Vgl. Dokument 5 in: Dokumentation, (wie Anm. 3), Bd. 2, S. 308.
10 Vgl. Jacob Bohlender: Ortsgeschichte der Gemeinde Ingenheim, Landau 1932, S. 33, 46.
11 Ebd., Toury, städtische Selbstverwaltung (wie Anm. 2), S. 271f.

12 Vgl. Wilhelm Dautermann, Georg Feldmann, Walter Klein (Hgg.): Bad Dürkheim. Chronik einer Salierstadt, Bad Dürkheim 1978, S. 127f; Allgemeine Zeitung des Judentums (AZJ): 2. Oktober 1838, S. 478; Dürkheimer Anzeiger: 13. März 1915.
13 Vgl. AZJ: ebd.
14 AZJ: 17. Juli 1838; »Jury« heißt soviel wie Schöffen und kann zweierlei bedeuten: zum einen kann es sich um einen Gerichtsbeisitzer, zum anderen auch um ein oberstes Magistratsmitglied handeln. Vgl. Toury, städtische Selbstverwaltung (wie Anm. 2), S. 271, Anm. 32.
15 AZJ 1838, S. 478.
16 Israelitische Annalen: 24. Mai 1839, S. 164.
17 Dokument 11, in: Dokumentation (wie Anm. 3), Bd. 2, S. 319.
18 Vgl. Dokument 1, in: ebd., S. 297
19 Über den Fortgang der Sache ist nichts zu ermitteln, doch spielte Durlacher 15 Jahre später im Kampf der Pfälzer Juden um die Gleichstellung eine bedeutende Rolle, vgl. Dokument 22, in: Dokumentation (wie Anm. 3), Bd. 2, S. 334ff.
20 Toury, politische Orientierungen (wie Anm. 2), S. 23.
21 Vgl. Gerlach, Lage zwischen 1816 und 1840 (wie Anm. 5), S. 281f.
22 Wolfgang Schieder: Der rheinpfälzische Liberalismus von 1832 als politische Protestbewegung, in: Vom Staat des Ancien Régime zum modernen Parteienstaat. Festschrift für Theodor Schieder zu seinem 70. Geburtstag, hrsg. von Helmut Berding u.a., München 1978, S. 169ff.
23 Vgl. Gerlach, Lage zwischen 1816 und 1840 (wie Anm. 5), S. 281.
24 Ebd.
25 Cornelia Förster: Der Preß- und Vaterlandsverein von 1832/33. Sozialstruktur und Organisationsformen der bürgerlichen Bewegung in der Zeit des Hambacher Festes. Trier 1982.
26 Fast 100 Jahre später blieb es der NSDAP überlassen, beim Hambacher Fest vor allem Juden am Werke zu sehen. Vgl. Klaus-Peter Westrich: Hambacher Schloß — Hambacher Fest. Geschichte und Ideen, in: Neustadt an der Weinstraße, Neustadt 1975, S. 412.
27 Vgl.: Doll (wie Anm. 1), S. 278f.
28 Vgl. Gerlach, Lage zwischen 1816 und 1840 (wie Anm. 5), S. 281
29 Ebd., S. 287, Anm. 77
30 Edgar Süss: Die Pfälzer im »Schwarzen Buch«. Ein personengeschichtlicher Beitrag zur Geschichte des Hambacher Festes, des frühen pfälzischen und deutschen Liberalismus. Diss. Mainz 1954, Heidelberg 1956.
31 Süss, ebd., S. 66; Franz Rink, Helmut Kimmel, Roland Paul: Kurzbiographien von Persönlichkeiten im Umfeld des Hambacher Festes aus dem Raum Kaiserslautern, in: Jahrbuch zur Geschichte von Stadt- und Landkreis Kaiserslautern, Bd. 18/19 (1980/81), S. 426.
32 Vgl. Süss, ebd., S. 69.
33 Toury, Vormärz (wie Anm. 2), S. 81, Anm. 88
34 Toury, jüdischer Wendepunkt (wie Anm. 2)
35 Vgl. Hans Hess: Die Landauer Judengemeinde. Ein Abriß ihrer Geschichte. Landau 1969, S. 19; Hans Ziegler: Landau in der Vormärzzeit und im Jahre des pfälzischen Aufstandes 1849, in: Mitteilungen des Historischen Vereins der Pfalz, Bd. 61 (1963), S. 201ff.
36 Namentlich identifiziert werden konnten: der Händler Isaac Elkan (51), der Kleiderhändler Lazarus Lippmann (47), der Metzger Jacob Marx (33), der Schneider Simon Marx (26), der Branntweinhändler Jakob Metzger (34), Pfeiffer (28), der Kleiderhändler Ludwig Sohn (41), der Schuhmacher Joseph Sohn (48), Jacob Worms (49), der Kaufmann Samuel Wormser (28), Blum, Levi und Feibelmann. StA Landau, Bestand A I 96.
37 Elias Grünebaum: Zustände und Kämpfe der Juden mit besonderer Beziehung auf die bayerische Rheinpfalz, Mannheim 1843; ders.: Israelitische Gemeinde, Synagoge und Schule in der baierischen Pfalz, Landau 1861; ders.: Zur Geschichte der Juden in der Pfalz, in: Populär-Wissenschaftliche Monatsblätter zur Belehrung über das Judentum, Frankfurt 1882.
38 StA Landau, Bestand A I 96; vgl. auch Hess (wie Anm. 35), S. 19.

39 Vgl. Alfred Hans Kuby: 1200 Jahre Edenkoben, Mannheim 1969, S. 77.
40 Vgl. Gerlach, Revolution (wie Anm. 5), S. 305: Genannt werden zum einen Ferd. Altschüler Dreyfuß, Leopold Frank, Daniel Heymann, Jacob Kaufmann, Jacob Maier und Moses See, zum anderen Hirsch Kahn, David Mandel, Simon Oppenheimer, Isaak Rubel und Simon Simon.
41 Nicht eingegangen wird in diesem Zusammenhang auf die »bekannten« demokratischen Linken jüdischen Glaubens oder jüdischer Abstammung, die im Verlauf der Reichsverfassungskampagne und des Aufstandes vom Mai 1849 in der Pfalz politisch aktiv waren, wie z.B. Ludwig Bamberger, Ludwig Kalisch i.a.
42 Vgl. Gerhard Kaller: Geschichte von Kloster und Stadt Otterberg, Bd. 2, Otterberg 1981, S. 348ff.
43 Vgl. Gerlach, Revolution (wie Anm. 5), S. 312, Anm. 56; Otto Fleischmann: Geschichte des Pfälzischen Aufstandes im Jahre 1849, Kaiserslautern 1899, S. 184f.
44 Vgl. Gerlach, ebd., S. 308, Fleischmann, ebd., S. 257; Helmut von Jan: Beiträge zur Geschichte des Aufstandes 1849 in Ludwigshafen, in: Pfälzische Familien- und Wappenkunde, Bd. 3, (1958-60), S. 217ff.
45 Vgl. Gerlach, ebd., S. 308.
46 Ebd.
47 Ebd.; Vgl.: Hellmut G. Hasasis: Spuren der Besiegten, Bd. 3: Freiheitsbewegungen vom demokratischen Untergrund nach 1848 bis zu den Atomkraftgegnern, Reinbek 1984, S., 816f.
48 Vgl. Stefan (wie Anm. 1), S. 268ff.; Dokument 52, in: Dokumentation (wie Anm. 3), Bd. 3, S. 383f.
49 Vgl. Ernest Hamburger: Juden im öffentlichen Leben Deutschlands, Regierungsmitglieder, Beamte und Parlamentarier in der monarchischen Zeit. 1848-1918. Tübingen 1968, S. 230.
50 Vgl. Ernst Otto Bräunche: Parteien und Reichstagswahlen in der Rheinpfalz von der Reichsgründung 1871 bis zum Ausbruch des Ersten Weltkrieges 1914. Eine regionale partei- und wahlhistorische Untersuchung im Vorfeld der Demokratie. Speyer 1982.
51 Adolf Eckstein: Beiträge zur Geschichte der Juden in Bayern. Die bayerischen Parlamentarier jüdischen Glaubens, Bamberg 1903, S. 34f.; Vgl. ders.: Haben die Juden in Bayern Heimatrecht? Eine geschichtswissenschaftliche Untersuchung mit kriegsstatistischen Beilagen, Berlin 1928, S. 36; Hamburger (wie Anm. 49), S. 230f.; Reinhold Herz: Die Juden in der Pfalz, Philippsburg 1937, S. 24, 27; StA Landau, Stadtratsprotokolle
52 Vgl.: Toury, politische Orientierungen (wie Anm. 2), S. 351; Hamburger (wie Anm. 49), S. 232.
53 Vgl. Hamburger, ebd., S. 380; Hermann Kalkoff (Hg.): Nationalliberale Parlamentarier 1867-1917 des Reichtages und der Einzellandtage. Beiträge zur Parteigeschichte aus Anlaß des 50jährigen Bestehens der nationalliberalen Partei Deutschlands. Berlin 1917, S. 262ff.; Amtliches Handbuch der Kammer der Abgeordneten des bayerischen Landtags, München 1906, S. 212.
54 Vgl. Toury, politische Orientierungen (wie Anm. 2), S. 170ff.; Heinrich August Winkler: Die deutsche Gesellschaft der Weimarer Republik und der Antisemitismus, in: Die Juden als Minderheit in der Geschichte, hrsg. von Bernd Martin und Ernst Schulin, München 1985, S. 271ff.
55 Vgl. Bräunche (wie Anm. 50), S. 333
56 Vgl. Hermann Arnold: Juden in der Pfalz. Vom Leben pfälzischer Juden. Landau 1986, S. 86.
57 Vgl. Dautermann (wie Anm. 12), S. 271f., 406, 409; Georg Karg: Die Bärmannschule. Geschichte der Realschule Bad Dürkheim 1875-1925. Bad Dürkheim 1930, S. 24f.; Dürkheimer Anzeiger: 19. November 1904.
58 Vgl. Georg Feldmann: Schicksale Bad Dürkheimer jüdischer Mitbürger, Manuskript, S. 3 (StA Bad Dürkheim); Dautermann (wie Anm. 12), S. 408, 410; Dürkheimer Anzeiger: 19. November 1904, 11. Juli 1905, 25. November 1909.
59 Vgl. Dautermann (wie Anm. 12), S. 272, 410; Karg (wie Anm. 57), S. 10f.; Dürkheimer Anzeiger: 25. November 1909; 19. April 1920.
60 Vgl. Kuby (wie Anm. 39), S. 190ff.

61 Vgl. Bohlender (wie Anm. 10), S. 33, 46, 49; Toury, städtische Selbstverwaltung (wie Anm. 2), S. 271f.

62 StA Landau: Bestand A I 32 sowie die Stadtratsprotokolle

63 StA Ludwigshafen: Bestand Gemeinderatsprotokolle 1440/1 + 2, Bestand Lu 6408 israelitische Gemeinde

64 Vgl. Gemeinderatsprotokolle, ebd.; Oskar Poller: Geschichte der Juden in Ludwigshafen, in: Pfälzer Heimat 1970, S. 56ff.; Geschichte der Stadt Ludwigshafen am Rhein. Entstehung und Entwicklung einer Industriestadt in 50 Jahren. 1853-1903. Aus Anlaß des 50jährigen Bestehens der Stadt Ludwigshafen. Hrsg. vom Bürgermeisteramt, o.J. (StA Ludwigshafen), S. 138ff., 589

65 Vgl. Dokumentation (wie Anm. 3), Bd. 9.2, S. 459

66 Vgl. Geschichte der Juden in Speyer. Hrsg. von der Bezirksgruppe Speyer des Historischen Vereins der Pfalz, Speyer 1981, S. 86, 120

67 Vgl.: Albert Teutsch: Geschichte der Juden der Gemeinde Venningen, o.O., 1936

68 Vgl. Winkler (wie Anm. 54); Werner E. Mosse, Arnold Paucker: Entscheidungsjahr 1932. Zur Judenfrage in der Endphase der Weimarer Republik, Tübingen 1965.

69 Zur Sonderentwicklung vgl. Bräunche (wie Anm. 50), S. 331ff.; Rudolf Fendler: Die Pfalz in der Weimarer Republik, in: Pfälzische Landeskunde. Beiträge zu Geographie, Biologie, Volkskunde und Geschichte. Hrsg. von Michael Geiger, Günter Preuß und Karl-Heinz Rothenberger, Bd. 3, Landau 1981, S. 319ff.

70 Vgl. Karg (wie Anm. 57), S. 24; Dautermann (wie Anm. 12), S. 128, 271; Feldmann (wie Anm. 58), S. 2; Dürkheimer Anzeiger: 24 April 1909, 19. April 1920, 10. Dezember 1924, 7/9/10. Dezember 1929.

71 Vgl.: Poller (wie Anm. 64), S. 58.

72 Vgl. StA Landau, Stadtratsprotokolle; Der Rheinpfälzer: 13. März 1933, 11. März 1933; Hans Blinn: Die sozialdemokratische Partei Deutschlands in der Stadt Landau in der Pfalz von 1918 bis 1933. Ein Beitrag zur süddeutschen Parteiengeschichte, Diss. Heidelberg 1977, S. 70, 150.

73 Vgl. Speyer (wie Anm. 66), S. 86, 124, 126.

74 Vgl.: Hans Theisohn: 110 Jahre Sozialdemokratie in Haßloch, Haßloch 1984, S. 83.

75 Vgl.: Teutsch (wie Anm. 67), S. 57, 60

76 Vgl.: Herbert Weber: Eine Reise beginnt, die schrecklich endet … Vom Leben und Sterben der jüdischen Mitbürger, in: Heimatkalender für das Pirmasenser und Zweibrücker Land 1988, S. 35-38.

77 Vgl. Edmund Heringer: Juden in Rodalben. Erinnerung an unsere Mitbürger, in: Heimatkalender für das Pirmasenser und Zweibrücker Land 1988, S. 43-49.

78 Vgl.: Berthold Schnabel: Die Deidesheimer Synagogen. Seit dem 14. Jahrhundert jüdische Gemeinden in der Weinstadt, in: Heimatjahrbuch Landkreis Bad Dürkheim 1988, S. 173-178.

79 StA Landau« Stadtratsprotokolle Bd. 45, S. 22; vgl. auch ebd., Bd. 46, S. 660ff.; Blinn (wie Anm. 72), S. 70 Anm. 12, 87 Anm. 7, 141f., 144f, 150 Anm. 36.

80 Der Rheinpfälzer: 11. März 1933; 16. März 1933.

81 Vgl. Gerhard Wunder: Die Sozialdemokratie in Neustadt an der Weinstraße seit 1832. Zum 110jährigen Bestehen des Ortsvereins 1875-1985. Neustadt/Weinstraße 1985, S. 59f.; Die Rheinpfalz: 14. Februar 1985.

Günther List

Juden im Landauer Weinhandel

Skizze einer Gründerzeit

I.

An einem schönen Spätsommertag des Jahres 1902 begibt sich ein Karlsruher Weinfreund auf die Bahnreise in die Pfalz, mit dem Ziel, einen kleinen Ratgeber für den Weineinkauf zu verfassen (Ruf 1903). Hat er bisher — wie damals noch üblich: in kleinen Gebinden — sich Qualitätsweine vor allem aus Baden ins Haus schicken lassen, so möchte er nun doch einmal versuchen, auch links des Rheins gute Quellen des Weingenusses aufzuspüren. Eigentlich nicht erwartend, daß überhaupt »aus der Pfalz Gutes kommen« könne, wird unser Reisender nun auf seiner Pfalzfahrt angenehm überrascht, und zwar wächst seine Begeisterung in dem Maß, wie er aus dem traditionellen Konsumweingebiet der Oberhardt, der heutigen Südpfalz, ins damals schon klassische Qualitätsweingebiet der Mittelhardt nördlich von Neustadt übertritt.

Das so entstandene Büchlein würde sich umstandslos in die lange Überlieferungskette vinologischer Lobsprechereien einreihen, riefe der ursprünglich skeptische Ansatz des Reisenden nicht bei ihm — und damit auch bei uns — einen Anflug sozialhistorischen Interesses wach. Denn die Weinfreuden, die in der nördlicheren Zone warten, brauchen einen dunkel eingefärbten Hintergrund, vor dem sie sich umso strahlender abheben, und zu dieser Rolle dient in erster Linie der Ort, an dem der Reisende seine Erkundungsfahrt beginnt, die südpfälzische Stadt Landau.

Landau, wiewohl damals noch »Hauptstapelplatz des Pfälzer Weines« (im Bahnversand, wie unser Reisender weiß, allerdings bereits durch das Mittelhardtzentrum Neustadt abgelöst), imponiert in seinen Augen eigentlich nur durch die blanke Größenordnung der hier abgewickelten Geschäfte. Obgleich Neustadt mit Kellereien aufwarten kann, die ähnliche Dimensionen zeigen (etwa der kgl. bayerische Hoflieferant Maucher mit einem Faßraum von 2 Millionen Liter und einem Lagerraum für 2-300 000 Flaschen), scheint es dem Autor erwähnenswert, auf die »dem Laien ungeheuerlich« erscheinende Zahl von 1 ½ Millionen Liter hinzuweisen, die der Keller der Landauer Firma S. Marx & Cie. fassen konnte. Die Grundstimmung für diesen negativen Akzent ist leicht auszumachen und doppelt motiviert.

Zum einen herrscht in Landau eben, wie der Autor degoutiert bemerkt, der »Großhandel mit billigen Konsum- und Verschnittweinen« vor, die ihren Absatz »nach allen Himmelsrichtungen« finden, nicht zuletzt auch in Baden, wo sie pur und verschnitten als — badische Weine getrunken werden. Zum andern ist die Rolle, die Landau als Metropole des pfälzischen Konsumsweins spielt, dominierend bestimmt durch die ökonomische Karriere speziell der dort ansässigen jüdischen

Firmen. Schon beim Studium des Branchenteils im Landauer Adreßbuch war dem Reisenden ja nicht nur die unverhältnismäßig hohe Zahl von 80 Weinhandlungen bei knapp 15000 Einwohnern aufgefallen, sondern auch, daß »die Namen ihrer Inhaber zu mindestens 90 % sehr mosaisch klingen«.

Mit dieser — von ihm angeblich »nur als Kuriosität« zu verstehenden — Bemerkung gewinnt unseres Weinfreunds Büchlein einerseits als zeitgenössisches Dokument an historischem Informationswert und verliert andererseits vollends den harmlosen Anregungswert »unpolitischer« Reise- und Weinliteratur.

Landau um die Jahrhundertwende: Der zufällige Fund eines damaligen Weinführers hat uns nicht nur den Ort und die Epoche markiert, die für das Studium jüdisch-pfälzischer Weinwirtschaftsgeschichte den strukturellen Mittelpunkt bilden. Er hat uns mit seinem bildungsbürgerlich beiläufig antisemitischen Ton zugleich die Wahrnehmung geschärft für die tieferen Strukturbedingungen dieser Geschichte. Gerade dem Versuch, sie aus ihrem eigenen provinziellen Milieu, ihrem eigentümlichen Schwebezustand zwischen Gründereuphorie und späterer Katastrophe zu rekonstruieren, schließen sich der Rückblick auf bürgerliche und jüdische Emanzipation und die Aussicht auf kommende Vernichtung zu einem einzigen trostlosen Horizont zusammen. Wenn mehr als dreißig Jahre später der pfälzische Gauleiter und Weinfreund Bürckel, Initiator der ersten systematischen Judendeportation, die tödliche Gleichung zwischen dem jüdischen Weinhandel und der verfälschten Wahrheit der Natur aufmachen wird (List 1985, 138 ff), steht er in der Tat bereits — der Karlsruher Weinfreund belegt es — in einer Tradition.

Der Hochachtung des Autors von 1903 vor dem weiter nördlich anzutreffenden weinagrarischen Großgrundbesitz korrespondiert seine Feststellung, daß »nur wenige Israeliten selbst 'Eigenbau' betreiben«. Dem Staunen vor der Naturwüchsigkeit der hinter Neustadt anzutreffenden Qualitätsweine entspricht die untergründige Verachtung des deutschen Bildungsbürgers für den bloßen Handel und diejenigen, die ihn betreiben. Einem solchen nicht-naturwüchsigen, nicht-agrarischen, eben: 'jüdischen' Umgang mit dem Kulturgut Wein muß zwangsläufig der minderwertige, defizitäre Charakter der gehandelten Ware entsprechen. Der bloße Konsumwein ist immer schon auf dem Weg, Natur in Unnatur zu verfälschen: »Während man anderwärts von edlen, rassigen, süffigen, bouquetreichen, reinen usw. Weinen spricht, herrschen in Landau beim Großhandel die analysenfesten, konsumfähigen Sorten vor, die — man höre und staune — ausgebaut oft billiger sind als der dazu benützte Most! Wie das kommt, versteht nicht jeder, und meine Aufgabe war es nicht, es zu untersuchen.« (Ruf 1903, 34).

Ressentiments im Gewand von Tatsachen, seriöse Beobachtungen im Gewand rassistisch verzerrter Verallgemeinerung. Dem spezifischen historischen Zusammenhang zwischen jüdischem Weinhandel und Konsumweinmarkt wird nachzufragen sein. Aber die Rolle des bildungsbürgerlichen Weinkenners, dem an großen Lagen und Namen gelegen ist, muß dabei mit der des Historikers vertauscht werden, der in den Kategorien von sozioökonomischer Rückständigkeit resp. Modernisierung zu denken hat.

Noch 1923 referiert der Weingutsbesitzer und Historiograph des pfälzischen Weinbaus Bassermann-Jordan über die im 19. Jahrhundert übliche anonyme Ausfuhr — und entsprechende Umtitulierung — eines Großteils der Mittelhardter

Weine durch den rheinischen und Frankfurter Handel als eine keineswegs ganz überwundene Erscheinung (Bassermann-Jordan [²1923], 1975, 1120 u. 1132). Analog dazu müssen die Bemerkungen des Karlsruher Reisenden von 1902/03 über die pfälzisch-badische Konnexion verstanden werden: Die Existenz von namenlosen, nicht »edel«-berühmten, selbst von Konsum-, Verschnitt- und damit »Massen«-Weinen ist eine Frage eher der Definitionskarriere als der apriorischen Qualität; sie war kein auf die Südpfalz beschränktes Problem und erst recht keine Erfindung der hiesigen Juden. Sie war offenbar Symptom eines bestimmten provinziellen Verzugs im nationalen, durch die bürgerliche Markt- und Geschmacksentwicklung definierten Rahmen.

Aus welchen territorialpolitischen, agrar- und kapitalmarktgeschichtlichen Gründen es dabei von langer Hand zu diesem Rückstand der Pfalz als ganzer gegenüber anderen deutschen Weinbaugebieten, darüber hinaus der Oberhardt/Südpfalz gegenüber dem Weinbaugebiet der pfälzischen Mittelhardt gekommen ist, — dies in allen Einzelheiten zu beantworten, wäre Sache einer umfassenden, von der napoleonischen Investitionsära bis zum Marketingboom der »Südlichen Weinstraße« reichenden strukturhistorischen Bemühung. Mit anderen Worten: es gehört zu den Desideraten einer im ganzen wie in nahezu allen Einzelstücken bisher fehlenden kritischen Wirtschafts- und Sozialgeschichte des pfälzischen (wie überhaupt des deutschen) Weins (vgl. Schöne 1976 ff), für die Bassermann-Jordans Werk einen unausgewerteten Steinbruch liefert.

Für uns bietet sich einstweilen lediglich die global typisierende Arbeitshypothese an, vom unterschiedlichen Kapitaleinsatz an Mittel- und Oberhardt auszugehen, der in der nördlicheren Region seit der napoleonischen Zeit offenbar gezielt in den Weingutsbesitz gegangen ist (Haasis 1985, 35 f; Bassermann-Jordan 1975, 908 A 1), in der südlicheren Region anscheinend vor allem aus nicht an Weinbau gebundener Handelstätigkeit mit der Ware Wein erworben worden ist und auf dem Weg der Reinvestition in einen sich spezialisierenden Weinhandel größere Unternehmungen hervorgebracht hat. Noch im Vorurteil unseres Karlsruher Weinfreunds für die Großkellereien der Mittelhardt spiegelt sich diese unterschiedliche Geschichte des »spekulierenden« Kapitals als Überlegenheit der angeblich größeren »Natur«-Nähe über das bloße Vermittlungsgeschäft.

In solcher Optik verkehrt sich ins glatte Gegenteil, was als Geschichte einer bemerkenswerten Aufbauleistung, nicht zuletzt und nicht zufällig von Seiten jüdischer Familien (so schon Herz 1937, 47), zu würdigen ist: die Rolle eines aus dem ländlichen Handel selbst stammenden, aber wesentlich nicht auf Grundbesitz beruhenden, daher mobilen Kapitals; der Einsatz dieses Kapitals im Prozeß der Marktfindung für den Wein der ihrerseits nicht Gutsbesitzerrang erreichenden kleinen Produzenten einer strukturell benachteiligten Region.

Im Sinn einer Würdigung dieser Leistung sind für den jüdischen Weinhandel der pfälzischen Konsumweinmetropole Landau im folgenden einige Daten zusammengetragen. Sie wollen nicht dazu verleiten, die Gleichung Landau-jüdischer Weinhandel-Konsumwein zu verabsolutieren, sondern rücken einen Schwerpunkt ins Licht. So gab es bedeutenden jüdischen (Konsum)-Weinhandel durchaus auch in Neustadt, und umgekehrt lag der Konsumweinhandel der Oberhardt keineswegs ausschließlich in jüdischen Händen, was etwa durch das Beispiel Maikammers illu-

striert wird. Dennoch bleibt der einzigartige Zusammenhang von Konsumweinhandel und jüdischer Geschäftstätigkeit für die Provinzstadt Landau in der Epoche der Hochindustrialisierung und Jahrzehnte danach bestimmend.

Die Strukturbedingungen, die von seiten des Oberhardter Weinbaus zu dieser
produktiven Landauer Symbiose geführt hatten, schlagen noch in der zweiten
Hälfte der 30er Jahre durch, als der jüdische Weinhandel bereits am Boden lag
und längst der nationalsozialistische Reichsnährstand die Preise regulierte: 1936 ist
nach wie vor der »Absatz an billigen Konsumweißweinen, wie sie Oberhardt und
das Oberland hervorbringen«, ein Kardinalproblem (Das Weinblatt 34 (1936) 11),
und auf der Münchener Weinwerbewoche des gleichen Jahres präsentiert sich daher folgerichtig immer noch der »Landauer« mit 0,30 RM als der billigste Wein
(Das Weinblatt 34 (1936) 544). Ein Blick auf die Weinbauerhebung vom 1. Januar
1939 zeigt diese traditionelle Rolle im Vergleich: während an der Mittelhardt 81 %
des 1937ers naturrein eingelagert wurden, waren es an der Oberhardt gerade 28 %
(Landesarchiv Speyer H 13/2594).

Den schwierigen Umgang mit dieser Ware Konsumwein beleuchtet vorliegende
Skizze für jene geschichtliche Epoche, wo er sich in Landau konzentrierte: jüdische Familien stiegen in das Weingeschäft der Stadt ein, das bis dahin (Bassermann-Jordan 1975, 1134 A 3) erst dürftig entwickelt war. Die Geschichte, die auf
diese Weise sichtbar wird, begann in der Gründerzeit der 1880er/90er Jahre und
reichte bis zum Ende jeglicher jüdischer Wirtschaftstätigkeit Ende 1938. Diese Geschichte dauerte mithin ebenso lang, wie der Zeitraum, der uns heute vom 9. November 1938 trennt. Hätte sie anders verlaufen dürfen, hätte sie wahrscheinlich in
diesen Jahren zu einigen hundertjährigen Firmenjubiläen Anlaß geben können. Ihre Spuren lassen sich noch heute in der Physiognomie der Stadt ablesen: in Gestalt
jener historistischen Prachtvillen im Ringsystem des in den 1870er Jahren ge-
schleiften Landauer Festungsgürtels, von denen viele ihre Existenz dem jüdischen
Handel mit dem Oberhardter Wein verdanken.

Den ersten Zugang zu dieser Szene bieten in der Tat (wir erinnern uns an die
Vorgehensweise des Karlsruher Reisenden) die Adreßbücher mit ihren Branchen-
teilen. Hinzu kommen für die Personen- und Familiengeschichte einige Namenslisten (Heß ²1983, Kohl 1973), für die gröbsten Daten der Firmengeschichte ein un-
vollständiger Bestand von Karten des Ordnungsamts und von Gewerbeanmeldun-
gen (Stadtarchiv Landau). Was das Handelsvolumen, die Spezialisierung, die
Reichweite der einzelnen Firmen am Markt u. ä. betrifft, so sind die Erinnerungen
der wenigen Überlebenden, ihrer Angehörigen, Mitarbeiter/innen usw. die beste,
weil anschaulichste Quelle. Für einen auch nur annähernd quantifizierenden Vergleich ist man indessen, wie nicht anders zu erwarten, für lange Zeitstrecken auf
Zufallsfunde angewiesen, bis hin zu handschriftlichen Eintragungen kundiger
Zeitgenossen in manchen Adreßbüchern der Jahrhundertwende.

II.

Von den 79 Weinhändlern, die das Landauer Adreßbuch für 1902 auswies, waren wenigstens 60 % (wenn somit auch nicht 90 %, wie Ruf behauptete) Juden. Soweit sich die Landauer Gründungsdaten ermitteln ließen, weisen sie in die späten 1880er, in die 1890er Jahre und in den Beginn der 1900er Jahre. Nur wenige jüdische Landauer Weinfirmen sind später aufgetaucht. Es ist somit für viele die Spanne einer einzigen Generation, die zwischen der Landauer Firmengründung und dem durch die Reichspogromnacht brutal diktierten Firmenende liegt, — manchmal ausgedrückt durch die Tatsache, daß im (Jahrzehnte später angelegten) Gewerberegister noch der Firmengründer selbst die nach dem 9.11.38 erzwungene Abmeldung des Betriebs vollzog.

Die erste Quelle, die uns — mit leichtem Phasenverzug — in dieses ganze Gründungsgeschehen hineinsehen läßt, ist das Adreßbuch für 1892. Wenn wir hier Firmen bereits als ansässig vorfinden, die sich entweder durch ihren schon älteren Namen (wie die von Otto Brunner geleitete Firma Heinrich Brunner) oder durch ihr schon länger zurückliegendes Gründungsdatum auszeichnen (wie J. Metzger D. S.,gegründet 1825, oder David Weil, gegründet 1846, Besitzer Samuel Weil), so sind dies keineswegs Indizien für eine Landauer Tätigkeit vor dem genannten Zeitraum. Vielmehr haben wir es mit Indizien eher dafür zu tun, daß zwar bereits Weinhandel ausgeübt wurde, aber noch anderen Orts. In der Tat sind die im 20. Jahrhundert in Landau tätigen jüdischen Weinhändler — wiederum, soweit nachweisbar — allesamt nicht in Landau selbst geboren, sondern in umliegenden Weindörfern, die seit langem jüdische Gemeinden beherbergten: Albersweiler, Böchingen, Edesheim, Göcklingen, Heuchelheim, Kirrweiler, Niederhochstadt usw.

Für die Jahrzehnte unmittelbar um die Jahrhundertwende, einen eng begrenzten Zeitraum mithin, ergibt sich so das Bild der Zuwanderung einer ganzen Branche vom Dorf ins mittelstädtische Zentrum. Dem Bild des städtischen Zuwachses korrespondiert dabei die Abnahme des jüdischen Bevölkerungsteils in den gleichen Dörfern seit der zweiten Jahrhunderthälfte (Friedel 1978, Hamm 1969, Pressler 1982 usw.).

Diese ökonomische Konzentrationsbewegung ist nun freilich weder auf die Weinbranche beschränkt noch eine ausschließlich jüdische Erscheinung, sondern ordnet sich zunächst in die allgemeine demographische Geschichte der Industrialisierung im ausgehenden 19. Jahrhundert ein. Vor dem Hintergrund der starken Auswanderung — nicht zuletzt auch der jüdischen Bevölkerung (Bennathan 1966, 97) — noch in den 1880er Jahren läßt sich der Weg vom Dorf ins klein- oder mittelstädtische Zentrum als eine gemäßigte alternative Lösung für beruflich speziell disponierte Gruppen ansehen, — in einem Modernisierungsprozeß, der zwar Aufstiegschancen bot, aber allererst einmal als Nötigung auftrat: Angesichts der an Zahl und Finanzstärke rapid wachsenden industriegesellschaftlichen Verbrauchermärkte mußte sich der Übergang ins regionale Verkehrs- und Verteilungszentrum für einen Weinhandel, der nicht lokal auf den Schwerpunkt eines selbstbetriebenen Weinbaus fixiert war, geradezu zwingend aufdrängen.

Der Einstieg, den die jüdische Weinhandelsbranche der ländlichen Umgebung innerhalb weniger Jahre im gründerzeitlichen Landau vollzog, machte gerade dort freilich Epoche, weil er sich von der Situation der nichtjüdischen Konkurrenz am

Ort deutlich abhob. Denn diese Konkurrenz, ob sie aus dem Weinbau (Bassermann-Jordan 1975, 1134 A 3) oder dem Küferhandwerk stammte, ob sie schon seit vormodernen Zeiten ansässig war oder ebenfalls an der Binnenwanderung teilhatte, bewegte sich im Rahmen eines Aufstiegs, der längerfristig und undramatisch war. Demgegenüber brachte der Auftritt der Juden sowohl vom eingebrachten Potential wie von der zeitlichen Geschlossenheit her ein völlig neues Moment in die Szene.

Städtebaulich sinnträchtig und alles andere als zufällig gruppiert sich dieser wirtschaftsdemographische Auftritt denn auch um ein anderes epochales Ereignis städtischer Modernisierungsgeschichte: die Anlage des Landauer Industriegleises in den Jahren nach 1890. Von der Stadt mit unternehmerischem Weitblick in die eigenen Hände genommen, wollte diese Anlage »die direkte Verbindung bestehender und neu anzulegender industrieller und commercieller Etablissements« mit dem überörtlichen Netz des damaligen Hauptverkehrsmittels herstellen (Landesarchiv Speyer H39/304), — ein Angebot, das von Firmen aller Branchen genutzt wurde; im Stichjahr 1926 mit insgesamt 95 Anschlüssen (nicht selten mehrere auf eine Firma) (Stadtarchiv Landau 703/3).

Der Anteil von 22 Gleisanschlüssen für »Weinhandelsfirmen«, den dabei die Anlieger-Liste von 1926 als Resultat der Entwicklung zwischen 1912 - 21 festhält, mag zwar die prägende Bedeutung dieses Wirtschaftszweigs für die Stadt Landau nur bedingt widerspiegeln. Doch kommt noch in dieser relativ späten, nachgründerzeitlichen Phase unübersehbar zum Ausdruck, daß innerhalb des Weinhandels selbst und für dessen Modernisierungsprozeß im ganzen dem jüdischen Sektor die absolute Vorrangstellung zukam: 17 der genannten 22 Anschlüsse gehörten jüdischen Weinhandelsunternehmungen. Ein Bild, in dem sich der ursprüngliche Stand der Gründerzeit, von einigen Verschiebungen in beiden Richtungen abgesehen, fast konstant erhalten hat, und das schon auf den ersten Blick vermittelt, mit welch ausgesprochen überregionaler Perspektive gerade der jüdische Weinhandel antrat.

Das Bild verdichtet sich noch, wenn man es aus dem Blickwinkel eines Stadtrundgangs auf sich wirken läßt. Die Reihenfolge der von der Liste verzeichneten Anschluß-Nummern erlaubt noch heute nachzuvollziehen, wie die Industriebahn sich im Laufe der 1890er und 1900er Jahre vom östlich stadtauswärts gelegenen Hauptbahnhof ins neue Baugebiet des nördlichen Ost- und Nordrings vorschob, und wie im Zug ihrer Planung und Ausführung eine rege gewerblich fundierte Bautätigkeit einsetzte. Ganze Straßenzüge sind hier bestimmt durch jene Architektur, in der sich der gründerzeitliche Verbund von Glanz und Funktion im Weinwirtschaftsbereich so plastisch ausspricht: durch die typische Bauweise des Kellereibetriebs mit zur Straße gelegenem Büro- und Wohnhaus und über den Wirtschaftshof erreichbarem rückwärtigen Kellereigebäude, wie sie sich in den Jahren zuvor schon an den südwestlichen Ringen etabliert hatte. Noch geschlossener als an Schloßstraße, Marienring und Rheinstraße geben sich dabei die im wesentlichen erhaltenen Bestände dieses Baustils am Industriegleis als ehedem jüdische Adressen zu erkennen.

Den entscheidenden Unterschied zu den repräsentativen Kellereien des westlichsüdlichen Ringviertels macht indes vor allem eins aus: Hier im Industriebahnviertel öffnen sich nicht nur die Hoftore der Kellereigebäude zum Straßenverkehr, sondern zugleich die rückwärtigen Tore zur Gleisanlage. Nicht selten, nämlich da wo die Trassen als Stichbahnen in die Baublöcke hineinstoßen, überspannen die Komplexe der Weinhandelsfirmen das Gelände mit Doppeladresse von Straßenzug zu Straßenzug. Jeder einzelne dieser Anschlüsse und erst recht ihr Verbund demonstriert so die Öffnung regionaler Kellerwirtschaft zur Industrieepoche, läßt das Industriegleis als Paradigma eines ersten entscheidenden Modernisierungsschritts der südpfälzischen Weinwirtschaft deutlich werden. An dieser Nahtstelle des modernen Warenverkehrs wird die Konzentration ästhetisch erfahrbar, mit der das Produktionsgebiet sein Angebot zusammenzog, um es an der Grenze seiner eigenen provinziellen Möglichkeiten dem Zugriff ferner Konsumtionsmärkte in den eigentlichen Industrie- und Ballungszonen der Epoche zu überlassen.

Als erste Weinfirma ließ sich mit dem Anschluß Nr. 14 David Weil eintragen, gegründet 1846 und bis dahin in der altstädtischen Waffenstraße ansässig. Aus dieser Firma gingen durch Erb- und Geschäftsteilung sowohl die Firma Julius Weil hervor, mit der sie sich dann den 1896 errichteten Doppelhausneubau Schlachthofstraße 14/16 unmittelbar am Gleis teilte (Anschluß Nr. 15), als auch in der Folge die Pfalzbrennerei, die mit ihrem Anschluß (Nr. 18) im gleichen Block, aber auf der anderen Seite der Stichbahn, im Ostring 17, arbeitete und wenig später dann, als die Bahn weiter vordrang, in den Nordring 37 expandierte (Anschluß Nr. 46). An die Firma Julius Weil stieß in Schlachthofstraße 18 und über Eck Ostbahnstraße 19 (Nr. 16) die Firma Gebrüder Marx, aus der 1897/98 die schon erwähnte Firma S. Marx und Cie. hervorging, die ihren Firmenbesitz mit Gleisanschluß (Nr. 48) in der Folge im Nordring 31 einrichtete.

Wir könnten auf diese Weise dem Zug der Bautätigkeit weiter folgen und kämen dann, den Verzweigungen des Industriegleises entlang, zu weiteren berühmten jüdischen Weinhandelsadressen: Marx & Joseph, Ostring 14 und 12 (Nr. 32 und 38); Karl Siegel & Co, Nordring 39 (Nr. 45); Leo Levy Söhne, Nordring 27/29 (Nr. 49); Ludwig Stern, Nordring 21 (Nr. 54 und 96); Emil Mai, Nordring 19 (Nr. 55, 67, 68);Hermann Levy, Untertorstraße (heute: Neustadter Straße) 14 (Nr. 63). Alle diese Namen zumindest aufzuzählen, heißt keineswegs sich im Anekdotisch-Zufälligen zu verlieren; vielmehr gehören die Firmen, mit denen sie sich — durchweg über Jahrzehnte — verbunden haben, nicht zufällig ohne Ausnahme zu den größten ihrer Branche in Landau. Wenn wir, von den spärlichen Nachrichten über Faßraumvolumina ausgehend, eine Kategorisierung vornehmen und dabei eine mittlere Größenordnung von ein- bis zweihundert Fudern (1 Fuder = 1 000 Liter) ansetzen, dann liegen alle jüdischen Weinhandelsfirmen, die sich in den zwei Jahrzehnten nach 1890 am Industriegleis angesiedelt haben, deutlich über dieser Grenze. Nicht zuletzt sie dürften zu der handschriftlichen Bemerkung Anlaß gegeben haben, die der unbekannte Experte im Landauer Adreßbuch von 1892 hinterließ: »Einige Weinhändler verkaufen 1 000 - 2 000 Fuder im Jahr« (Adreßbuch Landau 1892, Stadtarchiv).

In dem genannten Zeitrahmen von zwei Jahrzehnten, der sich aus einer dichten Folge von Adreßbüchern (für die Jahre 1892 - 1913/14) rekonstruieren läßt, wurden, wenn ich recht sehe, 12 Komplexe am Industriegleis dauerhaft durch jüdische Weinhandelshäuser dieser obersten Kategorie eingenommen. Von den drei nichtjüdischen Firmen, die sich in der gleichen Periode dort längerfristig situierten, konnte diesen Rang keine erreichen, und zwar schon deshalb nicht, weil sie zum Zeitpunkt ihres Einstiegs gar keine reinen Weinhandlungen, sondern primär Küfereien waren, wovon noch die Rede sein wird. Die nicht nur symbolische Bedeutung, die der Standort Industriegleis hingegen im Zug des sozioökonomischen Aufstiegs jüdischer Weinhändlerfamilien erhielt, wird darüberhinaus auch im Vergleich mit den jüdischen Weinhandelsadressen des südwestlichen Ringquartiers augenfällig. Hier firmieren in der obersten Kategorie während der fraglichen Zeit nur halb soviel jüdische Unternehmungen der Branche wie am Industriegleis, nämlich genau sechs. Mehrheitlich scheint es sich dabei, wie bei D. S. Metzger, um schon vor 1890 in Landau aufgetretene Häuser zu handeln. Demgegenüber registrieren wir für die Gruppe der Gleisanlieger, daß sie — mit bemerkenswerten Ausnahmen wie Samuel Weil, der den Aufbruch der Firma David Weil direkt vom Altstadtbezirk aus unternahm — im wesentlichen offenbar aus »Newcomern« bestand, die direkt vom Lande ans Gleis kamen.

Die Initialfunktion, die der Einstieg am Gleis für die Geschichte des Landauer (jüdischen) Weinhandels bedeutet, erhellt nicht zuletzt, wenn wir die Situation betrachten, die noch kurz zuvor bestand. Wir beziehen uns erneut vor allem auf die anonymen Eintragungen mehrerer Hände in den Adreßbüchern, vor allem die unseres Experten von 1892 (Stadtarchiv Landau). Noch für den Anfang der 1890er Jahre, also den Zeitpunkt unmittelbar vor der Schwelle des (mit dem Bahnanschluß symbolisch-praktisch eingeläuteten) Industriezeitalters, räumen die angegebenen Faßraumdaten, auf Umsatzverhältnisse übertragen, dem nichtjüdischen Weinhandel einen Rang ein, der merklich über seinem Anteil von knapp einem Drittel an der mit insgesamt 40 Namen aufgeführten Landauer Weinhändlerschaft liegt: auf den nichtjüdischen Weinhandelssektor entfielen etwa 40 % der Landauer Kapazität. Demgegenüber brachten die jüdischen Firmen, die immerhin mit über zwei Dritteln der Betriebe bereits damals die Branche zahlen mäßig dominierten, nur um 60 % der Kapazität auf.

Rechnet man auf der gegebenen Zahlenbasis weiter (die insgesamt nicht vollständig ist, aber zumindest die Relationen wohl glaubhaft belegen kann), so zeichnet sich die gleiche Situation für den Anteil ab, der im nichtjüdischen Firmenbereich jeweils auf die oberste Kategorie (mit über 300 Fuder) entfiel. Hier ergibt sich für die nichtjüdische Seite zu diesem Zeitpunkt noch ein deutlich höherer Prozentsatz, nämlich rund 70% am Umsatz der eigenen Gruppe, während auf jüdischer Seite in dieser Größenordnung, d. h. im eigentlichen Bereich des selbständigen Großhandels, erst knapp über 50 % umgesetzt wurden.

Diese Zahlen beziehen sich nun präzis auf den Zustand, in dem der potente Landauer Weinhandel, sowohl christlich wie jüdisch, sich zwar weitgehend bereits außerhalb der Altstadt, auf den neuerbauten westlichen und südlichen Ringen, den dazugehörigen Ausfall-, west-, und östlichen Bahnhofsstraßen und anschließenden Neubauvierteln situiert hatte, jedoch noch nicht am Industriegleis.

Wie dramatisch sich die Situation bereits in den Jahren 1891/92 - 1893/94 durch die Installation des Industriegleises zu verändern begann, geben die handschriftlichen Eintragungen unseres Experten im Adreßbuch von 1892 vor der Edition der Neuauflage von 1894 zu erkennen. Offensichtlich ging jetzt, in der hochindustriellen Gründerperiode, der Zuwachs an Kapazität durch Neuschaffung von Kellerraum oder Firmenneugründung ganz überwiegend auf das Konto jüdischer Unternehmungen, und nicht ausschließlich, aber mehrheitlich verdankte er sich der jüdischen Ansiedlung im Industriebahnviertel. In der beleuchteten kurzen Zeitspanne betrug dieser Zuwachs bereits etwas über 20 %, wobei der nächste, wiederum vorwiegend jüdische Gründungsschub am Gleis nach 1900 vom Verfasser der Adreßbuchnotiz von 1892 überhaupt noch nicht berücksichtigt sein konnte.

Indem so aus einem zunächst bloß zahlenmäßigen Übergewicht der jüdischen Weinhändlerpopulation auch eine eindeutig über dem Branchenanteil liegende wirtschaftliche Dominanz zu werden begann, sehen wir die für Landau typische Entwicklung in Gang gesetzt: einen Kapitalkonzentrationsprozeß, der sich sowohl an der steigenden Bedeutung der jüdischen gegenüber der nichtjüdischen Kapazität ablesen läßt — und zwar auch noch von den mittleren 20er bis in die mittleren 30er Jahre, also in den Zeiten krisenhafter Unterkapitalisierung (Anhaus 1964/99) — wie innerhalb des jüdischen Sektors selbst am quantitativen Rückgang der in der Branche Tätigen (Landauer Adreßbücher 1894 - 32).

Weder die in die permanente Wirtschaftskrise einmündende Geschichte dieses Prozesses noch ihr vom NS-Regime diktiertes Ende können hier beschrieben werden. Was versucht werden kann, ist lediglich, einige Strukturbedingungen näher vor Augen zu rücken, unter denen jüdischer Landauer Weinhandel als südpfälzischer Wirschaftsfaktor antrat.

III.

Schon in den Jahren unmittelbar bevor das Industriegleis als Modernisierungsparadigma für den Landauer Weinhandel, und zumal den jüdischen, Epoche machte, zeichnet sich, ablesbar an der Adresse, für die Landauer Weinhandelspopulation insgesamt ein sozioökonomischer Aufstieg ab. Dieser Aufstieg führte in die repräsentativen Gründerzeitbauten der süd- und westlichen Ringabschnitte (südlicher Westring, Südring, Schloßstraße, Kaiserring = heute Marienring, Rheinstraße), die Verbindungsstraßen zwischen Altstadt und Ring, die west- und östlichen Bahnhofsstraßen und in die anschließenden Neubaugebiete. Dabei korrespondiert die schließlich eingenommene Betriebs- und Wohnlage nicht unerwartet mit der Größenordnung der betreffenden Firmen. (Am Kaiserring etwa konnten sich, ebenso wie am Industriegleis, auf Dauer nur die bedeutendsten Häuser halten.) Und ebenso korrespondieren Stadtquartier und Größenordnung auch mit den spezifischen Voraussetzungen der Ausgangssituation.

Die Altstadt war Ausgangsbasis vorwiegend nichtjüdischer Weinhändler. Von hier ging auch jene langfristige Gruppenkarriere aus, die Bassermann-Jordan (1118) schon für das 17. Jahrhundert konstatiert (und zwar eher als Symptom der Unterentwicklung im Weinhandel), und die wir den Aufstieg der Küfer nennen

Firma Emil May, Nordring 19 (Mitte der 20er Jahre). Heinrich Strieffler (Privatbesitz)

74

können. Von dem knapp halben Dutzend nichtjüdischer Firmen, die im Gründerzeitraum vor dem ersten Weltkrieg am Industriegleis auftauchen, hatten, wenn ich recht sehe, alle den Hintergrund einer Küferei. Die Beschäftigung altstädtischer Küfereien mit dem Weinhandel führte im allgemeinen zwar nicht über die unterste Umsatzkategorie mit durchschnittlich 50 Fudern hinaus (Ausnahme: Gebrüder Breit, nicht zufällig am Industriegleis, mit 1933 176 Fudern), doch brachte sie immerhin eine solide Grundlage ein, die Kontinuität garantierte. Ähnliches gilt im Prinzip für die normal vertretenen, ebenfalls durchweg nichtjüdischen Detailhandlungen (Flaschenverkauf von Südweinen, Champagner, Spirituosen), die z. T. schon seit Jahrzehnten existierten, im Gegensatz zur allgemeinen Tendenz aber wegen der Publikumsnähe an der Lage im altstädtischen Zentrum festhielten.

Umgekehrt scheint nur für ganz wenige jüdische Firmen die Altstadt Ausgangspunkt, genauer: Zwischenstation ihres Aufstiegs gewesen zu sein (dann allerdings für mit die bedeutendsten wie David Weil). Für noch weniger Juden blieb die Altstadt Endstation ihrer innerstädtischen Karriere bzw. ländlich-städtischen Binnenwanderung. In diesem seltenen Fall unterscheiden sich die betroffenen Firmeninhaber sozial wohl nicht von jener merklich größeren Gruppe nichtjüdischer Weinhändler, die in den Adreßbüchern gerade des Gründungszeitraums mit nur einmaliger Nennung, und dann bezeichnenderweise durchweg mit Quartier in der Altstadt, vertreten sind. In der Geschichte des Weinhandels hat diese fluktuierende Gruppe lediglich die Bedeutung eines Symptoms für ein weitverbreitetes Gründerfieber. Offensichtlich reichte sie nicht nennenswert in die Größenordnung der untersten Kategorie (mit bis zu 100 Fudern) hinein, deren Vertreter bereits auf den repräsentativen Ringen ansässig waren.

Gerade im Zusammenhang mit dem Versuch, die Merkmale der Herkunft, der Adresse und der Größenordnung aufeinander zu beziehen, wird man allerdings die untere und mittlere Kategorie nicht einfach als Vorstufen der obersten Kategorie ansehen können. Ihr Eigenleben beziehen sie nicht so sehr daraus, bloße Durchgangsebenen für den mehr oder minder realisierten Aufstieg in den Großhandel zu sein. Vielmehr bezeichnen sie vor allem quantitative Rahmen für diejenigen Formen des Weingeschäfts, die nicht vonvornherein ausschließlich als »Weinhandel« großen Stils (d. h. mit selbstfinanzierten Massenumsätzen zumal im Konsumweingeschäft) auftraten, sondern sich mit andersartigen professionellen, demographischen, finanziellen Voraussetzungen verbanden. Mit durchschnittlich 50 Fudern angesetzt, kann die unterste Größenordnung in der Tat keinesfalls die Kategorie der ökonomisch Erfolglosen sein. Stattdessen gibt sie in der Regel diejenige Dimension wieder, in der wir eine gemischte Betriebsform angesiedelt finden, — mit sparsamen Expansions-, aber auch günstigen Rückzugschancen.

Gehört auf nichtjüdischer Seite der Aufstieg der Küfer generell in diese Kategorie, so insgemein, im nichtjüdischen wie jüdischen Sektor, vor allem auch das Gros der Kommissionsgeschäfte, d. h. eines Weinhandels, der a priori als reine Vermittlungtätigkeit ohne eigenen Kapitaleinsatz definiert war (Grün 1940, 69). Der Beruf des Kommissionärs hat sich schon frühzeitig in arbeitsteiliger Beziehung mit dem Großhandel herausgebildet (Bassermann-Jordan 1975, 1124 ff): Vertrauensperson für beide Seiten, führte der vor Ort angesiedelte Kommissionär aufgrund seiner engen Kontakte zu den kleinen Produzenten deren Ware dem Großunter nehmer des städtischen Verbrauchermarkts zu, — auf dessen Rechnung und ohne selber über nennenswerte eigene Lagerkapazitäten verfügen zu müssen.

Soweit die Idealtypik. Indessen ließ gerade die Landauer Szene mit ihren verschieden gelagerten Aufstiegsmechanismen den Kommissionshandel in den unterschiedlichsten Mischformen auftreten, für die gemeinsam nur ist, daß aus dem — wenn überhaupt vorhandenen, dann meist relativ geringfügigen — Faßvolumen auf die getätigten Umsätze kaum je ein Schluß gezogen werden kann.

Zum regionalen Weinhandel, d. h. zu dem unterhalb der Fernhandelsstufe angesiedelten heimischen Verbrauchermarkt hin war der Kommissionsberuf kleinstädtischer Provenienz völlig offen. Veranschlagt man die Größe dieses erzeugergebietlichen Marktes, dessen Prokopfverbrauch etwa viermal höher lag als der Reichsdurchschnitt (der 1925 3,8 l betrug; Klatt 1932, 76 ff), so leuchtet die Attraktivität ein, sich an diesem Markt zu beteiligen, — zumal hier gar nicht Flaschenweinverkauf gefragt war, sondern der landesübliche billige Konsumwein im Gebinde, was den Einstieg ins Geschäft erleichterte.

Auf nichtjüdischer Seite waren es zumal die Küfer, die (aus ihrer traditionellen Verbindung sowohl mit dem Faßhandel wie mit der Weinbereitung heraus) in diesen kombinierten Handel aus Kommissionsgeschäft und lokal-regionalem Weinkommerz einstiegen. Ständige Überschneidungen zwischen beiden Tätigkeiten waren daher in dieser untersten Kategorie (wo der summarische Titel »Weinhandel« denn auch alle Differenzen zudeckte) die Regel. Doch selbst bis in die oberste Kategorie hinein läßt sich für die Krisenzeiten der mittleren 20er und gesamten 30er Jahre der Einstieg ins Kommissionsgeschäft als zeitgemäße Notlösung registrieren, — untrügliches Indiz für mangelndes Kapital und aus eigenen Mitteln nicht mehr durchhaltbares Risiko. Dies gilt für nichtjüdische wie für jüdische Händler gleichermaßen.

In »normalen« Zeiten, d. h. in der relativ krisenfreien Gründerperiode, kennzeichnete es allerdings umgekehrt just den jüdischen Geschäftsbereich, daß die Funktionen des selbständigen Weinhändlers und des Kommissionärs sich arbeitsteilig voneinander trennten. Dies vor dem Hintergrund, daß gerade der jüdische Großhandel des Erzeugergebiets mit Sicherheit auch eine vom ursprünglich zünftisch-beamteten Kommissionshandel (Bassermann-Jordan 1975, 1124 ff) unterschiedene Genese hatte. Was wir für Landau in den Jahren um 1890 beobachten, ist zudem, daß sich die lokale Weinhandelsszene — und mit ihr der Fernhandelsmarkt der Konsumweine — durch das Auftreten der jüdischen Firmen radikal verändert und dem großen Kommissionär ganz neue Aufgaben zuweist. Schlagen die Einkaufsinteressen der mehr oder minder fernen städtischen Zentren, denen das Kommissionsgeschäft zuarbeitete, doch jetzt nicht mehr in direkter Linie zwischen städtischem Verbrauchermarkt und dörflichem Produktionsgebiet durch. Vielmehr hat sich durch den Landauer Auftritt einer ganzen regionalen Branche in dieser Handelskette eine Zwischenstufe eingeschoben, auf der sich die Handelsinteressen auch des Produktionsgebiets nunmehr neu organisieren und ihrerseits in neue Märkte vorstoßen.

Ob in alter Weise aus den Dörfern heraus oder im Zug der neuen mittelstädtischen Konzentration in Landau tätig: rein typologisch teilen sich die Kommissionsgeschäfte jedenfalls seit dieser Epochenschwelle zwangsläufig in solche, die nach wie vor den unmittelbaren Einkauf des konsumgebietlichen Großhandels bei den kleinen Produzenten besorgten, und in solche, die in der gleichen Sache den neu angesiedelten produktionsgebietlichen Zwischenhandel bedienten. Zwar war die jüdische Population, was die Zahl der Firmen angeht, auch am Kommissionsgeschäft zunächst durchweg proportional zu ihrem Gesamtanteil im Weinhandel vertreten; sowohl insgesamt wie im jüdischen Tätigkeitsbereich beliefen sich die Landauer Firmen, die das Weingeschäft ausschließlich oder teilweise auf Kommissionsbasis betrieben, 1907 auf rund 20 %. Doch offensichtlich orientierte sich im jüdischen Weinhandelssektor auch der Kommissionshandel so stark an der überregionalen Perspektive und der durch sie vorgegebenen Größenordnung, daß gerade hier auch die wenigen nachweisbaren Fälle von tendentiell reinem Kommissionsgeschäft auf gleichzeitig hohem Umsatzniveau zu verzeichnen sind: Neben Handelsgesellschaften wie Alfred Emsheimer & Isidor Strauß, wo ein Partner seine Erfahrung als Kommissionär einbrachte, ist etwa die Firma Abraham und Emil Süß mit ihrem doppelten Standort in Kirrweiler und Landau zu nennen, und nicht zuletzt der Typ einer anscheinend ganz auf den en-gros Einkauf von Auslandsweinen spezialisierten Agentur, wie er von Karl Kahn vertreten wurde.

Dörfliche Vertrauensbasis und Niederlassung im regionalen Zentrum, Orientierung am überregionalen inländischen Verbrauchenmarkt und Einbeziehung ausländischer Importware in dieses Geschäft: schon wenige Daten reichen aus, um die weitgespannte Marktbeziehung anzudeuten, die der jüdische Landauer Weingroßhandel mit dem Tag seines Auftretens realisierte, — sei es im kommissarischen Einkauf, sei es im eigenfinanzierten en-gros-Verkauf-und-Versand. Den entscheidenden Unterschied zwischen jüdischem und nichtjüdischem Tätigkeitsbereich markiert in der Tat die generelle Orientierung des jüdischen Sektors über den lokal-regionalen Markt hinaus am Fernhandel. Gewiß, die Binnenwanderung aus dem Dorf ins regionale Zentrum endete ihrer bürgerlichen Sozialkarriere nach in der Klein-oder Mittelstadt; aber ökonomisch folgte sie zweifellos schon längst angebahnten Handelsbeziehungen und damit jenen Chancen einer überregional marktbeherrschenden Position, für die der Sitz im produktionsgebietlichen Verteilungszentrum lediglich die günstigste Voraussetzung war. Diese übergreifende Orientierung gilt für den jüdischen Großhandel auf Kommissions- wie auf eigener Kapitalbasis.

Paradigma des Einstiegs in diese vielfältigen Beziehungen war das Industriegleis, nicht so sehr nur als allgemeines Symbol für den hier wirkenden Fortschritt, mehr noch deshalb, weil sich an ihm deutlicher als anderwärts die spezifischen Richtungen abzeichneten, die dieser Fortschritt nahm. Hier am Gleis erscheint nicht zuletzt die Ware Konsumwein in der ganzen Bandbreite ihrer alten und neuen Konnexionen.

Wenn die renommierte Firma Marx & Joseph (deren Gründer zu Anfang der Weimarer Zeit die Initiatoren der israelitischen Kultusgemeinde der Pfalz mit Sitz in Landau waren (Herz 1937, 24)) neben ihrem Landauer Großhandelshaus auch noch die Deutschen Weinkellereien in Bingen besaßen, dann sehen wir Landauer Kapital in eine Richtung expandieren, die den traditionellen Bahnen des rheinischen Handels mit Pfälzer Wein folgte, um sich seinerseits am rheinischen Handelsplatz festzusetzen. Läßt sich in diesem Fall vermuten, daß Südpfälzer Konsumwein zusammen mit rheinhessischem den hergebrachten Weg etwa nach Köln

antrat, so gibt es Belege auch für die umgekehrte Strategie: Auf der Flaschenwein-
karte der jüdischen Weinkellerei Martin Philipp & Co, einer Filialgründung von
Ludwig Stern am Nordring, erscheinen in den 20er Jahren auch rheinhessische
Konsum- und Markenweine, um ihrerseits — etwa für die neue Kundschaft im
sächsischen Industrierevier — die Pfalzweinkarte zu ergänzen.

Wohl nicht zufällig fiel die Gründerperiode am Landauer Industriegleis zeitlich
auch zusammen mit den durch Reichskanzler Caprivi 1892 durchgesetzten Han-
delsgesetzen, die den deutschen Markt vor allem für italienische Weine öffneten,
— eine Importquelle, die gerade der Pfalz neue Möglichkeiten erschloß: billiger
italienischer Rotwein bot sich als geeigneter Verschnittwein für den heimischen
Portugieser an (Anhaus 1962, 72). Durchaus typisch ist daher das Angebot der am
Industriegleis angesiedelten Großhandelsfirma Leo Levy Söhne, die neben weißen
und roten Konsumweinen heimischer Provenienz auch Auslandsweine im großen
Stil handelte. Hier setzte sich folgerichtig als systematische Marktstrategie fort,
was zunächst als Import ausländischen roten Verschnittweins begonnen hatte. Die
Konsumweinbasis verbreitete sich.

IV.

Regionaler Hintergrund und ökonomischer Fernblick: es war die Kombination
dieser beiden Faktoren, die den jüdischen Weinhändlern in Landau ihren kollekti-
ven Vorsprung vor dem nichtjüdischen Sektor sicherte. Der aufs ganze gesehen
kurzfristig realisierte, erfolgreiche Eintritt dieser ganzen Gruppe — nicht nur einer
kleinen kapitalkräftigen Minderheit unter ihnen — in den neu sich öffnenden
Markt der hochindustriellen Wachstumsperiode ist erklärlich nur vor dem Hintergrund eines zuvor bereits durch ländliche Handelstätigkeit angesammelten Kapitals. Wir meinen »Kapital« nicht nur in Form von Geld, — auch von überregional
ausgebauten Handelsbeziehungen.

Eher anekdotisch ist dabei zu registrieren, daß — ganz im Widerspruch zum antijüdischen Agrarmythos — diesem Auf- und Einstiegsprozeß des südpfälzischen
jüdischen Weinhandels in die Moderne Züge seiner Verankerung in der ländlichen
Produktionssphäre (Bennathan 1966, 103) durchaus anhaften blieben. Auch wenn
er selten maßgeblich zum Warenumsatz beigetragen haben dürfte, scheinen nicht
wenige der Landauer jüdischen Weinhändlerfamilien noch dörflichen Grundbesitz
beibehalten zu haben, — Resultat vermutlich der napoleonischen Gesetzgebung,
die für das Bürgerrecht Grund und Boden voraussetzte, und da die Subsistenz in
unserer Gegend immer auch einen Weinberg einschloß, öfters in der Firmenbe-
schreibung stolz ausgewiesen als eigener »Weingutsbesitz«.

Doch war es nicht dieser Boden, auf dem das jüdische gegen das christliche Kapital antrat. Unter den Weinhändlern, deren Präsenz oder Einstieg im städtischen
Weinhandel der Gründerperiode sich unmittelbar aus dem umliegenden Weinbau
herleitete, befanden sich keine Juden. Neben der Weinhändlerkarriere der Küfer
ist dies in der Tat ein spezifisch nichtjüdischer Aufstiegsmodus, der im übrigen,
von vornherein höher ansetzend als jene Handwerkstätigkeit, die wenigen beteiligten Firmen, z. B. Christoph Back in der Schloßstraße, durchaus im mittleren, sogar oberen Größenbereich sichtbar werden läßt. Gleichwohl kann dieser Landauer

nichtjüdische Weinbau-Weinhandel seinerseits den Vergleich mit dem jüdischen Kapitaleinsatz nicht aufnehmen, der zwar ebenfalls »vom Lande« kam, aber eine andere Genese mitbrachte.

Der jüdische Weinhandel Landaus scheint letztlich aus einem gemischten, sich zunehmend spezialisierenden Landhandel hervorgegangen zu sein. Diesen Eindruck bestätigen auch die Ortsgeschichten der Herkunftsorte, wo, soweit ich sehe, für den Zeitraum vor der Abwanderung keine ausschließlich auf Wein spezialisierte jüdische Handelstätigkeit ausgewiesen ist. Zwar spielte der Handel mit Wein naturgemäß schon in der feudalistischen Periode eine bedeutsame Rolle, und nicht zuletzt seinetwegen siedelten sich Juden gern vor den Grenzen der größeren Territorien in kleineren Herrschaften an, die ihnen Lagerhaltung und Vertrieb von Wein erlaubten (Hamm 1969, 160; Pressler 1982, 260). Indessen scheint doch erst der Übergang in die Stadt hinreichende Bedingungen für eine Spezialisierung auf das Weingeschäft geboten zu haben. Auch für den Landauer Weinhandel selbst war dies offenbar eine neue und späte Entwicklung (Bassermann-Jordan 1975, 1134 A 3).

Ausgerechnet noch die Gründungssituation am Industriegleis vermittelt ein eindrückliches Bild vom ursprünglichen Typ jenes Landhandels, der sich freilich zum damaligen Zeitpunkt bereits auf die Rolle des Abnehmers und Lieferanten agrarischer Erzeugnisse und Bedarfsgüter im Lebensmittelbereich konzentrierte, was Tabak- oder Viehhandel ausschloß. Als »Mehl- und Landesproduktenhandlung, Weinkommissionsgeschäft« firmierte z. B. die 1892 in der Altstadt gegründete Handlung der aus Herxheim stammenden Brüder Hermann und Heinrich Levy, noch während sie ans Gleis zog, um sich dort dann ganz auf das Weingeschäft zu beschränken. Eine ähnliche Herkunft läßt sich bei der Familie Brunner erkennen, die offensichtlich aus einer altstädtischen Zwischenstation heraus in der Gründerzeit arbeitsteilig expandierte: am Industriegleis als Handlung für Landeserzeugnisse und Mehlhandlung, am Kaiserring — dauerhafter — als reines Weingeschäft (Großhandlung mit direktem Kontakt zum Publikum). Wir fügen noch das Beispiel der Weingroßhandlung Karl Siegel & Co hinzu, die auf der einen Seite ihren Sitz später in Berlin hatte, auf der anderen Seite aber zunächst als Partnerin und Nachfolgerin der Landauer Firma Lenz Benedick, »Frucht-, Mehl- und Weinhandlung en gros, Weinproduzent«, ihre Karriere antrat (Stadtarchiv Landau 703/3).

Basispotential und Reichweite dieses Landhandels werden spürbar. Wenn wir in ihm den Ursprungstyp jüdischer Weinhandelstätigkeit in unserer Gegend sehen können, so ist Spezialisierung allererst in dem linearen Sinn vorzustellen, den die genannten Beispiele demonstrieren: daß nämlich allgemeiner Landhandel (in Lebens- und Futtermitteln), indem er den Weinhandel zunächst einschloß, sich letztendlich ganz in ihn verwandelte. Dies ist zweifellos, was die gründerzeitliche Modernisierung des Weingeschäfts in Landau angeht, die hauptsächlich realisierte Tendenz gewesen. Darüber hinaus verdient aber Aufmerksamkeit umso mehr auch der seltenere Fall, daß der Landhandel selber sich in seiner ursprünglichen Breite modernisierte und der Weinhandel in diesem Rahmen sich lediglich als Teilstück von ihm entwickelte. Denn eben dieser Fall erlaubt, Entwicklungschancen einer weitergehenden Modernisierung auch des Weinhandels insgesamt abzuschätzen.

Ein Beispiel liefert die am Gleis vertretene Kolonialwarengroßhandlung Heinrich Scharff & Sohn, die lediglich sporadisch als Weinhandlung firmierte, obgleich ihr Umsatz allein im Weingeschäft bereits 1893 so bedeutend war, daß er das Volumen einer von Scharff zusammen mit Samuel Maier gegründeten speziellen Weinfirma, die etwa 200 Fuder einlagern konnte, um das Vierfache übertraf. Zum Scharffschen Firmenkomplex gehörte nicht nur eine Zuckerfabrik in Ludwigshafen, d. h. die Expansion in den Sektor landwirtschaftlicher Veredelungsprodukte. Das Haus war auch in der Landeshauptstadt München mit einer eigenen Filiale vertreten, und zwar war hier die Abteilung »Weinbau und Weinkellereien« tätig, deren Flaschenweinangebot über die regionale Konsumweinbasis hinaus auch heimische Edelweine und importierte Bordeaux- und Südweine umfaßte.

Gerade der arbeitsteilige Verbund des Weinhandels mit einem diversifizierten Lebensmittelgroßhandel stellte in diesem Fall also eine Entwicklung sicher, die über den Massenumsatz von Konsumwein entschieden hinausführte: zum einen indem gezielt der Standort im Verbrauchergebiet selbst eingenommen wurde, zum anderen indem dort an Stelle der ursprünglichen Form des Weinabsatzes in Gebinden konsequent der Verkauf von Flaschen trat.

An diesem Maßstab gemessen, zeigt sich die Landauer Weinhandelssituation im ganzen genau dadurch charakterisiert, daß sie den Schritt einer zweiten, nunmehr qualitativen Modernisierung nur sehr begrenzt mitvollzog. Kennzeichnende Leistung des ersten Modernisierungsschritts der Jahre um 1890 war ja, daß er sich ganz darauf konzentrierte, das für die Südpfalz typische Problem der Bewältigung großer Massen zu lösen. Die Landauer Firmengründungen der Epoche mit ihrem überdurchschnittlichen jüdischen Engagement setzten angesichts der traditionellen Anonymität ihrer Ware und eines durch Verstädterung und Bevölkerungsboom rapid gewandelten Käuferpotentials mit ihrem Weinangebot voll auf die »industrielle« Schiene. Auf das »Massengeschäft« mit Konsumwein spezialisiert, bewegte sich dieser für Landau typische Expansionsprozeß in aller Regel in den klassischen Bahnen des produktionsgebietlichen Großhandels, schrieb sich mithin in einer arbeitsteiligen Rolle fest, die am heimischen Versandbahnhof, wo der Markt in den Horizont kam, zugleich bereits die entscheidende Grenze setzte.

Sprechen wir gar nicht von dem für auswärtige Auftraggeber tätigen Kommissionshandel des Konsumweingebiets, der geradezu definitorisch auf seinen Standort und die rudimentäre Warenform seiner Sphäre festgelegt bleiben mußte. Auch für den unternehmerisch selbständigen Großhandel des Produktgebiets, der über entsprechende Vermittlung Trauben oder Most als Rohprodukt vom ländlichen Produzenten erwarb, endete ja das Geschäft dort, wo er den Wein kellertechnisch für den Versand in entsprechend großen Behältern fertig gemacht hatte und ihn als Halbfertigware zur Beförderung an den konsumtionsgebietlichen Großhandelspartner (oder die Sektkellerei) aufgab. (Der im Verbrauchergebiet selbst ansässige Großhandel fungierte seinerseits als Zwischenhandel für Detailhandel, Sekt-, Branntwein- und Wermutfabrikation usw.) Mit anderen Worten: der Einfluß des Erzeugergebiets auf Ware und Klientel riskierte just eben dort zu endigen, wo die qualitativen Herausforderungen der modernen Verbrauchermärkte einsetzten.

Diese Grenze überwand der selbstvermarktende Weingutsbesitz, der — regional oder überregional — direkt an Gastronomie, Privatkundschaft oder Detailhändler liefern konnte. An diese Grenze stieß erst gar nicht, wer nur — wie der kleine, durchweg nichtjüdische Küfer- und Detailhandel — auf städtisch-regionaler Ebene tätig war. Hingegen zeichnet sich gerade bei all seiner Größe als speziell krisenempfindlich jenes überregionale Engagement auf dem Konsumweinmarkt ab, wie es vom Augenblick ihres Erscheinens an die jüdische Weinhändlerschaft Landaus als soziale und professionelle Gruppe betrieb. Der jüdische Handel mit Konsumwein war es, der Landaus Stellung auf dem Weinmarkt monopolartig prägte, — noch in den 20er Jahren wurden, wie ein Zeitzeuge überliefert, hier im Café Central die Preise für ganz Deutschland ausgehandelt. Je ausschließlicher es auftrat, umso kritischer mußte aber ein so geartetes Monopol auch auf konjunkturelle und strukturelle Krisen reagieren.

Für die Mehrheit der hier beschriebenen jüdischen Firmen gehört es somit zur Tragik ihrer Geschichte, daß nicht allein der Nationalsozialismus kaum mehr als eine Generation später ihnen brutal das Ende diktierte, vielmehr schon ihr Gründungsansatz sie von Anfang an der diffamierenden Verdunklung der von ihnen geleisteten großhändlerischen Vermittlungstätigkeit aussetzte. Gerade in den Jahrzehnten vor und nach der Jahrhundertwende bildeten sich ja in erbitterten Konflikten die Geschmacks- und Gesetzeskriterien für einen vom »Kunstwein« sich abgrenzenden »Naturwein« heraus (Anhaus 1964, 50 u. 82 f), — eine Entwicklung, die den Qualitätslagenbesitz in seinem Modernisierungskonzept der Selbstvermarktung prinzipiell bestärkte (1890 Gründung des Verbands der Naturweinversteigerer; auch Winzergenossenschaften schworen sich auf den Naturweingedanken ein), währenddessen sich die großen Konsumweinkellereien von vornherein auf der falschen Seite wiederfanden.

Aus ihrem Verdienst, für eine ganze vernachlässigte Region den Weinabsatz organisieren zu können, wurde so — wir haben eingangs den Karlsruher Zeitgenossen zitiert — unversehens der Makel, dauerhaft auf ein Massenprodukt angewiesen zu sein. In ihrer Stärke, allein durch Größe und Umsatzzahlen auf niedrigster Preisebene anbieten zu können, wird die Schwäche sichtbar, diesen Rahmen auch in Krisenzeiten halten zu müssen.

Die Versuche, diesem Dilemma zu entkommen, waren nicht an die Bedingungen der Kolonialwarenbranche gebunden. Daß es dem Landauer Konsumweinhandel als solchem in Ausnahmefällen schon einmal gelang, im Verbrauchergebiet selbst Fuß zu fassen, belegt der Berliner Firmensitz von Karl Siegel & Co. Und daß Diversifikation des Angebots frühzeitig als Aufgabe erkannt wurde, belegt just die erste Weinhandelsfirma, die ans Industriegleis zog, »David Weil«, die bis dahin ausschließlich im Konsumweingroßhandel tätig gewesen war und nun im Zug ihrer Expansion Anlaß nahm, daneben noch einen eigenen Geschäftszweig für Weinhandel, nicht zuletzt mit »Edelweinen«, zu begründen.

Konsequent betrieben, war der Einstieg in die Diversifikation und Differenzierung, zumal ins Flaschenweingeschäft, allerdings ohne systematisch organisierte Anwesenheit im Kundengebiet nicht zu verwirklichen, — was offenbar nur wenigen Landauer Großweinhandlungen gelang. Symbol der Modernisierung für eine ganze Weinregion, das er unstreitig war, ist der Bahnanschluß daher zugleich zum Symbol einseitiger Festlegung und schwer aufzulösender Abhängigkeit geworden. Auch der früh einsetzende Import von Auslandsweinen in firmeneigenen Kesselwagen durchbrach dieses Rollenspiel nicht. In der Sache war es gebunden an die genuine Leistung der Region als Lieferantin billiger Konsumweine. Den Weg zur Differenzierung des Angebots erleichterte dabei die Tatsache keineswegs, daß gerade auch die Usancen des örtlichen und regionalen Verbrauchermarkts ganz auf preiswerten Wein in kleinen Gebinden abgestellt waren.

Bezeichnend für die sich hier auftuenden Umstellungsschwierigkeiten ist die Entwicklung einer der wenigen Firmen, die vom herkömmlichen Konsumweinhandel konsequent abrückten, der Firma Martin Philipp & Co. Für sie bedeutete Diversifikation zwangsläufig zugleich Abkehr vom eben erst so eindrücklich besetzten Modernisierungsparadigma der ersten Stufe: von der Eisenbahn als Massentransportmittel. Ihren Anschluß am Industriegleis des Nordrings scheint sie schließlich nur noch für die in eigenen Kesselwagen ankommenden Auslandsweine benutzt zu haben, während der Verkauf sich bereits gänzlich individualisiert hatte. Auch die ankommenden Auslandsweine vervollständigten nunmehr, statt en gros dem weiterverarbeitenden Konsumgebietshandel angeboten zu werden, das eigene Flaschenangebot. Der Verkauf wurde generell über Bahnspedition abgewickelt.

Funktionierte dieses System der Diversifikation und Differenzierung indessen auf den weiter entfernten mittel- und norddeutschen Verbrauchermärkten recht gut, wo über ein organisiertes Vertreternetz vorrangig Flaschenwein abgesetzt wurde, so war ein gleicher Weg gerade in der erzeugergebietsnahen Zone der süddeutschen Industriestandorte versperrt. Hier, wo vor allem Pfälzer Konsumwein im kleinen Gebinde gefragt blieb, bedeutete das Eingehen auf die Verbraucherwünsche im Grunde den Rückgang auf die alte Krisenform des Hausierangebots und wurde bezeichnenderweise zumal in den 30er Jahren aus Not praktiziert. An diesem Punkt zeigt sich sehr deutlich, daß qualitative Modernisierung an die Überwindung der heimischen Ausgangsbedingungen gebunden war, und daß die Chancen für sie in dem Maße wuchsen, wie an entwicklungsfähigeren Plätzen Präsenz gezeigt werden konnte. Gelang es schon der Firma Philipp nicht, die ungünstigen Ausgangsbedingungen der Region auf der ganzen Linie zu überspielen, so gilt dies erst recht für die Mehrzahl der vergleichbaren jüdischen Kollegen, die sich zu einem so weitreichenden Schritt gar nicht erst in der Lage sahen.

An dieser Stelle zeigt sich wohl auch der strukturelle Gegensatz zum fränkischen Würzburg, das sich ansonsten hinsichtlich der Genese und Größenordnung seines jüdischen Weinhandels in einer interessanten Parallelsituation zu Landau darstellt (Flade 1985, 15; 62). Indessen dürfte der Übergang zum Flaschenhandel auf Vertreterbasis hier von vornherein leichter gewesen sein, weil ein ähnlicher Druck der Massenproduktion, wie er in der Südpfalz herrschte, fehlte. In der relativen Unterentwicklung der Angebotsstruktur, wie sie aus der gebietstypischen Massenproduktion anonymer Konsumweine folgte, scheint die Situation des jüdischen Weinhandels in Landau daher eher mit derjenigen in Baden vergleichbar, die M. Richarz dokumentiert hat (1982, 269-80), — mit dem gravierenden Unterschied freilich, daß diese ganze Struktur sich in unserer Gegend in einer einzigen Stadt, mithin rein demographisch und berufsstatistisch wiederum auf Würzburger Niveau, konzentrierte.

V.

Ein ebenso radikaler Schritt, wie es die Auswanderung war, ist die hier skizzierte Binnenwanderung einer ländlichen jüdischen Weinhandelspopulation in die Mittelstadt Landau nicht gewesen. Aber auch zum gleichzeitigen Gesamttrend der jüdischen Bevölkerung, der gerade in jenen Jahren überproportional in die Großstädte zu führen begann (Lestschinsky 1932, 60) und dabei vom traditionell dominierenden Handel abrückte, verhält sich diese Aufstiegs- und Konzentrationsbewegung gegenläufig. Sie blieb gleichsam um eine Entwicklungsphase hinter dem Gesamttrend zurück, indem sie stattdessen gerade im Handel ihr Monopol errichtete, und indem sie sich dabei mit ihrer neuerworbenen »bürgerlichen« Existenzform gerade im Milieu der — wirtschaftlichen und gesellschaftlich von der Entwicklung bereits überholten — Klein- und Mittelstadt ansiedelte.

Doch nicht nur, weil in der Agrarregion Pfalz die Großstädte fehlten, wie schon ein jüdischer Zeitgenosse bemerkte (Herz 1937, 46), schrieb sich der Landauer jüdische Weinhandel programmatisch in der Mitte zwischen beiden Horizonten, zwischen der alten Landsässigkeit und der modernen Großstadt, fest. Er realisierte damit auch präzis die Verkehrsbedingungen der für die Region typischen, noch wenig entwickelten Handelsware Konsumwein. In dem Maß, in dem diese Ausgangssituation der primären Standortwahl nicht überwunden wurde, setzte sich, recht besehen, alte Abhängigkeit von den feudalstaatlichen Zentren in neuer Abhängigkeit von den industriellen Ballungsräumen fort. Geprägt durch ein sektorales Monopol, das mit seiner Position in der Handelskette nur bedingt entwicklungsfähig war, wurde die Weinhandelsstadt Landau somit gerade in ihrer Blütezeit zum Fallbeispiel ungleicher industriegesellschaftlicher Entwicklung, mit einem anderen Ausdruck (Zang 1978): der »Provinzialisierung«.

Dramatische Züge nahm diese Entwicklung freilich allzumal für die Juden an. War es doch in erster Linie ihr Gruppenmonopol, das sich an diesem Ort Landau in doppelter Weise exponierte: ökonomisch durch besondere Mitleidenschaft in jeder Krise der Branche, politisch durch den schließlichen Triumph des Antisemitismus, der am überproportionalen Anteil der Juden im Landauer Weinhandel festmachte, um diese absolut untypische Landauer Situation (Bennathan 1966, 102) als »typisch jüdisch« zu denunzieren.

Anscheinend schlug bereits die Wirtschaftskrise der 20er Jahre (Niewyk 1983) nicht zuletzt bei denjenigen besonders schnell durch, die am ehesten dabei waren, die pfälzische Situation der Provinzialisierung zu überwinden: Heinrich Scharff und David Weil zum Beispiel; sei es, daß ihr überregionales Engagement es ihnen ermöglichte, sei es, daß es sie dazu nötigte, sich rechtzeitig aus Landau zurückzuziehen. So blieben zumal diejenigen unter den jüdischen Firmen zurück, die am längsten den regionalspezifischen reinen Konsumweinhandel durchhielten.

Ihr Ausharren in diesem unternehmerisch prekären und zunehmend undankbaren Arbeitsfeld hätte es nötig und verdient gehabt, staatlich und gesellschaftlich wenn schon nicht — wie es den Winzergenossenschaften geschah — gefördert, so doch wenigstens nicht zusätzlich erschwert zu werden. Waren es doch auch zu Beginn der 30er Jahre immer noch so gut wie ausschließlich diese jüdischen Firmen, die der südpfälzischen Konsumweinproduktion, anonym wie sie war, zu einem Markt verhalfen.

Stattdessen nutzten die pfälzischen Nazis die Absatzkrise der Jahre 1934/35, um eben diesen für die Region langfristig unersetzlichen jüdischen Handel systematisch zu zerstören.

Ich danke meinen jüdischen und nichtjüdischen InterviewpartnerInnen für ihre freundliche Auskunftsbereitschaft, H. Bröhmer, B. Gerlach und A. Kuby für Anregungen und Informationen, L. Zoller für die Reproduktionserlaubnis, dem Stadtarchiv Landau und dem Landesarchiv Speyer für ihre Hilfestellung. An dieser Stelle konnte nur ein bescheidener Anfang gemacht werden; für weitere Hinweise und Materialien bleibe ich dankbar.

Literatur

Anhaus, Otto: Hundert Jahre deutscher Weinhandel, hundert Jahre deutsche Wein-Zeitung. Mainz 1964

v. Bassermann-Jordan, Friedrich: Geschichte des Weinbaus [2. Aufl. 1923] Nachdruck = 3. Aufl. Neustadt 1975, 2 Bde

Bennathan, Esra: Die demographische und wirtschaftliche Struktur der Juden. In: Mosse, Werner/Arnold Paucker (Hg): Entscheidungsjahr 1932. Zur Judenfrage in der Endphase der Weimarer Republik. Tübingen 1966, 87-131

Flade, Roland: Juden in Würzburg 1918-1933 (=Mainfränkische Studien 34). Würzburg 1985

Friedel, Heinz: Kirrweiler. Die Geschichte eines pfälzischen Weindorfes. Kirrweiler 1978

Grün, Gerhard: Die Marktaufgabe des deutschen Weinhandels und ihre betriebswirtschaftliche Lösung (=Betriebs- und verkehrswirtschaftliche Forschungen 6). Berlin 1940

Haasis, Hellmut G.: Winzer in der Frühzeit der Pfälzer Demokratie. In: List (Hg.): »Deutsche...«, 1985, 20-41

Hamm, Karl: Albersweiler. Beiträge zur tausendjährigen Geschichte eines pfälzischen Dorfes. Albersweiler [1969]

Herz, Reinhold: Die Juden in der Pfalz. Philippsburg 1937

Heß, Hans: Die Landauer Judengemeinde. Ein Abriß ihrer Geschichte. 2. Aufl. Landau 1983

Klatt, Werner: Die Verwertung der deutschen Rebenernten (Struktur des deutschen Weinmarktes). Berlin 1932

Kohl, Siegrid E.: Besondere Probleme der jüdischen Gemeinde in Landau im Zusammenhang mit der nationalsozialistischen Judenpolitik. Hausarbeit EWH Landau, Masch. 1973

Lestschinsky, Jakob: Das wirtschaftliche Schicksal des deutschen Judentums. Aufstieg, Wandlung, Krise, Ausblick. Berlin 1932

List, Günther: Ein völkisches Spektakel: »Deutsche Weinstraße« in der Pfalz (1935/36). In: ders. (Hg.): ''Deutsche, laßt des Weines Strom sich ins ganze Reich ergießen.'' Heidelberg 1985, 106-47

Niewyk, Donald L.: The Impact of Inflation and Depression on the German Jews. Leo Baeck Institute Year Book 28 (1983) 19-36

Pressler, Gerd (Hg.): Über 1.200 Jahre Hochstadt. Hochstadt 1982

Richarz, Monika (Hg.): Jüdisches Leben in Deutschland. Selbstzeugnisse zur Sozialgeschichte 1918-1945. Stuttgart 1982

Ruf, Friedrich: Woher beziehe ich meine Badischen, Elsässischen und Pfälzischen Weine am vorteilhaftesten? Ein Nachschlagebuch für alle Weinkonsumenten. Karlsruhe 1903

Schoene, Renate: Bibliographie zur Geschichte des Weines. 4 Bde. Mannheim usw. 1976-84

Zang, Gerd: Einleitung. Die innerstaatliche und ungleiche Entwicklung als Problem der historischen Forschung. In ders., (Hg.): Provinzialisierung einer Region. Zur Entstehung der bürgerlichen Gesellschaft in der Provinz. Frankfurt 1978

Gräberfeld Gurs (Foto: Roland Paul)

Volker Rödel

Die Judenpolitik
der pfälzischen NSDAP

Sich[1] nach fünf Jahrzehnten der politischen Motive einer totalitären Partei in einem regionalen Bereich vergewissern zu wollen, schließt die Notwendigkeit ein, sich über eine noch zu schüttere und verworrene Quellenlage vorerst hinwegsetzen zu müssen und dabei Fehleinschätzungen zu riskieren. Diese können um so leichter unterlaufen, als das Gebot der historischen Methode, die eigentlichen Beweggründe der Handelnden herauszufinden, bei einer Einheitspartei wie der NSDAP auf große Schwierigkeiten stößt.

Dies gilt gerade auch für die Judenpolitik, deren eigentliche Ziele der Bevölkerung und sogar der Masse der Mitglieder nicht ohne weiteres offengelegt werden durften, wollte man ihren Erfolg nicht gefährden.

Wenn es hier unternommen wird, die Haltung und die Maßnahmen der pfälzischen NSDAP und ihres Gauleiters Josef Bürckel gegenüber den Juden darzulegen, dann in dem Bewußtsein, daß zwischen den sich bei der Bearbeitung einer solchen Thematik unweigerlich aufdrängenden gesinnungsethischen Postulaten und den Erfordernissen der historischen Kritik ein Ausgleich gefunden werden muß. Dem Vorhaben kommt zugute, daß eine regional ausgerichtete Untersuchung Dämonisierung und Monumentalisierung leichter vermeiden kann und auf diese Weise zur Beantwortung der Frage, wie es zur Auslöschung eines großen Teils der europäischen Judenheit hat kommen können, einen erläuternden Beitrag zu leisten vermag.

Diese Erläuterung muß sich insbesondere des historischen Vorfelds der sogenannten »Endlösung« annehmen, ohne sich von der sich aufdrängenden Perspektive der Zwangsläufigkeit des Gesamtablaufs beherrschen zu lassen. Das ist um so nötiger, als der hier in Rede stehende regional eingegrenzte Aspekt zumindest phasenweise deutliche Unterschiede zur allgemeinen Entwicklung hervortreten läßt, die an das Grundverständnis pfälzischer Geschichte zu rühren geeignet sein könnten.

Auf eine Darlegung der anderwärts bereits in aller Eindringlichkeit aufgelisteten Stufen der Entrechtung der Juden während des Dritten Reiches[2] darf hier verzichtet werden, und auch eine Schilderung der damit verbundenen Geschehnisse in der Pfalz erübrigt sich weitgehend. Es soll vielmehr versucht werden, spezifische Besonderheiten der Entwicklung herauszustellen, seien es nun auffallend andersartige Voraussetzungen oder von der Politik der Reichsregierung abweichende bzw. auf diese womöglich einwirkende Haltungen des politischen oder administrativen Vorgehens in Bürckels Machtbereich.

Hierin zeigt sich schon die erste Besonderheit: Kaum ein Gauleiter hat im Verlauf seiner Karriere eine so große Dynamik hinsichtlich seiner Aufgaben und Zuständigkeiten an den Tag gelegt wie Bürckel. Die verschiedenen Stationen, nämlich die Angliederung des Saarlandes 1935, das österreichische Intermezzo 1938-1940 und die Leitung der Zivilverwaltung Lothringens, brachten nicht nur jeweils Aufwertungen in der Herrschaftsstruktur des Dritten Reiches, sondern wirkten sich unmittelbar, wenn auch in ganz unterschiedlicher Weise auf die Behandlung der sogenannten »Judenfrage« aus. Dieses nun »Politik« zu nennen, mag zunächst befremden, indessen stellt sich mehr und mehr heraus, daß Politik nicht nur Sache einer als monolithisch anzusehenden Reichsführung war, sondern in einem als polykratisch bezeichneten[3] System auch auf nachgeordneten Ebenen unabdingbar war, daß aber andererseits die von den Sicherheitsorganen insgeheim und mit recht modernen Methoden festgestellte Volksstimmung auf höchste Entscheidungen einwirken konnte.

Solche Politik bestand in Maßnahmen und ihrer meinungsformenden Begleitung durch die Presse, insbesondere in kompromittierenden Fällen, die nicht heimlich abgewickelt werden konnten, sowie in allgemeiner Propagandaarbeit über die Presse und andere Druckerzeugnisse. Adressaten, die vielfach zum Taktieren zwangen, waren vor 1933 als Anhänger oder Wähler zu gewinnende Deutsche, danach das Ausland, insbesondere bis zur Abstimmung auch die Bewohner des Saargebietes. Nicht übersehen werden darf, daß nach der Machtergreifung nicht nur die bisherigen Nichtwähler überzeugt werden sollten, sondern daß auch gleichzeitig die treuen Anhänger bei der Stange zu halten waren.

Hierfür konnte, sollte und mußte der Antisemitismus als Kern der nationalsozialistischen Weltanschauung herhalten.[4] Die beiden sich widerstreitenden Ansätze der Geschichtsschreibung über das Dritte Reich, der ideologisch-programmatische und der strukturanalytische, sind sich darin einig, daß die »Judenfrage« als das zentrale Problem der nationalsozialistischen Politik anzusehen ist.

Man ist gewohnt, daß die Traditionslinie des deutschen Antisemitismus zur Erklärung der Geschehnisse im Dritten Reich möglichst bis ins Mittelalter oder mindestens bis zu Martin Luther zurückverfolgt wird. Jedoch müssen die Anfänge nicht immer gleich Ursachen sein, und es ist stets auch zu fragen, gegen welche Art Judentum — das orthodoxe oder das modern-emanzipierte — sich der Antisemitismus richtete und ob er aus religiösem oder rassisch-biologistischem Antrieb agierte. Als politische Wirkkraft relevant wurde er erst im Kaiserreich, wenngleich er vor 1914 immer noch keine tragfähige Grundlage für eine Partei abgab. Wichtiger war aber seine innige Verquickung mit der Problematik des Nationalstaats — nicht nur in Deutschland! —, nämlich seine Rolle »bei der Bestimmung des Selbstbildes der Deutschen und beim Wiederaufbau einer deutschen Identität nach der Krise der nationalen Einigung«[5]; gewissermaßen eine Ergänzung zum Nationalstolz[6], bot er als ein bequemes Integrationsinstrument einen wirkungsvollen Zusatz zu einem Gruppengefühl von Ausschließlichkeit und Überlegenheit. Das wiederum machte ihn zu einem bestimmenden Faktor bei der Umstrukturierung des deutschen politischen Spektrums vom Liberalismus zum Konservatismus — als Konsequenz verschwand er in der Sozialdemokratie fast ganz. In diesem Zusammenhang ließ sich »der Jude« leicht als Verderber des Kapitalismus und als eigentlich zerstörerische Kraft hinter dem Liberalismus begreifen, dem nur durch eine nationale Neuformierung und Rückbesinnung auf die germanische Kultur zu begegnen sei.

Dieser Antisemitismus, zu dem es anderwärts, etwa in Frankreich, klare Parallelen gab, blieb aber im Grunde ein Antisemitismus der Schrift, allenfalls des Wortes — in dieser Form dürfte ihn Adolf Hitler in seiner Wiener Zeit über Karl Lueger vorwiegend rezipiert haben. Entscheidend war nun aber, daß im Nationalsozialismus die verbale Agression nicht wie zuvor als Ersatz von Handeln, sondern als seine Vorbereitung begriffen wurde[7] und dies nach der Machtergreifung zielstrebig umgesetzt wurde bis zur letzten Konsequenz.

Bevor dieser Weg nachgezeichnet werden kann, muß die spezifische Eigenart des rheinisch-pfälzischen Antisemitismus herausgearbeitet werden.

Es gibt gute Gründe für die Annahme, daß hierzulande der von Hitler propagierte Zusammenhang zwischen Judentum und Bolschewisierung der Welt als weniger wichtig angesehen wurde — vielleicht wegen der sozialistischen Ausprägung des pfälzischen Nationalsozialismus, auf die noch zurückzukommen sein wird. Vielmehr ist seine These, die jüdische Ansiedlung am Rhein sei ein gezielter Anschlag auf die europäische Kultur gewesen, von seiner Auffassung des Judentums als einer Gefahr für die ganze Menschheit, zumal wegen dessen Rolle im Ersten Weltkrieg, nicht zu trennen: Das Judentum galt Hitler als der totale Feind und Zerstörer des Naturzustandes menschlicher Gesellschaft: »Erst ein unerhörter Sieg kann das Naturgewollte, die Existenz der Völker, endgültig sichern vor dem Ansturm der verderblichen Zwiegestalt, deren Leib aus minderwertigen Massen besteht und deren Kopf der jüdische Intellekt ist.«[8]

Das säkulare Problem der Beurteilung des Judentums als eines Menschheitsprinzips wurde durchaus auch auf der Gegenseite gesehen, z.B. von Martin Buber schon im Jahre 1933: »Die Situation kann etwa dahin ausgesprochen werden, daß die Geschichte der Erdbevölkerung wieder labil geworden ist, und anscheinend labiler als je. Die festen Verhältnisse, die vor zwei Jahrzehnten noch den einigermaßen gleichbleibenden Hintergrund all der wechselnden Ereignisse, Entwicklungen, Konflikte und Krisen abgaben, sind allesamt mit ins Gleiten geraten. Die Sicherheit der Voraussetzungen, das Werk der von der Französischen Revolution emporgetragenen bürgerlichen Gesellschaft, ist entschwunden. Der Mensch ist exponiert. Die exponierteste Menschensippe aber sind die Juden ... Hier wird der Kampf des Menschen exemplarisch ausgefochten.«[9]

Für einen eingefleischten Antisemiten hätte es nun keine weiteren Argumente zur Eliminierung des Judentums mehr zu geben brauchen, jedoch waren ja erst noch die Massen zu gewinnen, und hier bediente man sich in unbekümmerter Dialektik des ganzen Arsenals alter und neuer Argumente ohne Rücksicht auf innere Widersprüche und stets im Vertrauen darauf, daß jeder Slogan eines Tages verfängt, wird er nur oft genug wiederholt und — dies ist das wichtigste — durch Gesetz und Verordnungsgebung objektiviert.

Da sich die verschiedenen Argumentationsfelder in der Propaganda vielfältig überlagern, müssen sie erst einmal der Reihe nach aufgelistet werden.

Das regionaltypische und vielleicht am breitesten wirkende Argument war das der Kriegsschuld und der Kriegstreiberei. Die frühe pfälzische NSDAP sog soviel Kraft aus den zweifellos zu erduldenden Mißhelligkeiten der Rheinlandbesetzung, ja sie sah einen ihrer wesentlichen Ursprünge in der Separatistenabwehr, speziell im Sturm auf das Bezirksamt Pirmasens. (In dieser Stadt fand dann auch der erste

Gautag der NSDAP im Juli 1928 statt.) Die nationalistische Komponente ließ sich auf diese Weise leicht vertiefen, und es wuchsen ihr aus der wirtschaftlichen Not, die zu durchleiden gewesen war, verklärende Züge zu, die möglichst die anderen Reichsgaue überstrahlen sollten. Da die vorgebliche Schuld des Judentums am Ersten Weltkrieg natürlich nicht unmittelbar einsichtig zu machen war, bedurfte es dazu krampfhaft konstruierter Zeitungsartikel des »Eisenhammer« [10], etwa, wenn während der diplomatischen Vorgeschichte des Ersten Weltkrieges Juden unerlaubt Einfluß genommen oder die Presse bestochen hätten. Konsequenterweise taucht das Argument dann im Vorfeld des Zweiten Weltkrieges wieder auf, so etwa, wenn den Juden 1938 die Schuld an der Sudetenkrise zugeschrieben wird, und natürlich in Hitlers berühmten Kriegsdrohungszitat von 1939: [11]

»Wenn es dem internationalen Finanzjudentum in- und außerhalb Europas gelingen sollte, die Völker noch einmal in einen Weltkrieg zu stürzen, dann wird das Ergebnis nicht die Bolschewisierung der Erde und damit der Sieg des Judentums sein, sondern die Vernichtung der jüdischen Rasse in Europa.«

Konkret bedeutet dieser Gesamtzusammenhang für die Pfalz wegen der Grenzlage zu Frankreich und anfangs zum Saargebiet eine wichtig genommene Wächterstellung gegen grenznahe wirtschaftliche oder nachrichtendienstliche Umtriebe. In der Tat wurden seit 1927 die Aktivitäten von Juden im Saargebiet durch Vertrauensmänner der deutschen Polizeidienststellen überwacht, sowohl geschäftlich als auch politisch. [12]

Als zweites Element des pfälzischen Antisemitismus wäre das Bild des Juden als Schädling des Sozialkörpers anzuführen. Der kapitalkräftige, herzlose Wucherjude war geradezu der Widerpart der verheißenen völkischen Leistungsgemeinschaft, in der jedem wirklich Arbeitenden der gerechte Lohn zustand. Dieses Argument verfing um so mehr, als die tatsächlich schlechte Wirtschaftslage und wohl auch die persönliche Überzeugung Bürckels und Schwitzgebels ein starkes und auch wirksames sozialpolitisches Engagement der pfälzischen NSDAP nahelegte; man denke nur an die Einrichtung der volkssozialistischen Selbsthilfe. Im Grunde störten dieses Bild alle Gemeinschaftsfremden und diese waren daher zu bekehren oder auszuscheiden. Die Liste der nach der Besetzung des Elsaß 1940 als unerwünscht abzuschiebenden Elemente gibt solche Vorstellungen wieder:[13] obenan stehen die Juden, gefolgt von den Zigeunern, anderen fremdrassigen Personen, Rotspanienkämpfern nichtdeutscher Abstammung, Berufsverbrechern, asozialen Elementen (d.h. Bettlern, Landstreichern, Arbeitsscheuen), allen seit 1918 zugewanderten Innerfranzosen und unzuverlässigen Elsässern.

Da in der Pfalz ein großes städtisches Zentrum mit starker, im Finanzgeschäft tätiger Judenheit fehlte, mußte der traditionelle Viehjude oder der Weinkommissionär den Buhmann abgeben. Diese Personengruppen bekamen das schon bald nach der Machtergreifung durch Bedrohung ihrer wirtschaftlichen Existenz zu spüren; denn der Zweibrücker Jahrmarkt am 8. Mai 1933 war bereits »judenrein«. [14] Die Viehjuden, mit denen weite ländliche Kreise offenbar noch in dieser Hinsicht beeinflußbare Vorstellungen verbanden, dürften auch in gewisser Weise als Ersatz für die Ostjuden, deren Zerrbild man hierzulande mangels Erfahrbarkeit weniger gut verkaufen konnte, hergehalten haben. Der aus diesen Zusammenhängen zu mobilisierende Neidkomplex durchzieht die antisemitische Argumentation, zumal die bei der Verwertung der entzogenen Vermögen gebrauchte[15], bis zuletzt.

Bezeichnenderweise tritt das für den Antisemitismus konstitutive Element des Rassegedankens demgegenüber geradezu in den Hintergrund. Im programmatischen Aufsatz der Festschrift zum 1. Gautag in Pirmasens 1928 rangiert er unter ferner liefen. Stattdessen tritt allgemein ein ebenso kräftiger wie vulgärer Sozialdarwinismus in den Vordergrund, der aber wiederum, sozialpolitisch umgemünzt, in das soziale Element des Antisemitismus einzuordnen ist und gewöhnlich auf die Konkurrenz zwischen dem Nationalsozialismus und dem Judentum insgesamt bezogen ist.

Die religiöse Argumentation, auf die es spätestens seit den Nürnberger Gesetzen in der Sache nicht mehr ankam, darf der Vollständigkeit halber nicht fehlen. Zwar wurde auch 1938 noch Martin Luther in der NSZ als Kronzeuge gegen das Judentum bemüht[16], aber das konnte keinen Einfluß mehr auf diejenigen Protestanten haben, die zumindest bis Herbst 1935 glauben durften, Juden durch Bekehrung zu retten.[17] Das katholische Kirchenvolk, das sich insgesamt reservierter verhielt, sollte durch Verbreitung antijüdischer Pamphlete[18], die eine antikatholische Version der Weltherrschaftsdrohung enthielten, gegen die Juden eingenommen werden.

An dieser Stelle soll auch kurz auf die zahlreichen sich als volkskundlich oder historisch ausgebenden Artikel über die Juden in Zeitungen und Zeitschriften hingewiesen werden[19], die im Einzelnen hier nicht analysiert werden können. Sehr häufig werden in ihnen die Elemente des Wucherjuden der absolutistischen, sozusagen morbid-spätfeudalen Epoche und die unheilvolle Nachbarschaft der nahen Großmacht Frankreich verquickt, der entweder das Vorhandensein von Juden überhaupt — so im Saarland — oder die Einführung der Emanzipation als eines Grundübels der ganzen Entwicklung zur Last gelegt wird. Der Jud Süß-Komplex wird am Beispiel der kurpfälzischen Hofjuden Mannheims abgehandelt. Bei der Beantwortung der Frage, wie ein solcher Antisemitismus politisch wirksam werden konnte, muß stets der Gesichtspunkt des Taktierens ins Spiel gebracht werden; außerdem bleiben manche Ausgangslagen für Entscheidungen unklar. Am bezeichnendsten dürften noch die offenkundigen Abweichungen der pfälzischen von der allgemeinen Parteipolitik sein.

Als sich die pfälzische NSDAP 1928 zu ihrem ersten Gautag traf, scheint die Judenfrage ausweislich der Festschrift hinter sozialen und nationalen weit zurückgetreten zu sein, da sie nur »einen ferneren wichtigen Bestandteil der Lehren des Nationalsozialismus« bildete. In die Konsequenz des von Bürckel und Schwitzgebel[20] gezeichneten Grußworts sind die Juden freilich fraglos einzubinden:

> *So steht denn unsere Fahne auf einem Boden, der im letzten Jahrzehnt mit mit Blut und Tränen getränkt wurde. Sie steht deshalb um so fester. Nie wird sie zu jenem Symbol von 'Schönheit und Würde', unter dem der Geldsack Diktator wurde, das auf den Trümmern einer Kulturnation den Sieg des Mammon proklamiert. Nein, unser Banner predigt Kampf um die verlorene Freiheit, um das verdiente Brot, die nationale Ehre, um das deutsche Volk. Unter diesem Zeichen hassen wir alles, was sich unserem Lebensrecht schmarotzend, vernichtend in den Weg stellt.«*

Aus diesen Anfängen gewinnt man den Eindruck, als sei die Judenfrage — unabhängig davon, ob sie nun mit Rücksicht auf die Besatzungsmacht nicht weiter thematisiert wurde oder nicht — deshalb nur am Rande abgehandelt worden, weil sie als solche im gegebenen Umfeld unstrittig war. Dessenungeachtet quellen die Ausgaben des Eisenhammer über von Ergüssen des widerlichsten Antisemitismus[21], dem jedes Mittel recht ist zur Schmähung der Judenheit als des dazu ernannten inneren Erzfeindes.

Schon kurz nach der Machtergreifung zeichnete sich ein harter, wohl vorbereiteter und auf öffentliche Wirkung bedachter antisemitischer Kurs ab. So erging Ende März eine Anordnung des Beauftragten des Staatskommissars, die Bankkonten sämtlicher in Landau und in Pirmasens lebender Ostjuden zu sperren, »bis diese«, die bekanntlich ausgewiesen werden sollten, »ihren Verpflichtungen deutschen Geschäftsleuten gegenüber nachgekommen sind.«[22]

Der eigentliche Boykott-Tag, der 1.4.1933, führte der Bevölkerung sozusagen eine disziplinierte SA vor, nachdem sich in den vorangegangenen Wochen quellenmäßig schwer faßbare kriminelle Ereignisse abgespielt hatten. Dieses politische Muster, nämlich Ausschreitungen zunächst zu dulden oder gar anzuberaumen, hernach aber mittels einer festen Regelung zu kanalisieren und vor den Augen der obrigkeitsgläubigen Öffentlichkeit zu verrechtlichen, dabei aber den revolutionären Elan in den eigenen Reihen zu bändigen[23], sollte sich noch mehrfach wiederholen, z.B. im Vorfeld der Nürnberger Gesetze und im Gefolge der »Kristallnacht«.

Bürckels Bekanntgabe über die Entlassung aus der Schutzhaft vom 18. April[24] setzt deutliche Prioritäten: Zuerst sollten die Arbeiter, »um die sich bisher niemand angenommen hat«, freigelassen werden; von den politischen Gefangenen diejenigen zuletzt, für die die meisten Freilassungsgesuche vorlagen; Juden jedoch sollten nur dann freigelassen werden, wenn statt ihrer entweder je zwei Bittsteller oder aber die sie krankschreibenden Ärzte die Haft antreten würden. Eine zwei Tage später in der NSZ erschienene Sonderseite der Sparte »Rasse und Kultur« stellt sozusagen einen Kommentar für diese brutale, volkstribunenhaft anmutende Verhaltensweise dar:[25]

»Den größten Profit an der liberalistischen Epoche unserer Pfälzer Heimat hatte das Judentum« … »Unsere Väter, die sich in die Abenteuer von 1832 und 1848/49 stürzten, die nicht außer Landes gehen konnten, mußten die Zeche der Polaken und Hebräer bezahlen.« … »Während wir den Krieg verlieren mußten, hat das Judentum den Krieg gewonnen. Mit dem Jahre 1918 brach die große Zeit der Enteignung des deutschen Volkes von Arbeit, Brot, Stellen und Besitz an. Wo wir verarmten wurden sie reich. Die einstigen sogenannten Arbeiterparteien wurden zu Judenschutztruppen und Schildbürgern der internationalen Börsenkapitals degradiert.« … »Wir werden den Juden und Judengenossen die Bescheidenheit lehren, die ihnen in einem Volke, das ihnen Lebensrecht und Arbeitsfeld uneigennützig … gewährte, geziemt« … »Eine Entjudung unserer Heimat darf nicht allein darin bestehen, daß die Volksausbeuter entfernt werden, daß wieder eine solide Handels- und Wirtschaftsbasis einkehrt und damit Vertrauen und Stabilität in die Beziehungen der deutschen Menschen untereinander. Es muß vor allem auch die geistige Entjudung in Angriff genommen werden.«

Das Jahr 1935 brachte von Frühling bis Herbst eine neue Welle von antijüdischen Ausschreitungen, bis die Nürnberger Gesetze eine gewisse makabre Beruhigung schufen. Von den Ende Juli stattgefundenen Aktionen[26] stellte die am 27. durch die SA in Neustadt durchgeführte einen derart schwerwiegenden Übergriff dar, daß sich die Generalstaatsanwaltschaft der Vorgänge annahm und sich deswegen sogar an den Stabschef der SA wandte.[27] Solche Vorkommnisse bedeuteten stets einen Prüfstein für die argwöhnisch gehütete Rechtsstaatlichkeit des Systems, und so nimmt es nicht wunder, daß sich der Reichsinnenminister, der Pfälzer Frick, in einer Besprechung am 20.8. um einen Erlaß für das Vorgehen der Polizei gegen solcherlei Ausschreitungen bemühte.

Allein, es wurde ihm von Parteiseite entgegengehalten, 80 Prozent des Volkes dränge auf eine Lösung der Judenfrage[28] und weiteres gesetzloses Treiben schädige die Wirtschaft. So kam es — unter Berufung auf eine vorgeblich antisemitische Einstellung der Bevölkerung, die in Wahrheit eher nur eine klare Rechtslage hergestellt wissen wollte — zur Verkündung der Nürnberger Gesetze.

Dessenungeachtet traten bei groben, die öffentliche Ordnung erheblich störenden Übergriffen nicht nur die Ordnungsorgane, sondern auch die Partei selbst auf den Plan, vor allem, wenn es ein Exempel an einem unwürdigen Mitglied zu statuieren galt. So saß z.B. ein Haßlocher Metzger, der bei seinem Viehjuden, bei dem er hoch verschuldet war, den Hausfrieden gebrochen hatte, von September 1935 bis Januar 1936 im KZ Dachau in Schutzhaft.[29] Die Kreisleitung Neustadt hatte im Zuge dieser Entwicklung am 16. August ein vervielfältigtes Merkblatt über die Voraussetzungen für eine vorläufige Festnahme und die Anwendung unmittelbaren Zwangs durch jedermann herausgebracht.[30] Es kommt nicht von ungefähr, daß in jenen Wochen auch eine Reihe von regimefeindlichen Äußerungen von Geistlichen bekannt wurde.[31]

Die beiden auf die Nürnberger Gesetze folgenden Jahre verliefen ganz im Sinne der Führung im Hinblick auf die vorerst als zumindest kanalisiert anzusehende Judenfrage ziemlich ruhig.

Man muß sich jedoch klarmachen, daß die NSDAP, die nach außen hin die Aufbauerfolge feierte, die Verwaltung und das öffentliche Leben fest im Griff hatte. Dazu hatte es eines dichten Informationsnetzes bedurft, das vor allem vor der Machtergreifung durch illoyales Verhalten öffentlicher Bediensteter geknüpft worden war und später die Dossiers der Regimegegner mit den kleinsten Detailinformationen zu speisen in der Lage war. Wenn man, wie das Kaiserslauterer SPD-Mitglied Dr. Herbert Buhl vor längerer Zeit Leiter des Vereins zur Abwehr des Antisemitismus gewesen war, stempelte das natürlich als politisch unzuverlässig ab[32], es genügte dazu aber auch z.B. die bloße Mitgliedschaft in diesem Verein. Sie wurde auf solchen Wegen aktenkundig.

Das ständige Tauziehen um den Einfluß der NSDAP in Verwaltung und Justiz läßt sich am besten an der Frage der Erteilung der Wandergewerbescheine deutlich machen, zumal auch Viehjuden betroffen waren. Nur nebenbei sei angemerkt, daß das Bild des armen Hausierjuden, das je länger je mehr Wirklichkeit zu werden drohte, in eklatantem Widerspruch stand zur offiziellen Propaganda vor 1933, die eher die Arier zu Hausierern an den Pforten der reichen Judenhäuser hatte stilisieren wollen. Da offenbar anfangs Juden die Erteilung solcher Scheine weitgehend verwehrt worden war, inzwischen aber immer mehr Juden auf diese angewiesen waren, um überhaupt ihre Existenz fristen zu können, drängten die Behörden in Preußen wie in Bayern auf die Erteilung, und der bayrische Verwaltungsgerichtshof verlautbarte am 22.11.1935, »daß mit der Rasse verbundene Erbanlagen die Annahme gewerbepolizeilicher Unzuverlässigkeit nicht begründen, falls der Gewerbetreibende nach seinem ganzen Verhalten zu einer Beanstandung keinen Anlaß gegeben hat.«[33] Obwohl Anlaß zu Beanstandungen zu geben den Juden mittlerweile sehr ferngelegen haben dürfte, genügte der NSDAP jetzt das bloße Rasseargument zur generellen Versagung der von den Kreisleitungen auszustellenden Unbedenklichkeitsbescheinigungen. Die Entscheidung des bayrischen Verwaltungsgerichtshofes wurde 1938 von der Gauleitung mit dem lapidaren Argument beiseitegeschoben, es müsse »zweifellos möglich sein, bei jedem Juden Tatsachen ausfindig zu machen, die für die Begründung der Unzuverlässigkeit ausreichend sind.«[34]

Dabei hätte man es mindestens zu diesem Zeitpunkt in der Partei besser wissen müssen. Der heftige Pseudoenthüllungsjournalismus der frühen pfälzischen Parteipresse hatte — in sich durchaus logisch — zur Konsequenz, daß man nach der Machtergreifung nun auch nach Dokumenten für die jüdische Weltverschwörung fahndete. Schon am 19. Juli 1933 hatte in der Pfalz auf einen Funkbefehl des politischen Polizeikommandeurs hin eine Durchsuchung der Geschäftsstellen und Heime sämtlicher jüdischer Organisationen sowie der Wohnungen der Synagogenvorsteher durch die Gestapo stattgefunden, wobei das gesamte Vermögens- und sonstige Schriftmaterial der Verbände beschlagnahmt wurde.[35] Offenbar hatte man schon damals aber nichts Einschlägiges finden können.

Vor sich selbst konnte man allerdings in der pfälzischen NSDAP nach 1933 lange Zeit das Vermeiden einer allzu heftigen antisemitischen Propaganda leicht mit den Rücksichten auf die Saarfrage vertreten; denn man war nicht nur bis zur Abstimmung, sondern wegen des den Saargebietsbewohnern zugestandenen Abzugsrechts sogar bis Ende Februar 1936 gewissermaßen zum Stillhalten gezwungen. Bürckel selbst zeigte sich um einen tadellosen Ablauf der Abwanderungsbewegung vor allem im Hinblick auf die Tätigkeit des Abstimmungsgerichts bemüht, und seine Behörde erließ im Januar 1936 eine vertrauliche Verfügung über die rechtliche Behandlung der Juden nach dem 29. Februar, »um unliebsamen Vorkommnissen, die der Reichsregierung gegenüber dem Völkerbund Schwierigkeiten bereiten könnten, vorzubeugen.«[36]

Daß solche Rücksichten taktisch bedingt waren und die Saarrückgliederung nicht etwa Anlaß zu besonderer Schonung der Juden gab, sondern eher willkommener Hebel zu ihrer Verdrängung war, zeigt eine Äußerung Bürckels in einer Rede am 1. März 1936 anläßlich der Umbenennung von Saarlouis in »Saarlautern«:[37]

> *Die Juden ... sind wohl ausnahmslos zugleich unter dem bekannten Kontingent des status quo. Sie genießen den Schutz des römischen Abkommens gleich doppelt — als Juden und als status-quo-Wähler. Diese doppelte Sicherheit ist der besondere Grund für die konziliante Behandlung, die wir diesen Saareinwohnern angedeihen lassen. Wir können also sogar als Staat, der dem Rassegedanken so stark huldigt, in der menschlichen Behandlung der Juden*

so manchem demokratischen Staat ... ein leuchtendes Vorbild sein.
Bis zum 1. März werden wohl mehr als 95 Prozent aller Juden unter gründ-
lichster Ausnutzung aller durch das römische Abkommen gesicherten finan-
ziellen und vermögensrechtlichen Operationsmöglichkeiten das Saargebiet
verlassen haben (so daß wir der judenreinste Gau des Reiches sein werden).
Die noch hierbleiben sollten, werden nach den bei uns geltenden Gesetzen be-
handelt. Jene, die uns verlassen wollen, kann ich mit dem besten Willen nicht
festhalten; denn schließlich könnte man sagen, eine solche Beeinflussung
stände im Gegensatz zum römischen Abkommen. So mögen sie in Gottes Na-
men ziehen ...«

Sehr viele saarländische Juden hatten die Zeichen der Zeit verstanden und in eine Auswanderung, die sie vor dem Joch der erst ab 1. März 1936 geltenden Rasse-
gesetze bewahrte, umzusetzen vermocht. Die Zahlen belegen dies eindeutig. Von
den 1935 im Saarland ansässigen Juden waren 1939 noch gerade 10,3 Prozent im
Land, während für die Pfalz die Rate für den Zeitraum 1933 bis 1939 immerhin
26,5 Prozent betrug. [38] Im gesamten übrigen Rheinland lag sie wesentlich höher.
Das Zerrbild eines »Völkerbunds-Palästina an der Saar« [39], mit dem der Eisenhammer 1927 Propaganda gemacht hatte, war nicht wahr geworden und, was für
die neue Situation bezeichnend ist, man war bereit, darauf zu verzichten, die auswandernden Juden zu schröpfen und mit Hohn zu überschütten.

Die Ereignisse der 'Kristallnacht' und ihre juristische und politische Aufarbei-
tung, über die bereits ausführlich gehandelt wurde [40], belegen und vertiefen erneut
bereits Dargelegtes: Die juristische Abwicklung der zahlreichen strafrechtlich rele-
vanten Übergriffe, soweit sie überhaupt anhängig gemacht wurden, war stark von
der NSDAP und ihrer eigenen Gerichtsbarkeit dominiert und die Rechtsfindung
war oftmals bloße Funktion der Einstellung der Justizpersonen. Wieder wurde
dem »revolutionären Überschwang«, der sich ja nicht in den gelenkten Aktionen
der Nacht, sondern den sich daran anschließenden Gesetzlosigkeiten, vor allem
Plünderungen und Unterschlagungen, äußerte, Einhalt geboten. Bezeichnenderweise konnte zunächst die Einhaltung des durch Goebbels ausgesprochenen Ver-
bots weiterer Vergeltungsaktionen nur mit Mühe durchgesetzt werden. Die gesetzliche Regelung, auf die dabei vertröstet wurde, betraf im Grunde nur das Problem,
wie sich die Nation insgesamt der jüdischen Vermögen auf scheinheilige Weise be-
mächtigen könnte. Auf diese Weise konnte der Neidkomplex des einzelnen, dessen
Plünderung von jüdischen Eigentum sich nun gegen nationale Belange richten
würde, auf die unter den Rüstungsausgaben stöhnende deutsche Volkswirtschaft
umgeleitet werden. Dies konnte um so wirksamer geschehen, als z.B. in der Saarpfalz die »Arisierung« der für die Wirtschaft und die ausreichende Versorgung
notwendigen Betriebe bereits abgeschlossen war, wie Gauwirtschaftsberater Bösing am 19. Februar 1938 bekanntgegeben hatte. [41] Die Reaktion der Presse, die
hierzu wertvolle Aufschlüsse gibt, war nicht sofort einheitlich. Die Pfälzische Presse schrieb noch am 11. November: »Wie eine strafende Welle überflutete die Erregung am gestrigen Tag auch unsere Stadt und räumte mit dem Judengesindel restlos auf. Daß dabei Sachwerte verlorengingen, ist vollkommen belanglos.« Am gleichen Tag fand sich aber bereits in der NSZ (Saarland West) eine gerahmte zwei-
spaltige Einrückung des genannten Bösing, die unter dem Titel »Schlußstrich unter

die Judenhetze« die Gründung einer Auffanggesellschaft für jüdische Vermögenswerte bekanntgab und mit dem Satz schloß: »Im Hinblick auf die Durchführung der Vermögensüberführung in arische Hände ist keinerlei Ursache mehr gegeben, irgendwie gegen den jüdischen Besitz vorzugehen.« Nebenbei sei bemerkt, daß die Tätigkeit der offenbar eigenmächtig ins Leben gerufenen »Saarpfälzischen Vermögensverwertungsgesellschaft«, deren auf Sanierung der Gauwirtschaft gerichtete Zwecke Bösing am 17.11. in der NSZ eingehend darlegte, im März 1939 vom Reichswirtschaftsministerium wieder unterbunden wurde. [42]

Daß Gotteshäuser zerstört worden waren, wurde dem Publikum in derselben Ausgabe (des 11.11.) — der einzigen, die diesen Punkt überhaupt berührt zu haben scheint —, wie folgt schmackhaft gemacht:

»Der Sturm ging vor allem gegen die Synagogen. Was hier ins Wanken geriet, waren die letzten Denkmäler jüdischen Machtbewußtseins und nicht etwa Tempel einer religiösen Empfindung. Wenn die Juden ihre Tätigkeit in diesen fremdartigen Bauwerken auch als Religion bezeichneten, so wußte es das Volk doch besser; denn hier wurde nur um die Erfüllung eines Gesetzes gebetet, das die Vernichtung der arischen Völker zum Ziele hat.«

Die Ausgabe vom 17.11. war aufgemacht mit einer in Steyr gehaltenen Rede Bürckels über die Juden. Der Gauleiter führte darin aus, die inzwischen zu Lasten der Juden erfolgten gesetzgeberischen Maßnahmen seien besser als irgendein Tumult, »der sich gegen unser eigenes Vermögen richtet«. Im Nationalsozialismus seien keine bolschewistischen Zerstörungsideen vorhanden. Er hielt es für eine praktische Lösung, daß »da und dort Synagogen in Erinnerung an den ägyptischen Getreidemakler Joseph in Getreidehäuser umgewandelt worden« seien. Solche Sprüche geben für eine Bewertung der Vorgänge in Parteikreisen wenig her. Konkreter äußerten sich da schon nachgeordnete Ränge, so z.B. Kreisleiter Knissel bei einer Abendkundgebung »gegen die Verbrechen des Weltfeinds« am 10. November in Kaiserslautern, die, wie die NSZ schrieb[43], »von der Entschlossenheit zeugte, mit der der Rest des Judentums nunmehr in Deutschland ausgerottet wird.« Knissel führte aus:

»Dem Juden verdanken wir den großen Zusammenbruch am Ende des Weltkrieges, den inneren Zerfall, die politische Auflösung, das Chaos. Dabei trat das Judentum nicht nach außen als Urheber in Erscheinung, sondern bediente sich des deutschen Volkes, seiner Einrichtungen, Organisationen und Parteien. Was wir an Not und Elend seit 1918 erdulden mußten, war ein Werk des Juden, der immer dort stand, wo es Verderben zu säen gab, wo Profitsucht und materielles Streben herrschte, um sich so durch Verelendung und Versklavung des Volkes zu dessen Herrscher zu machen ...
Das Judentum hätte, wenn der Nationalsozialismus nicht gekommen wäre, uns vernichtet ... Wenn uns diese Verbrecher so rasch als möglich verlassen, ist uns das äußerst lieb. Wir glauben, daß in ein oder zwei Jahren wir nicht mehr nötig haben, auf Hetz- und Greuelpropaganda zu antworten, daß bis dahin den Hetzern das Handwerk gelegt sein wird. Jede Maßnahme gegen das Weltjudentum, die zur Liquidierung des Judenproblems führt, wird willkommen sein, um ein höchste Gefahren für Volk und Welt in sich bergendes System, eben das Judentum, zu treffen und zu vernichten.«

Aus solchen etwas unbeholfenen, aber gerade deswegen sehr ernst zu nehmenden Worten spricht eine gewisse Ratlosigkeit, wie es nun weitergehen sollte; denn streng genommen waren vom sogenannten Judenproblem nur die Juden selbst in ihrer physischen Existenz noch übrig. Es ist viel gerätselt worden, ab welchem Zeitpunkt die nationalsozialistischen Größen statt der Ausweisung eine Vernichtung der Juden in Erwägung gezogen haben. Die von Kreisleiter Knissel richtig prophezeite weitere Entwicklung in Bürckels Gau sollte eine wichtige Entscheidungshilfe liefern.

Die große Judendeportation des 22. Oktober 1940 aus den Gauen Baden und Saarpfalz ist, obwohl sein Gau das zahlenmäßig weitaus geringere Kontingent stellte, mit dem Namen Bürckels eng verbunden. Dies hat mehrere Gründe. Was gewöhnlich übersehen wird, ist die Tatsache, daß er als »Reichskommissar für die Wiedervereinigung Österreichs mit dem Reich« mit dem Problem der zu forcierenden Judenauswanderung unmittelbar konfrontiert war, zumal diese Maßnahmen in seinem neuen Zuständigkeitsbereich erst anlaufen konnten.

Er schuf daher im August 1938 in Wien eine »Zentralstelle für die jüdische Auswanderung«[44], in die alle für die Auswanderung aufzusuchenden Behörden einen Vertreter zu entsenden hatten. Nach diesem Muster richtete auf Anordnung Görings im Februar 1939 das Reichsinnenministerium die »Reichszentrale für jüdische Auswanderung« ein, die unter der Aufsicht Heydrichs und Eichmanns arbeitete.[45] Das Hauptproblem dabei war, durch Umverteilung jüdischer Mittel die sozial immer schwächer werdenden Auswanderungswilligen finanziell so auszustatten, daß sie Aufnahmeländer fanden; das Sträuben der Nachbarländer Polen und Frankreich wurde von der deutschen Propaganda weidlich ausgekostet. Daß mit Kriegsbeginn die Auswanderungen de facto zum Erliegen kamen, die Juden aber nur noch unerwünschter waren als zuvor, beschleunigte ihre nunmehr kaum noch formalrechtlich bemäntelte Katastrophe, wobei der Kriegszustand einen willkommenen Vorwand bot, mit dem auch zugleich der Mantel des Schweigens über das Geschehen zu breiten war.

Eine erste größere Deportation, die im Februar 1940 insgesamt etwa 6.000 Juden aus Wien, Prag, Mährisch-Ostrau und Stettin ins Generalgouvernement abschob[46], muß Bürckel zumindest bekannt gewesen sein, hatte er sich doch schon zu Beginn seines Wirkens in Österreich um die »Entjudung« Wiens bemüht gezeigt.[47] Da am 24. April jede weitere Ausweisung von Juden ins Generalgouvernement untersagt wurde, eröffnete erst der Waffenstillstand mit dem überraschend schnell besiegten Frankreich Ende Juni neue Perspektiven. Das Problem, wie mit den Juden im besetzten ehemaligen Elsaß-Lothringen zu verfahren sei, hatte sich jedoch der recht überstürzt zustandekommenden Konzeption zur »Eindeutschung« dieser Gebiete einzuordnen: die Juden galten ebenso als unerwünschte bzw. unzuverlässige Elemente wie antideutsch gesinnte Elsässer oder Lothringer und wurden daher ab Juli mit oder noch vor diesem in das unbesetzte Frankreich abgeschoben. Auf einen wirkungslosen Protest der französischen Delegation bei der Waffenstillstandskommission vom 3. September hin scheint die Abschiebung von Juden ins unbesetzte Gebiet umgekehrt sogar erst festgelegt und von französischer Seite gebilligt worden zu sein.[48] Dies paßt zu dem in Vichy am 4. Oktober eilfertig zustandegebrachten und am 18. Oktober verkündeten Judenstatut, das ausländische Juden in Frankreich völlig entrechtete und ihre Unterbringung in Lagern vorsah, wie wenn die Judenheit für den deutschen Sieg über Frankreich haftbar zu machen gewesen wäre.[49]

Für den weiteren Verlauf wurden die völkerrechtswidrigen unveröffentlichten Organisationserlasse Hitlers ausschlaggebend, mit denen Bürckel am 2.8.1940 für Lothringen und sein badischer Gauleiterkollege Robert Wagner gleichzeitig für das Elsaß zu Chefs der Zivilverwaltung ernannt wurden. Nach anfänglichen Kompetenzschwierigkeiten setzten Bürckel und Wagner in einer Besprechung mit Hitler am 25. September unter Hinweis auf die Eindeutschungsprobleme eine alle Verwaltungstradition durchbrechende quasi-führerunmittelbare Stellung für sich durch.[50]

Vermutlich ist bei dieser Gelegenheit auch eine Absprache über die Abschiebung der Juden getroffen worden; wie weit die beiden — im übrigen rivalisierenden — Gauleiter dies unter sich ausmachten und wie sich Hitler dazu verhielt, läßt sich aus den verfügbaren Quellen nicht klar ersehen. Deren genaue Analyse führt freilich zu der Annahme, nicht Bürckel, sondern der etwas weniger prominente Robert Wagner sei der eigentliche Initiator der Austreibung gewesen.[51] Zeitlich einher ging damit eine Umstrukturierung der Polizeibefugnisse, die dem SD in den westlichen Grenzgebieten größere Unabhängigkeit gab: Am 3. Oktober verselbständigte Heydrich den Bereich der späteren Westmark unter dem Befehlshaber der Sicherheitspolizei, SS-Brigadeführer Dunckern, in Metz.

Auf diese Weise bündelten sich im Vorfeld der Aktion des 22. Oktober und in ihrer Symptomatik dieser sozusagen angemessen eine Reihe von Strukturelementen nationalsozialistischer Herrschaft während des Krieges. Die eingangs erwähnte Dynamik eines tief verwurzelten und sich nunmehr für handlungsermächtigt haltenden Antisemitismus trat hinzu und schuf jene schamlose, um mit den Worten des Auswärtigen Amtes zu sprechen »bekannt-üble Großaktion«[52] der beiden Gauleiter. Obwohl die mündliche Genehmigung Hitlers dazu sicher vorgelegen hat, waren die Reichsministerien nicht unterrichtet, zu schweigen von den Behörden Vichy-Frankreichs.

Nach sorgfältiger Vorbereitung wurde den völlig überraschten Betroffenen, nämlich allen transportfähigen Juden jeden Alters, soweit sie nicht in Mischehen lebten, am Morgen des 22. Oktober ein Ausweisungsbefehl zugestellt, und sie mußten ihre Heimat innerhalb von Stunden per Bahntransport verlassen, lediglich mit 50 kg Gepäck, 100 RM und Proviant ausgestattet.[53] Die Aktion verlief so schlagartig, daß die Bevölkerung sie, wie sich Heydrich später brüstete, in der Tat kaum wahrnahm, sieht man einmal von Mannheim ab. Bestätigt wird dies auch durch den monatlichen Lagebericht, den der Oberlandesgerichtspräsident in Zweibrücken seinem Ministerium einreichte[54]:

>*Im Oktober wurden sämtliche Juden aus dem Gau Saarpfalz entfernt. Das gleiche soll im Gau Baden geschehen sein. Der Grund der Maßnahme ist mir nicht bekannt. Ebensowenig weiß ich, wohin der Abtransport erfolgt ist. Es wird davon gesprochen, daß man sie nach Frankreich gebracht habe, wobei man die Ausweisung der elsaß-lothringischen Juden als Gelegenheit benutzt habe, die noch im Gau verbliebenen Juden mit abzuschieben.«*

Die französischen Eisenbahndienststellen nahmen die insgesamt 12 Züge in dem Glauben an, es handle sich um Juden aus Elsaß-Lothringen, und leiteten sie schließlich nach Gurs im Pyrenäenvorland, einem Lager, das 1939 für Internierte der spanischen republikanischen Armee errichtet worden war.[55] Über die entwürdigenden Lebensumstände und die hohe Zahl von Opfern unter den Insassen, die zu 60 Prozent älter als 60 Jahre waren, liegen erschütternde Dokumente vor.[56] Ihre Zahl hatte anfangs zwischen 6.300 und 7.400 betragen, darunter mindestens 826 aus der Pfalz und 134 aus dem Saarland. Nur etwa ein Viertel von ihnen dürfte den Krieg überlebt haben. Ihre Vermögen wurden beschlagnahmt und nach »Richtlinien für die Erfassung, Verwaltung und Verwertung der zurückgelassenen Vermögenswerte der aus der Pfalz und Baden evakuierten Juden« behandelt, die am 9. November eigens erlassen wurden, aber nicht vom für Judenfragen zuständigen Innenressort, sondern erstmals vom Reichsführer SS.

Den nachfolgenden bürokratischen Schwierigkeiten im Innern gesellten sich verständlicherweise außenpolitische von seiten des düpierten Vichy-Regimes zu, das aber mit seinem Drängen, man möge diese deutschen Staatsbürger zurücknehmen, nichts erreichte. Es ist müßig, darüber zu spekulieren, ob Hitler mit der Aktion eine außenpolitische Wirkung erzielen wollte. Die in Montoire kurz darauf besiegelte enge Zusammenarbeit zwischen Vichy-Frankreich und Hitler-Deutschland wurde durch sie eher kompromittiert als gefördert. Inwieweit die damals umhergeisternde Idee eines judenfreien Europas, herbeigeführt durch millionenfache Ausweisung nach Madagaskar, dabei Pate gestanden hat[57], kann auf sich beruhen. Fest stand freilich, daß eine solche Aktion nicht wiederholbar war.

Wagner und Bürckel wird dies alles wenig gekümmert haben. Sie hatten den Neid ihrer Gauleiterkollegen in Hessen und in Koblenz[58] erregt und diese nur zu um so eifriger Beschickung der nunmehr wieder nach Osten gehenden Deportationen veranlaßt. Daß diese Maßnahmen, die in der Amtssprache immer noch euphemistisch Evakuierungen, Aussiedlungen oder Umsiedlungen genannt wurden, innerhalb Jahresfrist ihre Natur veränderten, ist nur zu bekannt, und die Unweigerlichkeit, mit der sie zum Holocaust führten, war durch Verlauf und Ergebnis der badisch-pfälzischen Deportation mitbestimmt worden.

Es gibt keine Anzeichen dafür, daß Bürckel die physische Vernichtung der Juden seines Gaues vorgeschwebt sei; gerade der Eifer, mit dem die Austreibung betrieben und vollzogen wurde, widerlegt eine solche Annahme. Wohl nicht bedacht war auch der durch die Deportation mit heraufbeschworene Effekt, daß nämlich schließlich Himmler, der Bürckels Eigenmächtigkeiten stets beargwöhnte, die »Endlösung« als zentral gesteuerte und mit unheimlicher Konsequenz ablaufende Vernichtungsaktion ins Werk setzte. Hierin liegt die eigentliche Bedeutung dieser ersten und zugleich größten Massendeportation des Dritten Reiches, die trotz einer relativ großen Überlebensrate für die Mehrzahl der Betroffenen nur einen Umweg in die Vernichtungslager bedeutete.

Die Art und Weise der Lösung der sogenannten Judenfrage in der Saarpfalz offenbart unter strukturanalytischem Aspekt eine Vorreiterrolle von Bürckels dynamischem, von Anfang an auch personell homogenem Machtausübungsapparat, der sich in mehrere wichtige Phasen der nationalsozialistischen Herrschaftsausweitung schrittweise eine Sonderstellung[59] innerhalb des polykratischen Systems des Dritten Reiches sichern konnte. Empfohlen hatte sich die Pfälzer Mannschaft durch eine Musterleistung während der Kampfzeit, die insbesondere auch einer heftigen, antisemitischen Propaganda zu danken gewesen war. Daß diese in der Pfalz auf fruchtbaren Boden fiel, scheint festzustehen, auch wenn die dafür konstitutiven Faktoren noch zu wenig bekannt sind. Jedenfalls standen die nationale und die soziale Komponente weit im Vordergrund, während dem baren, biologistisch argumentierenden Rassismus anfangs mehr der Part einer Pflichtübung zufiel. Das hinderte aber nicht daran, später das phantomhafte rassistische Generalargument in dem reichsweit üblichen Schematismus zur Handlungsgrundlage für Pogrom, Verfolgung und Ausweisung zu erheben, eine Handlungsweise, die inzwischen weder durch Fakten noch gar durch Dokumente, die ehedem so wichtig gewesen waren, und schon gar nicht durch die Rechtslage gedeckt wurde.

Ein sicherer politischer Instinkt, der die taktisch notwendigen Phasen der Zurückhaltung in der Judenpolitik nach 1933 fast ohne Panne mitvollzog, ja sich dabei oft vorpreschende Eigeninitiativen zum Nutzen des Gaues herausnahm, bewerkstelligte schließlich die Oktoberdeportation, die aus der Westmark einen nationalsozialistischen Mustergau machen sollte. Daß sie gegenüber der eigenen regulären Verwaltung und Regierung verstohlen und in Täuschung der Weltöffentlichkeit durchgeführt werden mußte, zeigt, daß sich die Behandlung der sogenannten Judenfrage von den Anfängen, als man damit noch Wähler gewonnen hatte, auf dem Weg in das Unrechtssystem so weit entfernt hatte, daß sie den Begriff der Politik nicht mehr verdiente.

Anmerkungen

1 Der Beitrag geht auf einen am 5. Okt. 1985 im Rahmen einer Studientagung der Evangelischen Akademie der Pfalz in Enkenbach gehaltenen Vortrag »Judenpolitik und Judenausweisung in Josef Bürckels Machtbereich« zurück. Weitere Quellenfunde und neuere Literatur sind eingearbeitet.
2 Karl Heinz Debus, Die Reichskristallnacht in der Pfalz. Schuldbewußtsein und Ermittlungen, in: Zeitschr. f.d. Gesch. d. Oberrheins 129 (1981) 445-515, hier 447-457.
3 Peter Hüttenberger, Nationalsozialistische Polykratie, in: Gesch. u. Gesellsch. 2 (1976) 417-442.
4 Otto D. Kulka, Die deutsche Geschichtsschreibung über den Nationalsozialismus und die »Endlösung«. Tendenzen und Entwicklungsphasen 1924-1984, in: Hist. Zschr. 240 (1985) 599-640, hier 626.
5 Shulamit Volkov, Kontinuität und Diskontinuität im deutschen Antisemitismus 1878-1945, in: Vierteljahrshh. f. Zeitgesch. 33 (1985) 221-243, hier 230.
6 Vgl. Kulka (wie Anm. 4), 619.
7 Vgl. Volkov (wie Anm. 5), 241.
8 Zit. bei Ernst Nolte, Eine frühe Quelle zu Hitlers Antisemitismus, in: Hist. Zschr. 192 (1961) 584-606, hier 597.
9 Zit. bei Kulka (wie Anm. 3), 604
10 Der Eisenhammer. Pfälzische Wochenschrift zum Kampfe um die Wahrheit und das Recht der Arbeit auf Brot (Jg. 3-5: Kampfblatt der NSDAP Gau Pfalz), Pirmasens, dann Lambrecht und (ab Jg. 3) Neustadt a.d.H. 1926-1930. — Zum 1. Weltkrieg: Nrn. 3 u. 4; weitere antisemitische Aufmacher: Nr. 7 »Was ist Judenhetze«, Nr. 11 »Katholiken, heraus zum Kampf!«, Nr. 15 »In den Händen ostjüdischer Großschieber«, Nr. 25 »Warum sind wir Antisemiten?«, Nr. 33 »Jüdische Blutmorde: Das geschächtete Polenmädchen«, Nr. 35 »Die Wahrheit siegt: Der Jude Trotzi«, Nr. 37 »Jüdische Sittlichkeitsattentate ohne Ende«, Nr. 39 »Die Pirmasenser Juden feiern am Kreuze den Christusmord«.

11 NSZ Rheinfront vom 2.2. 1939.
12 Dokumentation zur Geschichte der jüdischen Bevölkerung in Rheinland-Pfalz und im Saarland von 1800 bis 1945, hrsg. von der Landesarchivverwaltung in Verb. mit d. Landesarchiv Saarbrücken, 9 Bde (= Veröff. d. Landesarchivverw. Rheinland-Pfalz, Bde 12-20) 1972-1987, hier: Bd 9 Nr. 1476.
13 Lothar Kettenacker, Nationalsozialistische Volkstumspolitik im Elsaß, Stuttgart 1973, 250.
14 Kurt Düwell, Die Rheingebiete in der Judenpolitik des Nationalsozialismus vor 1942. Bonn 1968 (= Rhein. Archiv 65), 95.
15 Gauwirtschaftsberater W. Bösing zur Gründung einer Auffanggesellschaft für jüdische Vermögenswerte nach der »Reichskristallnacht«: »Die Ausschaltung des Juden aus der deutschen Wirtschaft muß rückhaltlos, 100prozentig und in kürzester Frist Tatsache werden ... Im Hinblick auf die Durchführung der Vermögensüberführung in arische Hände ist keinerlei Ursache mehr gegeben, irgendwie gegen den jüdischen Besitz vorzugehen« (NSZ Rheinfront, Ausg. Saarland-West v. 11.11.1938).
16 NSZ Saarpfalz v. 29.12.1938: »Martin Luther über die Juden: Erzdiebe und Landräuber«.
17 Helmut Prantl (Bearb.), Die kirchl. Lage in Bayern nach den Regierungspräsidentenberichten 1933-1945, 5: Reg.-Bez. Pfalz, 1978 (= Veröff. d. Komm. f. Zeitgesch., Reihe A, 24), 95.
18 Z.B. Pfarrer Gaston Ritter, Das Judentum und die Schatten des Antichrist, Graz 1933 (mit bfl. Impr.).
19 Z.B. NSZ, Allg. Ausg. v. 8.10.1937 u. 9.2.1938, Ausg. Saarland-West v. 26.8.1937, Ausg. Saarbrücken v. 20.8.1936 sowie v. 10.10.1938, Ausg. Kaiserslautern v. 5.8. u. 10.10.1938, Ausg. Süd v. 9.8.1938, Ausg. Ludwigshafen v. 16.9.1938.
20 Fritz Schwitzgebel, Studienrat, Führer der pfälzischen SA-Brigade, 1937 Oberbürgermeister von Saarbrücken (vgl. Hanns Klein, Kurzbiographien der Bürgermeister (Alt-)Saarbrückens, St. Johanns, Malstatt-Burbachs und der Großstadt Saarbrücken, in: Zeitschr. f. d. Gesch. d. Saargegend 19 (1971), 510-538, hier 529.
21 Vgl. oben, Anm. 10!
22 Düwell (wie Anm. 14), 85.
23 Otto D. Kulka, Die Nürnberger Rassengesetze und die deutsche Bevölkerung im Lichte geheimer NS-Lage- und Stimmungsberichte, in: Vierteljahrshh. f. Zeitgesch. 32 (1984) 573-636, hier 615.
24 Vgl. Düwell (wie Anm. 14), 89.
25 NSZ Rheinfront, Ausg. Ludwigshafen v. 20.4.1933, Art.: »Die Verjudung und Entjudung unserer Pfalz«.
26 Prantl (wie Anm. 17), 82.
27 Düwell (wie Anm. 14), 171.
28 Kulka (wie Anm. 23), 616.
29 Dokumentation (wie Anm. 12), Bd. 9 Nr. 1733 u. Bd. 6,2 Nr. 54.
30 Ebda, Bd. 6 Nr. 45.
31 Prantl (wie Anm. 17), 83-87.
32 Dokumentation (wie Anm. 12), Bd. 9 Nr. 1723 u. 1726.
33 Ebda, Bd. 9 Nr. 1440. — Vgl. Avraham Barkai, Der wirtschaftliche Existenzkampf der Juden im Dritten Reich (1933-1938), in: Aus Politik u. Zeitgesch., Beil. z. Wochenztg. »Das Parlament« 31/1986, 39-46, hier 44.
34 Dokumentation (wie Anm. 12), Bd. 9 Nr. 1531.
35 Düwell (wie Anm. 14), 90.
36 Dokumentation (wie Anm 12) Bd. 6 Nr. 52.
37 Departementalarchiv Metz, 4 AR 2 (Originaltyposkript); die in ( ) stehende Stelle ist eigenhändig gestrichen, weil sie offenbar die Ziele der Judenpolitik allzu unverhohlen dargelegt hätte.
38 Düwell (wie Anm. 14), 192.
39 Eisenhammer (vgl. Anm. 10) 1927 Nr. 4.
40 Debus (wie Anm. 2).

41 Art. »Vorläufiger Abschluß der Arisierung im Gau Saarpfalz«, in: Pfälzische Presse Nr. 42 (1938); vgl. allg. auch Barkai (wie Anm. 33), 41f.
42 Dokumentation (wie Anm. 12), Bd. 6 Nr. 118; vgl. Barkai, Anm 18.
43 NSZ Rheinfront, Ausg. Kaiserslautern v. 11.11.1938.
44 Raul Hilberg, Die Vernichtung der europäischen Juden, Die Gesamtgeschichte des Holocaust, Berlin 1982, 280.
45 Düwell (wie Anm. 14), 203.
46 Hilberg (wie Anm. 44), 281.
47 Bürckel äußerte Anfang März 1939 in einer Rede im Konzerthaussaal: »Als ich vor einem Jahr mit der Aufgabe der Wiedervereinigung der Ostmark mit dem Reich betraut war, war ... eine meiner Hauptsorgen die Frage: Wie muß es angepackt werden, die Stadt Wien zu entjuden?.« (Departementalarchiv Metz, 4 AR 2).
48 Jacob Toury, Die Entstehungsgeschichte des Austreibungsbefehls gegen die Juden der Saarpfalz und Badens (22./23. Oktober 1940 — Camp de Gurs), in: Jahrb. d. Inst. f. dt. Gesch. (Tel Aviv) 15 (1986) 431-464, hier: 445-448.
49 Toury 440f. und Barbara Vormeier, Dokumentation zur frz. Emigrantenpolitik (1933-1944), in: Hanna Schramm, Menschen in Gurs. Erinnerungen an ein frz. Internierungslager (1940-1941), Worms 1977, 157-384, hier 238 und (Quelle) 373 f.
50 Peter Hüttenberger, Die Gauleiter. Studien zum Wandel des Machtgefüges in der NSDAP, 1969, 149f.
51 Toury (wie Anm. 49), 446.
52 Randbemerkung des Legationsrats Dr. Ernst Kundt auf einem ins Auswärtige Amt gelangten »Bericht« (Abdruck bei Paul Sauer (Hrsg.), Dokumente über die Verfolgung der jüdischen Bürger in Baden-Württemberg durch das NS-Regime, Bd. 2, Stuttgart 1966, Nr. 448, Faks. bei Vormeier (wie Anm. 53), 12f.). Zu dieser wichtigen Quelle jetzt: Toury (wie Anm. 49) 451f. u. 461.
53 Barbara Vormeier, Die Deportierung deutscher und österreichischer Juden aus Frankreich, Paris 1980, 16f. und der in Anm. 56 gen. Titel.
54 Klaus Oldenhage (Hrsg.), Die Pfalz und das Saarland während des Kriegs (1940-1945). Aus den Lageberichten des Oberlandesgerichtspräsidenten und Generalstaatsanwalts in Zweibrücken (I), in: Jahrb. f. westdt. Landesgesch. 5 (1979) 303-356, hier 330.
55 Dazu Schramm (wie Anm. 49).
56 Hans-Joachim Fliedner (Bearb.), Die Judenverfolgung in Mannheim 1933-1945, Bd. 2: Dokumente, Stuttgart 1971, 76-109.
57 Toury (wie Anm. 49), 437.
58 Gauleiter Simon, dem die Zivilverwaltung im besetzten Luxemburg anvertraut war, wies erst Ende November 1940 619 luxemburgische Juden aus, jedoch keine aus dem Reichsgebiet; vgl. Paul Cerf, Les expulsions des juifs du Grand-Duché vers la France de Vichy au début de l'occupation allemande (oct. 1940 - janv. 1941), in: Hemecht. Zeitschr. f. Luxemburger Gesch. 37 (1985) 435-442.
59 Dazu Vf., Die Behörde des Reichsstatthalters in der Westmark, in: Jahrb. f. westdt. Landesgesch. 10 (1984) 287-318, und ders., Partei und staatliche Verwaltung in Josef Bürckels Machtbereich, in: Zehn von Tausend Jahren. Der Nationalsozialismus an der Saar 1935-1945, Ausstellungskatalog, Stadtverband Saarbrücken, Regionalgeschichtliches Museum, 1988 (im Druck).

Hannes Ziegler

Der 1. April 1933 im Spiegel der Berichterstattung und Kommentierung der katholischen Presse in der Pfalz

I.

Wir wollen in diesem Aufsatz untersuchen, wie die pfälzischen katholischen Zeitungen über den Boykott jüdischer Geschäfte und die Diskriminierung jüdischer Ärzte und Rechtsanwälte am 1. April 1933 berichtet haben und ihre Kommentare dazu betrachten. Welches Bild der Wirklichkeit haben diese Zeitungen ihren Lesern vermittelt?

Im Frühjahr 1933 gab es in der Pfalz fünf große katholische Tageszeitungen: das »Pfälzische Tagblatt«, den »Rheinpfälzer«, das »Rheinische Volksblatt«, die »Pfälzische Zeitung« und die »Neue Pfälzische Landeszeitung«.

Das »Pfälzer Tagblatt« (gegründet 1888) war politisch der Bayerischen Volkspartei (BVP) zugeordnet und erschien in Kaiserslautern. Mit seinen Nebenausgaben für Pirmasens und Zweibrücken hatte es eine Auflage von 6.400 Exemplaren (Stand 1934). Adolf André, der Kreisleiter der Pfalzwacht, zeichnete in diesem »Organ für christliche Kultur und Politik« für den politischen Teil mitverantwortlich.

»Der Rheinpfälzer« (gegründet 1889) war das Organ der BVP in der Pfalz und erschien in Landau. Die Auflage dieser Zeitung betrug 1933 12.600 Exemplare (1934: 7.200). Für den politischen Teil war Dr. Hans-Georg Neubauer verantwortlich.

Das »Rheinische Volksblatt« (gegründet 1877) und die »Pfälzer Zeitung« (gegründet 1851) erschienen in Speyer und standen der BVP nahe. In beiden Zeitungen schrieb Dr. Rudolf Joeckle die politischen Kommentare. Die Auflage des »Rheinischen Volksblatt« betrug 1933 7.200, die der »Pfälzer Zeitung« 4.200 Exemplare.

Die »Neue Pfälzische Landeszeitung« (gegründet 1922) erschien in Ludwigshafen und war mit 18.350 Exemplaren die auflagenstärkste katholische Tageszeitung der Pfalz (1934: 8.000). Seit dem Frühjahr 1924, also nach der Trennung von BVP und Zentrum in der Pfalz, war sie das Parteiorgan des pfälzischen Zentrums. Für den politischen Teil zeichnete Dr. Albert Fink verantwortlich.[1]

Der »Christliche Pilger« war das Diözesanwochenblatt. In der Rubrik »Politische Rundschau« nahm es Stellung zu politischen Fragen. Das Sonntagsblatt existierte seit 1848 und hatte 1933 eine Auflage von 40.000 Exemplaren (1934: 40.100). Schriftleiter war der Domvikar Studienrat Nikolaus Lauer.[2]

Bevor wir die Berichterstattung der pfälzischen katholischen Zeitungen über den

Judenboykott untersuchen und ihre Kommentare analysieren, müssen wir die politischen Rahmenbedingungen schildern. Unter welchen Bedingungen, in welchem politischen Klima schrieben die pfälzischen Journalisten im März und April 1933?

II. Die politischen Rahmenbedingungen

Der 1. April 1933 beendete die mehr als hundertjährige jüdische Emanzipationsepoche in Deutschland. Gleichzeitig markierte dieser Tag den Beginn einer Politik, die immer einschneidender in das Leben der deutschen Juden eingreifen sollte und an deren Ende der Holocaust stand. Waren die Maßnahmen der nationalsozialistischen Regierung zwischen 1933 und 1935 hauptsächlich gegen die wirtschaftliche Existenz der Juden in Deutschland gerichtet, so mußte diese Glaubensgemeinschaft ab 1935 auch Einschränkungen an ihren politischen Rechten und die Diskriminierung ihrer gesellschaftlichen Stellung hinnehmen. Mit dem Jahre 1942[3] begann für die mehr als 200.000 deutschen Juden und ihre Millionen Glaubensbrüder und Glaubensschwestern in den von deutschen Truppen besetzten Gebieten die »Endlösung der Judenfrage«: der Versuch der nationalsozialistischen Regierung, die Juden in Europa auszurotten. Was als millionenfacher Massenmord endete, war als Ausrottung geplant und angelegt. Erst die militärische Niederlage des Deutschen Reiches stoppte diesen Vernichtungsprozeß.

Am 30. Januar 1933 berief der Reichspräsident Paul von Hindenburg den Vorsitzenden der NSDAP, Adolf Hitler, an die Spitze eines »Kabinetts der nationalen Erhebung«. Am gleichen Tag, noch vor der Vereidigung des neuen Kabinetts, forderte der neue Reichskanzler die Auflösung des Parlaments und Neuwahlen. Beides ermöglichte ihm der Reichspräsident durch die Notverordnung vom 1. Februar 1933. Als Termin für die Neuwahlen setzte die Reichsregierung den 5. März 1933 fest. Bis zu diesem Zeitpunkt konnte Hitler ohne Parlament regieren. Mit Notverordnungen[4] und einem beispiellosen Terror sicherte Hitler seine Herrschaft ab. Die Auswirkungen seiner Gewaltherrschaft trafen die einzelnen Länder in unterschiedlicher Weise: Während in Preußen die Kommissariatsregierung unter dem Motto »Abwehr kommunistischer staatsgefährdender Gewaltakte« alle politischen Gegner verfolgte und den Verwaltungs- und Beamtenapparat von Sozialdemokraten, aber auch Zentrumsleuten und Mitgliedern der Deutschen Staatspartei säuberte, konnte die bayerische Regierung Held (BVP) mit »Vitalität und Widerborstigkeit«[5] die Auswirkungen der Notverordnungen in ihrem Land abmildern.

Nach der Reichstagswahl, die der NSDAP nicht die gewünschte absolute Mehrheit gebracht hatte[6], verstärkte die NSDAP den Terror im Reich. SA und SS, denen laut Polizeierlaß Görings vom 22. Februar 1933 hilfspolizeiliche Befugnisse zugewiesen waren[7], benutzten die Reichstagsbrand-Verordnung als Freibrief zur Verfolgung des politischen Gegners, vor allem von Kommunisten und Sozialdemokraten. »Unter dem Druck des öffentlichen Umschwungs, des Straßenterrors und der ultimativen Forderung der nationalsozialistischen Verbände setzte in nahezu allen Behörden eine Welle von Zwangsbeurlaubungen und kommissarischen Neubesetzungen ein.«[8] Der Terror der Nationalsozialisten traf nicht nur den politische

Gegner. Er richtete sich auch gegen eine Bevölkerungsgruppe, der die Nationalsozialisten schon in den ersten Stunden ihrer Bewegung den rücksichtslosen Kampf angesagt hatten: die Juden.

Es begann ganz langsam. Zuerst waren es einzelne, von der SA inszenierte Zwischenfälle. Man störte die Konzerte jüdischer Künstler, in jüdischen Geschäften wurden die Fensterscheiben eingeschlagen, SA-Trupps randalierten in jüdischen Kaufhäusern und demolierten die Einrichtungen. In den pfälzischen katholischen Zeitungen finden wir eine detaillierte Auflistung des nationalsozialistischen Terrors. Ihre Leser konnten sich ein genaues Bild vom Alltag im Dritten Reich machen. [9] Auch nach den Wahlen vom 5. März 1933 ließen diese Zeitungen keinen Zweifel daran, daß sie den politischen Kurs der neuen Reichsregierung ablehnten. [10]

Als am 9. März 1933 die Reichsregierung den General Ritter von Epp als Reichskommissar nach Bayern schickte und die Regierung Held absetzte, war eine neue Situation entstanden. Wie in Württemberg, Baden, Sachsen und Preußen erfolgte nun auch in Bayern eine Machtübernahme in Raten, die eine Hetzjagd auf politische Gegner der Linken nach sich zog. Am 10. März 1933 wurden Reichsbanner, Eiserne Front und die Sozialistische Arbeiterjugend verboten. »Hunderte von kommunistischen und sozialdemokratischen Funktionären wurden aus dem Bett heraus verhaftet, mißhandelt und in die Gefängnisse eingeliefert.« [11] Die aus SS, SA und Stahlhelm gebildete »Hilfspolizei« startete nun auch in Bayern ihre Verhaftungsaktionen und verschleppte ihre Gegner in irgendwelche Keller oder wilde Lager.

Am 10. März 1933, mittags gegen halb zwölf Uhr, wurde das Verlagsgebäude der »Neuen Pfälzischen Landeszeitung« von etwa 50 SA- und SS-Männern besetzt, eine im Hause aufgefundene schwarz-rot-goldene Fahne verbrannt und der Chefredakteur Dr. Albert Fink in Schutzhaft genommen. Die »Neue Pfälzische Landeszeitung« konnte erst wieder am 14. März 1933 erscheinen. [12]

Einige Stunden später besetzten in Speyer etwa 40 SA-Männer die Verlagsgebäude des »Rheinischen Volksblatt« und der »Pfälzer Zeitung«. Beide Zeitungen blieben drei Tage lang verboten. Sie konnten erst wieder erscheinen, als sich die Redaktion bereit erklärt hatte, eine von dem Beauftragten des Staatskommissars z.b.V. Hermann Esser formulierte Erklärung zu veröffentlichen. Hierin verpflichtete sich die Redaktion, »daß wir uns gegenüber der nationalen Regierung loyal verhalten und auch nichts unternehmen werden, was den Nationalsozialismus im Kampf gegen den Marxismus behindert.« [13]

Am 13. März 1933 verbot ein Erlaß des Staatsministers z.b.V. Esser, dem nun in Bayern die »Bearbeitung sämtlicher Angelegenheiten der Presse und des Rundfunks« oblagen, bis zum 21. März 1933 das Erscheinen »sämtliche(r) sozialdemokratischen periodischen Druckschriften«. [14] Die Provinzpresse sollte diesem Erlaß zufolge »einer genauen Überwachung zu unterziehen« sein. »Wenn auch gegen die Presse kleinliche Maßnahmen nicht anzuwenden sind, so muß doch gegebenenfalls entschieden durchgegriffen werden. Verbote von Zeitungen sind daher nicht für eine kürzere Zeit als eine Woche auszusprechen.« [15]

Die katholische Presse in der Pfalz reagierte auf diesen Erpressungsschlag unterschiedlich. Während sich das »Rheinische Volksblatt« und die »Pfälzer Zeitung«

schnell zu einer Kurskorrektur bereitfanden[16], verhielt sich »Der Rheinpfälzer« weit vorsichtiger und ging wie die »Neue Pfälzische Landeszeitung« auf Distanz zur Reichsregierung.[17]

Als der Reichskanzler am 21. März 1933 in einer perfekt inszenierten Polit-Show den neuen Reichstag in der Potsdamer Garnisonskirche eröffnete und sich der deutschen Öffentlichkeit als national- und traditionsbewußter Politiker präsentierte, interpretierten dies die »Pfälzer Zeitung« und das »Rheinische Volksblatt« als ein Symbol der Versöhnung und des Neubeginns.[18] »Der Rheinpfälzer« mahnte dagegen die Regierung, jetzt auch im Innern den Geist der Versöhnung walten zu lassen, gerade für jene, die nicht NSDAP gewählt hätten.[19] Er wünschte sich einen »Staat des Rechtes und der Gerechtigkeit« und zitierte den Psalmisten: »Gerechtigkeit ist das Fundament aller Reiche!«[20] Auch als Hitler in seiner Rede vom 23. März 1933 die beiden christlichen Konfessionen als den wichtigsten Faktor des Volkstums bezeichnete, wurde dies nicht von allen katholischen Zeitungen in der Pfalz als Garantieerklärung und als ein Zeichen der Umbesinnung gewertet. Noch in ihrer Ausgabe vom 25. März forderte die »Neue Pfälzische Landeszeitung« die Verwirklichung ihrer Ideale: »Wahrheit, Freiheit, Recht« im neuen Staat.[21] Die Ludwigshafener Zentrumszeitung akzeptierte zwar den durch Hitlers Wahlsieg »rechtmäßig« zustandegekommenen politischen Zustand, doch sie wollte sich auch weiterhin das Recht offenbehalten lassen, dann ihre kritische Stimme zu erheben, wenn sie mit dem politischen Kurs der Regierung nicht einverstanden war.[22] Just zu dieser Zeit, als die katholische Presse wankte, doch noch nicht gefallen war, meldeten sich die deutschen Bischöfe zu Wort. Für sie hatte die Erklärung des Reichskanzlers »eine neue Situation« geschaffen. Deshalb sei es nun wichtig, eine neue Beziehung zum Nationalsozialismus aufzubauen und »mehr Toleranz gegen die neue Regierung zu üben.«[23]

Dokumentiert wurde dieses Denken in der Erklärung der Fuldaer Bischofskonferenz vom 28. März 1933, worin die deutschen Bischöfe ihre früheren »allgemeinen Verbote und Warnungen« widerriefen und die Gläubigen an die »Treue gegenüber der rechtmäßigen Obrigkeit« erinnerten.[24] Für die katholische Presse gab es nun keinen Grund mehr, diesen Schritt der Versöhnung nicht mitzuvollziehen. Jetzt galt es, das Werk der »nationalen Revolution« zu vollenden. Wer konnte hierbei abseits stehen?

III. Die Berichterstattung und Kommentierung der katholischen Pfälzer Presse zum 1. April 1933:

In dieser Phase der Aussöhnung und Kooperationsbereitschaft, in einer Stimmung des Neubeginns und des Aufbaus, meldeten sich kritische und anklagende Stimmen. Sie kamen vom Ausland.

Nach der nationalsozialistischen Machtübernahme waren Gauleiter Bürckel, die örtlichen Parteiorganisationen und nach dem 10. März auch die kommissarische Länderregierung mit Boykottaktionen und Zwangsbeurlaubungen gegen die pfälzischen Juden vorgegangen. In einigen pfälzischen Städten (wie z.B. in Neustadt und Ludwigshafen) war es schon kurz nach den Reichstagswahlen vom 5. März zu Aktionen gegen jüdische Geschäfte gekommen. In der pfälzischen Presse lesen wir davon kaum etwas.

Dagegen hatte die ausländische Presse nach den Märzwahlen den Antisemitismus der neuen Reichsregierung immer mehr in den Mittelpunkt ihrer Berichterstattung über Deutschland gestellt. Amerikanische Zeitungen berichteten, alarmiert von jüdischen Verbänden, von einer Pogromstimmung in Deutschland. In den deutschen Vertretungen im Ausland liefen zahlreiche Petitionen und Protestschreiben ein, in denen die Menschenrechtsverletzungen in Deutschland angeprangert wurden. »Auf dem Höhepunkt dieser Protestwelle drohten englische und amerikanische Firmen sogar damit, die Wirtschaftsbeziehungen zu Deutschland abzubrechen und die Einfuhr deutscher Ware zu boykottieren.«[25]

Die Reaktion der Reichsregierung auf die ausländische Kritik war nicht einheitlich. Am 24. März 1933 notierte Goebbels in sein Tagebuch: »Die Greuelpropaganda im Ausland macht uns viel zu schaffen.« Alle Gegenpropaganda sei nur ein Tropfen auf einen heißen Stein.« Der Staatssekretär in der Reichskanzlei, Lammers, hielt staatliche Maßnahmen gegen die ausländische Kritik für wirkungslos und wies in einem Vermerk vom 23. März 1933 dem Reichspropagandaministerium die Aufgabe zu, »von Deutschland aus die öffentliche Meinung des Auslandes durch geeignete Mittel zu beeinflussen.« Hitler hielt eine andere Lösung parat. Am 26. März 1933 teilte er seinem Reichspropagandaminister in einem Gespräch in Berchtesgaden mit, daß er sich »zu einem großangelegten Boykott aller jüdischen Geschäfte in Deutschland« entschlossen habe.[26]

Dieser Entschluß mußte begründet, mußte »populär« gemacht werden. Die Regierung tat dies, indem sie die ausländische Kritik verzerrte, nur die extremsten Vorwürfe zitierte und dann dieses Bild der Öffentlichkeit präsentierte.

Montag, 27. März 1933. Die »Greuelhetze«:

An jenem Tag erschienen in allen katholischen Tageszeitungen der Pfalz in großer Aufmachung die ersten Berichte und Kommentare über die ausländische Kritik an den politischen Verhältnissen in Deutschland. Was erfuhren die Leser dieser Zeitungen über die ausländische Kritik? Wie bekamen sie die Reaktion der Reichsregierung vermittelt?

Die Leser dieser Presse erfuhren von der ausländischen Kritik fast ausschließlich aus den Stellungnahmen und Kommentaren deutscher Politiker, Verbände und Zeitungen.

Was die ausländischen Zeitungen wirklich schrieben, woran, vor allem aber wie sie Kritik übten, das konnten sie in ihren Zeitungen nicht lesen. Die Leser der pfälzischen Zeitungen, und zwar aller pfälzischen Zeitungen, nicht nur der katholischen, wurden lediglich mit Zitatbrocken konfrontiert, die allesamt polemisch und überzogen waren.

In allen pfälzischen katholischen Zeitungen standen die Erklärung Görings und die Interviews Papens und Hanfstängels im Mittelpunkt der Berichterstattung.

»Die Greuelpropaganda«, so überschrieb das »Pfälzer Tagblatt« einen Artikel, in dem aus der Erklärung des kommissarischen preußischen Innenministers Göring zitiert wird. Göring hatte am 25. März 1933, einem Samstag, die Vertreter der ausländischen Presse empfangen und ihnen folgendes Bild der politischen Lage gezeichnet. Seit einiger Zeit seien in der ausländischen Presse »maßlose und schamlose Entstellungen über die Zustände in Deutschland« erschienen. Nur deshalb, weil das »nationale Deutschland es gewagt habe, jene, die seine Ehre zerstört hätten, aus ihren Ämtern und Pfründen zu werfen und in Schutzhaft zu nehmen«, sei eine ganze Serie von Entstellungen und Lügen über die politische Situation in Deutschland publiziert worden. Göring wußte den Vertretern der ausländischen Presse auch die Hintermänner, die Drahtzieher dieser Kampagne zu nennen: den internationalen Marxismus, der zusammen mit jüdischen Kreisen eine Hetze gegen Deutschland inszeniere. Göring bestätigte damit aber, daß die Regierung oder ein Teil der Bevölkerung — er nennt es das »nationale Deutschland« — gegen Juden vorgegangen war. Daß es zu Repressionen gegen deutsche Juden gekommen war, wird von Göring gar nicht bestritten. Er äußerte lediglich sein Unverständnis und seine Empörung darüber, daß eine in seinen Augen notwendige und überfällige Korrektur ein solches Echo auslösen konnte. Lapidar fügte Göring hinzu: »Wenn die Regierung Maßnahmen gegen eine Überwucherung des jüdischen Elements ergreift, so ist das ihre Sache. Man darf nicht vergessen, daß im Volk eine starke antisemitische Stimung vorhanden ist.«[27]

»Der Rheinpfälzer« berichtete auf seiner Titelseite über die Antwort Papens auf eine telegraphische Anfrage der deutsch-amerikanischen Handelskammer in New-York, die sich auf die Übergriffe gegen amerikanische Geschäftsinteressen bezog. In seiner Antwort legte Papen Wert auf die Feststellung, daß das Geschäftsleben in Deutschland seinen gewohnten Gang gehe. Die ausländischen »Greuelmeldungen« entbehrten jeder Grundlage. Wahrheit sei vielmehr, daß die nationale Revolution in Deutschland diszipliniert verlaufe. Das Ziel dieser Revolution sei es, »Deutschland von schwerer kommunistischer Gefahr zu befreien und die Verwaltung von minderwertigen Elementen zu säubern.« Wie Göring bestätigte damit auch der Vizekanzler, daß in Deutschland eine bestimmte Gruppe von Menschen — Papen nennt sie »minderwertige Elemente« — durch die Politik der Reichsregierung Nachteile erleide.

Ausführlich berichtete und kommentierte »Der Rheinpfälzer« auch über ein Telefoninterview des Auslandspressechefs der NSDAP, Hanfstängel, mit dem Generaldirektor des Internationalen News Service. Hanfstängel behauptete in diesem Interview, daß die Berichte über Judenmißhandlungen samt uns sonders erlogen seien. In Deutschland erführen Juden und Arier keine unterschiedliche Behandlung. Deshalb sei es sehr bedauerlich, daß Juden wie Lion Feuchwanger und Albert Einstein das deutsche Ansehen im Ausland mit solchen Greuelgeschichten herabsetzten. Unwahr seien auch die Gerüchte, die Reichsregierung denke daran, die Juden aus öffentlichen Ämtern zu entfernen und aus Deutschland auszuweisen. »Im übrigen hätten die Untersuchungen der schwedischen wie der holländischen Gesandtschaft ergeben, daß nicht ein einziger Jude getötet oder verletzt worden sei. Unwahr sei ferner, daß Katholiken mißhandelt oder gefoltert worden seien. Die kleineren Zusammenstöße, die sich in den kritischen Tagen der

Revolution ereignet hätten, hätten politische, nicht aber religiöse Ursachen gehabt.« Neben dieser Lageschilderung wurden in allen Zeitungen Stellungnahmen jüdischer Verbände zur Kritik aus dem Ausland abgedruckt. »Der Rheinpfälzer« zitierte eine Erklärung des »Reichsbundes jüdischer Frontsoldaten«, die an die Botschaft der Vereinigten Staaten von Amerika in Berlin gerichtet war. Darin heißt es: »Es sind Mißhandlungen und Ausschreitungen vorgekommen, die zu beschönigen gerade uns bestimmt fernliegt. (...) Wir wissen, daß die Regierung und alle führenden Stellen die vorgefallenen Gewalttaten auf das Schärfste mißbilligen. Es ist aber auch unseres Ermessens an der Zeit von der unverantwortlichen Hetze abzurücken, die von sogenannten Intellektuellen im Ausland gegen Deutschland unternommen wird. Diese Männer, die sich zum überwiegenden Teil niemals als Deutsche bekannt, ihre Glaubensgenossen im eigenen Lande, für die sie Vorkämpfer zu sein vorgeben, im kritischsten Augenblick im Stich ließen und ins Ausland flüchteten, haben das Recht verwirkt in deutschjüdischen Angelegenheiten mitzureden.« Ausdrücklich bat der »Reichsbund jüdischer Frontsoldaten« die amerikanische Botschaft, diese Erklärung noch am 27. März 1933 in amerikanischen Zeitungen zu veröffentlichen, da an diesem Tag in New York eine Protestdemonstration gegen die politischen Zustände in Deutschland stattfinden sollte.

Noch deutlicher als der »Reichsbund« grenzte sich die »Zionistische Vereinigung« von der ausländischen Kritik an dem staatlichen Terror in Deutschland ab: »Wir haben uns bereits am 17. März in einer durch die jüdischen Telegraphenagenturen an die gesamte jüdische Presse der Welt weitergegebenen Erklärung gegen jede deutschfeindliche Propaganda mit Entschlossenheit gewandt (...) Wir protestieren ferner gegen jeden Versuch, die jüdische Seite der Interessenpolitik anderer Staaten oder Gruppen dienstbar zu machen.«[28]

In der »Neuen Pfälzischen Landeszeitung« und den beiden Speyerer katholischen Tageszeitungen nahmen die Berichte über die ausländische Kritik einen kleineren Raum ein. In dem Artikel »Folgen der Greuelpropaganda« informierten das »Rheinische Volksblatt« und die »Pfälzer Zeitung« ihre Leser auch über tätliche Angriffe von Juden auf Deutsche in London.[29]

Dienstag, 28. März 1933. Die Abwehrfront formiert sich:

Unter Berufung auf die Nationalsozialistische Parteikorrespondenz berichtete »Der Rheinpfälzer« an jenem Tag von den Abwehrplänen der NSDAP. Die Leser dieser Zeitung erfuhren, daß sich als Antwort auf die Boykottdrohungen des »internationalen Judentums« sogenannte Boykottkomitees gebildet hätten. Erst wenn die ausländischen Regierungen gegen die Greuelhetze einschritten, würde auch die deutsche Regierung gegen diese, sich spontan organisierende Abwehrbewegung einschreiten. Neben der Meldung über die Abwehrbewegung wurden den Lesern in diesem Bericht auch Erklärungsmuster für die ausländische Kritik angeboten. Zwischen der Notlage Millionen Deutscher, die arbeitslos waren und der Präsenz hunderttausender Juden in akademischen Berufen wurde ein direkter Zusammenhang konstruiert. »Dieselben jüdischen Akademiker sind es in erster Linie, die heute Deutschland als Dank dafür vor der Welt in einer wahrhaft schamlosen Lügenhetze herabsetzen.«

Neben diesem Bericht konnten die Leser des »Rheinpfälzer« ein Interview verfolgen, das der Reichsaußenminister von Neurath dem Berliner Chefkorrespondent der Associated Press, Louis P. Lochner, am Vortage gegeben hatte. Neurath wehrte sich darin heftig gegen die Vorwürfe aus dem Ausland und verglich sie mit der »während des Weltkrieges betriebenen Hetzkampagne«: »Wie die belgischen Greuelmärchen von abgehackten Kinderarmen sprachen, so wird heute von angeblich ausgestochenen Augen und abgeschnittenen Ohren gesprochen.« In der gleichen Argumentationsstruktur, aber mit einem vorsichtig-mahnenden Schluß war der Kommentar »Die Greuelhetze« gehalten. Auch hier wurde die ausländische Pressereaktion mit der Weltkriegspropaganda verglichen und auf ihre schädlichen Folgen für die deutsche Wirtschaft hingewiesen. Doch dann erinnerte der Kommentator — in vorsichtiger Weise — die Regierung wieder an die innenpolitischen Zustände in Deutschland. »Man wird der Reichsregierung auch allseits Unterstützung angedeihen lassen, wenn sie nachdrücklich dafür sorgt, daß im Inneren vereinzelte Mißgriffe unterer Organe ausgeschaltet werden, um jeden auch noch so gekünstelten Anhaltspunkt nach Möglichkeit wegzunehmen.«[30]

Das »Rheinische Volksblatt« und die »Pfälzer Zeitung« informierten ihre Leser über die Unterredung zwischen Hitler und Goebbels in Berchtesgaden. Sie zitierten die Forderungen Hitlers nach einem Numerus Clausus für die Beteiligung von Juden in akademischen Berufen und öffentlichen Einrichtungen, nach der Formierung von besonderen Aktionskomitees und nach der Ankurbelung einer »riesenhaften Aufklärungspropaganda«. Hitler sah die Anordnungen für die Organisation einer Volksbewegung und die Bildung von Boykottkomitees als Antwort auf die Boykottforderung des »internationalen Judentums«. Zum ersten Mal wurde hier der Öffentlichkeit ein »Schuldiger« präsentiert. Versuchten Papen, Hanfstängel, Neurath und auch Göring noch einsehbare Erklärungsmuster zu liefern, in dem sie Neid, wirtschaftliche Konkurrenz und Deutschenhaß als Ursachen der »Greuelpropaganda« angaben, so interpretierte Hitler die ausländische Kritik an den innenpolitischen Verhältnissen in Deutschland als Anschlag des internationalen Judentums: Die Opfer sollten die Täter sein.

Die »Pfälzer Zeitung« berichtete weiter von deutschfeindlicher Propaganda in den Vereinigten Staaten und England[31]; dagegen meldete das »Pfälzer Tagblatt«, daß es in den Staaten zu Protestaktionen amerikanischer Juden gegen die »angeblichen Judenmißhandlungen« in Deutschland gekommen war.[32] In der »Neuen Pfälzischen Landeszeitung« stand an diesem Tag die Entwaffnung der Stahlhelm-Hilfspolizei in Braunschweig im Mittelpunkt der Berichterstattung. Informationen und Berichte über die Boykottgegenbewegung fehlten in dieser Ausgabe.

Mittwoch, 29. März 1933.
Der Aufruf der NSDAP-Reichsleitung:

Wie die Reichsregierung den »Greuelmeldungen« aus dem Ausland begegnen wollte, konnten die Deutschen an diesem Tag in ihren Zeitungen lesen. In allen deutschen Zeitungen wurde der Aufruf der Reichsleitung der NSDAP an sämtliche Parteiorganisationen abgedruckt. Dieser Aufruf, der deutlich Hitlers Handschrift verrät, »war die erste große öffentliche Bestätigung nach Hitlers Regierungsantritt, daß er auch als Reichskanzler jenen völkischen Antisemitismus vertrat, den er als Parteiführer von Anfang an propagiert hatte.«[33]

> *»Lügen und Verleumdungen von geradezu haarsträubender Perversität werden über Deutschland losgelassen. Greuelmärchen von zerstückelten Judenleichen, von ausgestochenen Augen und abgehackten Händen werden verbreitet zu dem Zweck, das deutsche Volk in der Welt zum zweiten Male so zu verfemen, wie ihnen das im Jahre 1914 bereits gelungen war. Millionen unschuldiger Menschen, Völker, mit denen das deutsche Volk nun in Frieden leben will, werden von diesen gewissenlosen Verbrechern gegen uns aufgehetzt. Die deutschen Waren, die deutsche Arbeit, soll dem internationalen Boykott verfallen. Die Not in Deutschland ist ihnen also zu klein, sie muß noch größer werden.«*

Im einzelnen wurden folgende Anordnungen getroffen:
1. die Bildung sogenannter Aktionskomitees in jeder Ortsgruppe und Organisationsgliederung der NSDAP. Sie waren für die Durchführung des Boykotts verantwortlich.
2. der Boykott sei eine reine Abwehrmaßnahme; er richte sich ausschließlich gegen jüdische Geschäfte, jüdische Waren, jüdische Ärzte und jüdische Rechtsanwälte.
3. die Aktionskomitees haben die Aufgabe, durch Aufklärung und Propaganda den Boykott zu »popularisieren«.
4. zum Vorsitzenden des Zentralkomitees wurde Julius Streicher, der Herausgeber des »Stürmer« ernannt.
5. die Aktionskomitees überwachen »auf das schärfste« die Zeitungen. Beteiligen sich Zeitungen nicht oder nur beschränkt am Boykott, »so ist darauf zu sehen, daß sie aus jedem Haus, in dem Deutsche wohnen, augenblicklich entfernt werden. Kein deutscher Mann und kein deutsches Geschäft soll in solchen Zeitungen noch Annoncen aufgeben. Sie müssen der öffentlichen Verachtung verfallen, geschrieben für die jüdischen Rassegenossen, aber nicht für das deutsche Volk.«
6. die Aktionskomitees müssen in den Betrieben und bei den Arbeitern Aufklärungsarbeit leisten.
7. durch den Boykott müssen auch auf dem flachen Land die jüdischen Händler getroffen werden.
8. der Beginn des Boykotts wird auf Samstag, den 1. April, 10 Uhr festgelegt.
9. es soll eine relative Zahl für die Beschäftigung von Juden in allen Berufen festgesetzt werden, die ihrem prozentualen Anteil an der Gesamtbevölkerung entspricht.

10. Deutsche mit Auslandsverbindung sind angehalten, ihre Freunde und Ange-
    hörigen im Ausland darüber zu informieren, daß in Deutschland »Ruhe und
    Ordnung« herrschen und daß Deutschland »den Kampf gegen die jüdische
    Greuelhetze nur führt als reinen Abwehrkampf.«
11. der Boykott muß »in vollster Ruhe und größter Disziplin« verlaufen. Im
    übrigen gilt das Motto: »Krümmt auch weiterhin keinem Juden auch nur ein
    Haar.«[34]

Wer die These von den allmächtigen Machenschaften des internationalen Judentums akzeptierte, für den war es folgerichtig, die Juden in Deutschland dafür
zu bestrafen, daß auch die Juden im Ausland den Antisemitismus in Deutschland
zu kritisieren wagten. Hitler blieb mit diesem Aufruf seiner Taktik treu. Die ausländische Kritik sollte als das Werk des internationalen Judentums aufgefaßt werden, das sich gegen Deutschland verschworen hatte und nichts unversucht ließ,
diesem Land zu schaden. Und indem man als Beispiele für die ausländische Kritik
»zerstückelte Judenleichen«, »ausgestochene Augen« und »abgehackte Hände«
präsentierte, war es einfach, auf die Haltlosigkeit dieser Kritik, aber auch auf die
Bösartigkeit ihrer Produzenten hinzuweisen.

Nicht in allen Zeitungen wurde diesem Aufruf die gleiche Wichtigkeit eingeräumt. Während er im »Rheinischen Volksblatt« und der »Pfälzer Zeitung«, dem
»Rheinpfälzer« und dem »Pfälzer Tagblatt« auf der Titelseite erschien, informierte die »Neue Pfälzische Landeszeitung« ihre Leser erst auf Seite 2 über die Anordnungen der Reichsleitung der NSDAP. Bei der pfälzischen Zentrumszeitung stand
an diesem Tag die Kundgebung der Fuldaer Bischofskonferenz im Mittelpunkt ihrer Berichterstattung.

In allen anderen pfälzischen katholischen Tageszeitungen finden sich noch Berichte über Ausschreitungen gegen jüdische Einrichtungen und Geschäfte. So meldete das »Rheinische Volksblatt« eine »Spontane Gegenreaktion gegen die jüdische Auslandspropaganda in Göttingen«. »Der Rheinpfälzer« berichtete von ver-
einzelten Boykottaktionen in Gleiwitz, Glogau, Schwerin, Warthe, Eberswalde
und Augsburg. »In allen Fällen wurden die Inhaber von Warenhäusern, jüdischen
Geschäften und Rechtsanwaltsbüros aufgefordert, ihre Betriebe zu schließen und
den Angestellten das Geld im voraus zu bezahlen.«[35] Die »Pfälzer Zeitung« berichtete von »spontanen Aktionen« gegen Juden. In Mannheim wurden alle jüdischen Geschäfte zwangsweise geschlossen. In Göttingen zerschlug der Mob die
Fenster jüdischer Geschäfte. Auch in Essen, Duisburg und Bochum war es zu
Zwangsschließungen jüdischer Geschäfte gekommen.[36]

Donnerstag, 30. März 1933. Rechtfertigung und Solidarität:

In den beiden Speyerer Zeitungen finden sich an diesem Tag keine Berichte oder
Kommentare zu dem geplanten Judenboykott. »Der Rheinpfälzer« berichtete in
seiner Ausgabe über die Ministerbesprechung Hitlers am Vortage. Hitler rechtfer-
tigte in dieser Besprechung die Organisation des Boykotts damit, daß sonst die

112

spontane »Abwehr aus dem Volk heraus von Selbst gekommen wäre und (...) unerwünschte Formen angenommen hätte.« Der Boykott sei notwendig, da Telegramme aus London bestätigten, daß die Boykottforderungen in London weitergingen. Auch in New York tobe die »Hetze gegen Deutschland« weiter.

Der Kommentator des »Rheinpfälzer« solidarisierte sich mit den Abwehrmaßnahmen der Reichsregierung. Diese Solidarität schien verständlich, denn sie vollzog sich im Glauben an eine Wirklichkeit, die doch von der Reichsregierung, aber auch von den Medien, erst hergestellt worden war. In dem Kommentar heißt es dann auch, daß es genügend Beweise gäbe, daß die Vorwürfe der Auslandspresse von »Hunnenherrschaft«, »abgeschnittenen Ohren und Nasen« falsch seien. Die Aufklärungsarbeit der Regierung sei erfolgreich verlaufen. Deshalb habe man nun allen Grund zur Hoffnung, daß sich im Ausland rechtzeitig die Erkenntnis durchsetze, es sei besser, »von einer innerdeutschen Angelegenheit die Finger wegzulassen.«[37]

Auch das »Pfälzer Tagblatt« berichtete von der Ministerbesprechung Hitlers und der Fortdauer der ausländischen »Hetze«. Es zitierte den »Verein Deutscher Zeitungsverleger«, der sich der Meinung der Reichsregierung anschloß, »daß den Auswirkungen dieser Hetze, die erneut eine moralische Einkreisung unseres Landes herbeizuführen droht, mit allen uns zur Verfügung stehenden Mitteln entgegengetreten werden muß.«[38]

Die »Neue Pfälzische Landeszeitung« zog in ihrem Kommentar »Blick nach außen« ein Resumé der vergangenen Wochen. Deutschland, so heißt es, habe sich durch den Mund seines Kanzlers zu einer ehrlichen Friedens- und loyalen Verständigungspolitik bereit erklärt. War das Echo des Auslandes auf dieses Signal zunächst positiv gewesen, so sei diese ruhige Haltung bald einer »sehr verstimmenden Hetze gegen Deutschland« gewichen, »die zu einer sehr üblen Greuelpropaganda auswuchs.« Zwar habe die Reichsregierung das Ausland in umfassender Weise über die wahren Verhältnisse in Deutschland aufgeklärt, doch die »wahnsinnige Hetze« höre noch nicht auf. Der Kommentator der Zentrumszeitung ließ keinen Zweifel daran aufkommen, daß seine Zeitung wie das ganze deutsche Volk »in diesem nationalen Ringen« hinter der Reichsregierung stehe. »Wir wünschen, daß Adolf Hitler das nationale Befreiungswerk, das Heinrich Brüning (...) eingeleitet hat, erfolgreich weiterführt und glückhaft beendet. In diesem vaterländischen Ringen wollen wir Adolf Hitler tatkräftig und solidarisch unterstützen.« Diese Unterstützung war jedoch an Bedingungen geknüpft. Deutlich mahnte der Kommentator, nun auch im Innern Raum für Freiheit und Würde zu geben und die Worte der dritten Strophe des Deutschlandliedes endlich Wirklichkeit werden zu lassen: Einigkeit und Recht und Freiheit sind des Glückes Unterpfand.[39]

Freitag, 31. März 1933. Streicher organisiert den Boykott:

In allen pfälzischen Zeitungen wurden an diesem Tag Streichers 14-Punkte veröffentlicht, die die letzten Einzelheiten für den morgigen Boykott festhielten. Folgende Anordnungen mußten ausgeführt werden:

1. die Ernennung der Leiter der örtlichen Komitees durch die zuständigen Dienststellen der Parteiorganisation.
2. die Aktionskomitees stellen fest, welche Geschäfte, Warenhäuser, Kanzleien sich in jüdischen Händen befinden.
3. Bei dieser Feststellung interessiert einzig die Frage, welche Geschäfte, Warenhäuser usw. sich in »den Händen von Angehörigen der jüdischen Rasse befinden. Die Religion spielt keine Rolle. Katholisch oder protestantisch getaufte Geschäftsleute oder Dissidenten jüdischer Rasse sind im Sinne dieser Anordnung ebenfalls Juden.«
4. »Firmen, bei denen Juden nur finanziell beteiligt sind, fallen unter eine noch zu treffende Regelung.«
5. »Ist der Ehegatte einer nichtjüdischen Geschäftsinhaberin Jude, so gilt das Geschäft als jüdisch. Das gleiche gilt, wenn die Inhaberin Jüdin, der Ehegatte dagegen nicht Jude ist.«
6. Deutsche und ausländische Geschäfte fallen nicht unter den Boykott.
7. Die Aktionskomitees übergeben der SA und SS ein genaues Verzeichnis der zu boykottierenden Geschäfte.
8. Die SA- und SS-Wachen haben lediglich Aufklärungsarbeit zu leisten.
9. »Zur Kenntlichmachung jüdischer Geschäfte sind an deren Eingangstüren Plakate oder Tafeln mit gelber Schrift auf schwarzem Grund anzubringen.«
10. »Entlassungen von nichtjüdischen Angestellten und Arbeitern dürfen von den boykottierten jüdischen Geschäften nicht vorgenommen werden, Kündigungen nicht ausgesprochen werden, wenn solche schon erfolgt, so hat die NSDAP im Zusammenwirken mit der SA für ihre Rückgängigmachung Sorge zu tragen.«
11. In allen Orten sind am Freitagabend Massenkundgebungen und Demonstrationszüge zu veranstalten. In allen Großstädten sind Kundgebungen abzuhalten.
12. Bis Samstag vormittag 10 Uhr sind in allen Städten und Dörfern Plakate mit dem Boykottaufruf an allen Anschlagstellen anzubringen. Zur gleichen Zeit sollen Lastautos mit folgenden Transparenten durch die Straßen fahren: »Zur Abwehr der jüdischen Greuel- und Boykotthetze«; »Boykottiert alle jüdischen Geschäfte«; »Kauft nicht in jüdischen Warenhäusern«; »Geht nicht zu jüdischen Rechtsanwälten«; »Meidet jüdische Ärzte«; »Die Juden sind unser Unglück«.
13. »Zur Finanzierung der Abwehrbewegung organisieren die Komitees Sammlungen bei den deutschen Geschäftsleuten.«
14. Die Anordnungen der Reichsparteileitung der NSDAP vom 29. März 1933 bleiben davon unberührt.[40]

Neben diesen Anordnungen berichteten katholische Zeitungen über Gegenaktionen deutscher Verbände.[41] Der Vorstand der jüdischen Gemeinde in Berlin hatte sich telegraphisch bei den jüdischen Vereinen in Warschau, New York und London darüber beschwert, daß die »Greuel- und Boykottpropaganda« gegen Deutschland andauere, »angeblich teilweise auch seitens jüdischer Organisationen. Als Deutsche und als Juden müssen wir hiergegen entschieden Verwahrung einlegen.«[43]

Als sich Albert Einstein vom belgischen Badeort Le Coq aus kritisch zu den politischen Zuständen in Deutschland äußerte, warf ihm der Kommentator des »Rheinischen Volksblatt« und der »Pfälzer Zeitung« vor, sich damit »gegen Deutschland« zu stellen. »Einstein hat ungehindert in Deutschland forschen und schaffen können, hat sich ehren lassen wie kaum ein anderer Gelehrter in unserem Land. Aber das hindert ihn nicht, jetzt hetzerisch von deutscher 'Barbarei' zu sprechen und zu hoffen, daß eine Art Einigung gegen uns zustande kommt.«[43]

In seinem Kommentar »Der Kampf der Greuelpropaganda« vermutet das »Pfälzische Tagblatt« hinter der ausländischen Kritik tatsächlich einen »üblen geschäftlichen Wettbewerb. Sozialdemokratische und kommunistische Kreise hätten sich an dieser Hetze beteiligt; »Kulturbolschewisten«, diese Lügen produziert. Deshalb schlug das »Organ für christliche Kultur und Politik« statt eines Boykotts die Beschlagnahmung der Druckerzeugnisse dieser »Kulturbolschewisten« vor, da sie die eigentlichen Drahtzieher der antideutschen Hetze seien. »Das trifft z. Bsp. die Tucholski (sic!), die Kerr und Ludwig viel härter und schärfer als jener Generalverruf der jüdischen Geschäfte.« Daß der Boykott auch Juden treffen werde, die »mit der infamen Auslandshetze an sich nicht viel zu tun haben«, bedauerte der Kommentator, doch daran sei »letztendlich der Zentralverein deutscher Staatsbürger jüdischen Glaubens« schuld, da er sich in all den Wochen nicht eindeutig gegen die im Ausland entfachte »Boykotthetze« gewandt habe. Nachdem erwähnt wurde, daß sich auch der »Osservatore Romano« mit größtem Nachdruck an der »Entlarvung der Schauermärchen« beteiligt hatte, schloß der Kommentator mit der Aufforderung an das ganze deutsche Volk, sich jetzt »geschlossen hinter die Regierung zu stellen und sich an der Abwehr der niederträchtigen Hetze« zu beteiligen.[44]

Samstag, 1. April 1933. Der Boykott-Tag:

Nicht in allen pfälzischen katholischen Tageszeitungen stand der Boykott im Mittelpunkt der Berichterstattung. Die »Neue Pfälzische Landeszeitung« wie das »Rheinische Volksblatt« und die »Pfälzer Zeitung« konzentrierten sich auf das Gleichschaltungsgesetz vom 31. März 1933. In allen Zeitungen aber wurde über die Rede des Reichspropagandaministers Goebbels vom Vortag berichtet, in der er die Dauer des Boykotts auf den 1. April beschränkte, und zwar von 10 Uhr morgens bis in den Abend. Der Erfolg der Abwehrbewegung hätte es möglich gemacht, von der ursprünglichen Absicht, den Boykott ohne Pause bis Mittwoch andauern zu lassen, abzurücken. Falls bis Mittwoch die »Greuelhetze« aufhörte, würde der Boykott gestoppt. Falls die »Hetze« weitergehen sollte, würde eine neue Boykottfront entstehen und mit einer bisher nicht dagewesenen Wucht und Brutalität der »Greuelhetze« begegnen.[45]

In einem umfangreichen Kommentar nahmen die beiden katholischen Speyerer Tageszeitungen zu dem Boykott Stellung. Grundsätzlich war der Kommentator mit dieser Aktion einverstanden. Da der Boykott befristet sei, wäre die Befürchtung der »Neuen Züricher Zeitung«, Hitlers Werk würde durch den Antisemitismus seiner Anhänger gefährdet, gegenstandslos. Der Boykott wurde in diesem Kommentar als reine Abwehrmaßnahme definiert, die nichts mit Antisemitismus zu tun habe. Daß es in Deutschland eine antisemitistische Tendenz gäbe, bestritt der Kommentator überhaupt nicht. Die Ursache des Antisemitismus in Deutschland läge in der überproportionalen Beteiligung von Juden in Kultur, Wirtschaft und Politik. »Die Entartung in den Bezirken des Theaters, der Literatur und Kunst hat diesem Streben erst den starken Auftrieb gegeben, der sich heute entlädt und Leute wie Emil Ludwig und Einstein tragen das ihre dazu bei, den Kampf gegen zersetzende Einflüsse zu rechtfertigen, wobei gerechterweise festzustellen ist, daß bestimmte jüdische Kreise schon früher energisch von diesen Schädlingen abgerückt sind.« Der Kampf gegen »zersetzende Einflüsse«, gegen »diese Schädlinge« dürfe jedoch nicht mit unchristlichen Mitteln geführt werden und könne sich auch nicht mit einer rein kritischen Abwehr begnügen. Vielmehr müsse er sich selbst zu »wirklich schöpferischen Leistungen aufschwingen.« Daß diese Auflagen von den neuen Machthabern erfüllt würden, davon war der Kommentator überzeugt, weil — im Gegensatz zu Bismarck — die nationalsozialistische Regierung mit der Rede vom 23. März 1933 ihren Frieden mit der Kirche gemacht hatte. Diese Rede hätte den deutschen Bischöfen eine Haltung ermöglicht, »die eine wesentliche innenpolitische Entspannung bedeutet und dem Aufbau Deutschlands, dem sich die Katholiken noch nie entzogen haben, die Fülle der im deutschen Katholizismus aufgespeicherten positiven Kräfte zuführt.« Ausdrücklich wird in diesem Kommentar hervorgehoben, daß auch »die bisherigen offiziellen Kundgebungen des kommissarischen Kultusministers (...) auf Frieden und praktische Zusammenarbeit mit der Kirche hingeordnet« seien. Daß diese Kundgebungen einen antiliberalen und antirationalistischen Geist atmeten, wurde positiv bewertet, da sie »eben darum zahlreiche Ansätze und Anknüpfungspunkte für einen Vergleich mit der katholischen Kultur- und Erziehungsphilosophie« böten.[46]

Sonntag, 2. April 1933. Der »Christliche Pilger« berichtet:

An diesem Tag meldete sich der »Christliche Pilger« mit einem Bericht über den Judenboykott zu Wort. Wie die katholische Tagespresse in der Pfalz hatte auch das Sonntagsblatt der Diözese Speyer in seinen Kommentaren eindeutig Stellung gegen den Nationalsozialismus bezogen. Nach der programmatischen Rede Hitlers vom 23. März 1933 änderte das Wochenblatt seine kritische Einstellung insofern, als es jetzt der Regierung seine Mitarbeit bei der Lösung der innen- und außenpolitischen Probleme anbot. Das Ermächtigungsgesetz bewertete der »Christliche Pilger« positiv, da es »dem deutschen Katholizismus die Möglichkeit« einräumte, »auch unter den neuen Verhältnissen am Wohle des Ganzen in der Oeffentlichkeit mitzuarbeiten«. Grundsätzlich begrüßte man das kultur-politische Programm der Nationalsozialisten, vor allem aber dessen »scharfe Stellungnahme gegen den Kommunismus«.[47]

Unter der Überschrift »Greuelpropaganda« berichtete das Sonntagsblatt, daß von »radikaler jüdischer Seite« eine »Greuelpropaganda« gegen die neue Reichsregierung vom Ausland aus gestartet worden war, die an die Kriegshetze des letzten Weltkrieges erinnere. Gegen diese »Hetze«, die »auch von besonner jüdischer Seite in Deutschland nicht gebilligt wird«, werde die nationalsozialistische Bewegung die schärfsten gesetzmäßigen Maßnahmen ergreifen, »um damit die intellektuellen Urheber und Nutznießer dieser landesverräterischen Hetze, die in der Hauptsache von ehemals in Deutschland beheimateten Juden im Ausland betrieben wird, zu treffen.«[47]

Montag, 3. April 1933. Die Berichte über den Boykott-Tag:

In allen katholischen Tageszeitungen wurde gemeldet, daß der Boykott ruhig verlaufen sei. Viele jüdische Geschäfte hätten »freiwillig« geschlossen. Lediglich in Kiel sei es zu einem ernsten Zwischenfall gekommen.[48]

Auch in ausländischen Zeitungen, so meldete »Der Rheinpfälzer« wurde »objektiv« über den Boykott-Tag berichtet. Allein aus Polen und Frankreich wurden neue Angriffe gemeldet.[49]

Das »Rheinische Volksblatt« und die »Pfälzer Zeitung« berichteten in dem Artikel »Pause oder Ende?« von der Mitteilung des »Zentralkomitees zur Abwehr der jüdischen Greuel- und Boykotthetze«, wonach auf Anordnung der Reichspartei der Boykott bis Mittwoch ausgesetzt sei. Gegenüber einem Vertreter der Nationalsozialistischen Parteikorrespondenz erklärte der Vorsitzende des Zentralkomitees, Julius Streicher, er glaube nicht, daß eine Wiederaufnahme der Boykottaktion notwendig sei, da die Meldungen aus dem Ausland jetzt positiver seien.[50]

Daß die Aktion vom 1. April 1933 kein Abschluß, sondern der Beginn einer gegen die Juden in Deutschland gerichteten Politik war, konnte der aufmerksame Leser aus den Meldungen in den katholischen Tageszeitungen unschwer entnehmen. So las man im »Rheinischen Volksblatt« und in der »Pfälzer Zeitung« unter der Rubrik »Aus Bayern«, daß »zur Aufrechterhaltung von Ruhe und Ordnung« mit Wirkung vom 1. April 1933 »sämtliche jüdische Richter und Staatsanwälte bis auf weiteres« beurlaubt seien. Weiter sei es jüdischen Rechtsanwälten verboten, ein Gerichtsgebäude zu betreten, und alle Notare und Notariatsverweser mußten sich ab jenem Tag der Vornahme von Amtsgeschäften »bis auf weiteres« enthalten.[51] Das Reichsgesetz zur »Wiederherstellung des Berufsbeamtentums« vom 7. April 1933 legalisierte diese antisemitischen Maßnahmen in staatlicher und kommunaler Verwaltung nachträglich und schuf die Möglichkeit, politisch »unzuverlässige Elemente« und israelitische Beamte von ihrem Beruf auszuschließen.

Dienstag, 4. April 1933.
Die Kritik der »Neuen Pfälzischen Landeszeitung«:

Gegenüber dem Vortag gingen die Berichte über den Boykott spürbar zurück. In dem Artikel »Gegen die Greuelpropaganda« veröffentlichte »Der Rheinpfälzer«

eine Liste von Verbänden, die sich einer Aufklärungsarbeit über die »wahren politischen Verhältnisse« in Deutschland widmen wollten. Daß darunter auch jüdische Verbände waren, wurde besonders hervorgehoben. »Unter der Führung des Verbandes nationaldeutscher Juden und unter Mitwirkung des Reichsbundes jüdischer Frontsoldaten sowie einer Reihe jüdischer Jugendorganisationen hat sich ferner ein 'Aktionsausschuß jüdischer Deutscher' gebildet, der eine großzügige Aufklärungsarbeit in Angriff nehmen will, um der Hetze gegen Deutschland ein vollständiges Ende zu bereiten.«[52]

Die »Neue Pfälzische Landeszeitung« kritisierte an diesem Tag die Boykottaktion der NSDAP, indem sie kritische Passagen ausländischer Zeitungen zitierte. In dem Kommentar »Boykott und Außenpolitik« ging die Ludwigshafener Zentrumszeitung von der Annahme aus, daß der Boykott am Mittwoch nicht mehr aufgenommen zu werden brauche, da es durch die Aktion vom Samstag gelungen sei, »der Greuelhetze einen starken Damm entgegenzusetzen.« Hinzu käme, so führte der Kommentator aus, daß die ausländische Presse ihre Taktik geändert habe und nun »ganz allgemein Kritik an der 'antijüdischen Politik' in Deutschland« übe. In diesem Zusammenhang wurde die »Times« zitiert, die zur deutschen Reaktion bemerkt hatte, »daß der Antisemitismus schon lange Programmpunkt der Nationalsozialistischen Partei sei. Unter diesen Umständen brauchten die Führer der Nationalsozialisten sich nicht darüber zu wundern, wenn Juden in anderen Ländern ihre Drohungen und ihr Programm ernst nähmen.« Und dann zitierte die »Neue Pfälzische Landeszeitung« auch den konservativen »Daily Telegraph«, der die Befürchtung aussprach, daß der Tag kommen werde, »an dem das deutsche Volk wünsche, daß diese Dinge aus seiner Geschichte verschwinden«. Als besonders bedeutend wertete der Kommentator der »Neuen Pfälzischen Landeszeitung« die Ausführungen der »Deutschen Allgemeinen Zeitung«, die der deutschen Außenpolitik eine andere Richtung empfiehlt, da die »Welthetze gegen Deutschland« von den antideutschen Ausfällen jüdischer Auslandskreise einmal abgesehen, »auch politische und wirtschaftliche Gründe« hätte, »die mit der Judenfrage wenig zu tun haben.«[53]

Mittwoch, 5. April 1933. Das Boykottende:

In allen katholischen Zeitungen der Pfalz stand eine kurze Meldung zu lesen, die über das Ende des Boykotts informierte. Der Wortlaut war in fast allen Zeitungen der gleiche. Überall wurde noch einmal der Erfolg des Boykotts betont. Die »Greuelpropaganda« sei zum Stillstand gekommen. Zwar gäbe es noch vereinzelt »kleinere Ueberbleibsel«, doch die Regierung vertrete den Standpunkt, daß es keinen Zweck habe, gegen diese Restkritik vorzugehen, da sie ihren Ursprung im Kommunismus habe.[54]

Donnerstag, 6. April 1933. Zwei Bilanzen:

Im »Rheinpfälzer«, dem »Rheinischen Volksblatt«, der »Pfälzer Zeitung« und dem »Pfälzer Tagblatt« erschien unter diesem Datum ein Kommentar über die Ereignisse der letzten Tage. Der Kommentator preist Hitler als Erneuerer des Reiches. Sollte Hitler scheitern, wäre dies das »schwerste Unglück«, das Deutschland treffen könnte. »Nichts wäre wahnsinniger als eine politische Spekulation auf ein Scheitern der Aufgabe«. Bei der Erneuerung des Reiches seien alle positiven Kräfte zur Mitarbeit aufgerufen. Gerade der politische Katholizismus dürfe jetzt nicht abseits stehen, da alles darauf hindeute, daß der neue Staat christlicher zu werden scheine als es die Weimarer Republik jemals gewesen war. Mit dem Christentum, das immer ein Geist der Bejahung war, könne diese Erneuerung gelingen. Jetzt sei mehr gefragt als Loyalität zum neuen Staat. Aktive Mitarbeit werde verlangt. Diesem Ruf werde sich der politische Katholizismus nicht verschließen. »Nicht aus Taktik, nein aus ehrlicher Überzeugung müssen und werden wir die Regierung nicht bloß tolerieren, sondern unterstützen, soweit es mit unserer Grundeinstellung vereinbar ist.«[55]

Signalisierten die pfälzischen BVP-Zeitungen mit ihrem Kommentar, daß sie nun zusammen mit der Reichsregierung am Aufbau des neuen Staates mitarbeiten wollten, so distanzierte sich die »Neue Pfälzische Landeszeitung« mit ihrem Kommentar »Falscher Internationalismus — Ungerechter Nationalismus« von der Politik der Reichsregierung. Auch hier verbarg der Kommentator seine Kritik hinter einem Aufsatz einer ausländischen Zeitung, diesmal des »Osservatore Romano«, dessen Leitgedanken er zitierte. »Einer der Gründe, die die Fortdauer der gegenwärtigen kritischen Lage bewirken und verstärken, besteht also in dem übertriebenen und ungerechtfertigten Nationalismus. Nach den ausdrücklichen Worten des Heiligen Vaters gibt es nichts, was der wahren Brüderlichkeit der Menschen und der Völker mehr widerspricht, als diese Erscheinung.«[56]

Am 5. April 1933 endeten die Berichte und Kommentare der katholischen Tageszeitungen zu dem Boykott vom 1. April 1933. Im »Christlichen Pilger« folgte am 9. April 1933 ein Kurzbericht über den Boykott. Wie in den katholischen Tageszeitungen hob man auch hierin hervor, daß der Boykott befristet war und ruhig verlief. In Deutschland sei eine geschlossene Abwehrfront gegen die ausländische Propaganda errichtet worden. Auch die deutschen Bischöfe seien in »klarer und überzeugender Weise (...) der im Ausland getätigten Hetzpropaganda gegen Deutschland« entgegen getreten.[57]

Vierzehn Tage später erschien ein letzter Kommentar zur Boykottaktion im »Christlichen Pilger«. Der Satz, der diesen Kommentar einleitete, verwirrt, denn er zeigt, wie sehr den Bischöfen der oberrheinischen Kirchenprovinzen daran gelegen war, ihr Nationalgefühl und ihre Verbundenheit mit der Volksgemeinschaft zu demonstrieren: »Verwachsen mit dem deutschen Volke durch Sprache und Blut und ergraut in jahrzehntelanger Arbeit im Volk und für das Volk ...« Der Kommentar bedauerte die Angriffe, die vom Ausland »gegen unser Volk verleumderischerweise« erhoben wurden, doch er endete mit einer deutlichen Kritik an den politischen Zuständen im Reich, vor allem an dem neuen Gesetz zur »Wiederherstellung des Berufsbeamtentums« vom 7. April 1933. So wie die Angriffe des Auslandes »bedauert« werden, so »bedauerten« die Bischöfe alles, »was das Ansehen unseres Volkes und Vaterlandes vermindert und im eigenen Volk und bei den benachbarten Völkern den Schein der Härte und Ungerechtigkeit erweckt« hatte. Ausdrücklich bezogen sich die Bischöfe in ihrer Kritik auf die »sich leider mehrende(n) Beseitigung treuer Staatsbürger und verdienter arbeitswilliger Männer aus ihren bisherigen Aemtern«.[58]

IV. Zusammenfassung und Fazit:

Nach der Ausschaltung der kommunistischen und dann der sozialdemokratischen Presse in der Pfalz bildeten die katholischen Zeitungen die stärkste Opposition zur neuen Reichsregierung. Ende März 1933 hatten die Nationalsozialisten diese Opposition durch Gewalt und Versprechungen unterdrückt und verunsichert. Vom deutschen Klerus erhielt sie in dieser schwierigen Lage keine Hilfe. Im Gegenteil: Die Erklärung der deutschen Bischöfe vom 28. März 1933, das in ihr festgeschriebene Primat der kulturpolitischen und seelsorgerischen Stellung der Kirche vor der einer politischen Parteiorganisation und die Aufhebung der »allgemeinen Verbote und Warnungen«, nahm einer wirksamen Opposition katholischer Kräfte jeden Halt.

Im Ausland war die Übertragung der Regierungsgewalt auf Hitler und seine rechtskonservativen Partner mit Skepsis aufgenommen worden. Man war irritiert, aber nicht wirklich beunruhigt.[59] Als sich jedoch im Februar und März 1933 der Terror der Regierungspartei verstärkte und es offenkundig wurde, daß Hitler auch als Reichskanzler die Welt in den Begriffen der Rasse, des Kampfes und des Führertums sah, nahmen die Besorgnis und Kritik des Auslandes zu, und zwar in dem Maße, wie sich in Deutschland der Freiraum für Kritik an der Politik der Reichsregierung verringerte. Der Reichsregierung machte die ausländische Kritik »viel zu schaffen«, wie Goebbels in seinem Tagebuch vermerkte, und zunächst schien es, als wolle sie mit einer gezielten Propagandaaktion dieser Kritik begegnen. Es war Hitlers Entschluß, auf diese Kritik mit einem großangelegten Boykott jüdischer Geschäfte und der Diskriminierung jüdischer Bürger zu antworten. Der Zeitpunkt war günstig. An autoritäre Lösungen gewöhnt, verführt von Hitlers Verheißungen waren viele bürgerliche Kräfte bis Ende März 1933 dazu bereit, Hitlers Revolution zu akzeptieren und aktiv am Aufbau des neuen Reiches mitzuhelfen. Sie sahen über die gewalttätigen Begleitumstände der »nationalen Revolution« hinweg und glaubten daran, ihre Mitarbeit könne dafür sorgen, »daß die jetzt einsetzende Etappe der neuen Revolution eine ernsthaft konstruktive wird.«[60]

Als die Leser der katholischen Presse in der Pfalz am 27. März 1933 ihre Zeitungen aufschlugen, mußten sie den Eindruck haben, daß Amerika, England und Frankreich, die Siegermächte des Ersten Weltkrieges, das Ziel hatten, Deutschland mit einer riesigen Propagandaschlacht und wirtschaftlichen Sanktionen in die Isolation zu treiben. Wie konnte dieser Eindruck entstehen?

Es war ganz einfach. Die Zeitungen vermittelten eine andere Wirklichkeit. Aus den Informationen der nationalsozialistischen Parteikorrespondenz, der beiden großen Nachrichtenagenturen (Telegraphen-Union und Wolffsches Telegraphenbüro) und den Stellungnahmen der Reichsminister war eine zweite Wirklichkeit entstanden — eine Wirklichkeit, die aggressiv und bedrohlich wirkte. Was die ausländische Presse kritisierte, vor allem aber — wie sie diese Kritik vorbrachte, das erfuhren die Leser dieser pfälzischen Zeitungen nicht. Sie wurden nur mit Zitatbrocken konfrontiert, die extreme und unglaubhafte Vorwürfe bargen.

So fiel es auch der katholischen Presse in der Pfalz nicht schwer, jetzt ihre Solidarität mit der Reichsregieruneg unter Beweis zu stellen. Der Vorwurf »Hunnenherrschaft« mobilisierte das Nationalgefühl aller Deutschen, und die Erinnerung an die ausländische Weltkriegspropaganda tat ein übriges. Und schrieben nicht, protestierten nicht viele jüdische Vereine und Organisationen selbst gegen die ausländische »Greuelpropaganda«? Noch zwei Tage vor dem Judenboykott stand im »Rheinpfälzer« zu lesen: »Die Deutschen Juden lehnen es ab, sich von Leuten schützen zu lassen, die nicht nur ihre mangelnde Kenntnis der Lage Deutschlands durch Hetze ausgleichen, sondern auch überhaupt mit der Wirklichkeit auf gespanntem Fuß zu stehen scheinen.«[61] Belegte dies nicht — so fragten sich wohl die Kommentatoren und Leser — daß die Vorwürfe falsch waren, daß nicht humanitäre, sondern handfeste wirtschaftliche Gründe, vielleicht deutschfeindliche Gefühle hinter dieser ganzen ausländischen Presse standen?

War die Empörung der katholischen Zeitungen über die ausländische »Greuel- und Boykotthetze« auch groß — Begeisterung über die Maßnahmen der Reichsregierung war nirgends zu verspüren. Doch man nahm sie hin, tröstete sich damit, daß sie begrenzt seien und hoffte, daß die Aktion friedlich verlaufen würde. Allein die »Neue Pfälzische Landeszeitung« wagte es, sich von den antisemitischen Sanktionen der Reichsregierung zu distanzieren, indem sie kritische Passagen in- und ausländischer Zeitungen abdruckte — eine Methode, die von der großen »Frankfurter Zeitung« zur Perfektion entwickelt wurde. Damit zeigten beide Zeitungen, daß es damals — trotz der Drohungen der NSDAP-Reichsleitung — möglich war, die Gedanken der Leser aus der Atmosphäre der Greuelhetze und des Abwehrboykotts herauszureißen.[62] Vorausetzung war natürlich, daß die Redakteure sich ihre demokratische Gesinnung bewahrt hatten und der nationalsozialistischen Propagandamaschinerie mit der nötigen Skepsis begegneten. Beide Qualitäten ließen die der Bayerischen Volkspartei nahestehenden pfälzischen Zeitungen vermissen. Hinzu kam, daß ihre Redakteure bisweilen eine erschreckende Naivität zeigten. So erschien im »Rheinischen Volksblatt« am 1. April 1933 ein Artikel (»Der größte Justizmord aller Zeiten«), in dem pauschal »den Juden« die Schuld am Tode Jesu gegeben wurde.[63] Am 12. Mai 1933 zitierte die gleiche Zeitung einen Artikel Professor Joseph Mayers, eines »katholischen Fachmannes« aus Paderborn, der zur völkerrechtlichen Rassepolitik aus der Sicht der katholischen Morallehre Stellung nahm. Ausdrücklich billigte Mayer hierin die »Eheverbote im Sinne der Verhinderung von Verbindung germanischen Blutes mit fremden Rassen« und das Verbot »rasseschädlicher Verlöbnisse«. »Selbst gegen die Bestrafung unehelichen Verkehrs oder unehelicher

Schwängerung durch rassefremde oder verbrecherischer Elemente wird der Katholik aus Gewissensgründen keinerlei Widerstand entgegensetzen müssen.« Ausgeschlossen war für Mayer die Anerkennung eines Zwangssterilisationsgesetzes, doch auch hier ließ er eine Ausnahme zu, nämlich »eine Sterilisation bzw. Kastration als Körperstrafe für begangene Sexualverbrechen« und »zu dem Zwecke, künftigen Vergehen solcher Schuldiggewordenen vorzubeugen.« Das Resumé Mayers stand ganz in der neuen, der »toleranten« Haltung des politischen Katholizismus in Deutschland: »Stehen wir also einem Rasseschutzgesetz wegen mancherlei etwaiger Begleiterscheinungen auch mit Vorsicht und Zurückhaltung gegenüber, so werden wir doch die natürliche Unterlage zu einem Wiederaufstieg zu deutscher Kultur, Ehre und sozialer Verantwortung gerade als Katholiken hoffnungsfroh begrüßen.«[64]

Der deutsche Episkopat konnte sich nicht zu einer offiziellen Intervention zugunsten der verfolgten deutschen Juden entschließen. Kirchenpolitische und politische Bedenken hielten ihn davon ab. Der Episkopat sah in der Schulfrage, der Vereinsfrage und dem Problem der Sterilisierung weit wichtigere Gegenwartfragen. Außerdem glaubte er, daß ein Protest jetzt, da man den Antisemitismus im Rückgang glaubte, die Situation nur verschlimmern und der Regierung einen Grund geben könnte, »die Judenhetze in eine Jesuitenhetze umzubiegen«. Dieses Schweigen war innerhalb des deutschen Klerus umstritten. So sprach sich der Freiburger Erzbischof Gröber dafür aus, nun Engagement für »schuldlose und konvertierte Juden« zu zeigen. Viele Pfarrer und Laien versuchten ihre Bischöfe und Erzbischöfe in Bittbriefen davon zu überzeugen, daß die Kirche gerade jetzt mutig gegen den staatlichen Antisemitismus Stellung beziehen müsse. Stellvertretend für all diese Mahner und Warner sei der Berliner Studentenpfarrer, der Dominikaner Franziskus Stratmann, genannt, der den Münchener Kardinal Faulhaber in einem Brief vor bequemem Opportunismus warnte und mutiges Bekennen forderte.[65]

Doch weder der deutsche Klerus noch die katholische Presse entschieden sich für diesen Weg. Solidarität zur Reichsregierung, deren Repressionen man gleichzeitig fürchten mußte, waren stärker als Wachsamkeit und Mut zu kritischem Einsatz. Man nahm die Politik der Reichsregierung in Kauf und tröstete sich mit der Hoffnung, daß die antisemitischen Aktionen nur eine bedauernswerte Begleiterscheinung der »nationalen Revolution« seien, die bald wieder verschwänden. Das war ein Irrtum. Antisemitismus und Terror verschwanden nicht mehr; sie prägten das Gesicht des Dritten Reiches. Und was an einem Samstag im April 1933 begann, endete im Holocaust — in der Shoah, wie die Juden sagen.

Anmerkungen

1 Die Angaben zur Auflagenhöhe dieser Zeitungen sind entnommen: Sperlings Zeitschriften- und Zeitungsadreßbuch. Handbuch der deutschen Presse. 58. Ausgabe Leipzig 1933. Zu dem »Pfälzer Tagblatt« fand sich für das Jahr 1933 keine Auflagenangabe. Vgl. auch: Prantl, Helmut: Die kirchliche Lage in Bayern nach den Regierungspräsidentenberichten 1933-1943 Bd. V, Regierungsbezirk Pfalz 1933-1940. Mainz 1970, S. 3 und S. 4.

2 Vgl. Neubauer, Helmut: Die Stellung des »Christlichen Pilger« zum Nationalsozialismus von 1930-1935. In: Archiv für mittelrheinische Kirchengeschichte 25. Jg. (1975), S. 107f.

3 Bis zu diesem Zeitpunkt — am 23. Oktober 1941 war ein Auswanderungsverbot für Juden ergangen — hatten ca. 235.000 Juden das Deutsche Reich verlassen. Vgl. Thamer, Hans-Ulrich: Verführung und Gewalt. Deutschland 1933-1945. Berlin 1986, S. 454.

4 Die Notverordnung vom 4. Februar 1933, eine »Schubladenverordnung« der Vorgängerregierungen Papen und Schleicher, erlaubte der Regierung für bestimmte Fälle Zeitungs- und Versammlungsverbote. Vgl. Broszat, Martin: Der Staat Hitlers. Grundlegung und Entwicklung seiner inneren Verfassung. München 1975 (1969), S. 88.
   Die Notverordnung vom 6. Februar (»Zur Herstellung geordneter Regierungsverhältnisse in Preußen«) übertrug alle der Regierung Braun (SPD) noch verbliebenen Befugnisse auf den Reichskommissar. Vgl. Broszat, Martin: a.a.O., S. 90.
   Die »Verordnung des Reichspräsidenten zum Schutz von Volk und Staat« vom 28. Februar 1933 setzte alle Grundrechte der Weimarer Verfassung bis auf weiteres außer Kraft. Außerdem ermächtigte sie die Reichsregierung, in die Souveränität der Länder einzugreifen. Vgl. Broszat, Martin: a.a.O., S. 101.

5 Vgl. Domröse, Ortwin: Der NS-Staat in Bayern vor der Machtergreifung bis zum Röhm-Putsch. Neue Schriftenreihe des Stadtarchivs München, Heft 47. München 1974, S. 49.

6 Erst durch das Zusammengehen mit der »Kampffront Schwarz-Weiß-Rot« erreichte die NSDAP im Reich 51,8% der Stimmen. Vgl. Thamer, Hans Ulrich: a.a.O., S. 156f.

7 Vgl. Broszat, Martin: a.a.O., S. 95.

8 Vgl. Ders.: a.a.O., S. 109.

9 Vgl. Ziegler, Hannes: Die Berichterstattung und Kommentierung des »Rheinischen Volksblatt« und »Christlichen Pilger« vom Januar 1933 bis Juli 1933. In: Archiv für Mittelrheinische Kirchengeschichte, 39. Jg (1987), S. 203-247.

10 Vgl. »Neue Pfälzische Landeszeitung« vom 6. März 1933. Nr. 58 und vom 9. März 1933 Nr. 58. Vgl. auch »Der Rheinpfälzer« vom 9. März 1933. Nr. 57. Hier der Bericht über die Schließung jüdischer Geschäfte im Ruhrgebiet. (»An den Toren und Eingängen zahlreicher jüdischer Geschäfte, dem Karstadt-Warenhaus, Althoff, auf dem eine Hakenkreuzfahne weht, den Epa- und Woolworth-Einheitspreisgeschäften hatten sich große Menschenmengen angesammelt. Starke SA-Posten verhinderten mit dem Hinweis: 'Deutsche kauft in deutschen Geschäften' ein Betreten der Geschäftshäuser.«) Vgl. auch den Kommentar »Lethargie« im »Rheinischen Volksblatt« und der »Pfälzer Zeitung« vom 9. März 1933. Nr. 58, wo Kritik an der Regierungsabsetzung in Baden und dem Antisemitismus der neuen, kommissarischen Regierung geübt wird.

11 Domröse, Ortwin: a.a.O., S. 84.

12 Vgl. »Neue Pfälzische Landeszeitung« vom 14. März 1933. Nr. 59.

13 Vgl. »Rheinisches Volksblatt« vom 14. März 1933. Nr. 60.

14 Vgl. LA Sp H 45 Nr. 1466, Schreiben vom 17. März 1933. Das Verbot wurde am 21. März 1933 um 14 Tage verlängert, »weil zu befürchten stand, daß das Wiedererscheinen dieser Zeitungen an einzelnen Orten zu Erregung führen könnte.« Vgl. »Der Rheinpfälzer« vom 21. März 1933. Nr. 68.

15 LA Sp H 45 Nr. 1466, Schreiben vom 17. März 1933.

16 Vgl. Ziegler, Hannes: Die Berichterstattung und Kommentierung ... a.a.O., S. 222ff.

17 Beide Zeitungen berichteten weiter über den täglichen Terror. In der Ausgabe des »Rheinpfälzer« vom 11. März 1933 erfuhren die Leser, daß linksstehenden Beamten in Kaiserslautern der Einlaß zu ihren Arbeitsräumen durch die SA verboten wurde. Am 14. März 1933 konnten die Landauer in dieser Zeitung lesen, daß in Ludwigshafen alle SPD-Stadtratsmitglieder in Schutzhaft genommen worden waren und daß das Verlagsgebäude

der »Pfälzischen Freien Presse« (SPD) durch den Mob zerstört worden war. In dem Kommentar »Unsere Treue« ging die »Neue Pfälzische Landeszeitung« (Ausgabe vom 17. März 1933. Nr. 63) auf Distanz zur neuen Reichsregierung.

18 Vgl. Ziegler, Hannes: Die Berichterstattung und Kommentierung ... a.a.O., S. 230ff.

19 Vgl. »Der Rheinpfälzer« vom 21. März 1933. Nr. 68.

20 Vgl. »Der Rheinpfälzer« vom 23. März 1933. Nr. 70 sowie Rothenberger, Karl-Heinz: Die nationalsozialistische Machtübernahme in der Südpfalz. In: Zeitschrift für die Geschichte des Oberrheins; 132. Bd (93. Bd. neue Folge). Stuttgart 1984, S. 325.

21 Vgl. »Neue Pfälzische Landeszeitung« vom 25. März 1933. Nr. 70.

22 Vgl. ebenda.

23 Vgl. AB Sp BA A-XV-11, Schreiben des Münchner Kardinals Faulhaber an den Speyerer Bischof Sebastian vom 24. März 1933.

24 Vgl. Lewy, Guenter: Die katholische Kirche und das Dritte Reich. München 1956, S. 54. Wichtig ist in diesem Zusammenhang, daß die Erklärung der deutschen Bischöfe bei den meisten Deutschen als Zustimmung der Kirche zum Nationalsozialismus verstanden wurde. Vgl. hierzu den Artikel »Kirche und Nationalsozialismus« in der »Neuen Pfälzischen Landeszeitung« vom 29. März 1933. Nr. 73.

25 Zitat bei Scholder, Klaus: Die Kirchen und das Dritte Reich. Bd. 1: Vorgeschichte und Zeit der Illusionen 1918-1934. Frankfurt 1977, S. 331.

26 Zitat bei Scholder, Klaus: a.a.O., S. 335.

27 »Pfälzer Tagblatt« vom 27. März 1933. Nr. 73.

28 »Der Rheinpfälzer« vom 27. März 1933. Nr. 73. Vgl. auch die Berichte über die Kritik jüdischer Verbände in der »Neuen Pfälzischen Landeszeitung« vom 27. März 1933. Nr. 71.

29 Vgl. »Rheinisches Volksblatt« und »Pfälzer Zeitung« vom 27. März 1933. Nr. 71.

30 »Der Rheinpfälzer« vom 28. März 1933. Nr. 74.

31 Vgl. »Rheinisches Volksblatt« und »Pfälzer Zeitung« vom 28. März 1933. Nr. 72.

32 Vgl. »Pfälzer Tagblatt« vom 28. März 1933. Nr. 73. Auch das »Pfälzer Tagblatt« informierte seine Leser über die Absicht der NSDAP, Maßnahmen gegen die »jüdische Greuel-und Boykotthetze« zu ergreifen.

33 Vgl. Scholder, Klaus: a.a.O., S. 335.

34 Vgl. »Rheinisches Volksblatt« vom 29. März 1933. Nr. 73.

35 »Der Rheinpfälzer« vom 29. März 1933. Nr. 75. In Ludigshafen begann der reichsweite »Abwehrboykott« schon am 28. März 1933 und richtete sich auch gegen nichtjüdische Warenhäuser. Vgl. Meinzer, Lothar: Stationen und Strukturen der nationalsozialistischen Machtergreifung: Ludwigshafen am Rhein und die Pfalz in den ersten Jahren des Dritten Reiches. Ludwigshafen 1983, S. 140. Diese Aktionen dauerten in Ludwigshafen auch nach dem 1. April 1933 noch an. Vgl. Meinzer, Lothar: a.a.O., S. 251.

36 Vgl. »Pfälzer Zeitung« vom 29. März 1933. Nr. 73.

37 Vgl. »Der Rheinpfälzer« vom 30. März 1933. Nr. 76.

38 Vgl. »Pfälzer Tagblatt« vom 30. März 1933. Nr. 76.

39 Vgl. »Neue Pfälzische Landeszeitung« vom 30. März 1933. Nr. 74.

40 Vgl. »Rheinisches Volksblatt« vom 31. März 1933. Nr. 75.

41 Vgl. »Der Rheinpfälzer« vom 31. März 1933. Nr. 77. An der »Aufklärungsaktion« über die »wahre Lage« in Deutschland beteiligten sich: der Marinekonzern, die Deutsche Buchgemeinschaft, die Bausparkasse, die Gemeinschaft der Freunde Wüstenrot-Ludwigsburg, der Edeka-Verband und die Deutsche Wasserstraßen-Gewerkschaft.

42 »Pfälzer Zeitung« vom 31. März 1933. Nr. 75.

43 Ebenda.

44 Vgl. »Pfälzer Tagblatt« vom 31. März 1933. Nr. 77.

45 Vgl. »Der Rheinpfälzer« vom 1. April 1933. Nr. 78 sowie die »Neue Pfälzische Landeszeitung« vom 1. April 1933. Nr. 76.

46 Vgl. »Rheinisches Volksblatt« vom 1. April 1933. Nr. 76.

47 Vgl. »Christlicher Pilger« vom 2. April 1933. Nr. 14, S. 331.

48 Vgl. den Bericht im »Rheinpfälzer« vom 3. April 1933. Nr. 79.

49 Vgl. ebenda. Aus Amerika wurde die Reutermeldung zitiert: »Entsprechend den Wünschen des amerikanischen Staatsdepartements und der führenden Kongreßmitglieder haben die amerikanischen Juden sich zum Stillschweigen gegenüber der Lage der Juden in Deutschland entschlossen.«

50 Vgl. »Rheinisches Volksblatt« vom 3. April 1933. Nr. 77.

51 Vgl. ebenda.

52 »Der Rheinpfälzer« vom 4. April 1933. Nr. 80.

53 Vgl. »Neue Pfälzische Landeszeitung« vom 4. April 1933. Nr. 80. Das »Rheinische Volksblatt« zitierte eine Meldung der »Temps«, wonach der Kardinalerzbischof von Paris, Verdier, dem Großrabbiner Israel Lewy, ein Schreiben hatte zukommen lassen, in dem dieser gegen die Judenverfolgung in Deutschland protestierte.

54 Vgl. »Der Rheinpfälzer« vom 5. April 1933. Nr. 81.

55 »Rheinisches Volksblatt« vom 6. April 1933. Nr. 80 (»Geist der Bejahung«).

56 »Neue Pfälzische Landeszeitung« vom 6. April 1933. Nr. 81.

57 Vgl. »Christlicher Pilger« vom 9. April 1933. Nr. 15.

58 Vgl. »Christlicher Pilger« vom 23. April 1933. Nr. 17.

59 Vgl. Thamer, Hans-Ulrich: a.a.O., S. 15.

60 Vgl. Ders.: a.a.O., S. 280. Das Zitat stammt von Ernst Freiherr von Weizsäcker, dem deutschen Gesandten in Oslo.

61 »Der Rheinpfälzer« vom 30. März 1933. Nr. 76.

62 Vgl. hierzu die Ausführungen Gillessens. (Gillessen, Günther: Auf verlorenem Posten. Die Frankfurter Zeitung im Dritten Reich. Berlin 1983, S. 120ff.) Eine Durchsicht des Leitartikel Rudolf Kirchers, des letzten Chefredakteurs der »Frankfurter Zeitung«, macht deutlich, was Redakteure im April 1933 noch schreiben und wie sie ihre Distanz zum Regime bewahren konnten.

63 Vgl. »Rheinisches Volksblatt« vom 1. April 1933. Nr. 76.

64 »Rheinisches Volksblatt« vom 12. Mai 1933. Nr. 108.

65 Vgl. Scholder, Klaus: a.a.O., S. 344f. Zum Einfluß des Klerus auf die Einstellung der Bevölkerung zur »Judenfrage« vgl. Kershaw, Ian: Antisemitismus und Volksmeinung. Reaktion auf die Judenverfolgung. In: Bayern in der NS-Zeit. 2. Herrschaft und Gesellschaft im Konflikt. Teil A. Hrsg. von Martin Broszat und Elke Fröhlich. München 1979, S. 309ff.

Walter Mannweiler

Hans L. Reichrath:

Walter G. Mannweiler
(1901 - 1960)

Versuch des Gedenkens an einen ehemaligen Pfarrer der Pfälzischen Landeskirche, der als »Nichtarier« seine Heimat verlassen mußte.

Walter Mannweiler war bei Beginn der nationalsozialistischen Herrschaft 1933 der einzige Pfarrer unserer Pfälzischen Landeskirche, der — wäre er nicht rechtzeitig emigriert — hätte befürchten müssen, Schwierigkeiten zu bekommen, weil er, wie es im Gesetz zur Wiederherstellung des Berufsbeamtentums vom 7.4.1933 hieß, »nichtarischer Abstammung« war, jedenfalls nicht »rein arisch« im Sinne der damaligen Rassenideologie. Obgleich erst die 1. VO zum Reichsbürgergesetz am 14.11.1935 den Begriff »Jude« näher bestimmte und Mannweiler davon nicht erfaßt worden wäre (gefordert war u.a. die Abstammung »von mindestens drei der Rasse nach volljüdischen Großeltern«), so war doch die offenkundige Entwicklung schon der ersten Zeit dazu angetan, Schlimmstes befürchten zu lassen, zumindest die Unwägbarkeiten als so groß erscheinen zu lassen, daß es den Gedanken an eine Auswanderung bedrängend werden ließ.

Schon das Parteiprogramm der NSDAP von 1920 bestimmte, daß Volksgenosse nur sein kann, »wer deutschen Blutes ist ohne Rücksicht auf Konfession. Kein Jude kann daher Volksgenosse sein.«

Am 13.3.1930 hatte die NSDAP-Reichstagsfraktion eine Gesetzesinitiative eingebracht, nach deren Paragraph 5 »wegen Rassenverrats mit Zuchthaus bestraft wird«, »wer durch Vermischung mit Angehörigen der jüdischen Blutsgemeinschaft ... zur rassischen Verschlechterung und Verletzung des deutschen Volkes beiträgt oder beizutragen droht.«

Der sogenannte Judenboykott am 1.4.1933, seine vorausgegangene und nachfolgende internationale Diskussion bzw. Verteidigung auch durch kirchliche Kreise, sowie die Auseinandersetzung um die Einführung des sog. Arierparagraphen in den Evangelischen Landeskirchen taten ein Übriges, in wachen und kritischen Zeitgenossen den Gedanken an rechtzeitige Konsequenzen reifen zu lassen.

Wer war nun Walter Mannweiler?

Er wurde am 8. Dez. 1901 in Pirmasens als Sohn des Lehrers Gustav A. Mannweiler (aus Becherbach 1876) und dessen Ehefrau Emma Dorothea König (aus Pirmasens 1879) geboren und am 31. Januar 1902 protestantisch getauft. Seine Vorfahren mütterlicherseits waren der Kaufmann Christian H. König und dessen Ehefrau Theresia Kahn. Beide hatten am 31. Juli 1877 die Ehe miteinander geschlossen und ihre Tochter Emma König am 10. Dez. 1879 in Pirmasens taufen lassen.

Der Vater Walter Mannweilers starb 1923. Danach heiratete seine Mutter den Pfarrer Carl Jung. Sie starb 1959 in Enkenbach.

Walter Mannweiler hatte hugenottische Vorfahren. Seine »nicht rein arische Abstammung« im Sinne der NS-Ideologie verdankte er seiner Großmutter Theresia Kahn, die bei ihrer Heirat »israelitischer Konfession« war. Sie war am 5. Juni 1857 in Pirmasens als Tochter des jüdischen Handelsmannes Reinhard Kahn und dessen Frau Rebekka, geb. Darnbacher, geboren worden. Da nach einer Mitteilung der Jüdischen Kultusgemeinde der Rheinpfalz in Neustadt alle fraglichen Dokumentationen »in den Jahren der Naziherrschaft und des 2. Weltkrieges fast restlos verschwunden« sind, konnte über die jüdische Ahnenreihe nichts weiteres in Erfahrung gebracht werden.

Nachdem Mannweiler in Heidelberg und München Jura studiert hatte, war er von 1922 bis 1925 bei der Deutschen Bank in Frankfurt a.M. tätig.

1925 begann er — wohl unter dem theologischen Einfluß von Carl Jung — in Halle mit dem Studium der Theologie, um dann 1927 an die Philipps-Universität in Marburg überzuwechseln. Das »Anmeldebuch« der Universität Marburg, in dem die belegten und besuchten Vorlesungen bescheinigt sind, zeugt von vielfältigen Interessen: »Primitive Religion und Sitte in unserem Volk«; »Das Zeitalter Napoleons I. und die Erhebung«; »Ethik« und »Sexualität« (bei Prof. Wünsche); »Grundprobleme der Phänomenologie« (Prof. Heidegger); Schleiermachers Leben und Werk, Dogmengeschichte des Protestantismus, Kirchengeschichte und Symbolik (Prof. Hermelink); Glaubenslehre (Prof. Otto); Predigtlehre, Lehre vom Religionsunterricht, Katechetik, Homiletik und Religionspsychologie (Prof. Niebergall); Dogmengeschichte der christlichen Kirche (Prof. von Soden); Zeitalter der Reformation usw., bis hin zu den theologischen Kernfächern Altes und Neues Testament sowie Exegese.

Darunter finden sich Vorlesungen wie »Die Gottheit Christi« (Prof. Heiler), Einleitung ins Alte Testament (Prof. Hölscher), ein neutestamentliches Seminar über »Tod und Auferstehung Jesu nach kanonischen und apokryphen Quellen« (von Soden) sowie eine große Anzahl Bultmann-Vorlesungen über Galater-und Römerbrief, Joh. Apokalypse, Ntl. Theologie und das Leben Jesu.

Nach seinem Examen begann Mannweiler im Mai 1929 im Predigerseminar Landau seinen Dienst als Vikar der Pfälz. Landeskirche, der ihn dann zunächst nach Dielkirchen und anschließend als Pfarrverweser nach Hüffler-Wahnwegen führte bis 1933.

In jener Zeit erschienen die ersten Publikationen von ihm in der »Union« und dem »Pfälz. Pfarrerblatt«. Sie bestätigten doch recht deutlich eine »liberale« Tradition und Ausrichtung, und es ist sicher kein Zufall, daß sich Mannweiler in der »Union«, nicht aber im »Kirchenboten«, dem Blatt der sog. Positiven, zu Wort meldete und mitarbeitete. Von einem späteren Umschwung werden wir noch hören.

1930 äußerte er sich zu »Religion und Politik« (»Union« S. 291). Obgleich er für die Vergangenheit (»Thron und Altar«!) feststellt, daß die Verquickung von Religion und Politik der Kirche geschadet habe, plädiert er mit Nachdruck dafür, daß die Religion alle Gebiete unseres Lebens, auch die Politik, durchdringen müsse: »Wir müßten es lernen, uns in all diesen Gebieten als *Christen* zu bewegen«, und das heißt, »den einzig gültigen Maßstab, die alleinige Richtschnur unseres Glaubens und Lebens an die Entschlüsse und Ereignisse des politischen Lebens anlegen«. Dazu bräuchten wir weniger sog. »christliche Parteien«, weil die Gefahr nahe liegt, daß ihre Entscheidungen von den anderen als *die* Christlichen angesehen werden und »das Christliche« zur Dekoration weltlicher Ziele wird. »Wir brauchen Christen *in* den Parteien«, und zwar in allen, es sei denn sie sind christentumsfeindlich. »Auch Jesus trieb Politik, aber anders als seine Gegner, die jüdischen Nationalisten ...«. »Er trieb Politik im Geiste der alten Propheten, ausschließlich vom Religiösen her bestimmt.«

Mannweiler stellt abschließend fest, daß unsere Arbeit für das Reich Gottes sozusagen nur noch »nebenamtlichen« Charakter habe und eine »leere Phrase« geworden sei. — Wie aktuell!

1931 erschien in Martin Rades »Christliche Welt« ein Aufsatz von ihm mit der in vielfacher Weise bemerkenswerten Thematik «Die dialektische Theologie auf dem Dorf«. Er sollte für Kontakte zu Schweizer Theologen sehr wichtig werden.

Im Pfälz. Pfarrerblatt folgten dann, neben Zeitschriftenbesprechungen, Aufsätze zu den unterschiedlichsten Themen:

»Ekklesia militans« (1931 S. 34), »Das apologetische Pfarramt« (1932 S. 30), »Etwas vom Kindergottesdienst (1932 S. 33), »Soll man den Sozialpfarrer kommen lassen?« (1933 S. 5), mehrfach zum Problem des Kommunismus (1933 S. 9) und: »Der Pfeifenrauchende Pfarrer« (1933 S. 14).

Wie einem Briefwechsel von 1950 zu entnehmen ist, hat er 1932 auch vor dem Wissenschaftlichen Prüfungsverein einen Vortrag gehalten über die Probleme der formgeschichtlichen Methode.

In vielfältiger Weise sehr aufschlußreich ist ein größerer Aufsatz, der in der »Union« 1932 (Nr. 33-34) erschien und sich mit dem »Tannerbergbund« informativ und kritisch auseinandersetzte. Bei ihm wollen wir einen Augenblick verweilen, läßt sich doch dabei sowohl ein interessantes Stück weltanschaulicher Zeitgeschichte als auch ein merkwürdiges Phänomen in der Person eines Christen mit jüdischen Vorfahren aufzeigen. Nicht, daß Mannweiler eine Art Dissidenthaß entwickeln würde, aber er kann so unbefangen »normal-christlich« vom Judentum reden, als ob es das Problem jüdischer Vorfahren nicht gebe.

So gesehen widerlegt er, sicher unbewußt und ungewollt, gerade das, was Antisemiten immer wieder geradezu pathologisch über die jüdischen Einflüsse verbreiteten.

Der Tannenbergbund wurde 1925 von General Ludendorff als Kampfbund gegen die drei »überstaatlichen Mächte Juda, Rom und Freimaurerei« gegründet, für ein »wehrhaftes und freies Großdeutschland, das dem Volke dient, so eng mit der Heimaterde verbindet und ihm die geschlossene Einheit von Glaube, Kultur und Wirtschaft gibt«. Dies kann nur durch einen »deutschen Gottesglauben« und gegen die christlichen Kirchen erreicht werden: »Erlösung von Jesu Christo« hieß die Parole Mathilde Ludendorffs.

Die Bibel wird mit einer »jüdischen Witzzeitschrift« verglichen, und klipp und klar erklärt: »Das Christentum ist nicht der Glaube unserer Väter!« Graf Strachwitz zitierend: »Mögen Heiden sie uns nennen, die das stinkende Gewächs des Christentums nur kennen, zurück zur reinen Blüte unserer Ahnen, zum hehren Gottglauben der Germanen!«

Die Tannenbergbündler wurden nicht von der Frage der »Deutschen Christen« geplagt, ob Jesus »Arier« war. Hier wird klargestellt: »Die Geburt des Juden Jesus von Nazareth ist der Tag, an dem die Finsternis das Licht besiegte; wir Goy verabscheuen diesen Juden, denn er hat uns die schwarze Pest beschert.« — Walter Mannweiler empört sich: »Der Ekel steigt einem hoch bei diesen giftigen Früchten des deutschen Gottglaubens.«

Wesentlich zu wissen ist noch, daß der Tannenbergbund auch von den Nationalsozialisten und Hitler, die ja mit der Kirche offiziell nicht gebrochen hatten, behauptete, sie würden »das Werk Judas« betreiben. Für sie war es ein Dogma, daß das Christentum jüdischen Ursprungs ist, daß alles Unheil in der Welt von den Juden kommt und daß das Christentum das deutsche Volk verjudet. Trotz gleicher antisemitischer Ansätze in ihrem Denken waren die Ludendorffs den Nazis in ihrem Kirchenhaß noch einen Schritt voraus. Für sie gab es keine taktischen Kompromisse in der Einschätzung und Ablehnung des Christentums.

Es gehört nun zu den Merkwürdigkeiten, wie Walter Mannweiler sein Christentum und seine Kirche verteidigt und dabei — man möchte eigentlich eher das Gegenteil erwarten — das Judentum abwertet. Die Frage »Ist Christentum Judentum?« beantwortet er u.a. so:

>*Die Juden haben einst Jesus ans Kreuz gebracht, Jesusgeist und Judengeist reimt sich nicht zusammen. Heute noch ist das Judentum der erklärte Todfeind des Christentums. Kein Volk der Erde wehrt sich so hartnäckig gegen das Christentum, keine Mission ist so schwierig wie die Judenmission — und da soll zwischen Judentum und Christentum kein Unterschied bestehen? — Törichtes Gerede!« —*

Hier werden die klassischen Antijudaismen zur Argumentation benutzt. Wieder einmal zeigt dies, daß die Kirche damals auch in ihren an sich wachen Gliedern überhaupt nicht theologisch vorbereitet war auf solche Auseinandersetzungen. Ebenso zwiespältig hört sich an, wie Jesus verteidigt wird. Einerseits wird nicht bestritten, daß er Jude war, aber er war nicht »rasseechter Jude mit allen Charakterfehlern dieser Rasse«; er war ganz einfach ein »Jude« in Anführungsstrichen.

Und was ist mit den Christen, sind sie alle »verjudet« (»Wie der Hirt so die Schafe«)? Stehen die Kirchenbeamten »mit ihrer Rabbinertracht« alle im Dienst des Judentums? — Mannweiler kann darauf nur noch antworten: »Das glaube, wer es glauben will — ein gebildeter Mensch, der geschichtlich denken kann, lehnt diesen Unsinn rundweg ab!«

Was meinte er wohl hier mit »geschichtlich denken können«? Das real existierende Judentum war nicht (mehr) »sein Judentum«.

»Den Mißbrauch der Persönlichkeit Luthers« durch den Tannenbergbund prangert Mannweiler zwar nachdrücklich an, hat aber dann doch wieder seine zeitbedingten Schwierigkeiten mit der »Judenfrage«:

Wir wissen zwar,

> *»daß Luther wohl einige sehr scharf antijüdische Schriften geschrieben hat, aber nur aus Ingrimm über die unheilbare Christusfeindlichkeit der Juden und wegen ihres Wuchers. Bis zuletzt hielt er am Alten Testament fest und machte einen Unterschied zwischen dem Israel nach der Schrift und dem entarteten Judentum seiner Zeit.«*

Hier ist sie wieder, diese Unterscheidung zwischen »Jude« und »Jude«. Damit lavierte man sich in dem damaligen Mehrfrontenkampf »theologisch« durch die Schützenlinien. Das »gute Judentum« der Propheten des AT., in deren Tradition auch Jesus stand, wollte man nicht leugnen, man brauchte es sogar zu Demonstrationszwecken, aber von dem »entarteten Judentum« der Gegenwart mußte man sich distanzieren. Auf der Strecke blieb in jedem Fall der lebende Jude, über dessen Schicksal die Kirche den Staat bestimmen ließ (eine Auswirkung von Luthers Zwei-Reiche-Lehre).

Der Autor versäumt es auch nicht, bei der Verdammung der Methoden dieser Antichristen festzustellen, daß diese Methoden hinter denen »der Bolschewisten und Juden« nicht zurückstehen. Auch diese Gleichsetzung von Bolschewisten und Juden war damals weit verbreitet. Sie war für den Juden deshalb so verheerend, weil die Kirchen später zu der Judenvernichtung auch darum schwiegen, weil Hitler uns mit seinem »großen Krieg« den Kommunismus vom Hals halten wollte und sollte. Wie heute noch besaß der Antikommunismus damals eine instrumentalisierende Selbstrechtfertigungs- und Entschuldigungsfunktion, neben einer tiefen Abneigung wegen der Christenverfolgungen in der Sowjetunion.

In Nr. 35 der »Union« (1932) erschienen dann zu dem Mannweiler'schen Aufsatz »Randbemerkungen«, deren Verfasser nicht mitgeteilt wird, die aber die soeben skizzierte Grundproblematik nur noch deutlicher hervortreten lassen. Zunächst wird festgestellt, daß das AT. und das NT. für uns Christen keineswegs gleichwertig sind. Sodann wird, recht »liberal« erklärt, daß derselbe Gott in *allen* Religionen redet: »Der Ewige redet durch Jesus, den Juden, in der Form seines Volkstums«. Aber: »Christ sein, das kann niemals heißen: Leben, Glauben, Denken wie der Jude Jesus.« Hier demonstriert der deutsche Protestantismus »das lebensvolle, gewaltige Ringen des deutschen Gemütes um den Besitz des Ewigkeitswertes der Gottesoffenbarung in Christo. Das ist und kann gar nichts 'Jüdisches' sein. Das ist Ewiges in Form des deutschen Wesens.«

Es gehört — aus heutiger Sicht — zu den Unbegreiflichkeiten jener verworrenen Zeit, wie ein begabter und profilierter Theologe wie Walter Mannweiler (und er steht hier keineswegs allein), in tiefer Gläubigkeit ein protestantisch-liberaler Christ, in voller Überzeugung und Selbstverständlichkeit ein — in gutem Sinne — nationaler Deutscher, von den braunen Rassenfanatikern mit einem »Makel« behaftet wurde, der keiner war und der ihm selber in all seinen Konsequenzen zuerst langsam, aber dann (Gott sei Dank!) umso bedrängender bewußt wurde, sodaß er nach wenigen Jahren Tätigkeit als Pfarrer unserer Landeskirche wohl keine lebenswerte Chance mehr sah in seinem Vaterland.

Doch 1931 war er noch Pfarrverweser, der in einer Eingabe vom 27. Nov. an den Landeskirchenrat um Versetzung nach Glan-Münchweiler nachsuchte, weil ihm die 1.100 Seelen in Hüffler-Wahnwegen zu wenig waren: »Ich glaube der Landeskirche auf einem Posten mit mehr Arbeit und größerer Verantwortung — wie sie besonders durch das zielbewußte Vordringen der Katholiken in Glan-Münchweiler gegeben ist! — mehr dienen zu können ...« — Der zuständige Dekan leitete das Gesuch »mit wärmster Empfehlung« und »wegen der Anstrengungen des Katholizismus die Führung in die Hand zu bekommen« weiter, denn »ein energischer Pfarrer, der gern arbeitet, (sei) unbedingt nötig«.

Weil nichts geschah, wiederholte Walter Mannweiler seine Bitte am 12.10.1932, denn zur Zeit sei er finanziell noch in der Lage, den Umzug durchzuführen, jedoch »bei den zu erwartenden großen Gehaltskürzungen« werde ihm das später kaum noch möglich sein; denn das »Pfarrhaus verschlingt durch seine ungeschickte Heizanlage jeden Winter M 300 - 350 an Brand ...« Außerdem wolle er in nächster Zeit seine »apologetische Vortragtätigkeit beginnen«, dazu benötige er eine verkehrsmäßig günstigere Pfarrei. Als weiterer Grund komme hinzu, daß die Innere Mission seine Pfarrei als Notstandsgebiet erklärt und ihr Glan-Münchweiler als Sammelgebiet zugewiesen habe: »Aufgrund einiger Vorkommnisse im letzten Jahr kann mir nicht zugemutet werden, mit dem dortigen Pfarramt zusammen zu arbeiten. Wenn ich aber allein von hier aus in der Pfarrei Glan-Münchweiler eine Sammlung beginnen wollte, so fürchte ich mit guten Gründen, daß die Mißstimmung, die in der ganzen Gegend gegen meine Kommunistendörfer besteht, sich auf meine Person konzentrieren wird ...«

Seinem Wunsch wird sodann zum 16. Mai 1933 entsprochen. —

In der Niederschrift einer Sitzung der Kirchenregierung vom 1. Februar 1934 heißt es (unter Ziff. 4):

Bei dieser Gelegenheit stellte Pfarrer Diehl (der spätere Landesbischof, d.V.) den Antrag, den Pfarrverweser Mannweiler — Glanmünchweiler zum Pfarrer zu ernennen. Nach längerer Aussprache, während der der Kirchenpräsident (Dr. Kessler, d.V.) auf die Ausführungen des Herrn Reichsbischofs (Ludwig Müller, d.V.) in einer Besprechung mit den Kirchenführern über die Arierfrage in der Kirche hinweist, zieht Pfarrer Diehl seinen Antrag zurück.«

Pfarrverweser Mannweiler zog die Konsequenzen

Am 11. März 1934 bittet er um seine »Entlassung aus dem Pfälzischen Kirchendienst bis zum 15.4.1934 zum Zwecke der Übernahme der Pfarrstelle Kappelen (Kanton Bern-Schweiz)«.

Zur Begründung schreibt er:

»Die Entwicklung in der Deutschen Evangelischen Kirche mit der immer stärkeren Betonung des Rassegedankens macht es mir innerlich unmöglich, ihr mit ehrlicher Überzeugung und freudigem Herzen weiterhin dienen zu können. War es im vergangenen Jahr die Sorge um meine äussere Existenz, die mich meiner schweizer Beziehungen ausbauen liess, so ist heute ausschlaggebend die vollkommene innere Unmöglichkeit, unter solchen Verhältnissen

Dienst zu machen. So dankbar ich auch den verschiedenen maßgeblichen Herren war und noch bin, dass sie mir ihre Hilfe zusagten, so unerträglich war mir doch der Gedanke, dass ich, der ich genau so gearbeitet habe wie jeder andere, nur auf besondere Fürsprache hin hätte im Amte bleiben dürfen.

Da heute bereits auf vielen Gebieten des öffentlichen Lebens (z.B. für Amtswalter, Bauern) die arische Abstammung bis zum Jahre 1800 nachgewiesen werden muss und da bei der Expansionskraft des Rassegedankens es nicht unmöglich erscheint, dass dieser Nachweis eines Tages auch für Beamte und andere Berufe verbindlich sein wird, bestimmte mich letztlich und entscheidend der Gedanke an die Zukunft meiner Kinder bei dem mir sehr schwergewordenen Entschluss, die Heimat zu verlassen.

Ich danke dem Landeskirchenrat herzlich für das mir bisher stets bewiesene Wohlwollen und entgegengebrachte Verständnis.«

Am Rande dieser Eingabe finden sich in handschriftlicher Verfügung, unterzeichnet von Keßler, Stichter, Meyer und Barth, der Satz:

»Der Pfarramtskandidat Walter Mannweiler, z.Z. Pfarrverweser in Glanmünchweiler wird auf Ansuchen mit Wirkung vom 16. April 1934 aus dem Dienst der pfälzischen Landeskirche entlassen.«

Auf Anraten von Pfarrer Diehl, damals ein überzeugter »Deutscher Christ«, suchte Mannweiler am 17.3.1934 um Gewährung eines Rücktrittsrechtes nach, das ihm ebenso »trocken« versagt wird.

Am 3. April 1934 verläßt Walter Mannweiler mit seiner Familie die Pfalz. Während das Pfälz. Pfarrerblatt über den Weggang kein Wort verlor, widmete ihm die »Union« am 22.4.1934 (S. 126) eine kleine, den Umständen entsprechend aber doch betont freundlich-warme Notiz:

»Abschied von Pfarrverweser Mannweiler. Pfarrverweser Mannweiler, ehedem ein eifriger Mitarbeiter in unserem Blatte, hat unsere Pfalz verlassen und eine Pfarrstelle in der Schweiz angenommen. Wir, die wir den tüchtigen Theologen schätzten und von dem seelischen Leiden wußten, das er mit vielen anderen in den letzten Monaten zu ertragen hatte, wünschen von ganzem Herzen, daß er seine pfälzische Heimat lieb behält und auch in seiner neuen Wirkungsstätte im Segen tätig sein wird.

Die Gemeinde Glanmünchweiler hat dem beliebten Seelsorger einen warmherzigen Abschied bereitet.«

Mit der Einführung des sog. Arierparagraphen in das kirchliche Recht am 5.9.1933 durch die Preußische Generalsynode (»Braune Synode«) war innerhalb der Evangelischen Landeskirchen eine Diskussion entfacht worden, die zur Gründung des Pfarrernotbundes (M. Niemöller) und zu zwei unterschiedlichen Universitätsgutachten führte: Während sich die Marburger Theologische Fakultät (Rudolf Bultmann u.a.) gegen eine »Arisierung« in der Kirche aussprach, war die Erlanger Fakultät (Paul Althaus u.a.) dafür, denn die Kirche habe in der gegenwärtigen Lage die »Aufgabe, Volkskirche der Deutschen zu sein«, und die Juden würden als »fremdes Volkstum« empfunden.

Die Altpreußische Union setzte den »Arierparagraphen« bis zum endgültigen Gesetz vom 21.8.1934 mehrmals außer Kraft. Selbst der damalige Reichsinnenminister Frick (ein Pfälzer) erkannte die »schwerwiegenden dogmatischen Bedenken« der Kirche gegen den »Arierparagraphen« an.

Die Gefahr, die für die Kirche in der — staatlicher Auffassung parallelen — Behandlung der sog. Judenfrage als »Rassenfrage« lag, hatte D. Bonhoeffer schon viel früher angesprochen, als er im April 1933 darauf hinwies, daß das Judentum »von der Kirche Christi her gesehen niemals ein rassischer, sondern ein religiöser Begriff« sei.

In der Pfälzischen Landeskirche wurde der »Arierparagraph« nie eingeführt, obwohl lange und heftig darüber diskutiert wurde. Ob die Einführung letztlich deshalb unterblieb, weil nach dem Weggang Mannweilers kein »nichtarischer« Pfarrer mehr da war, ist nicht festzustellen. Nach einer persönlichen Auskunft des früheren Kirchenpräsidenten Prof. Th. Schaller dürfte dies wesentlich darauf zurückzuführen gewesen sein, daß der damalige Landesbischof Diehl, der zugleich DC-Landesleiter war, das Problem nicht hochspielte.

Walter Mannweiler hatte seine Entscheidung vermutlich ohne Rücksicht darauf längst getroffen.

In seinem Entlassungsschreiben dürften kaum alle Gründe und Motive für seine, wohl nur scheinbar so spontane Emigration deutlich zum Ausdruck kommen. Der »wachsame, politisch scharfsinnig denkende Mensch, der die Zeichen seiner Zeit mit viel Feingefühl jederzeit erkannte, hat frühzeitig vorausgesehen, was sich in Deutschland abspielt, nämlich daß der Nationalsozialismus zu einer dominierenden Kraft wird, die gefährliche politische Ambitionen entwickelt und sich durchsetzt. Für einen liberal denkenden Menschen, der in der Öffentlichkeit seine Meinung kundtun muß, war eine solche Situation unerträglich« (so sein Sohn in einem Brief an den Verfasser).

Walter Mannweiler war zweifellos ein Pfarrer, dem es nicht nur auf der Kanzel um die Wahrheit ging. Er hätte sehr wahrscheinlich auch ohne »Jüdische Großmutter« in Nazideutschland innerlich und äußerlich nicht lange unangefochten in Freiheit leben können. Was ihm »Wahrheit« bedeutete, lebte er auch in seiner zweiten Heimat, der Schweiz, die seinen Kindern zum »Vaterland« wurde.

Die Verbindung zu Verwandten und Freunden in der pfälzischen Heimat sind für den fortan in der Reformierten Kirche der Schweiz Gebliebenen nie abgerissen. Das gilt auch für die offizielle Pfälzische Landeskirche. In den Speyerer Akten findet sich dazu ein sehr aufschlußreicher Brief Mannweilers an OKR Stichter vom 11. Juni 1943, also zu einer Zeit, in der das deutsche Judenvernichtungsprogramm auf vollen Touren lief.

Hier sein voller Wortlaut:

>*»Haben Sie herzlichen Dank für die Uebersendung des den Muttertag betreffenden Amtsblattes, sowie für Ihre Grüsse, die mich sehr gefreut haben.*
>
>*Vielleicht gewinnen Sie aus beiliegendem Aufriß meines Andachtsbuches und aus einigen Proben einen kleinen Eindruck von dem ganzen Werklein. Allerdings erst aus dem ganzen Buch würden Sie merken, dass ich theologisch (im Laufe der Jahre) völlig von den Positionen des theologischen Liberalismus abgekommen bin und — ohne mich kirchenpolitisch gebunden zu haben*

— ziemlich rechts stehe, das heisst eigentlich auf dem Boden der Schrift. Dazu hat die dialektische Theologie Einiges, die Führung meines Lebens durch Gott sehr viel beigetragen.

Mein Steckenpferd ist die kirchliche Jugendarbeit geworden. Ich bin Redakteur des 'Leiterbriefs der Jungen Kirche' und versuche, im Geiste Leopold Cordier's auf die Gemeindejugend hinzuarbeiten. Momentan beende ich ein Manuskript über das Thema 'Gemeindejugendarbeit«, das ich dem Andenken Cordiers widmen möchte.

Zur Zeit leben wir persönlich in grosser Spannung, da wir auf der Liste der Kandidaten für eine Pfarrei in Zürich (Vorortgemeinde) stehen. Ohne mein Zutun bin ich — wohl hauptsächlich wegen des Andachtsbuches — mit auf die Liste gekommen. Vermutlich wird mir wieder, wie schon einmal vor Jahresfrist, die frühere Staatsangehörigkeit im Wege stehen. Immerhin freuen wir uns über das Faktum, das bei dem ausserordentlichen Konservatismus der Schweizer und den augenblicklichen Ressentiments für mich einen grossen moralischen Erfolg bedeutet, auch wenn die endgültige Wahl auf einen anderen der acht, teilweise prominenten deutschschweizer Pfarrer fallen wird.

Nach Hüffler-Wahnwegen haben wir noch immer liebe Verbindung durch unser früheres Dienstmädchen und eine Patin eines unserer Kinder, eine einfache Frau. Wir haben jetzt vier gesunde Kinder, Erika, Reinhard, Ulrich (Uli!) und Anna Barbara und danken Gott jeden Tag für seine so unbegreiflich gnädige Führung.

Ich hoffe, daß ich nach dem Kriege bei einer pfälzer Reise auch geschwind auf Ihrem Büro vorsprechen und Ihnen die Hand drücken kann. Hoffentlich dürfen wir diesen Krieg alle miteinander gesund überstehen und uns eines gerechten Friedens für alle Menschen und Völker erfreuen.«

In seinem Nachwort zu dem in dem Brief erwähnten Andachtsbuch, das im August 1942 nach einem Wettbewerb in der Schweiz erschien und Andachten für jeden Tag enthielt, drückte er in besonderer Weise seine Dankbarkeit aus für vieles, was er von »manchem Gemeindemitglied aus meinen früheren Gemeinden in der bayrischen Rheinpfalz« lernen durfte.

Nach seinem Tod erwähnte seine Frau in einem Brief an den Landeskirchenrat die »ungezählten Mappen« ihres Mannes, von denen eine die ganze Korrespondenz von Glanmünchweiler nach Kappelen enthalte.

Schon bald nach Kriegsende 1945 wandte sich Walter Mannweiler, der bereits 1941 die Schweizer Staatsbürgerschaft erworben hatte, »als Vertreter Evangelischer Schweizer Jugend an die kirchliche Jugend in der Pfalz«. Der Brief war der damaligen Kirchenregierung bekannt gegeben, ist dann aus unerfindlichen Gründen nicht beantwortet worden, obwohl — wie OKR Schaller in einem Schreiben ein Jahr später mit Beschämung feststellte — damals beschlossen worden war, Pfr. Mannweiler zu fragen, ob er nun, »da die Hindernisse gefallen (sind), nicht wieder in die Heimat und das Amt (seiner) Heimatkirche zurückkehren wolle«.

Am 19.7.1947 teilt Mannweiler Kirchenpräsident D. Stempel mit, daß sein Gesuch um Einreiseerlaubnis in der Pfalz vom zuständigen Militärbefehlshaber in

Deutschland abgelehnt worden sei, und dies, obwohl er eine offizielle Einladung der Pfälz. Landeskirche und Empfehlungen vom Präsidenten des Schweizerischen Evangelischen Kirchenbundes, des Evang. Hilfswerkes, des Hilfswerkes für die Bekennende Kirche in Deutschland und des Bernischen Obergerichtes habe.

Mit Bedauern stellt er fest, daß nun wohl »für lange Zeit alle weiteren Gesuche erledigt« sind.

Kirchenpräsident D. Stempel hat sich dann noch einmal mit dem franz. Gouverneur ins Benehmen gesetzt. Er teilte dies Mannweiler am 30.7.1947 mit:

»Wir geben jedoch die Hoffnung nicht auf, Sie in absehbarer Zeit in der pfälzer Kirche empfangen und begrüßen zu dürfen.

Ich sehe das auch als ein Akt der Wiedergutmachung an, Ihnen für das, was Einzelne Ihnen zugefügt haben und was der Nationalsozialismus an Ihnen und allen, die mit Ihnen in der gleichen Lage waren, in nicht zu rechtfertigender Weise gefehlt hat. Ich bitte Sie jetzt schon mir auf's neue eine Zeit bezeichnen zu wollen, vielleicht auch zwei Zeiträume, in denen Ihnen ein Besuch in der Pfalz möglich und erwünscht wäre.«

Am 14.12.1948 war es dann so weit, daß der Kirchenpräsident Pfr. Mannweiler erneut zu Vorträgen und Gottesdiensten in der Pfalz für 1949 einlud. Besonders freuen würde es ihn, wenn der Gast »zu unserer Jugend und zu den Jugendführern und -führerinnen sprechen würde«.

Doch auch aus dieser Einladung wurde nichts. Nicht nur, daß Pfr. Mannweiler gesundheitlich schwere Probleme hatte, am 23.6.1950 verstarb »einen Tag vor dem ersten Geburtstag« die Tochter Dorothee von Walter Mannweiler und seiner Ehefrau Antje Mannweiler-Collin (aus Bremerhaven gebürtig). Es war das jüngste der 5 Kinder Erika, Reinhard, Ulrich (Uli) und Anna Barbara (Bärbeli).

Für die fortbestehenden und gepflegten Bande zur Pfalz zeugt auch z.B. das Bemühen von Dekan Th. Rettig aus Winnweiler im Jahre 1950, daß die Buchhandlung Rud. Senftleben in Kaiserslautern in die Lage versetzt werden möge, das ausgezeichnete Andachtsbuch »Ehre sei Gott in der Höhe« zu vertreiben, um dem »Amtsbruder in Kappelen bei Bern nach Kräften beizustehen«.

Im Frühjahr 1951 kam es dann endlich zu einem Besuch in der Pfalz. In einem Brief vom 23.4.1951 bedankt sich Mannweiler »für den herzlichen Empfang in Speyer, dessen Bedeutung ich wohl zu würdigen weiß«, sowie für die wiederholte Frage nach seiner Rückkehr in die Pfälz. Landeskirche. Zu seiner Absage meint er mit bewegenden Worten: »Ich muß Ihnen gestehen, daß mir die Absage diesmal, mitten in der alten Heimat, und Aug' in Auge mit alten Freunden, bedeutend schwerer geworden ist als vor einiger Zeit par distance auf dem Papier. Aber ich glaube, richtig geantwortet zu haben. Es ist sicher unnötig zu sagen, daß die Pfälzische Landeskirche in mir einen treuen Freund auch in der Ferne hat und haben wird, und daß ich ihr gerne meine Dienste anbiete, wenn sie hier in der Schweiz einmal nötig ... werden sollten«.

Hilfe leistete er auch im ganz Persönlichen, indem er beispielsweise »für den ehemaligen Landesbischof Diehl in Sachen Entnazifizierung gute Auskünfte von der Schweiz hat geben können«; so bestätigte mir dies Frau Mannweiler-Collin in einem Brief 1987.

Das Jahr 1951 brachte für die Familie einen weiteren schweren Schlag: im Alter von fast 18 Jahren verunglückte bei einem Autounfall am 21.9.1951 der älteste Sohn Reinhard.
In tiefer Erschütterung übermittelte Kirchenpräsident Stempel den Hinterbliebenen sein Mitgefühl.

Im Jahre 1952 besuchte OKR Kopp seinen alten Freund in der Schweiz. Er war wohl damals schon mit seinem 1968 erschienenen umfangreichen Buch über »Die Dorfjuden der Nordpfalz« beschäftigt. Jedenfalls versprach er dem Freund, ihm seinen Vortrag über »Die Krisis des Dorfes« zu senden.
Einem bei den Akten befindlichen Brief vom 21.3.1956 an Kirchenpräsident D. Stempel ist zu entnehmen, daß Walter Mannweiler regelmäßig die Liturgischen Blätter aus der Pfalz bekam.
In diesem Brief wird sein Leben im Schweizer Ausland einmal ziemlich direkt und offen von einer ganz anderen Seite angesprochen:
»Im übrigen bin ich immer wieder froh, nicht drüben leben zu müssen. Meine von Anbeginn an überaus heftige Abneigung gegen Adenauer — ... — mein Zorn gegen die deutschen evangelischen Kirchenführer, die diesen CDU-Kurs blindlings mitmachen, würden mir das Leben drüben vergällen.«

Im November 1956 verabschiedete Mannweiler sich mit einer Doppelnummer des »Leiterbrief. Junge Kirche. Bund Evangelischer Jugend in der Schweiz« als langjähriger Redakteur von seinen Lesern. Der kirchlichen Jugendarbeit scheint sein großes Interesse und Engagement gehört zu haben. Er ist Verfasser eines Handbuches für die Evangelische Jugendarbeit (1948).
Köstlich ist eine Glosse in dieser Abschiedsnummer: »Fortissimo - prestissimo«:
»Seit Jahren schon fällt mir hier und dort etwas auf, was einfach nicht mehr schön ist. Viele Junge wissen wohl gar nicht mehr, wie grauenhaft früher das gedehnt langsame Singen geistlicher Lieder in unsern Gemeinden gewesen ist. Nicht umsonst fanden sich in gewissen Gesangbüchern unsrer Kirchen nur ganze und halbe »Pfundnoten«. Das war, um auf die Bäume zu klettern. Wie munter und fröhlich sangen da die Angelsachsen, auch wenn ihre Weisen uns auf der andern Seite wieder von den Bäumen herunterjagten! Dann kam vor allem in den Reihen der christlichen und kirchlichen Jugend ein ganz neues Singen auf, frisch und froh und mit großem, edlem Schwung. Welche Vorarbeit ist da für das neue Singen aus dem Probeband, aus dem neuen Kirchengesangbuch geleistet worden! Wer möchte noch wie eine zählklebrige Masse durchs Notensystem kriechen!
Aber immer muß der Mensch scheint's ins Extrem verfallen. Ich glaube nicht, daß es eine Alterserscheinung bei mir ist, aber nun treibt's mich schon lange wiederum öfters auf die Palme. In Lagern, an Kursen, bei Landsgemeinden und andern Zusammenkünften, in der Gruppe, in der Eisenbahn unterwegs zu einer Tagung, an der Reeling eines Schiffes, daß die Fische einen Nervenschock bekommen — immer wieder hört man Angehörige unserer Gruppe nicht nur die Lieder aus 'Teil B' von 'Mein Lied', sondern auch die geistlichen Lieder in einem Tempo und mit einer Stentorstimme brüllen, daß

man sich am liebsten mit Grausen abwenden möchte. Ein geistliches Lied, auch ein sehr frohgemutes, will doch immerhin 'geistlich' gesungen sein, mit aller Liebe zum Text und zur Weise. Ganz abgesehen davon — mit welcher Leichtigkeit und mit welch grellgelbem Fanfarenton werden manchmal grosse Texte mit letzten Aussagen im Eisenbahncoupé und anderswo geschmettert, als habe man den Glaubenstrotz und den Märtyrermut kiloweise in Kupfermünzen in der Hosentasche! Mehr Ehrfurcht und daher auch mehr Zurückhaltung vor großen und heiligen Aussagen bitte! Ich höre tatsächlich auch von Mitgliedern christlicher Gruppen lieber 'A riverderci Roma', 'Das alte Haus von Rocky Tocky', 'Bon jour Catherine' und jeweils den neuesten Schlager als die mit Fortissimo und Prestissimo verhunzten Psalmen und geistlichen Lieder. Wenn ich daran zurückdenke, mit welch unendlicher Liebe und Sorgfalt seinerzeit, als der Probeband gerade noch feucht aus der Druckmaschine kam, an einer unvergeßlichen JK-Singwoche im Wildhaus Thedy Sieber uns singen lehrte! Wie haben wir uns unter seiner hingebungsvollen und so fröhlichen Leitung nicht nur stunden-, sondern sogar tagelang etwa um den dreistimmigen Satz von 'Mein schönste Zier' gemüht! Wenn man das nun aber einmal unterwegs zu einer Abgeordnetenversammlung im Zug von unseren Jungen wie einen Gassenhauer brüllen hört, so daß einem der Kriegsgesang von Zulukaffern wie ein Mozart'sches Wiegenlied vorkommt, dann möchte man diesen Sängern von Finsternwalde, diesem Gesangverein Keuchhusten am liebsten jenes Vorhängeschloß vor die Schnäbel hängen, das in der 'Zauberflöte' der Papageno tragen muß!

Aber an alledem tragen die Leiter ein großes Stück Schuld. Wie die Alten sungen, so brüllen die Jungen. Liebe Leiter — wendet doch bitte dem Singen in euren Gruppen mehr Aufmerksamkeit zu. Ihr braucht dazu Verständnis vor dem herrlichen Schatz der evangelischen geistlichen Lieder. So ein Lied will eben geistlich gesungen sein, nicht im Schnellzugtempo, nicht mit Dampfhammeratmosphäre. Es gibt sogar Lieder darunter — erschreckt nicht! — die leise und langsam zu singen sind. Jaja! Alles an seinem Ort und zu seiner Zeit — 'mein schöner Zier und Kleinod' hier und 'rock around the clock' dort! Und nichts für ungut!

Im Mai 1959 wurde Walter Mannweiler in Solothurn zum Pfarrer gewählt. In der Woche, in der er in das neue Pfarrhaus einziehen wollte, erlitt er im Alter von 59 Jahren einen Herzinfarkt und starb am 16. September 1960.

Über die Todesanzeige setzte seine Familie den Vers Luk. 22,32: »Ich aber habe für dich gebetet, daß dein Glaube nicht aufhöre.« — An Stelle von Blumen baten die Hinterbliebenen um eine Spende für das Weltflüchtlingsjahr — Zufall oder Zeichen für das Ende eines Menschenlebens, in dessen Mitte das Schicksal des »Flüchtlings« stand?

Hören wir auf den wundervollen Nachruf, den Pfarrer Walter Mannweiler, ein Pfälzer in der Schweiz, in der Berner Zeitung »Bund« erhalten hat:

»Als die Tatsache vom jähen Tod Walter Mannweilers bekannt wurde, bewegte das viele Gemüter nicht nur in der bernischen und solothurnischen, sondern in der gesamten schweiz. evangelischen Kirche.

Er war kein gebürtiger Schweizer. Als Hitler im Jahre 1933 durch die Nürnberger Rassengesetze die Nachkommen einer nichtarischen Grossmutter zu Juden und dadurch zu des deutschen Volkes unwürdigen Menschen erklärte, war für den jungen Pfälzer Pfarrer in der Heimat kein Bleiben mehr. Er ersuchte um Aufnahme in das bernische Ministerium, die ihm denn auch auf Grund glänzender Ausweise, eines guten Rufes und nicht zum wenigsten auf Grund der warmen Empfehlung durch den Freund Karl von Greyerz gerne gewährt wurde. Warum hätte man ihn zurückweisen sollen? Die Pfälzer sind keine Preussen, die pfälzische Kirche ist in ihrer synodalen Verfassung mit der bernischen nahe verwandt, und vor allem ist der Heidelberger Kathechismus, an dessen Hand seit Jahrhunderten das Bernervolk im reformierten Glauben unterwiesen wird, von zwei kurpfälzischen Theologen verfasst worden.

Für Walter Mannweiler war die Uebersiedlung nicht frei von Bedenken. Vor allem machte ihm die Erlernung unserer in der Seelsorge gebräuchlichen Mundart Sorgen, aber in seiner unerschrockenen Art tröstete er sich mit der Ueberlegung: Die Missionare, die nach Afrika gehen, müssen Negerdialekte lernen, warum soll ich mich nicht hinter dieses Berndeutsch machen? Und er machte sich dahinter, aber mehr als das. In der seeländischen Gemeinde Kapellen bei Aarberg, welche dem Flüchtling zulieb die Einbürgerung nach Möglichkeit förderte, lebte sich der quicklebendige Pfälzer rasch ein und war mit der Geistesart, dem Tempo und dem Brauchtum des Bernerlandes bald vertraut. Dazu liess ihm die zahlenmässige Kleinheit der Gemeinde ausreichend Zeit, sich auch auf dem Boden des Kantons und der Schweiz zu betätigen, wie es seiner Begabung entspräch. Zahlreich sind die Tagungen, Konferenzen, Evangelisationswochen und Bildungskurse, an denen er als Referent wirkte. Die Junge Kirche rief ihn in ihren Bundesvorstand, er redigierte viele Jahre den Leiterbrief, der die Führer kirchlicher Jugendgruppen für ihre Arbeit instruiert, und betreute von Anbeginn im schweizerischen Wochenblatt 'Leben und Glauben' unter dem Decknamen Rhenanus die Rubrik Blick auf die Kirchen, wobei ihm seine erstaunliche Versiertheit auf den Gebieten der Politik, der Kirche und der Literatur zustatten kam. Dass er vor und während des Krieges das Haus stets voll von Leuten hatte, die, wie er es getan, der braunen Sintflut entrannen, sei nur am Rande bemerkt.

Der Verstorbene rückte bereits gegen sein sechzigstes Jahr, als er vor nicht langer Zeit das schöne bernische Pfarrhaus verliess und einem Ruf der reformierten Kirchgemeinde der Stadt Solothurn folgte, um dort bei niedriger Pension und als Bewohner eines bescheidenen Mietobjekts ein neues, seinem Temperament noch besser angepasstes Tätigkeitsfeld zu betreten. In einem Alter, wo andere sachte nach der Pensionierung zu blinzeln beginnen, warf er sich auch hier mit Feuereifer auf seine Arbeit und übernahm, von der Lebensgefährtin unterstützt, zu den üblichen Amtspflichten, die dem Diasporapfarrer aufliegenden zahlreichen Religionsstunden an der Volks- und Kantonsschule. Wie ihm auch hier die Türen aufgingen und die Herzen zuflogen, trotzdem er von den harten Forderungen des Evangeliums kein Jota abstrich, könnte den Berichterstatter zu schildern locken, es gehört aber nicht mehr in den Rahmen einer journalistischen Würdigung.

In unserer Landeskirche gedachte OKR Bergmann am Ende des Bandes III seiner »Documenta« des emigrierten Pfarrers:

> *»Pfarrer Mannweiler, der nicht rein arisch war, mußte vor dem Antisemitismus des Nationalsozialismus weichen. Die Kirche des Kanton Bern gab ihm eine neue Heimat. Die ihn kannten, sahen ihn ungern aus der Pfalz scheiden. Nach dem Ende der nationalsozialistischen Herrschaft lud unsere Kirche ihn ein, wieder in die Pfalz zu kommen. Er konnte sich, vor allem unter dem Einfluß seiner Kinder, dazu nicht entschließen, so lieb ihm die Pfalz geblieben war. Aber die Verbindungen zwischen ihm und vielen Freunden in der Pfalz rissen nicht ab ...«*

Es ist gewiß zu wenig für ein abgerundetes Urteil über den Menschen, Pfarrer und Theologen Walter Mannweiler und sein Schicksal im Dritten Reich, was ich hier in aller Kürze zusammentragen konnte. Doch es dürfte ausreichend sein für ein erstes Gedenken rund 50 Jahre nach diesen schrecklichen Jahren in Deutschland, in denen viele unter uns gelitten haben — oder schuldig wurden.

An den Schluß möchte ich einen Brief stellen, den der frühere Kirchenpräsident D. Stempel bereits am 12. Juni 1950 an den Kirchenrat der Reformierten Kirche des Kantons Bern richtete:

> *»Sie haben in der Zeit der nationalsozialistischen Herrschaft den damaligen Pfarrer unserer Landeskirche Walter Mannweiler in Ihre Kirche aufgenommen. Pfarrer Mannweiler war einer unserer tüchtigsten jungen Geistlichen und wir haben es aufrichtig bedauert, dass er infolge einer törichten Rassegesetzgebung sich gedrängt sah, seine Heimat und seine Heimatkirche zu verlassen. Nach dem Kriege haben wir ihm das Anerbieten bereitet, er möge in unsere Kirche zurückkehren. Er konnte sich dazu nicht entschließen, weil ihm die Schweiz und insbesondere seine Gemeinde in Kappelen so viele Beweise der Liebe, Verehrung und Dankbarkeit erbracht hatte, vor allem in den Monaten der Krankheit und des Familienleides. Wir können diesen Entschluß verstehen, wenn wir auch bedauern, daß Pfarrer Mannweiler nun nicht mehr zu uns zurückkehren möchte. Auf jeden Fall ist die Pfälzische Kirche nach wie vor bereit ihn aufzunehmen.*
>
> *Wir möchten nicht versäumen, Ihnen aufrichtig dafür zu danken, dass Sie den christlichen Bruder mit offenen Armen aufgenommen haben. Es wird für die Schweiz immer ein Ehrentitel bleiben, dass sie sich vom Geist der Zeit nicht verblenden liess und dass die Kirchen in der Schweiz in keiner Stunde vergassen, wozu Christ-sein verpflichtet. Uns schmerzt es heute noch, wenn wir daran denken, aus welchen Gründen Pfarrer Mannweiler damals in die Fremde geführt worden ist.*
>
> *Möge Gott der Herr die Völker und die Kirchen erleuchten, dass verhängnisvolle Entscheidungen einer vergangenen Zeit sich nicht mehr wiederholen!«*

Anmerkung: Herrn Archivdirektor Dr. W. Eger, Prot. Landeskirchenrat, Speyer, bin ich zu Dank verpflichtet für seine Hilfe bei der Beschaffung gewisser Daten. Das Foto verdanke ich Frau Mannweiler, die am 2.8.1988 verstorben ist.

Alfred Sitzmann

Der November-Pogrom 1938
in Edenkoben

Vorbemerkung des Herausgebers: *Im Jahr 1969 beging das Städtchen Edenkoben seine Zwölfhundert-Jahrfeier. In der aus diesem Anlaß errschienenen Ortsge-schichte (»1200 Jahre Edenkoben«, Mannheim 1969) heißt es: ... ein Lied aus der »Kampfzeit«, mit dem wir 1934 als Jungvolk-Buben durch die Stadt marschierten: »Wenn das Judenblut vom Messer spritzt, ja dann geht's nochmal so gut. Solda-ten, Kameraden, hängt die Juden! Stellt die Bonzen an die Wand!« Das entsprach dem Ungeist der Zeitschrift »Der Stürmer«, die ständig in einem roten Schauka-sten am »Goldenen Eck« ausgehängt war. Das fürchterliche Ende der jüdischen Gemeinde, das wir an anderer Stelle dieses Buches dargestellt haben, lag in der Konsequenz von Parolen, von denen viele gemeint hatten, sie nicht ernstnehmen zu müssen. (S. 89f)*
    Ich zitiere, was ich damals als »Hitlerjunge« von 15 Jahren in mein Tagebuch geschrieben habe: (1938) 8. November. In allen Geschäften rote Aushänge »Juden werden hier nicht bedient«.
    9. November. In Paris erschoß ein Jude den deutschen Gesandtschaftsrat(!) von Rath. Im »Schaf« Feier zum 9. November.
    10. November. Alle Synagogen brennen, alle jüdischen Läden sind geplündert, alle Juden in Schutzhaft. »... und Würgerbanden ziehn umher ... Nichts Heiliges ist mehr, es lösen sich alle Bande frommer Scheu ... jedoch der schrecklichste der Schrecken, das ist der Mensch in seinem Wahn. Weh denen, die dem Ewigblinden des Lichtes Himmelsfackel leih'n! Sie strahlt ihm nicht, sie kann nur zünden und äschert Städt' und Länder ein ...« Abends in Neustadt Führersitzung (sc. der Hit-lerjugend).
    11. November. In großen Omnibussen werden die Juden abgeführt.
    12. November. Vormittags sind wir dabei, wie der Edesheimer Arbeitsdienst (aus dem RAD-Lager Edesheim) die Synagoge abreißt.
    Die Judendeportation vom 11. November war eine Privataktion des Edenkobe-ner Ortsgruppenleiters der NSDAP. Er setzte sämtliche jüdische Familien im Rechtsrheinischen bei Maxau aus und verbot ihnen unter Beschimpfungen und Drohungen, sich nochmals in Edenkoben blicken zu lassen ... (S. 193)
    Auch die Realschule Edenkoben gedachte des 1200jährigen Jubiläums mit ei-nem Sonderheft der Schülerzeitschrift »Wazzenpost«, in dem sich auf den Seiten 93-100 ein Beitrag findet, wie die jüdischen Bürger aus Edenkoben vertrieben wur-den. Lehrer Alfred Sitzmann hat hier die Geschehnisse im November 1938 aus der Sicht des damals zehnjährigen Heinz M. dargestellt, der ihm im Jahre 1969 die im folgenden dargestellten Ereignisse berichtete:

I.

Es war am 9. November 1938.

Heinz schreckte aus dem Schlaf hoch. Ein ungeheurer Lärm hatte ihn geweckt. Er hörte Schreie, lautes Gejohle, Gelächter, Schimpfworte und dazwischen das harte Klirren von Fensterscheiben. Er suchte sich vor den in das Zimmer hineinfliegenden Scherben zu schützen, aber er konnte nichts sehen, er konnte niemand erkennen — es war stockfinster draußen, und die Straßenlaternen waren gelöscht.

Er traute sich nicht, aufzustehen, an die zerschlagenen Fenster zu springen, um hinauszuschauen, und auch sein alter Großvater, bei dem er im Zimmer schlief, blieb still zwischen den Scherben liegen. Heinz begriff noch immer nicht, was hier vorging. Er konnte es auch nicht wissen, daß in dieser Nacht im ganzen Deutschen Reich von SA- und SS-Männern die Häuser und Geschäfte der Juden zerschlagen und geplündert und die Synagogen, die jüdischen Gotteshäuser, in Brand gesteckt wurden. Es war die sogenannte »Reichskristallnacht«!

Beim Morgengrauen des 10. November ertönten harte Tritte von eisenbeschlagenen Stiefeln vor dem Haus — und schon standen sie in der Wohnung. Jetzt konnte man sie erkennen: es waren Edenkobener SA-Leute. Sie stürmten an Heinz vorbei die Treppe hinauf und führten seinen Vater ab, verhaftet.

Sein Großvater, der damals schon ein alter, zittriger Mann war, hatte in seiner Stube — wie es bei alten Leuten früher Brauch war — das Bild seines Sohnes aufgestellt, der im Ersten Weltkrieg für Deutschland gefallen war. Das Bild zeigte den Sohn in feldgrauer Uniform mit dem Helm auf dem Kopf und allen im Kriege erworbenen Tapferkeitsauszeichnungen. Es trug einen schwarzen Rahmen und zeigte die Unterschriften seiner Generale und die des bekannten Generalfeldmarschalls von Hindenburg mit dem Vermerk, daß er für sein deutsches Vaterland gefallen sei.

Als die SA-Leute dieses Bild sahen, zerrten sie den alten zittrigen Großvater aus seinem Sessel hoch, stellten ihn vor das Bild seines gefallenen Sohnes, schleuderten ihm üble Schimpfworte ins Gesicht, ergriffen das Bild und zertrümmerten es vor den Augen des fassungslos zitternden Alten ...

An demselben Tage, dem 10. November 1938, wurden in Edenkoben auf dem Denkmal für die Gefallenen des Ersten Weltkrieges die Namen der jüdischen Gefallenen herausgemeißelt!

Nicht nur Heinz und seiner Familie war es in dieser Nacht schlecht ergangen. Bei allen Häusern und Geschäften der jüdischen Bürger Edenkobens waren die Scheiben eingeschlagen worden. Die Häuser und Tore hatte man mit greller Ölfarbe verschmiert und mit Parolen versehen, wie »Volksverräter«, »Volksschädlinge«, »Judenschwein« und anderen in der Hitlerzeit üblichen Ausdrücken. Die Ölfarbe konnte nicht entfernt und mußte später übermalt werden.

Alle jüdischen Männer Edenkobens — mit Ausnahme des alten zittrigen Großvaters — hatte man in das Edenkobener Gefängnis gebracht. Dort saßen sie nun, eingesperrt wie Verbrecher. Kurz nachdem die Männer ins Gefängnis geschleppt worden waren, erschien die Polizei in den Häusern der Juden und teilte den Frauen und Kindern mit, daß sie die Straße nun nicht mehr betreten und in den Geschäften nichts mehr einkaufen dürften. Strom und Wasser wurden ihnen abgestellt.

II.

Während Heinz mit seiner Mutter und seinem Großvater im Hause ausharren mußte, marschierten einige Edenkobener Schulklassen unter Führung ihrer Lehrer zur Synagoge, dem Gotteshaus der Edenkobener Juden.

In der Nacht hatte man dort begonnen, das Innere der Synagoge wahllos zu zerstören. Nun war der Reichsarbeitsdienst aus dem Lager Edesheim-Hainfeld angerückt und begann, die Synagoge abzureißen. Bei diesem Schauspiel sollten die Schüler, denen entsprechende Erklärungen gegeben wurden, zusehen. Zuerst hatte man sich mit dem Gedanken getragen, die Synagoge (wie man es in Landau getan hatte) einfach niederzubrennen. Doch das war unmöglich — halb Edenkoben wäre mit abgebrannt. So fiel nun Stein um Stein der blinden Zerstörungswut zum Opfer, und unter den Klängen der mitgebrachten Musikkapelle wurde das Gotteshaus dem Erdboden gleichgemacht.

Die Sakral- und Kultgegenstände der Synagoge, die unersetzbare Werte darstellten, hatte man zum Marktplatz gebracht, sie auf einen Haufen geworfen und dann ein »Freudenfeuer« veranstaltet, um das verhetzte Dummköpfe ohne Gewissensbisse herumtanzten ...

III.

Am Nachmittag klopfte es heftig an die Tür. Als Heinz vorsichtig öffnete, stürmten SA-Männer und Polizisten herein und sagten, sie sollten sich alle sofort fertig machen, sie würden abtransportiert. Auf die Frage »warum« und »wohin« gab es keine Antwort.

Schnell ging es ans Packen. Aber was sollte man in der Eile mitnehmen? 10 Pfund Gepäck waren nur erlaubt, alles andere mußte dagelassen werden. Alle Schlüssel mußten sie den Uniformierten übergeben, und dann wurden sie abgeführt.[1]

Auf dem Marktplatz von Edenkoben wurden die Frauen und Kinder aller Juden zusammengetrieben. Dort hatte sich bereits eine große schaulustige Menge versammelt. Einige Omnibusse standen bereit, die ringsum mit Plakaten versehen waren, auf denen stand: »Juden raus!«, »Gasmasken auf — hier stinkt's nach Knoblauch!«, »Freifahrt nach Palästina«, »Judenpack« und ähnliches.

Nachdem die Frauen und Kinder in die Busse, die von uniformierten Edenkobener Parteileuten bewacht wurden, verladen worden waren, fuhr ein anderer Bus vor, der die jüdischen Männer aus dem Gefängnis zum Marktplatz brachte. Die sensationslüsterne Menge johlte und tobte, als die Busse sich in Bewegung setzten.

Die Kolonne fuhr über den Rhein und blieb bei Knielingen in der Nähe von Karlsruhe auf freiem Gelände stehen. Die Kinder, Frauen und Männer wurden aus den Bussen gejagt und in der Mitte eines freien Feldes zusammengetrieben.

Plötzlich ertönte das harte Trillern einer Pfeife. Vor ihnen stand der NSDAP-Ortsgruppenleiter Notar Dr. Leibrock aus Edenkoben und hielt eine kurze Ansprache, die folgenden Inhalt hatte:

»Judenpack, mal herhören! Wir haben euch über die Grenze des Gaues Saarpfalz gebracht. Edenkoben ist ab jetzt judenrein! Unterstehe sich niemals mehr einer von euch, Edenkoben wieder zu betreten. Wenn es trotzdem einer wagt, nach Edenkoben zu kommen, wird er auf der Stelle umgelegt. Habt ihr mich verstanden?«

Wieder ertönte die Trillerpfeife, die Bewachungsmannschaft stieg ein, die Busse fuhren fort ...

Da saßen sie nun auf freiem Feld, verstoßen wie Aussätzige, und waren einem ungewissen Schicksal überlassen.

Es wurde Abend. Fabrikarbeiter, die auf ihrem Heimweg an dem Gelände vorbeigingen, blickten erstaunt auf die hilflosen Menschen, die man auf dem Feld zusammengetrieben hatte. Frauen und Kinder saßen auf dem Boden, schluchzten und weinten, und sehr viele dieser Arbeiter waren äußerst empört und entrüstet über das, was man den unschuldigen, wehrlosen Menschen angetan hatte — aber sie hatten wiederum Angst, etwas zu unternehmen. Niemand brachte den Mut auf, jemand von den Juden mitzunehmen — es hätte für ihn auch unabsehbare Folgen haben können.

Als es dunkel wurde, machten sich viele auf den Weg nach Karlsruhe. Andere versuchten, irgendwo Bekannte zu erreichen. Manche gingen zum nächsten Bahnhof und fuhren möglichst weit fort, dorthin wo man sie nicht kannte, um sich zu verstecken.

Heinz fuhr mit seinen Eltern nach Karlsruhe. Dort versteckten sie sich mehrere Tage bei einer bekannten jüdischen Familie und fuhren dann zu den Großeltern mütterlicherseits ins Rheinland.

Alle Edenkobener aber, die bisher von den Gewalttätigkeiten der Hitler-Regierung gegen die jüdischen Bürger »nichts gewußt« hatten, konnten die Absichten des »Führers« nun auch in ihrer Zeitung nachlesen, denn dort stand es schwarz auf weiß:

»Jetzt ist der Traum zu Ende, endgültig aus und vorbei! Reichsminister Dr. Goebbels hat den deutschen Standpunkt klar und unmißverständlich zum Ausdruck gebracht. Die völlige Ausschaltung der Juden aus dem Wirtschaftsleben ist beschlossene Sache. Die Aufbringung der den Juden auferlegten Geldbuße von einer Milliarde ist kein besonderes Problem. Die Zeit der Sentimentalitäten ist vorbei.«[2]

»Das Ziel ist die völlige Entjudung Deutschlands, ein Ziel, bei dem es kein Markten und Feilschen geben kann, keinen Schleichweg und keine Hintertür ...«[3]

IV.

Trotz aller Drohungen und Gefahren kehrte eine Familie im nächsten Jahr nach Edenkoben zurück: Heinz mit seinen Eltern. Sein Vater war ein sehr furchtloser Mann, der seinen Mut und seine Tapferkeit schon im Ersten Weltkrieg bewiesen hatte. Er liebte seine Heimat Edenkoben (bis zur Machtübernahme Hitlers war er Mitglied des Edenkobener Stadtrats gewesen), deshalb entschloß er sich zur Heimkehr.

In Edenkoben stellten sie bei ihrer Rückkehr fest, daß alle Wertgegenstände entwendet worden waren. Da alle Juden nach der »Reichskristallnacht« neue Personalausweise bekommen hatten, auf denen auf jeder Seite ein großes orangefarbenes »J« (= Jude) eingedruckt war, und die Nationalsozialisten außerdem das gesamte Vermögen der Juden beschlagnahmt hatten, waren sie ab jetzt völlig dem Hitlerstaat ausgeliefert. Sie durften die Straße nur noch während einer bestimmten Zeit am Tag betreten, auch das Wasser wurde für sie nur noch zeitweise angestellt.

Es gab nur noch wenige Geschäfte in Edenkoben, die nicht ein Schild am Schaufenster und im Laden angebracht hatten, das besagte: »JUDEN UNERWÜNSCHT« oder »JUDEN WERDEN HIER NICHT BEDIENT«. Der Bäckermeister Damm aber weigerte sich energisch, dieses Schild aufzuhängen. Daraufhin haben andere es ihm an den Laden geheftet. Als er es wieder abriß, drohte ihm ein SS-Mann — der heute noch in Edenkoben lebt — mit der Verhaftung. Bäckermeister Damm aber trieb seine Gegner mit dem Brotschieber aus dem Laden hinaus. Bis zuletzt hat er Heinz und seiner Familie Brot gegeben ...

Am 22. Oktober 1940 nachts um halb fünf Uhr wurde Heinz durch Stöße mit dem Gewehrkolben aus dem Schlaf gerissen. Drei Uniformierte standen vor seinem Bett, einer von ihnen hatte die Pistole auf ihn gerichtet. Sie führten ihn — einen Jungen von 12 Jahren — mit vorgehaltener Pistole die Treppe hinauf zum ersten Stock, wo andere Uniformierte seine Eltern wachgetrommelt hatten. »Fertigmachen zum Abtransport!« hieß es.

Vor dem Haus fuhr ein Wagen vor, in den Heinz und seine Eltern verladen wurden. In Landau hatte man die Juden der ganzen Umgebung gesammelt. An der Verladerampe stand bereits ein Zug: Sein Ziel war das Konzentrationslager.

V.

Als mit dem Ende des Zweiten Weltkrieges die Hitler-Herrschaft zugrunde gegangen war, kam von den während der Hitlerzeit ausgewanderten jüdischen Bürgern niemand mehr nach Edenkoben zurück. Von allen Edenkobener Juden, die 1940 ins KZ gebracht worden waren, überlebten nur drei: Heinz mit seiner Mutter und seinem Vater. [4]

Sein Vater, der erblindet aus dem KZ befreit worden war, starb 1963, seine Mutter wohnte bis zum Mai 1968 in Edenkoben und verbringt nun ihre alten Tage im Elternheim der Jüdischen Kultusgemeinde der Rheinpfalz in Neustadt an der Weinstraße.

Heinz kann die schwerste Zeit seines Lebens und das, was man den Seinen an Leid zugefügt hat, nie vergessen. Doch hat er den Unschuldigen und Unbeteiligten der älteren — damals schon erwachsenen — Generation und insbesondere der damaligen und heutigen Jugend gegenüber nie Haßgefühle empfunden. Im Gegenteil, die Jugend von damals wie die heutige hat er seit seiner Befreiung aus dem KZ stets gegen erhobene Anschuldigungen verteidigt.

Heute ist Heinz längst verheiratet und lebt mit seiner Familie in Neustadt.[5] Sein Sohn ist jetzt gerade so alt, wie er selbst damals war, als Hitler und seine Helfershelfer überall in Deutschland Recht und Freiheit beseitigt hatten und die Menschenwürde mit Füßen traten — auch in Edenkoben.

Anmerkungen

1 Der Großvater konnte wegen seines sehr schlechten Gesundheitszustandes nicht abtransportiert werden. Er starb 1939.

2 Aus: Geschäftsanzeiger, Anzeigenblatt für den Amtsbezirk Edenkoben, Edenkoben, 19. November 1938

3 Aus: Geschäftsanzeiger, 10. Dezember 1938

4 Heinz hatte drei ältere Schwestern, die wir in unserem Bericht jedoch nicht erwähnt haben. Eine Schwester hatte vor der Verhaftung gerade noch ins Ausland gelangen können, die beiden anderen Schwestern wurden von der SS im Vernichtungslager ermordet.

5 Diese Angaben beziehen sich auf das Jahr 1969, in dem der Text verfaßt wurde.

Roland Paul:

»Es war nie Auswanderung, immer nur Flucht«

Zur Emigration der Juden aus der Pfalz im Dritten Reich

Mit den Worten »Es war nie Auswanderung, immer nur Flucht« charakterisierte die aus dem Elsaß stammende, 1940 aus dem südfranzösischen Konzentrationslager Gurs entkommene und nach den USA emigrierte Schriftstellerin Adrienne Thomas (1897-1980) nicht nur ihre eigene Odyssee, sondern die Situation Tausender von Emigranten, die Europa und dem faschistischen Hitler-Deutschland zwischen 1933 und 1945 den Rücken kehrten und sich damit vor dem Holocaust retten konnten. [1]

Aus der Pfalz sind in dieser Zeit schätzungsweise 4.000 jüdische Bürger ins Ausland geflüchtet. Zwar galt die Pfalz in Anbetracht der großen Auswanderungsbewegungen im 18. und 19. Jahrhundert als eine klassische Auswanderungsregion, doch nie zuvor haben so viele Menschen diesen Raum, der für sie Heimat war, unter politischem Druck verlassen müssen. [2]

Zur Entwicklung der jüdischen Bevölkerung bis 1933

Im Jahre 1818 lebten in dem neugeschaffenen bayerischen Rheinkreis, der Pfalz, insgesamt 10.470 Juden, das waren 2,3 % der Gesamtbevölkerung. Ihre Zahl stieg bis zum Jahre 1847 auf 15.574 Personen an, stagnierte in den folgenden Jahren (1852: 15.636 Juden) und nahm bis zur Jahrhundertmitte beträchtlich ab.

Im Jahre 1900 lebten in der Pfalz lediglich noch 10.108 Juden, das waren 1,2% der Gesamtbevölkerung. [3]

Ursache dieses Rückgangs war in erster Linie die starke Abwanderung, insbesondere die Übersee-Auswanderung um die Jahrhundertwende und in der zweiten Hälfte des 19. Jahrhunderts.

Bis 1925 verringerte sich die Zahl der Juden in der Pfalz auf 7.850 Personen, zum Teil wiederum bedingt durch die Abwanderung, aber auch durch Verluste im Ersten Weltkrieg. [4]

Die gerade in der Pfalz zu beobachtende starke Beteiligung der jüdischen Bevölkerung an der Amerika-Auswanderung im 19. Jahrhundert wie auch an der Auswanderung in der Zeit der Weimarer Republik kam den späteren Emigranten vielfach zugute. Durch die Vermittlung von vor 1933 Ausgewanderten bzw. deren Kindern konnten viele Flüchtlinge des Dritten Reiches vor allem in den USA eher und leichter Fuß fassen als andere, die keine Verwandten in Nordamerika hatten.

Die jüdische Bevölkerung in der Pfalz von 1933 bis 1940 und ihre Abwanderung

Von den 504.000 Juden, die 1933 noch im Deutschen Reich gezählt worden sind, lebten lediglich 6.487 in der Pfalz, das waren kaum 2% der damaligen jüdischen Bevölkerung in Deutschland. [5]

Drei Jahre später, am 1. Oktober 1936, wurden noch 4.953 Mitglieder der israelitischen Kultusgemeinde der Pfalz gezählt; ein Jahr später waren es noch 4.294 und am 1. Oktober 1938 lediglich noch 3.302 Mitglieder. Die Zahl der Juden in der Pfalz nahm demnach von Oktober 1937 bis Ende September 1938 um 992 Personen, prozentual ausgedrückt um 23,1% ab. Der stärkste Rückgang war bei den 20-40jährigen zu verzeichnen. [6]

Im September 1937 berichtete Siegmund Marx über die Situation der jüdischen Kultusgemeinde Speyer: »Die Kehilla Speyer und ihre Schule schrumpft mehr und mehr. Die Reihen lichten sich; die Armut zieht ein, wo ehemals Wohlstand war. Wir begleiten die Jugend zur Bahn und tragen die Alten zu Grabe ...« [7]

In mehreren im Jüdischen Gemeindeblatt für das Gebiet der Rheinpfalz veröffentlichten Beiträgen klagt der 82jährige Vorsitzende des Rabbinatsbezirks Bad Dürkheim - Ludwigshafen, Ludwig Strauß, über die Folgen der Auswanderung für die jüdischen Kultusgemeinden. Unter dem Titel »Fallen seh ich Zweig um Zweig« berichtet er 1937 über den Rückgang der Gemeinde Bad Dürkheim und ruft mehreren Gemeindemitgliedern, die nach den USA auswandern, ein »Lebewohl« zu: »62 Jahre«, schreibt Ludwig Strauß, »bin ich mit der Dürkheimer Gemeinde verbunden. Daß ich heute in den späten Herbsttagen meines Lebens noch den Zerfall meiner vormals so blühenden und wohlhabenden Gemeinde erleben muß, das ist für mich eine Betrübnis, die bis an mein Ende in mir haften wird.« [8]

Wenige Monate später lesen wir von ihm: »Volk im Aufbruch, Diaspora in Bewegung — das ist die Signatur, die erste in die Augen fallende Kennzeichnung unserer Lage. Auswanderung und Abwanderung — Woche für Woche, Tag für Tag! Schon wieder haben wir in letzter Zeit drei Familien verloren ... Die Jugend verläßt uns, eine vergreiste Gemeinde bleibt zurück. Aber je mehr unsere Zahl zusammenschrumpft — um so treuer und fester wollen wir zusammenarbeiten, uns brüderlich und schwesterlich zur Seite stehen ...« [9] Und in der vorletzten Ausgabe des Jüdischen Gemeindeblattes (1. Oktober 1938) berichtet er aus Bad Dürkheim: »Die Auswanderung, der Auflösungsprozeß unserer Gemeinde stehen im Vordergrunde. Vor ihnen treten alle anderen Vorkommnisse zurück.« [10]

Bei der 21. ordentlichen Mitgliederversammlung des Verbands der israelitischen Kultusgemeinden der Rheinpfalz wird am 20. September 1938 bekanntgegeben, daß durch Beschluß der Gemeindevorstände und der zuständigen Bezirksrabbiner zwölf der insgesamt 67 jüdischen Gemeinden der Pfalz aufgelöst wurden. [11]

Im Oktober 1940 lag die Zahl der in der Pfalz verbliebenen Juden unter 1.000. Von wenigen abgesehen, die privilegiert waren, eine besondere Protektion genossen oder versteckt gehalten worden sind, wurden die meisten der verbliebenen Juden, 826 Personen, am 22. Oktober 1940 aus der Pfalz in das südfranzösische Lager Gurs deportiert. [12]

Im Oktober 1940 lebte demnach nur noch etwa 1/7 der zu Beginn des Dritten Reiches in der Pfalz gezählten Juden in ihrer Heimat. Der Bevölkerungsverlust liegt bei etwa 5.500 Personen. Diese Zahl, die selbstverständlich auch die Sterblichkeitsziffer einschließt, die bei der jüdischen Bevölkerung in der zweiten Hälfte der dreißiger Jahre deutlich über der Geburtenziffer gelegen hat, darf allerdings nicht allein mit der Emigration ins Ausland in Verbindung gebracht oder gar gleichgesetzt werden. In ihr sind mehrere hundert jüdische Familien und Einzelpersonen enthalten, die nach 1933 aus der Pfalz in benachbarte Großstädte wie Mannheim, Frankfurt, Stuttgart gezogen sind.

Der Rückgang der Mitgliederzahlen größerer jüdischer Gemeinden in der Pfalz von 1933 bis 1940

	1932/33	1936	1937	1938	1940
Bad Dürkheim	184	111	98	40	18
Dahn	70	29	26	13	—
Edenkoben	69	56	52	41	14
Frankenthal	300	158	131	111	39
Grünstadt	135	63	33	19	1
Haßloch	62	42	34	29	3
Homburg/Saar	128	36	34	26	15
Ingenheim	83	95	92	57	3
Kaiserslautern	756	477	395	295	49
Kirchheimbolanden	58	47	38	30	10
Kusel	66	70	63	54	4
Landau	638	444	385	315	34
Landstuhl	55	54	47	34	7
Ludwigshafen	1.400	797	710	547	182
Mutterstadt	90	77	80	63	49
Neustadt	375	214	174	171	23
Pirmasens	ca. 800	481	444	312	1
Rodalben	75	64	51	39	—
Rockenhausen	74	70	62	24	12
Rülzheim	184	143	117	119	—
Speyer	ca. 350	190	154	139	50
Steinbach/Glan		66	48	41	4
Zweibrücken	155	117	114	86	16

Die Zahlen für 1932/33 sind entnommen aus dem »Führer durch die jüdische Gemeindeverwaltung und Wohlfahrtspflege in Deutschland 1932-33, hrsg. von der Zentralwohlfahrtsstelle der deutschen Juden, S. 307 ff.; für die Jahre 1936 bis 1938 aus: Jüdisches Gemeindeblatt für das Gebiet der Rheinpfalz, 2. Jg., Nr. 3 vom 1. November 1938, S. 2. Die Angaben für 1940 beziehen sich auf die am 22. Oktober 1940 aus der Pfalz nach Gurs deportierten Juden, entnommen aus dem Verzeichnis der am 22. Oktober 1940 aus der Pfalz evakuierten Juden, veröffentlicht in: Dokumente des Gedenkens mit Beiträgen von Wilhelm Denig und Henry R. Huttenbach, hrsg. in Zusammenarbeit mit Editha Bucher von Franz-Josef Heyen (= Dokumentation zur Geschichte der jüdischen Bevölkerung in Rheinland-Pfalz und im Saarland von 1800 bis 1945, Bd. 7), Koblenz 1974, S. 119 ff.

Für die Zeit vom 1. September 1937 bis 1. November 1938 erhält man ein relativ gutes, sicher aber auch unvollständiges Bild von der Emigration aus der Pfalz, wenn man die im Jüdischen Gemeindeblatt für das Gebiet der Rheinpfalz unter der Rubrik Auswanderung aus den einzelnen Rabbinatsbezirken aufgeführten Einzelpersonen und Familien addiert. Dort sind für diese Zeit insgesamt 351 Einzelauswanderer und 58 Familien namentlich genannt, die aus den vier pfälzischen Rabbinatsbezirken ins Ausland emigriert sind. Davon ist die große Mehrheit, nämlich 296 Personen und 39 Familien, nach den USA ausgewandert. An zweiter Stelle folgt weit abgeschlagen Argentinien, das von 19 Einzelpersonen und sechs Familien als Zielland angegeben wird. Nach Frankreich wandten sich lediglich 11 Einzelpersonen und fünf Familien, nach Palästina nur acht Einzelpersonen und eine Familie. Als weitere Asylländer von untergeordneter Bedeutung werden genannt: Luxemburg, Holland, England, Schweiz, Brasilien, Uruguay, Kolumbien, Südafrika und Kuba.

Was den genauen zahlenmäßigen Umfang der pfälzischen Emigration in der NS-Zeit betrifft, so gilt, was der renommierte Emigrationsforscher Werner Röder für die gesamtdeutsche Emigration dieser Epoche feststellte: »Über den Gesamtumfang der erzwungenen Abwanderung von rassisch Verfolgten und politischen Systemgegnern aus dem Dritten Reich liegen keine präzisen Angaben vor. Die unterschiedlichen Schätzzahlen des Völkerbundes, der Flüchtlingsorganisationen und die Statistik des Judentums in Deutschland ermöglichten auch für die jüdische Emigration bisher nur die Errechnung von Annäherungswerten.«[13]

Die fünf Phasen der Verfolgung

Die Verfolgungsmaßnahmen lassen sich in Bezug auf die Auswanderung in etwa fünf Phasen zusammenfassen:[14]

1. Die Phase von Januar 1933 bis Sommer 1933
In diese Zeit fallen erste Terrorakte der SA gegen politisch oder intellektuell exponierte Gegner des Nationalsozialismus und gesetzgeberische Maßnahmen gegen sogenannte nichtarische Beamte, Universitätsangehörige, Rechtsanwälte und Richter sowie gegen Ärzte, denen zunächst die Zulassung zur Kassenpraxis entzogen wurde. Der Boykott jüdischer Geschäfte am 1. April 1933 führte dazu, daß viele Selbständige in Not gerieten.

2. Die zweite Phase dauerte von Sommer 1933 bis zum Frühjahr 1935, gekennzeichnet durch eine »schleichende Verfolgung« ohne besondere antisemitische Verordnungen und gewaltsame Aktionen, nicht zuletzt bedingt durch die negativen Auswirkungen, die die judenfeindlichen Maßnahmen, vor allem der Boykott vom 1. April 1933, auf das Deutschland-Bild im Ausland hatten.

3. In der dritten Phase vom Frühjahr 1935 bis zum September 1935 wurde die Verfolgung wieder offensiver betrieben. Sie erreichte ihren Höhepunkt mit den am 15.

September 1935, in Nürnberg, »am Reichsparteitag der Freiheit« vom Reichstag einstimmig beschlossenen sogenannten »Nürnberger Gesetzen«: Nach dem »Reichsbürgergesetz« ist Reichsbürger »nur der Staatsangehörige deutschen oder artverwandten Blutes, der durch sein Verhalten beweist, daß er gewillt und geeignet ist, in Treue dem Deutschen Volk und Reich zu dienen«. Das Gesetz zum Schutz des deutschen Blutes und der deutschen Ehre verbot u.a. »Eheschließungen zwischen Juden und Staatsangehörigen deutschen oder artverwandten Blutes«, erklärte »trotzdem geschlossene Ehen sind nichtig, auch wenn sie zur Umgehung dieses Gesetzes im Ausland geschlossen sind.«

Den »Nürnberger Gesetzen« folgten Verordnungen zum Reichsbürgergesetz, die es den Nationalsozialisten gestatteten, alle noch in öffentlichen Ämtern verbliebenen »Nichtarier«, mit Juden verheiratete oder von Juden abstammende Beamte, Juristen, Lehrer usw. aus dem Dienst zu drängen.

4. Die vierte Phase von 1936 bis Herbst 1937 ist vergleichbar mit der in der zweiten Phase zu beobachtenden schleichenden Verfolgung. Mit Rücksicht auf die durch die Olympischen Spiele zu erwartenden ausländischen Besucher und das internationale Ansehen des Deutschen Reiches sollten auf Empfehlung von Reichsminister Goebbels antijüdische Schilder und Inschriften vorübergehend entfernt werden. Der Arisierungs-Druck nahm dennoch zu und führte zum Ausschluß weiterer Berufsgruppen.

5. In der fünften Phase kam es zu einer weiteren Verschärfung und Radikalisierung der antijüdischen Maßnahmen. Der Anschluß Österreichs setzte auch die dort lebenden Juden den brutalen Exzessen der Nationalsozialisten aus und hatte eine regelrechte Austreibung zur Folge. Höhepunkt der Verfolgungsmaßnahmen bildete die nach dem Attentat des polnischen Juden Herschel Seibel Grynspan auf den deutschen Botschaftsangehörigen Ernst vom Rath in Paris von Goebbels und Hitler initiierte »Reichskristallnacht« vom 9./10.. November 1938, bei der jüdische Gotteshäuser zerstört und in Brand gesteckt, jüdische Wohnungs- und Geschäftseinrichtungen zerschlagen worden sind. 30.000 männliche Juden wurden im Zuge dieser Aktion in Konzentrationslager, insbesondere nach Dachau verschleppt, aus denen die meisten erst nach Wochen wieder heraus kamen. Die ersten Deportationen in die Vernichtungslager, von wo es meistens kein Zurück mehr gab, setzten im Herbst 1940 ein.

Zur Verfolgung der Juden in der Pfalz

Auch in der Pfalz sind diese Verfolgungsphasen — wenn auch in regional unterschiedlicher Intensität — festzustellen. [15]

Schon am 25. März 1933 hatte der Landauer Kreisleiter Kleemann den »Machenschaften des internationalen Judentums«, wie er sich ausdrückte, den Kampf angesagt und das Mitglied des Landauer Stadtrats, Kommerzienrat Viktor Weiss, heftig angegriffen. [16]

Der Gau-Propagandaleiter der NSDAP Pfalz, Trampler, rief am 29. März zum »rücksichtslosen Boykott« der jüdischen Geschäfte auf und untersagte den pfälzischen Zeitungen ab sofort die Aufnahme von Inseraten jüdischer Auftraggeber. Falls eine Zeitung solche Anzeigen aufnehme, dürfe in ihr ab 1. April keine amtliche Bekanntmachung mehr veröffentlicht werden. [17] In den pfälzischen Städten bezogen am Morgen des 1. April SS-Leute ihre Posten vor jüdischen Geschäften, Rechtsanwaltskanzleien und Arztpraxen. Meistens hielten sie Schilder mit der Aufschrift »Geht nicht zu jüdischen Rechtsanwälten«, »Kauft nicht beim Juden«, »Die Juden sind unser Unglück« etc. In Speyer und Rodalben waren die SA-Posten vor jüdischen Geschäften sogar mit Fotoapparaten ausgestattet, um die Kunden zu fotografieren. [18] Deprimiert reagierten die Betroffenen auf diese schändlichen Aktionen, wie das Beispiel des später nach den USA emigrierten, angesehenen Zweibrücker Rechtsanwalts Justizrat Berthold Kahn zeigt, an dessen Kanzlei ebenfalls ein »Unerwünscht«-Schild angebracht war, neben dem uniformierte SA-Männer standen. Kahns Tochter Elisheva Lernau schreibt dazu: »Mein Vater war damals völlig zusammengebrochen. Man hatte ihn am Vortage roh von der Treppe des Justizpalastes weggejagt — ihn, der 1892 in Zweibrücken das Gymnasium Bipontinum absolviert hatte; der seit 1902 in Zweibrücken niedergelasssen war; der sich 1918 nach der Rückkehr aus dem Felde seine Praxis nèu aufgebaut hatte — seine Welt war zusammengestürzt. Er saß verstört im Wohnzimmer und starrte auf sein E.K. und auf die Dankesurkunde, die seine Mutter Lina Kahn in St. Ingbert nach dem Krieg von 1870 'für aufopferungsvolle Verwundetenpflege' von der deutschen Heeresleitung erhalten hatte ...« [19]

In Vollzug der Gesetze zur Wiederherstellung des Berufsbeamtentums und über die Zulassung zur Rechtsanwaltschaft vom 7. April 1933 wurde jüdischen Beamten und Anwälten in der Pfalz die Erwerbsgrundlage genommen. Der unsinnige »Arier-Nachweis« wurde für die Folgezeit wichtigster Bestandteil von Bewerbungsunterlagen.

Pfälzische Zeitungen und Zeitschriften, allen voran die Tageszeitung NSZ-Rheinfront und »Die Westmark«, eine damals angesehene Zeitschrift der »Kulturschaffenden« der Pfalz, betrieben antisemitische Hetzpropaganda. [20]

In Kaiserslautern wurde im Sommer 1938 beschlossen, die von dem aus Landau stammenden und in Karlsruhe lehrenden Professor Ludwig Levy geplante und bei ihrer Einweihung 1886 als »Zierde ihrer Stadt« bezeichnete Synagoge in der Stadtmitte abzubrechen, weil sie »wegen ihres maurischen Stils nicht in das Stadtbild passe«. [21] Ein Großteil der pfälzischen Synagogen wurde in der »Kristallnacht« in Brand gesteckt oder zerstört, jüdische Friedhöfe geschändet, Wohnungen und Geschäfte geplündert und die Einrichtung demoliert.

Männliche Juden wurden in »Schutzhaft« genommen und nach Dachau verbracht. »Mein Vater, mein Bruder und ich wurden am Morgen des 11. November 1938 von der Polizei verhaftet«, berichtet Charles Wolff über die Ereignisse in seiner Heimatstadt Pirmasens. »Der Beamte hatte noch den Anstand, meine Mutter zu warnen, daß nach ihm noch auswärtige Polizisten kommen würden ... Alle Pirmasenser männlichen Juden zwischen 16 und 60 Jahren wurden in die Volksgartenhalle gebracht und in Postautos verladen und über die nahegelegene deutsch-französische Grenze nach Frankreich gejagt. Der traurige Zug meist älterer Menschen hatte noch spöttische Reden eines Nazi-Bonzen über sich ergehen lassen müssen, während die deutschen Zollbeamten nervös herumstanden. In Frankreich selbst wurden wir nach kurzem Aufenthalt wieder so wie wir waren nach Deutschland zurückgeschickt. Am nächsten Morgen waren wir wieder in der Volksgartenhalle, von wo wir am Abend des 12. November mit dem Postauto nach Ludwigshafen gebracht wurden. Dort stand schon ein Sonderzug bereit, welcher uns und fast alle männlichen Pfälzer Juden nach Dachau brachte. Die Bewacher auf dem Transport waren Gendarmerie-Beamte, welche sich uns gegenüber sehr anständig benahmen. Mein Vater, welcher kurz vorher eine schwere Kopfoperation erleiden mußte, starb im KZ Dachau im Lazarett an den Folgen der 'guten Behandlung'. Mein Bruder und ich wurden schon nach drei Wochen auf Anweisung der Gestapo entlassen. An Weihnachten 1938 verließen mein Bruder und ich unsere Geburtsstadt Pirmasens und gingen zu Verwandten nach St. Avold (Lothringen). Meine Mutter folgte uns vier Wochen später. Im Februar 1940 verließen wir Frankreich via Le Havre auf dem Dampfer »De Grasse« und kamen hier in den USA am 26. Februar 1940 an.«

Nach der »Kristallnacht« und der Entlassung der vor allem im Konzentrationslager Dachau eingesessenen männlichen Juden setzte eine regelrechte Massenflucht ein. Im Zuge der Haftentlassung mußten sich die Juden häufig verpflichten auszuwandern. So meldete z.B. die Gestapo Staatspolizeistelle Neustadt a.d. Weinstraße am 4. August 1939 an den Landrat des Kreises Kusel: »Der Jude Kayem wurde am 22. Dezember 1938 aus der Schutzhaft im KL-Dachau zwecks Auswanderung entlassen. Ich bitte um Mitteilung über den Stand der Auswanderung. Gleichzeitig bitte ich, Kayem zu eröffnen, daß er mit der Wiedereinlieferung in das KL-Dachau zu rechnen hat, falls er nicht ernsthaft seine Auswanderung betreibt.« Aus dem daraufhin von der Gendarmerie-Station Glan-Münchweiler angefertigten Bericht ist zu entnehmen: »Kayem erklärte, er habe ursprünglich die Absicht gehabt, nach Bolivien auszuwandern, aber die Einwanderung nach Bolivien sei inzwischen gesperrt worden ... Jetzt beabsichtigt Kayem, nach Australien auszuwandern, was aus einem Schreiben der obengenannten Reichsvereinigung vom 11. August 1939 hervorgeht. In diesem Schreiben wird Kayem mitgeteilt, daß die Auswanderung nach Australien möglich sei und daß er im Falle der Auswanderung über 200 Pfund verfügen müsse.«[23]

Doch offenbar konnte Kayem dieser Auflage nicht nachkommen. Im Oktober 1940 wurde er mit seiner Frau und seiner siebenjährigen Tochter nach Gurs deportiert. Sein Leben und das seiner Frau endete in Auschwitz.[24]

Die Emigration nach Kriegsbeginn

Nach Kriegsbeginn verschärfte sich die Lage für die in Deutschland lebenden Juden immer mehr. Am 10. September 1939 verfügte der Reichsführer SS eine Ausgangssperre für Juden ab 22.00 Uhr. Zwei Wochen später wurden auf Anordnung der Gestapo sämtliche Rundfunkgeräte eingezogen. Im November 1939 wurden Juden vom Erhalt der Kleiderkarte ausgeschlossen, ab Januar 1940 auch vom Bezug von Spinnstoffen, Schuhen und Ledermaterial. Der Reichsernährungsminister verbot am 2. Dezember 1939 den Verkauf von Kakao- und Schokoladeerzeugnissen an Juden.

Noch Ende Oktober 1939 hatte der Chef der Sicherheitspolizei und des SD dem auswärtigen Amt mitgeteilt, es sei »nach wie vor erwünscht, wenn Juden in möglichst großem Umfange aus Deutschland auswandern.«[25] Im April 1940 ordnete der Reichsführer SS und Chef der Deutschen Polizei »für alle in den KL einsitzenden jüdischen Häftlinge für die Dauer des Krieges allgemeine Entlassungssperre« an und ließ gleichzeitig mitteilen, daß er »der Entlassung von Juden, deren Auswanderung bereits vorbereitet ist und die in Kürze auswandern können, zustimmt, sofern politische und andere Bedenken nicht bestehen.«[26]

Die »Reichsvereinigung der Juden in Deutschland« bemühte sich von Kriegsbeginn an darum, von bereits ausgewanderten Verwandten und Freunden der Auswanderer Devisen für die Passage zu erhalten: »In dieser Zeit, in der die Auswanderung für Tausende als einziger Ausweg erscheint, ist jeder aus Deutschland nach Übersee ausgewanderte Jude verpflichtet, sich für die Nachwanderung der in Deutschland Verbliebenen einzusetzen ...«[27]

Am 23. Oktober 1941 wurde die Emigration von Juden verboten, und am 25. November 1941 entzog die »Elfte Verordnung zum Reichsbürgergesetz« den emigrierten Juden Staatsangehörigkeit und Vermögen: »Das verfallene Vermögen soll zur Förderung aller mit der Lösung der Judenfrage im Zusammenhang stehenden Zwecke dienen.«[28] Nur noch ganz wenige konnten in der Folgezeit dem Abtransport in die Konzentrationslager entkommen. Die pfälzischen Juden waren bereits am 22. Oktober 1940 aus ihrer Heimat in das im unbesetzten (»Vichy«-)Frankreich in den Pyrenäen gelegene Konzentrationslager Gurs deportiert worden, das für etwa die Hälfte von ihnen nur ein Zwischenlager vor Auschwitz war. Von den 826 nach Gurs deportierten Juden aus der Pfalz konnten 104 aus dem Lager entkommen und wurden entweder in Frankreich versteckt gehalten oder wanderten nach Übersee aus.[29]

Einige Juden aus der Pfalz, die vor dem 22. Oktober 1940 in Städte außerhalb Badens und der Pfalz gezogen waren, konnten sich in letzter Minute vor Einsetzen der sogenannten »Endlösung« noch ins Ausland retten, so z.B. Hermann Oppenheimer, seine Frau Hilde und deren Mutter Frieda Abraham. Sie hatten ihre Heimatstadt Landstuhl, wo Hermann Oppenheimer bis 1933 als Rechtsanwalt arbeitete, nach der »Kristallnacht« verlassen und waren zu Verwandten nach Frankfurt gezogen, wo sie sich um ein US-Visum bemühten. Erst 1941 erhielten sie die ersehnte Einreiseerlaubnis nach den Vereinigten Staaten. Am 25. Mai 1941 verließen sie Frankfurt und hatten sich zu einem Sammeltransport in Berlin einzufinden, von wo sie die Reise nach Lissabon, dem damals einzigen Ausgangshafen, antraten. Da die wenigen Schiffe alle überbesetzt waren, mußten die Oppenheimers sieben Wochen in Lissabon warten, bis sie mit einem portugiesischen Schiff Europa verlassen konnten. Am 9. August 1941 landeten sie in New York.[30]

Der Hilfsverein und die Beratung der Auswanderer

Für die Beratung, Unterstützung und Organisation der nicht-palästinensischen Auswanderung war der 1901 gegründete »Hilfsverein der deutschen Juden«, später »Hilfsverein der Juden in Deutschland« zuständig. Hatte er im Ersten Weltkrieg und in den ersten Jahren nach dem Krieg die Zu- bzw. Durchwanderung aus den osteuropäischen Ländern betreut, so wurde der Hilfsverein im Dritten Reich zur wichtigsten Informations- und Kontaktstelle der in europäischen oder überseeischen Ländern Zuflucht suchenden Juden. Ratsuchenden standen neben der Berliner Zentralstelle 15 Beratungsstellen im Reich zur Verfügung.

Unterhielt der Hilfsverein bis Anfang 1936 neben der Zentralstelle in Berlin Beratungsstellen in Hamburg und Bremen, so wurden jetzt nicht zuletzt bedingt durch den infolge der »Nürnberger Gesetze« gestiegenen Auswanderungsdruck 13 weitere Beratungsstellen eingerichtet, u.a. in Breslau, Frankfurt a. Main, Köln, Mannheim und Stuttgart. [31]

Für die Pfalz war die Mannheimer Beratungsstelle des Hilfsvereins zuständig. Täglich fanden sich Dutzende von Auswanderungswilligen in der Beratungsstelle in Mannheim ein. »Wann und wohin werde ich auswandern können? Wie erhalte ich das Visum? Wie wird sich mein Leben nach der Auswanderung gestalten? Wird es mir gelingen, eine wirkliche neue Heimat zu finden, oder wird es ein Umherziehen ohne festen Halt geben?« Dies waren die brennendsten Fragen, auf die sich die bedrängten Juden eine Antwort erhofften. Als Grundlage für die weitere Beratung der Auswandernden sammelte der Hilfsverein eine Fülle von Material. Vor allem seien hier die sogenannten »Grünen Fragebogen« erwähnt, die der Hilfsverein in Tausenden von Exemplaren versandte und zu einem Teil sorgfältig beantwortet zurückerhielt. Die Fragebogen sprechen eine Reihe von Problemen an, z.B.: »Welches war Ihr ursprünglicher Beruf — welches ist Ihr jetziger? Wie lang ist Ihre Arbeitszeit? Wie hoch ist Ihr Verdienst? Wie verteilen sich Ihre Ausgaben auf die verschiedenen Hauptposten, wie Nahrung, Kleidung, Wohnung usw.? Wie sind die Schulverhältnisse? Mit wem verkehren Sie (Deutschen, Juden, Ostjuden, Landesbevölkerung) usw.?« [32]

In zahlreichen Presseartikeln, die in jüdischen Zeitungen und Zeitschriften, insbesondere in seinem eigenen Korrespondenzblatt »Jüdische Auswanderung« veröffentlicht wurden, machte der Hilfsverein immer wieder auf seine Beratertätigkeit aufmerksam und gab wertvolle Hinweise für Auswanderungswillige. Vor ihrer Auswanderung sollten »alle Auswanderer zuvor bei der Beratungsstelle des Hilfsvereins vorsprechen und sich über die Einwanderungsmöglichkeiten genau unterrichten.« Nur so seien »typische Fehler« zu vermeiden. [33] »Es liegt Veranlassung vor, erneut darauf hinzuweisen, daß die Hilfskomitees in den europäischen Ländern nicht in der Lage sind, Einwanderern, die auf eigene Faust ohne genaue Erkundigungen der Hilfs- und Aufbaumöglichkeiten und ohne Beratung durch den Hilfsverein sich dorthin begeben, irgendwelche Hilfe zuzusichern.« [34] 1937 warnte der Hilfsverein wiederholt davor, lediglich mit einem Touristenvisum einzuwandern, in der Hoffnung, im Einwanderungsland die Erlaubnis zur dauernden Niederlassung zu erhalten. Es bestünde die Gefahr der späteren Ausweisung. Außerdem sei dadurch das jüdische Ansehen bei den Behörden der Einwanderungsländer gefährdet.[35] Im März 1938 macht der Hilfsverein auf den Männerüberschuß bei der Auswanderung aufmerksam und fordert eine verstärkte Auswanderung von Mädchen und Frauen. Darüberhinaus empfiehlt er:»In erster Linie müssen sich unsere jungen Auswanderer künftig darüber im klaren sein, daß sie im allgemeinen gut daran tun, sich vor ihrer Übersiedlung in ein überseeisches Land an die künftige Lebensgefährtin zu binden und zwar in der Regel durch Eheschließung.«[36]

In den größeren Städten der Pfalz führte der Hilfsverein von Zeit zu Zeit Informationsveranstaltungen durch. So sprach der Generalsekretär des Hilfsvereins, Dr. Mark Wischnitzer, am 26. Januar 1937 in Pirmasens über »Jüdische Auswanderung nach Übersee«.[37] Zwischen 1933 und Januar 1937 habe der Hilfsverein, so führte der Referent aus, etwa 12.000 Juden in Deutschland mit finanzieller Unterstützung zur Auswanderung nach Übersee verholfen. Dreimal so hoch sei die Zahl derer, die sich der Beratung und der Empfehlungen des Hilfsvereins bedienten. Assessor Paul Steeg aus Karlsruhe referierte in jener Zeit an mehreren Orten der Pfalz über die Auswanderungsmöglichkeiten nach Übersee und erteilte auch im »Jüdischen Gemeindeblatt für das Gebiet der Rheinpfalz« immer wieder Ratschläge. Mehrmals mußte er darauf hinweisen, daß die Auswanderungskosten grundsätzlich selbst aufzubringen waren, öffentlich-jüdische Mittel könnten erst dann gewährt werden, »wenn der Auswanderer und seine Angehörigen zunächst alle selbst verfügbaren Mittel für die Auswanderung eingesetzt haben.« Grundsätzlich, so betonte Steeg, würden nur Fahrt und Passagekosten 3. Klasse mit Eisenbahn oder Schiff bezuschußt.

Neben den meist überfüllten Sprechstunden der für die Pfälzer zuständigen Beratungsstelle in Mannheim wurden von Zeit zu Zeit aber auch in pfälzischen Städten, z.B. in Landau und in Kaiserslautern, Sprechstunden des Auswanderungsberaters abgehalten.[38]

Sprachenkenntnis als wichtigste Voraussetzung für die Auswanderung

Wichtig für alle Auswanderer war das Erlernen von Fremdsprachen:»... denn das erste Gebot für jetzige und künftige Auswanderer lautet: Sprachen lernen! Wer die Landessprache nicht vollständig beherrscht, bleibt zeitlebens ein Fremder...«, heißt es in einer Verlautbarung des Verbands der israelitischen Kultusgemeinden der Pfalz. Daher bot der Verband seinen Mitgliedern in verschiedenen Städten der Pfalz Sprachunterricht an.

Das Staatspolizeiamt für den Stadtbezirk Zweibrücken unterrichtet beispielsweise am 30. November 1936 die Gestapo für die Pfalz in Ludwigshafen davon, daß der »für eine größere Anzahl ihrer Mitglieder« beabsichtigte englische Sprachunterricht wöchentlich in vier Kursen im Heim der israelitischen Kultusgemeinde abgehalten werden soll. In ihrer Stellungnahme gestattet die Gestapo zwar die Durchführung des Sprachkurses, verbietet allerdings die »Abhaltung sogenannter Tischtennisabende«.[39]

In den 15 Ausgaben des Jüdischen Gemeindeblattes für das Gebiet der Rheinpfalz findet sich eine Reihe von Hinweisen auf Sprachkurse: »Unterricht in Spanisch, Portugiesisch, Englisch, englischer Kurzschrift erteilt Studienrat a.d. M. Witzenhausen. Meldungen für alle Gemeinden der Pfalz nimmt das Bezirksrabbinat Landau/Pfalz, Glacisstr. 9, entgegen«. [40] Im Jüdischen Lehrhaus in Landau hielt Paul Feibelmann 1938 Lehrkurse in der »amerikanisch-englischen Sprache« ab, die »außerordentlich guten Zuspruch« fanden. [41] Der seit 1. Mai 1938 in Edenkoben tätige Lehrer und Kantor Benno Kesstecher bot »englischen, französischen und hebräischen (Iwrith) Unterricht auf allen Stufen« an und hatte auch einen Lehrauftrag für englische Sprache am Jüdischen Lehrhaus in Landau, der nach seinem Wegzug Frau Fanny Rosenheimer, Frankfurt (früher Neustadt), übertragen wurde. [42]

Zielländer der Emigration

Zu Beginn des Dritten Reiches suchten die meisten jüdischen Emigranten in einem europäischen Nachbarland Zuflucht. Später, vor allem nach 1938, als die meisten Staaten eine restriktive Einwanderungspolitik betrieben und die verfolgten Juden sich immer mehr der Gefahr des Zugriffs durch die Nationalsozialisten ausgesetzt sahen, setzte die Übersee- und Palästina-Auswanderung verstärkt ein.

Einige dieser Einwanderungsländer seien hier kurz vorgestellt. Auf eine eingehendere Darstellung der mitunter sehr komplexen Fremdenpolitik dieser Staaten muß im Rahmen dieses Artikels verzichtet werden.

Frankreich

Bedeutendstes Emigrationsland Europas während des Dritten Reiches war zweifellos Frankreich, das schon im 19. Jahrhundert als »das klassische Asylland Europas« (Faber/Coulmas) gegolten hatte. [43]

Durch die Grenznähe bot sich gerade für die Emigranten aus der Pfalz Frankreich als Zufluchtsland an. Von den Flüchtlingen der ersten Emigrationswelle, als viele noch an ein baldiges Ende der nationalsozialistischen Herrschaft glaubten, gab man Frankreich vor allem deshalb den Vorrang, weil man von hier gegebenenfalls schneller wieder in die Heimat hätte zurückkehren können.

Die Rückkehrbereitschaft der Emigranten darf allerdings nicht überschätzt werden, sie galt mehr für die ideologische Emigration (»politische Flüchtlinge«, z.B. Sozialisten, Kommunisten) als für die »rassische Emigration«. Aufgrund der unmittelbaren demütigenden Erfahrungen, später insbesondere durch das Bekanntwerden des Völkermords an ihren Angehörigen und Glaubensgenossen, wurde Emigration für die meisten von ihnen zur »bedingungslosen Auswanderung«. [44]

Vor allem in den ersten Jahren der nationalsozialistischen Herrschaft war Frankreich ein begehrtes Asylland, da die französische Fremdenpolitik bis 1934 »völlig in der asylantenfreundlichen Tradition des Landes stand«.

Der wachsende Einfluß faschistischer Gruppen wie die »Croix de feu« und der Skandalfall des rumänisch-jüdischen Hochstaplers Alexandre Stavisky führten zu antisemitischen und fremdenfeindlichen Aktionen, deren Folge eine »ungeheure

Ausweisungswelle« war. Die Ermordung des zu einem Staatsbesuch in Frankreich weilenden jugoslawischen Königs und des französischen Außenministers Barthou durch kroatische Faschisten im Oktober 1934 in Marseille brachte eine weitere Verschärfung der französischen Fremdenpolitik. Diese innenpolitischen Maßnahmen wurden in der Emigrantenzeitschrift »Gegenangriff« damals folgendermaßen beschrieben: »Unerwünschte politische Betätigung, strafbare Handlungen oder Betteln, unerlaubte Arbeit oder Zeitungsverkauf, wirtschaftliche Not und Inanspruchnahme französischer Wohlfahrtseinrichtungen, aber auch allgemeine Gründe können dazu führen, daß die Préfecture die Ausweisung eines Emigranten als lästiger Ausländer verfügt.«[45]

Ausweisungsbefehle wurden vor allem dann erlassen, wenn der Emigrant nicht genügende und von den französischen Behörden anerkannte Papiere vorweisen konnte. Abgelaufene Pässe wurden vom deutschen Konsulat in Paris in der Regel nicht verlängert, so daß viele Emigranten bald ohne gültige Papiere waren.

Erst nach einer auf Initiative der Sozialisten Ende Januar 1935 zustande gekommenen Kammerdebatte und nachdem die öffentliche Meinung dadurch sensibilisiert worden war, ging die Ausweisungswelle allmählich zurück.

Mit der Regierungsübernahme durch die Volksfront besserte sich die Situation für die Emigranten grundlegend. Premierminister Léon Blum von den demokratischen Sozialisten betrieb eine emigrantenfreundliche Politik, ja er setzte sich sogar dafür ein, daß im »Comité consultatif«, das über strittige Aufnahmefälle zu entscheiden hatte, deutsche Emigranten mitwirken konnten.

Der Sturz der Regierung Blum (1937) und die Wiederaufnahme der Appeasement-Politik gegenüber Hitler durch die Regierung Daladier, die wieder eine fremdenfeindliche Gesetzgebung initiierte, erschwerten das Leben der Emigranten in Frankreich von neuem.

Viele Betroffene bemühten sich nun um ein Überseevisum und verließen das Land, sobald es ihnen gelungen war, die erforderlichen Papiere zu erhalten.

Mit Ausbruch des Zweiten Weltkrieges wurden schließlich ab September 1939 die männlichen deutschen und österreichischen Emigranten als »feindliche Ausländer« interniert. Innerhalb einer Woche wurden 15.000 Männer im Alter von 17 bis 48 Jahren in 60 verschiedene Lager eingewiesen. Das Alter der zu internierenden Personen wurde bald darauf auf 55 Jahre heraufgesetzt.

Nach Protesten aus dem Ausland und aus den Reihen der französischen Linksparteien kam es zu einer Lockerung der Internierungspraktiken, doch wurden nur diejenigen entlassen, deren Namen in deutschen Ausbürgerungslisten standen, ferner Invaliden und Emigranten mit Überseevisen, die in ein Transitlager überwiesen wurden, wo sie bis zu ihrer Abreise bleiben mußten.

Die meisten Lagerinsassen hatten weder Visen, Geld noch Aufenthaltserlaubnis, so daß es für sie kaum eine Möglichkeit gab, aus den Lagern herauszukommen. Im Oktober 1939 wurde den Häftlingen angeboten, sich »für die Dauer der Feindseligkeiten« für die Fremdenlegion zu verpflichten. Diejenigen, die sich dafür nicht gemeldet hatten, mußten als »Prestatäre« arbeiten. Anfang 1940 soll es ca. 9.000 deutschsprachige Emigranten in der Fremdenlegion und ca. 5.000 in den Arbeitsbataillonen (»groupement de prestataires«) gegeben haben. Erstere wurden meist bald nach ihrer Rekrutierung in Schiffen nach Nordafrika gebracht, wo sie zunächst überwiegend im Hauptquartier der Fremdenlegion bei Sidi-bel-Abes lebten. [46]

In der Nacht vom 24. zum 25. Oktober 1940 wurden insgesamt 6.504 Juden aus der Pfalz, aus Baden und dem Saarland auf Geheiß der Gauleiter Josef Bürckel und Robert Wagner in das unbesetzte Frankreich deportiert und im Lager Gurs (Dep. Basses-Pyrénées) unter den schlechtesten hygienischen Bedingungen interniert. Ein Großteil von ihnen wurde mit ebenfalls internierten französischen Juden, Flüchtlingen und den aus den besetzten Ländern nach Frankreich deportierten Juden von der Vichy-Regierung unter Pierre Laval 1942 an die Deutschen ausgeliefert und über das Zwischenlager Drancy nach dem Osten verschleppt.

Vor dem Abtransport in die Todeslager konnte ein Teil der in Frankreich lebenden Juden, auch etwa ein Viertel der nach Gurs deportierten Pfälzer, dank der Solidarität der französischen Bevölkerung und der Vermittlung von Hilfsorganisationen ins Ausland flüchten. Viele retteten sich über die französische Grenze in die Schweiz und nach Spanien. Tausende von Kindern wurden in französischen Klöstern versteckt; sie gelangten zu einem großen Teil nach 1945 nach den USA. [47]

Schweiz

In den Jahren 1933 und 1934 emigrierten noch jeweils etwa 2.500 deutsche Flüchtlinge in die Schweiz. Ihre Zahl ging in den folgenden Jahren drastisch zurück. Wegen »der übergroßen Anzahl von Ausländern und der herrschenden Arbeitslosigkeit« erklärte die Eidgenossenschaft im April 1934 bereits, daß es unmöglich sei, den Emigranten dauernden Aufenthalt zu gewähren. Die kantonalen Behörden sollten dafür Sorge tragen, »damit diese Ausländer sich sofort bei der Ortspolizei melden«. Trotz der verzweifelten Lage vieler Verfolgter aus Deutschland und Österreich verharrte die Schweiz auf ihrer strengen Fremdenpolitik, die sie auch nach der »Kristallnacht« und der daraufhin einsetzenden Massenflüchtlingswelle kaum lockerte. Im Oktober 1938 hatte der Bundesrat erklärt, daß die Schweiz für die Emigranten »nur ein Transitland sein kann und daß ihnen während ihres vorübergehenden Aufenthaltes ... jede Erwerbstätigkeit untersagt ist.« [48]

Dennoch war »die Stimme der Menschlichkeit und der Solidarität in der Schweiz nie erloschen«. Es hatten sich Menschen gefunden, »die mit Phantasie und Aufopferung trotz der gegnerischen Stimmen und der Hetze der Nationalen Front ihre Pflicht taten«. Im Juli 1944 fand auch die schweizerische Regierung zu ihren »wahren humanitären Traditionen« zurück und ließ mitteilen, »daß von nun alle jüdischen Flüchtlinge aufzunehmen seien, da diese in den Nachbarländern als gefährdet erachtet werden müßten«. [49]

England

Die Asylgewährung für politische Flüchtlinge hatte in England Tradition, auch das britische Einwanderungsgesetz von 1905 besagt: »Wenn ein Einreisender beweisen kann, daß er die Zulassung in das Land nur sucht, um der Verfolgung oder Strafe aus politischen oder religiösen Gründen oder der Gefährdung seines Lebens zu entgehen, soll diese auch dann nicht verweigert werden, wenn er nicht über genügende

Unterhaltsmittel verfügt oder die Wahrscheinlichkeit besteht, daß der einreisende Flüchtling öffentlichen Mitteln zur Last fallen wird.«[50] Dennoch wurde diese Bestimmung nach 1933 nur zögernd angewandt. Die Entscheidung über die Gewährung des Asylrechts war häufig der Willkür von Einwanderungsbeamten überlassen, vor allem dann, wenn keine Unterhaltsmittel nachgewiesen werden konnten.

So hatte England bis 1937 nur etwa 5.500 Flüchtlinge aufgenommen. Mit der Änderung seiner Fremdenpolitik wurde England allerdings ab 1938 zu einem wichtigen Asylland. Bei Ausbruch des Zweiten Weltkrieges wurde etwa 90.000 Verfolgten aus dem Machtbereich Hitlers in England Zuflucht gewährt.[51]

Zahlreiche Emigranten begründeten neue Industriebetriebe, z.B. im Pelzhandel, in der Leder- und Möbelindustrie, und verschafften damit sowohl ihren ebenfalls emigrierten deutschen Landsleuten als auch englischen Arbeitern Verdienstmöglichkeiten.

Schweden
Während es in Schweden zunächst keine besonderen Schutzbestimmungen für politische Flüchtlinge gegeben hat, beschloß der Reichstag 1937 — nach der von Schweden mitunterzeichneten Genfer Konvention vom 4. Juli 1936 — ein liberales Gesetz, das politischen Flüchtlingen eine Aufenthaltserlaubnis und in der Regel auch Arbeitserlaubnis gewährte. Dennoch hat sich Schweden in den folgenden Jahren jüdischen Einwanderern gegenüber meist restriktiv verhalten. Im Februar 1939 hielten sich 2.029 jüdische Flüchtlinge in Schweden auf.[52]

Holland nahm im Dritten Reich ca. 35.000 jüdische Flüchtlinge auf. Wiederholt kam es in Holland aber auch zu Auslieferungen von politischen Flüchtlingen aus Deutschland. Nach dem Anschluß Österreichs ordnete ein holländischer Erlaß an, daß nur noch Flüchtlinge mit einem nachweislichen Kapital von 10.000 Gulden aufgenommen würden. Außerdem ordnete der holländische Justizminister Ende Juni 1938 an, daß künftig Einladungen an ausländische Familienangehörige und Freunde nach Holland von der Polizei vorher genehmigt werden müßten.[53]

Süd- und Mittelamerika
Von den südamerikanischen Staaten nahm zunächst **Brasilien** die meisten Flüchtlinge auf. Während bis 1937 insgesamt 12.000 bis 15.000 deutsch-jüdische Einwanderer nach Brasilien zugewandert sein sollen[54], so ging ihre Zahl mit dem Einsetzen der restriktiven Einwanderungspolitik und der Einführung der Quotenregelung zurück. Die Höchstzahl der jährlich zugelassenen deutschen Einwanderer wurde auf 4.770 Personen begrenzt, wovon 80% landwirtschaftliche und technische Berufe ausüben mußten.[55] Bis zur endgültigen Einwanderungssperre (1939) sollen ca. 35.000 Deutsche und Österreicher eingewandert sein, von denen sich fast die Hälfte in den Großstädten Rio de Janeiro und Sao Paulo ansiedelte.[56]

Die Auswanderung nach **Argentinien** stieg dagegen ab 1935 beträchtlich an, so daß das Land letztlich von allen Staaten Südamerikas die meisten jüdischen Einwanderer, ca. 50.000 Personen, aufgenommen hat.[57] Zwar wurden sie in politischer und kultureller Hinsicht den geborenen Argentiniern gegenüber benachteiligt, doch hatten die meisten Emigranten nach 1940 aufgrund der günstigen Entwicklung der Wirtschaft Argentiniens einen sozialen Aufstieg erlebt, »der alle ihre Erwartungen übertraf«.[58] Einige Tausend deutsche Emigranten wurden in Argentinien in den Gruppensiedlungen der »Jewish Colonization Association« (ICA) angesiedelt, einem Projekt, das von der Reichsvertretung der Juden in Deutschland gefördert wurde.[59]

Chile zeigte sich zunächst wenig einwanderungsfreundlich. Bis 1938 stellte Chile Visen nur für eine dem Hilfsverein zur Verfügung gestellte Sonderquote von 50 Familien pro Jahr und für nahe Angehörige in Chile Ansässiger aus. Zwischen Mai und August 1939 konnten schließlich doch noch ca. 10.000 Juden aus Deutschland und Österreich nach Chile einwandern.[60]

Von den 5.500 deutschen Juden, die 1955 in **Bolivien** lebten, wanderte der Großteil ebenfalls nach 1938 ein.[61] Von den 6.000 Flüchtlingen, die in **Uruguay** eine neue Heimat gefunden haben, kamen 5% zwischen 1934 und 1937, 85% zwischen 1938 und 1942 und der Rest zwischen 1943 und 1954.[62] In geringerer Zahl wanderten Juden auch in andere südamerikanische Länder ein, z.B. nach **Kolumbien**, **Ecuador** und **Peru**.

Von allen lateinamerikanischen Ländern betrieb **Mexico** bis 1942 die wohl liberalste Einwanderungspolitik. Eine 1947 veröffentlichte Studie »Refugees in America« spricht von »schätzungsweise etwa 25.000« nach Mexico eingewanderten Flüchtlingen, von denen ein großer Teil die Wirtschaft des Landes außerordentlich positiv beeinflußt hat.[63]

Insgesamt gesehen war die Einwanderungspolitik der zentral- und südamerikanischen Staaten »immer limitiert und selektiv« gewesen; sie war von demographischen Gesichtspunkten bestimmt. »Toleranz gehörte nicht zu den ausgeprägtesten Charakteristiken dieser Länder, und die oft wechselnden Machthaber wollten keinesfalls durch eine Masseneinwanderung das kulturelle Gesicht der Länder ändern«.[64]

Südafrika

In die Südafrikanische Union sind in den ersten Jahren der Hitlerherrschaft nur wenige Hundert jüdische Flüchtlinge ausgewandert.

»Als aber Mitte der dreißiger Jahre die Ziffer auf 7.000 gestiegen war, nahm die Propaganda gegen die 'jüdische Einwanderung' solche Ausmaße an, daß die Regierung glaubte, keine andere Alternative zu haben als die Tore Südafrikas für die verfolgten Kinder Israels zu schließen«, schreibt Kurt R. Grossmann.[65] Zwar wurden die Tore nicht ganz geschlossen, jedoch wurde ein Einwanderungsvisum nur bei Vorlage einer Einreisegenehmigung ausgestellt, die nur schwer zu erhalten war, »im allgemeinen nur für Ehefrauen, minderjährige Kinder, Braut, Eltern von in Südafrika Ansässigen.«[66]

Australien

In Australien lebten 1950 etwa 12.000 jüdische Flüchtlinge, von denen die meisten bis September 1939 eingewandert waren, die anderen folgten in einer zweiten Welle der Einwanderung (1946-48) aus Europa und Shanghai. Australien hatte sich zunächst gegen die Aufnahme von nicht-britischen Einwanderern gesperrt, erklärte sich nach der Konferenz von Evian allerdings bereit, jährlich 5.000 Verfolgte aus dem Deutschen Reich aufzunehmen. [67]

Palästina — neue Heimat vieler Juden aus der Pfalz

Im Zuge der zunehmenden Einengung jüdischen Lebens und der sich wenig aufnahmebereit zeigenden Haltung westlicher Länder wurde Palästina auch für die pfälzischen Juden zu einem begehrten Zufluchtsland.

Im Gegensatz zur Überseewanderung nach Nord- und Südamerika bot die Emigration nach dem unter britischer Verwaltung stehenden Palästina, der größten jüdischen Siedlung der Welt, die Möglichkeit eines jüdisch-eigenkulturellen Lebens. Darauf hat die Zionistische Vereinigung gerade seit Beginn der jüdischen Massenauswanderung aus Deutschland besonders hingewiesen.

Zuständig für die Vorbereitung und Durchführung der Palästina-Wanderung waren das Palästina-Amt mit Sitz in Berlin und ca. 20 Zweigstellen im Deutschen Reich. Zur Einwanderung war ein vom Brit. Passport Control Office und den britischen Konsulaten im Reich erteiltes Visum sowie ein Zertifikat erforderlich, das fünf Kategorien von Emigranten unterschied: [68]

1. Kategorie A: Personen mit eigenem Vermögen
   Zu dieser Gruppe zählten a) sogenannte Kapitalisten mit einem Eigenkapital von 1.000 Pfund (davon mindestens 50% in bar), b) Angehörige freier Berufe mit 500 Pfund Barvermögen; »soweit wirtschaftliche Lage nach Ansicht des Immigration Department Einwanderung rechtfertigt«; c) Handwerker mit mindestens 250 Pfund Barvermögen; d) Rentenempfänger mit einer Mindestrente von 4 Pfund monatlich; e) Personen, die einen »seltenen«, im Lande wenig vertretenen Beruf ausüben und ein Mindestvermögen von 500 Pfund besitzen.

2. Kategorie B: Personen mit gesichertem Lebensunterhalt
   a) Waisenkinder unter 16 Jahren, deren Lebensunterhalt durch öffentliche Institutionen gesichert ist; b) Personen religiöser Berufe; c) Studenten und Schüler, deren Lebensunterhalt bis zur Berufsausübung gesichert ist.

3. Kategorie C: Arbeiter zwischen 18 und 35 (evt. 45) Jahren;

4. Kategorie D: Angeforderte Personen
   a) Ehefrauen, Kinder und Eltern können Einwanderungserlaubnis erhalten, wenn ihre sie anfordernden in Palästina lebenden Angehörigen nachweislich für ihren Unterhalt sorgen können; b) Unternehmen können in Ausnahmefällen Spezialarbeiter anfordern.

5. Kategorie Jugendalija
   Für Jugendliche zwischen 15 und 17 Jahren steht eine Anzahl Sonderzertifikate
   der Palästina-Regierung zur Verfügung.

Seit der zweiten Hälfte des 19. Jahrhunderts war Palästina ein wichtiges Einwanderungsland für Juden. So war die jüdische Bevölkerung von ca. 12.000 im Jahr 1868, über 50.000 im Jahr 1900 auf 175.000 im Jahr 1931 angewachsen. In den zwanziger Jahren erreichte die Zuwanderung mit 33.000 Personen im Jahre 1925 einen Höhepunkt. Während sich die Zahl der Einwanderer von 1927 bis 1932 zwischen 2.200 und 9.500 bewegte, schnellte die jüdische Einwanderung ab 1933 wieder in die Höhe:

| | | Gesamt-einwanderung | Einwanderung aus Deutschland | |
	Jahr	Personen	Personen	% der Gesamt-bevölkerung
Legale Einwanderung	1933	30.300	7.600	25
	1934	43.400	9.800	23
	1935	61.900	8.600	14
	1936	29.700	8.700	29
	1937	10.500	3.700	35
	1938	12.900	4.800	37
	1939	16.400	8.500	52
	1940	4.500	900	20
	1941	3.600	600	18
Ma'apilim-Einwanderung ohne Zertifikat	1933 bis 1941	212.200	53.200	25
	1931 bis 1941	18.100	1.800	10
Gesamte Einwanderung	1933 bis 1941	230.300	55.000	24

Tabelle entnommen aus: Die jüdische Emigration aus Deutschland 1933-1941 —
Die Geschichte einer Austreibung, Frankfurt/M. 1985, S. 144

Etwa 36% der Einwanderer gehörten zur sogenannten »Mittelstandseinwanderung«, die gemäß der obengenannten Kategorie A das sogenannte Kapitalisten-Zertifikat erhalten hatten. Etwa 32% der Einwanderer waren Arbeiter, überwiegend jüngere Menschen, die sich zu einem großen Teil in den Kollektivsiedlungen niederließen. Die übrigen Einwanderer waren Jugendliche, Familienangehörige, Rentner, Handwerker und Angehörige freier Berufe. [69]

Auch in der Pfalz erfreuten sich Informationsveranstaltungen der zionistischen Vereinigungen und des Palästina-Amts der »Jewish Agency for Palestine« eines guten Besuchs. So sprach der Chefsekretär der Berliner Zionistischen Vereinigung, Dr. Schloßberg, am 18. Dezember 1937 in Landau zu dem Thema »Der Judenstaat wird«.[70] Für den 25. April 1938 lud die Zionistische Vereinigung Pirmasens zu einer Versammlung mit einem Vortrag des Leiters des Zionistischen Gruppenverbands für Baden, Württemberg und die Pfalz, Dr. Flesch, Mannheim, über »Palästina 1938«, wobei er insbesondere auch auf die neue Zertifikatsquote zu sprechen kam.[71] Wenige Wochen später wurden pfälzische Juden zu einer Arbeitstagung für Siedlungsinteressenten in Palästina nach Karlsruhe eingeladen. Dr. Franz Meyer, Berlin, Mitglied der Reichsvertretung der Juden in Deutschland und vormaliger geschäftsführender Vorsitzender der Zionistischen Vereinigung für Deutschland, referierte dabei über »Die Lage in Palästina und die neuen Zertifikatsbestimmungen«. Ein weiterer Vortrag von Dr. Alexander Besser, Berlin, behandelte »Neue Siedlungsformen in Palästina«.[72] Stadtrabbiner Richter aus Mannheim hielt am 20. Juni 1938 in der Kaiserslauterer Synagoge einen Vortrag »Der Weg zum Judenstaat«, »der das Bild unseres zum Wandern gezwungenen Volkes uns eindringlich darstellte«, wie die Berichterstatterin Kaethe Bachmann bemerkte. »Er zeigte uns, daß wir die Rettung selbst in Händen haben: Uns in Palästina den Judenstaat zu schaffen, der allen Juden der Welt — wenn auch nicht eine Aufenthaltsmöglichkeit bieten — so doch eine Heimat sein wird ... Und wenn wir wollen, werden wir ihn erreichen.«[73]

In der Pfalz warb vor allem der Vorsitzende des Landauer Zionistischen Ortsverbands, Ernst Sender, für eine Auswanderung nach Palästina. Als er im Herbst 1938 selbst nach Palästina emigrierte, würdigte das Jüdische Gemeindeblatt für das Gebiet der Rheinpfalz Sender als einen »der aktivsten Mitarbeiter der zionistischen Bewegung der Pfalz«, der ein »stark ausgeprägtes nationales Selbstgefühl« besitze. »Manche Siedlung in Erez Israel hat Bausteine im wahrsten Sinne des Wortes seiner Tatkraft zu verdanken.«[74]

Wenn auch neben Sender weitere prominente pfälzische Juden nach Palästina auswanderten, wie z.B. Betty Einstein, die langjährige Vorsitzende des Israelitischen Frauenvereins und Ehefrau des 1935 verstorbenen Landauer Bezirksrabbiners Dr. Berthold Einstein, so blieb die Zahl der Palästina-Emigranten aus der Pfalz weit hinter der der Amerika-Auswanderer zurück.

»Jüdische Jugend nach Palästina«

»Jüdische Jugend nach Palästina« war der Titel eines Faltblattes, das die am 30. Januar 1933 als Dachorganisation der jüdischen Jugendorganisationen gegründete »Jüdische Jugendhilfe« in Berlin-Charlottenburg herausgegeben hat. Im Rahmen der sogenannten Jugendalija konnten von Februar 1934 bis März 1939 insgesamt 3.262 Jugendliche direkt aus Deutschland oder einigen europäischen Transitländern nach Palästina gebracht werden.[75] Stand für die Einwanderung von Jugendlichen zwischen 15 und 17 Jahren jährlich eine bestimmte Anzahl Sonderzertifikate zur Verfügung (»Jugendalija«), so lockerte die englische Regierung 1938 diese Bestimmungen, indem sie vom 1. April bis 1. Oktober 1938 eine unbeschränkte Einwanderung für Jugendliche gestattete, »soweit Ausbildungsplätze in Schulen, Institutionen und landwirtschaftlichen Siedlungen vorhanden sind«. Der jüdische Frauenbund sah es als eine vordringliche Aufgabe an, für die Ausrüstung der auswandernden Jugendlichen zu sorgen und in Nähstuben und Haushaltungsschulen die Anfertigung von Bettwäsche und Kleidungsstücken zu übernehmen.[76]

Der deutsche Landesverband der zionistischen Organisation »Hechaluz« (wörtlich: »Der Pionier«), gegründet 1921, dem sich jeder junge Jude vom vollendeten 17. bis zum vollendeten 33. Lebensjahr anschließen konnte, sah in der beruflichen und geistigen Vorbereitung seiner Mitglieder für Palästina und in der Organisation der Übersiedlung seine wichtigste Aufgabe. Während der deutsche Landesverband des »Hechaluz« 1933 lediglich ca. 500 Mitglieder zählte, stieg seine Mitgliederzahl in den folgenden Jahren sprunghaft an. Anfang 1936 hatten sich rund 15.000 Mitglieder in 158 Ortsgruppen angeschlossen.[77]

Der »Hechaluz« wie auch andere zionistische Organisationen hatten zur Vorbereitung für Palästina eigens handwerkliche und landwirtschaftliche Ausbildungsstätten (»Hachscharah«) eingerichtet. Im März 1938 standen für die landwirtschaftliche, gärtnerische und für Mädchen zugleich hauswirtschaftliche Ausbildung 18 Ausbildungsstätten in Deutschland und je eine in Holland und Italien zur Verfügung; handwerkliche Ausbildungsmöglichkeiten in der Holz- und Metallbranche für Jungen gab es in den Lehrwerkstätten der jüdischen Gemeinden Berlin, Frankfurt a.M., Hamburg, Köln und München. Darüberhinaus standen besondere Ausbildungsstätten für Jugendliche mit religiöser Lebenshaltung, ein spezielles Mädchenseminar in Berlin und Ausbildungsstätten für das Erlernen aller Arbeiten des Fischereiberufes zur Verfügung.[78] Voraussetzung für die Aufnahme in diesen Ausbildungsstätten war eine geistige Vorbereitung in einer der Ortsgruppen des »Hechaluz« von mindestens einem halben Jahr, um insbesondere die hebräische Sprache zu erlernen. Nach 1 1/2 bis 3jähriger Ausbildung und einer Prüfung vor allem in hebräischer Sprache und Palästinakunde schlug die Leitung des »Hechaluz«-Landesverbands dem Palästina-Amt die Jugendlichen für die Jugendalija vor.

Auch die jüdischen Jugendverbände in der Pfalz, z.B. der jüdische Pfadfinderbund Kaiserslautern, wandten sich ab 1934 dem Zionismus zu und bereiteten ihre Mitglieder auf Palästina vor.[79]

Die USA als Einwanderungsland

Die Vereinigten Staaten waren von Beginn der nationalsozialistischen Verfolgung an das gefragteste Einwanderungsland. Von 1933 bis 1945 standen die USA mit 132.000 Einwanderern an der Spitze aller Einwanderungsländer.

Die strenge Handhabung der Einwanderungsgesetze durch die amerikanische Regierung, die durch die Folgen der Wirtschaftskrise noch verschärft wurde, hatte eine enge Begrenzung der Einwandererzahlen zur Folge.

Die Quotengesetzgebung legte die jährliche Einwanderung aus den einzelnen Ländern fest, wobei bestimmte Einwandererkategorien bevorzugt wurden, z.B. die Eltern eines US-Bürgers sowie Frau und minderjährige Kinder von legal nach den USA Eingewanderten, die noch nicht im Besitz des US-Bürgerrechts waren.

Zu den Einwanderern, für die die Quotenregelung nicht galt (»non quota-Einwanderer«) gehörten Ehefrauen und unverheiratete Kinder von US-Bürgern sowie Geistliche und Hochschulprofessoren, die nachweislich ihren Beruf in den USA fortsetzen konnten.

Ein Visum wurde allerdings erst dann erteilt, wenn das Konsulat davon überzeugt war, daß der Einwanderungswillige nicht der Öffentlichkeit zur Last falle. Als Beweismittel dienten ein Eigenvermögen von mehreren Tausend Dollar oder ein sogenanntes »Affidavit of support«, die eidesstattliche Bürgschaftserklärung eines in den USA bereits ansässigen Verwandten oder Bekannten.

Viele auswanderungswillige Juden, vor allem auch viele Pfälzer, waren in der glücklichen Lage, durch ihre früher, zum Teil noch im 19. Jahrhundert nach den USA ausgewanderten Verwandten das ersehnte Affidavit und somit ein Visum zu erhalten. Anderen blieb das Tor zu den USA durch das Fehlen solcher Verbindungen geschlossen.

Neue Hoffnungen setzten die auf ein Einreisevisum wartenden Juden in die vom amerikanischen Präsidenten Franklin D. Roosevelt einberufene internationale Flüchtlingskonferenz, die vom 5. bis 17. Juli 1938 in dem französischen Badeort Evian am Genfer See tagte. Doch die Erwartungen gingen nicht in der erwünschten Weise in Erfüllung. Erst nach der »Kristallnacht« und der daraufhin erfolgten Masseninternierung lockerte die amerikanische Regierung — entgegen der überwiegend wenig fremdenfreundlichen öffentlichen Meinung und ihrer Vertreter im Kongreß — die Einwanderungsgesetzgebung für die Flüchtlinge. So wurden zunächst die Besuchsvisa von etwa 15.000 bereits in die USA eingereisten Flüchtlingen verlängert und später in Einwanderervisa umgewandelt. Das konsularische Verfahren wurde erleichtert, so daß die bislang nicht voll ausgenutzte Einwanderungsquote beansprucht werden konnte. In den Jahren 1939 und 1940 wurde die etwa 27.000 Personen umfassende Quote für in Deutschland und Österreich geborene Einwanderer voll genutzt. [80]

Aspekte zur Akkulturation

Die meisten jüdischen US-Emigranten siedelten sich in den nordamerikanischen Großstädten an, die in der Regel bereits einen großen jüdischen Bevölkerungsanteil hatten wie New York (ca. 80.000 deutsch-jüdische Einwanderer), Chicago (ca. 15.000), Los Angeles (ca. 8.000), Philadelphia (ca. 6.000), San Francisco (ca. 5.000), sowie Boston, Detroit, Baltimore, Cleveland, St. Louis, Washington D.C. und Newark. In einigen Stadtvierteln der vorgenannten Städte bildeten sich regelrechte Flüchtlingskolonien, wie z.B. im Süden Chicagos oder im Gebiet »Washington Heights« in Manhattan, das die Flüchtlinge selbst »The Fourth Reich« (»Das vierte Reich«) nannten.

Diese Konzentration erlaubte ihnen, vor allem den älteren, die sich mit der fremden Sprache schwer taten, auch weiterhin den Gebrauch ihrer Muttersprache. [81] Viele Emigranten, dies gilt nicht nur für die große Zahl der US-Auswanderer, mußten im Einwanderungsland einen Berufswechsel vollziehen. So wurde beispielsweise das Studium der meisten Akademiker im Ausland nicht anerkannt, so daß sie entweder auf andere nicht-akademische Berufe umsteigen oder von neuem ein teures Universitätsstudium absolvieren mußten, wozu die meisten Emigranten finanziell nicht in der Lage waren.

Aus unterschiedlichen Gründen änderten viele Emigranten im Einwanderungsland ihre Vor- und Familiennamen. [82] Beispiele pfälzischer Emigranten lassen sich anführen: Hans Alexander Feibelmann, geboren 1910 in Kaiserslautern, Jurist, emigriert 1939 nach New York, nennt sich seit 1944 Howard John Fields; Ludwig Heinrich Farnbacher, geboren 1905 in Neustadt/Haardt, Jurist und Volkswirt, emigriert 1938 nach England, später zurückgekehrt, nennt sich seit 1944 Louis Henry Farnborough; Hans Lauchheimer, geb. 1907 in Grünstadt, Arzt, emigriert 1933 nach Memphis, Tennessee, nennt sich Justin H. Adler. [83]

In den meisten Aufnahmeländern schlossen sich die Flüchtlinge in Vereinen und Gruppen zusammen, um einerseits ihre gemeinsamen Interessen wahrzunehmen und andererseits um über politische, wirtschaftliche und kulturelle Probleme zu diskutieren. Die Vereine »hatten oft eine psychologische Bedeutung, boten sie doch die Möglichkeit, mit Gleichgesinnten in Verbindung zu treten und die eingetretene Vereinsamung im fremden Land zu überwinden.« [84]

Neben parteipolitisch ausgerichteten Organisationen, wie der SoPaDe (Sozialdemokratische Emigration) und gewerkschaftlichen Vereinigungen, denen sich auch Juden angeschlossen haben, bildeten sich in den Aufnahmeländern eigene jüdische Zusammenschlüsse, die ihre Hauptaufgabe vor allem im sozialen und kulturellen Bereich sahen. So gründeten deutsch-jüdische Emigranten 1938 in Stockholm die »Emigranternas självhjälp«, die Emigrantenselbsthilfe, die in den ersten Jahren ihres Bestehens ca. 700 Mitglieder zählte. [85]

In New York traten viele Emigranten dem »German Jewish Club« bei. Andere engagierten sich in der Organisation »Selfhelp« und unterstützten nach Kriegsbeginn die in französischen Lagern, insbesondere in Gurs internierten Glaubensgenossen, erreichten für eine Reihe von ihnen die Freilassung und organisierten deren Emigration nach den USA. Aus solchen Zusammenschlüssen und Selbsthilfeorganisationen rekrutierten sich im wesentlichen auch jene jüdischen Gruppen, die sich nach dem Kriege für die Unterstützung der Überlebenden des Naziregimes in Europa eingesetzt haben, wie z.B. das »Committee for the Relief of Jews from the Rheinpfalz« in New York, das im Juni 1946 zu einer Spendenaktion aufrief (Vgl. Anhang).

Die Emigranten gründeten aber auch andere Organisationen »von orthodoxen Religionsgemeinschaften bis zu Sportvereinen und Kaffeekränzchen«. Damit schufen sie eine Einwandererkultur, »die überkommene und neu erworbene Elemente in sich vereinigte.« Dieses Netz von Organisationen »trug durch gegenseitige Hilfe jeder Art zur Akkulturation der deutsch-jüdischen Einwanderer bei und war selbst in Programmatik und Organisationsform vom Prozeß der Akkulturation bestimmt. Da die jüdische Wanderung meist als Wanderung von Familien vor sich gegangen war, wurde der Akkulturationsprozeß auch durch die amerikanische Erziehung der Kinder oder durch ihren Dienst in der US-Armee während des 2. Weltkrieges erheblich gefördert.«[86]

Ein wichtiges, begehrtes Medium wurde für einen Großteil der US-Emigranten das 1934 zunächst als Vereinsorgan des »German Jewish Club«, des späteren »New World Club«, in New York gegründete deutschsprachige Wochenblatt »AUFBAU«. »Es war für sie Freund und Wegweiser im neuen Land geworden, ein Kompaß zur Orientierung über den amerikanischen 'way of life', ein breiter Steg, der ihre Vergangenheit mit der turbulenten Gegenwart und einer ungewissen Zukunft verband ... Hier war eine Zeitung, die für ihre Leser Heimat bedeutete — Heimat in jedem Sinn: physisch wie geistig, ebenso nötig wie das tägliche Brot.«[87] Thomas Mann, selbst Mitglied im Aufsichtsrat des »AUFBAU«, schrieb 1949 dem damaligen Chefredakteur Manfred George: »Ihr Blatt ist eine Macht geworden — und eine wohltätige.«[88]

Unzählige Menschen, die das Naziregime zwischen 1933 und 1945 in viele Länder der Welt versprengt hatte, haben sich durch die nach dem Kriege im »AUFBAU« veröffentlichten Suchlisten wiedergefunden. Todesanzeigen von Emigranten, die nach deutschem Muster und häufig in deutscher Sprache noch heute Woche für Woche im »AUFBAU« veröffentlicht werden und dabei meistens den Herkunftsort in Deutschland nennen, informieren uns auch über den Verbleib pfälzischer Flüchtlinge. Diese Anzeigen liest man nicht ohne innere Bewegung, auch wenn der Text meistens kurz gehalten ist. Aber wir wissen, daß mit jeder dieser Todesanzeigen ein leidvolles Emigrantenschicksal verbunden ist.

Anhang:
Aus Selbstzeugnissen jüdischer Emigranten aus der Pfalz

Alfred Schwerin, * 1892 in Buchen (Baden), † 1977 in Cincinnati (Ohio), läßt sich 1923 als Ledervertreter in Pirmasens nieder. Im November 1938 wird er verhaftet und ins Konzentrationslager Dachau gebracht, wo er fünf Wochen einsaß. Nach seiner Rückkehr übernimmt er das Amt des Sekretärs der jüdischen Gemeinde Pirmasens. Seine zehnjährige Tochter kann im Frühjahr 1939 mit einem Kindertransport nach Frankreich emigrieren. Im März 1940 wird Alfred Schwerin von Ludwigshafen aus, wo er seit Kriegsbeginn lebte, von einem Gestapobeamten illegal über die Grenze in die Schweiz abgeschoben. Bis 1948 lebt er in Basel und wandert dann mit seiner Tochter in die USA aus. In seinen Erinnerungen geht er u.a. auf seine eigenen Auswanderungspläne ein. Als Gemeindesekretär war er von 1938 bis 1940 in starkem Maße mit den Auswanderungsproblemen befaßt.

»Dachau und die Erlebnisse vor und nach diesem Ereignis hatten mir mit außerordentlicher Eindringlichkeit zum Bewußtsein gebracht, daß es nun höchste Zeit sei, Deutschland den Rücken zu kehren. Vor allem mußte meine Tochter Ellen heraus, wenn anders sich für uns beide eine Möglichkeit fand, gemeinsam ins Ausland zu gehen.

Bis zum Jahre 1937 hatte ich mich nie ernsthaft mit diesem Problem befaßt. Dem lagen verschiedene Ursachen zugrunde. In erster Linie besaß ich weder Verwandte noch Freunde im Ausland, die mir hätten behilflich sein können. Ferner wurde seit 1933 von den maßgeblichen jüdischen Stellen immer wieder die Forderung aufgestellt, daß man, solange man noch eine Verdienst- und Existenzmöglichkeit habe, zurückstehen und der Jugend sowie jenen Glaubensgenossen den Vortritt lassen solle, die aus politischen oder wirtschaftlichen Motiven unbedingt aus dem Reich verschwinden mußten. Im Jahre 1937 gewann ich aber immer mehr die Überzeugung, es sei das beste, möglichst rasch den immer ungastlicher werdenden Boden zu verlassen. Da ich einerseits jedoch keinen legalen Weg vor mir sah, andererseits wiederum mich scheute, mit Ellen illegal zu fliehen, meldete ich das Kind für einen Kindertransport nach Amerika an, um es auf diese Weise aus der Gefahrenzone herauszubringen. Dieser Schritt fiel mir keineswegs leicht. Auch Ellen konnte sich anfänglich nicht mit dem Gedanken befreunden. Erst die Schwere der folgenden Ereignisse hatte bei ihr eine allmähliche Sinnesänderung bewirkt. Doch die Zeit verging, und von einem Transport war nichts zu sehen. Amerika verhielt sich genau wie alle die anderen großen Länder, die über ungeheure Siedlungsräume und über genügend Mittel verfügten, um allen Unglücklichen zu helfen und sie zu retten. Ja, es kam sogar so, daß je mehr der nationalsozialistische Druck gegen die inneren Gegner und die Juden zunahm, je mehr man sie verfolgte, man desto hermetischer die Pforten verschloß, an die jene verzweifelt pochten ...

Unsere Hauptarbeit beanspruchte das Auswanderungsproblem. Wir meldeten Kinder und Erwachsene den Auswandererhilfsstellen, füllten die endlosen Fragebogen aus, schrieben Gutachten und kümmerten uns um die Bereitstellung der Mittel für Fahrt und Ausstattung. Es handelte sich hierbei oft um recht ansehnliche Summen. Beispielsweise verursachte die Ausreise einer vielköpfigen Familie, der Transport ihrer Möbel sowie ihrer landwirtschaftlichen Geräte nach Übersee bedeutende Kosten. Die Reichsvereinigung bewilligte nicht immer sofort und gern, weil sie möglichst vielen Leuten helfen wollte und es zu vermeiden suchte, im Einzelfall zu große Beträge auszuwerfen.

Auch Einzelpersonen beanspruchten ab und zu unverhältnismäßig hohe Summen. So konnte ein junger Pirmasenser, der anderthalb Jahre Zuchthaus wegen Rassenschande verbüßt hatte, nur dadurch vor dem Konzentrationslager bewahrt werden, daß er — wie es die Gestapo in solchen Fällen stets verlangte — innerhalb dreier Tage nach seiner Entlassung aus Deutschland verschwand. Irgendein Visum war für ihn nicht zu erlangen. Es blieb nach vielen erfolglosen Versuchen nur der Ausweg, ihn mit einem gerade in Triest liegenden Dampfer nach Schanghai zu schicken, dem einzigen Ort auf der ganzen Welt, wo man damals noch ohne Visum landen konnte. Weil aber das Zwischendeck und die zweite Kajüte ausverkauft waren, lösten wir wohl oder übel, nachdem wir bis zum letzten Augenblick einen schweren Kampf um die Bewilligung der Mittel geführt hatten, für mehr als zweitausend Mark eine Karte erster Klasse. Bei der Schnelligkeit, mit der alles hatte erledigt werden müssen, und in Anbetracht der noch aufgetretenen sonstigen Schwierigkeiten — die Polizei hatte den jungen Mann auf Veranlassung der Gestapo bereits wieder am Nachmittag des dritten Tages verhaftet — war uns nicht einmal Zeit geblieben, unserem Schützling anständige Wäsche und Kleidung zu besorgen. Er trat seine Weltreise mit einem alten, armseligen Koffer mit noch armseligerem Inhalt an und meinte beim Abschied humorvoll, ihm grusele es etwas vor den Stewards, die ihn sicher für den Gepäckträger, nicht aber für einen Passagier erster Klasse halten würden ...«

(aus: Monika Richarz (Hg.), Jüdisches Leben in Deutschland, Selbstzeugnisse zur Sozialgeschichte 1918-1945, Stuttgart 1982, S. 346 ff.)

Elisheva Lernau, geb. Kahn, * 1913 in Zweibrücken als Elsbeth Kahn, Tochter von Rechtsanwalt und Justizrat Berthold Kahn und Ehefrau Sophie Bach, besucht Volksschule, Mädchenlyceum und Humanistisches Gymnasium in Zweibrücken; nachdem sie als Jüdin in Deutschland keinen Studienplatz erhalten hatte, beginnt sie im April 1933 ein Medizinstudium in Genf, das sie 1934 aufgibt; 1934/35 Arzthelferin in Berlin; 1935 Emigration nach Palästina, lebt heute in Ramat Gan, Israel.

»... Ich bin am 24.10.1935 ausgewandert, vollkommen allein und zwar nach dem damaligen britischen Mandatsgebiet Palästina ... Ich kam hierher mit 5 Pfund in der Tasche, aufgrund eines sog. »vorzeitigen« Zertifikates, das ich Anfang Sept. 1935 nach unendlichen Mühen vom englischen Konsul in Berlin erhielt. Ich habe seit 1935 als Arzthilfe in Berlin gearbeitet, nachdem ich mein im April 1933 in Genf begonnenes Medizinstudium wegen völliger Aussichtslosigkeit aufgegeben hatte; in Deutschland wurde ich schon 1933 nicht mehr zur Universität zugelassen. Den letzten Monat vor meiner Auswanderung habe ich bei meinen Eltern in Zweibrücken verbracht, so daß meine letzte Wohnabmeldung wohl Zweibrücken gewesen sein muß; die Ausreisebewilligung habe ich aber in Berlin (Alexanderplatz) bekommen.

Ich war die erste meiner gesamten Familie, die überhaupt ausgewandert ist und ich bin die einzige Zweibrückerin hier im Lande. Es gibt überhaupt relativ wenige Pfälzer hier — wer sich retten konnte, ging entweder nach den Vereinigten Staaten oder nach Frankreich, wo viele dann 1940 ins Lager Gurs und von dort nach dem Osten verschickt wurden — d.h. es ereilte sie dasselbe Schicksal wie die meisten in der Pfalz verbliebenen Juden ...

Mein Vater wurde in der Kristallnacht im November 1938 in Stuttgart von der Gestapo verhaftet und mußte unterschreiben, daß er auswandere. Aber wohin? Meine Schwester, selbst noch ein Flüchtling in New York und ich — wir haben uns verzweifelt um Einreisevisen bemüht — alle Türen waren verschlossen — und Geld war nicht vorhanden. Drei Wochen vor Kriegsausbruch erhielten meine Eltern eine vorübergehende Aufenthaltserlaubnis für Frankreich — sie sind mit einem Handkoffer über die Grenze gegangen — aber die Freiheit dauerte nur sehr kurz für meinen Vater, denn er kam sofort als feindlicher Ausländer in ein Lager. Im Mai 1940 kam wie durch ein Wunder das USA-Visum, und meine Eltern erreichten New York mit dem letzten Schiff, kurz vor dem Fall von Paris.

Ich habe meinen Vater nie wieder gesehen. Er starb 1942, arm wie eine Kirchenmaus, aber als freier Mann und eines natürlichen Todes. Dafür bin ich dankbar.

Meine Mutter kam nach dem allzu frühen Tod meiner Schwester 1952 zu mir nach Israel und hatte hier einen ruhigen Lebensabend ...«

(aus einem Brief von E. Lernau an R. Paul vom 14.3.1981)

Peter L. Wolff, * 1913, Sohn von Markus Wolff und Lydia, geb. Eisemann; 1921 mit Eltern, Bruder und Schwester von Edenkoben nach Landau zugezogen. Er emigrierte 1938 nach New York.

»... Mein Vater hatte ein Weinkommissionsgeschäft und war ein sehr geachteter Bürger in Landau ... Nachdem ich aus der Lehre war, hatte ich meine eigene Firma Peter Wolff, auch Weinkommissionsgeschäft, gegründet. In 1936 mußten mein Vater und ich unsere Firmen liquidieren und ich ging noch nach Berlin bis 1938, um einen neuen Beruf zu erlernen. Im Oktober 1938 bin ich ausgewandert und kam am 4. November in New York an. Mein Bruder Günther ging schon 1936 nach Brasilien. Meine Schwester Gretel war in Berlin verheiratet, mußte 1938 mit Mann und Kind nach Holland flüchten. In 1942 wurden meine Schwester und Kind nach Auschwitz deportiert und sind dorten in den Gaskammern umgekommen. Mein Schwager ist in Holland gestorben. Meine Eltern sind 1938 oder 1939 nach Frankfurt am Main verzogen, da es ihnen unmöglich war, weiter in Landau zu leben. Ihre Quotennummer war zu hoch, um nach den Staaten zu kommen und sind sie 1940 nach Brasilien verzogen. Meine Mutter war eine leidende Frau und ist in Porto Allegre schon in 1943 verstorben. Mein Vater hatte das Glück 83 Jahre alt zu werden ...«

(aus einem Brief von Peter L. Wolff, Bronx, N.Y., an Stadtarchivar Dr. Hans Heß, Landau, vom 4.2.1969)

Elizabeth J. Levy, geb. Dreifuss, * 1927 in Ludwigshafen; ihr Vater Dr. Siegfried Dreifuss war Lehrer an der Ludwigshafener Realschule. Frau Levy lebt heute in Philadephia/USA.
»Meine Eltern lebten nur bis 1937 in Ludwigshafen. Weil er ein Jude war, wurde mein Vater 1935 oder 1936 als Lehrer an der Realschule in Ludwigshafen entlassen. Danach versuchte er eine Lehrerstelle in Stuttgart zu bekommen, jedoch ohne Erfolg, in Leipzig hatte er dann endlich Glück.
Meine Eltern und ich lebten von 1937-1939 in Leipzig. Geschwister hatte ich keine.
Meine persönlichen Erlebnisse in Ludwigshafen in der Nazizeit: In der Ludwigshafener Grundschule (1.-3. Klasse) war ich der einzige jüdische Schüler, **niemand** von meinen »Klassenkameraden« spielte mit mir, Kinder riefen mir Namen zu wie »Judd« und noch weniger höfliche Variationen dieser Art und man bewarf mich mit Dingen. Die Lehrer aber waren freundlich. Ich hatte trotzdem zwei nichtjüdische Freunde, die mit mir nach der Schule spielten, mit einem stehe ich heute noch in Verbindung. Ich erinnere mich an den »Boycott« gegen jüdische Geschäfte im Jahr 1933.
Die Reichskristallnacht erlebte ich in Leipzig, wo die Synagogen niedergebrannt, jüdische Häuser, Geschäfte und Schulen zerstört wurden.
Wir sind nicht von Ludwigshafen aus ausgewandert. Als mein Vater ins Konzentrationslager Buchenwald kam (wo er sein Eisernes Kreuz, das er im 1. Weltkrieg erworben hatte, trug), verschaffte sich meine Mutter ein gefälschtes Reisevisum nach Peru. Er war einer der wenigen, dem es erlaubt wurde, deswegen heimzukehren. Ich erkannte meinen eigenen Vater jedoch nicht mehr, als er nach drei Wochen aus Buchenwald zurückkam ...
Das Schicksal meiner Eltern, so wie das meinige, gestaltete sich, nachdem wir Stuttgart und Leipzig verlassen hatten, folgendermaßen: wir verließen Deutschland im Februar/März 1939 und begaben uns mit Hilfe von Besuchervisa für zwei Monate nach Frankreich, dann mit einem anderen Besuchervisa nach England, wo wir solange bleiben durften, bis wir unsere amerikanische 'Quota'-Nummer bekamen. Ein ganzes Jahr lebten wir von Brot, Käse, Kartoffeln und Eiern in einem möblierten Zimmer. Wir hatten kein Geld, weil wir Deutschland nur mit 10 Mark verlassen hatten. Die Eier und der Käse wurden rationiert, nachdem der 2. Weltkrieg begann. Das Geld, das wir zur Auswanderung in die U.S. benötigten, borgten wir uns.
Am 21. April 1940 hatten wir unser Ziel, die USA, erreicht. In Amerika bekamen wir eine Arbeitserlaubnis (im Gegensatz zu England). Ich begann mit 12 Jahren während des Sommers zu arbeiten ...«

(aus einem Brief von E. Levy an R. Paul vom 5.4.1981)

Edith Werner, geb. Kehr, * 1919 in Kaiserslautern, Tochter des Getreide- und Mehlhändlers Eugen Kehr (* 1881 in Kaiserslautern, † 1958 in Tel Aviv) und dessen Ehefrau Helene Jonas (* 1891 in Bad Dürkheim, † 1977 in Ramat Gan), besuchte die Volksschule und die »Höhere weibliche Bildungsanstalt« in Kaiserslautern, leitet die Mädchenabteilung der Kaiserslauterer Ortsgruppe des Jüdischen Pfadfinderbundes, der 1934 die Erziehung zum Zionismus beschließt. Zur Vorbereitung auf das Leben im Kibbuz macht sie sich ab 1935 mit praktischen Arbeiten auf sogenannten Hachscharagütern vertraut; Emigration 1938; lebt heute in Ramat Gan, Israel.
»Auf die Frage über die Eingliederungschwierigkeiten hier in dem Land, das uns zu einer neuen Heimat werden sollte ...
Ein kleines Land, das selbst im Aufbau ist, von Tausenden Feinden umzingelt, nimmt Tausende vertriebene Flüchtlinge — alle ohne Geld — auf, und jeder Einzelne von uns war froh und dankbar, diese Aufnahme zu finden und der Hölle entkommen zu sein und hat den Kampf ums nackte Leben gerne auf sich genommen, auch wenn es jedem Einzelnen noch so schwer fiel, denn jeder mußte ja unweigerlich ungewohnte Schwerstarbeit leisten, auch sogar Arbeiten, die in normalen Umständen als entwürdigend gegolten hätten. So war mein Vater, ein in seiner Stadt angesehener Bürger und Kaufmann, gezwungen, hier mit einem schweren Koffer voller diverser Waren von Haus zu Haus zu gehen, um wenigstens nur halbwegs seine Familie ernähren zu können. Mein Bruder, der schon 1933 ins Land kam, arbeitete als Taxi-

chauffeur (nach in Kaiserslautern absolviertem Abitur ...). Auch mein späterer Mann, mit demselben Bildungs- und Kulturgrad mußte so arbeiten. Ich selbst war in einem Kibbuz ... und habe am Aufbau desselben tatkräftig mitgearbeitet, wobei ich auch meine erworbene Schulausbildung, von der ich mir einen guten Beruf und gesicherte Zukunft erträumte, nicht benötigte, denn weder die Kühe, deren Mist ich ausputzte, noch die schweren landwirtschaftlichen wie hauswirtschaftlichen Arbeiten bedurften eine solche ... Aber der Gedanke in einem freien, demokratischen Land leben zu dürfen, hat alle geforderten Strapazen erleichtern helfen ...«

(aus einem Brief von E. Werner an R. Paul vom 8.8.1984)

Rosa Reinhard, geb. Auerbach, * 1876 in Mainz, ab 1888 mit ihren Eltern in Kaiserslautern, heiratete 1898 Bernhard Reinhard aus Kaiserslautern, der 1896 in Frankenthal ein Kolonialwarengeschäft eröffnete. Die Söhne Hans und Fritz (Perez) emigrierten 1933 nach Palästina. »Wir betrieben ein Kolonialwarengeschäft in Frankenthal/Pfalz, Bahnhofstraße 16. Im Jahre 1936 mußten wir auf Anordnung der nationalsozialistischen Regierung unser Haus und Geschäft aufgeben und verzogen in das israel. Altersheim in Neustadt a.H. Als das Altersheim im November 1938 abbrannte, übersiedelten wir nach Mannheim und wohnten bei Freunden in der Collinistraße 2. Wir konnten nicht auswandern, weil die Engländer zu wenig Certifikate ausgaben, unsere kleinen Ersparnisse waren aufgebraucht und wir lebten von Unterstützungen, die Verwandte aus Amerika und Deutschland uns gaben ... Von 22. Oktober 1940 bis 22. November 1945 waren wir nach Gurs und anderen Lagern deportiert.«

Bernhard Reinhard starb am 31. Oktober 1942 im Lager Le Récébédou in Südfrankreich. Rosa Reinhard wurde 1945 in Masseube befreit und mit Hilfe der Organisation »Joint« in ein vom französischen Roten Kreuz betriebenes Altersheim in Lacaune gebracht ... »und von da haben wir unsere Mutter hierherbringen können, und wir haben das Glück gehabt, sie noch neun Jahre bei uns zu haben«, schrieb Perez Reinhard (1898-1987) am 9. Juni 1980 aus Rehovot/Israel.

Anmerkungen

1 Adrienne Thomas, Eine Lebensrettung dank der stillen Résistance des französischen Volkes, in: Walter Zadek (Hg.), Sie flohen vor dem Hakenkreuz, Selbstzeugnisse der Emigranten — Ein Lesebuch für Deutsche, Reinbek bei Hamburg 1981, S. 101
2 Dieser Artikel ist als ein erster Arbeitsbericht über die Geschichte der Emigration aus der Pfalz im Dritten Reich gedacht. Er steht am Anfang einer umfassenden Dokumentation über Flucht, Vertreibung und Deportation von sogenannten »Nichtariern« aus dieser Region. Der Verfasser hat vor einigen Jahren damit begonnen, Materialien aus diesem Thema zusammenzutragen und Überlebende, vor allem Emigranten und Remigranten im In- und Ausland, zu befragen.
Die Auswertung von Akten im Bundesarchiv Koblenz, in den rheinland-pfälzischen Archiven, im Document Center Berlin, im Zentralarchiv für die Geschichte des jüdischen Volkes Jerusalem, im Archiv Yad Vashem, im zentralen zionistischen Archiv Jerusalem, in den Leo-Baeck-Instituten und anderen Einrichtungen ist geplant.
Weitere Berichte und Interviews mit Emigranten werden sicher noch mehr Licht in das dunkle Kapitel der Geschichte der jüdischen Emigration aus der Pfalz im Dritten Reich bringen. Die Emigranten selbst, ihre erschütternden Berichte können uns vielfach mehr sagen, als dies archivalische Verwaltungsakten und nackte Zahlen zu tun vermögen. Sie können Fragen beantworten, was den mitunter sehr komplizierten und durch Archiv-

quellen oft kaum nachvollziehbaren Wanderweg der jüdischen Flüchtlinge betrifft. Ihre Selbstzeugnisse ermöglichen uns Aussagen über die Eingliederungsschwierigkeiten, die Akkulturation der Emigranten im Exilland.

3 Hermann Arnold, Von den Juden in der Pfalz, Speyer 1967, S. 62; Hermann Arnold, Juden in der Pfalz — Vom Leben pfälzischer Juden, Landau 1986, S. 77 und S. 180 ff.

4 Arnold, Von den Juden in der Pfalz, 1967, S. 62

5 ebd., S. 62

6 Jüdisches Gemeindeblatt für das Gebiet der Rheinpfalz, 2. Jg., Nr. 3, S. 1; vgl. auch Hans Heß, Die Landauer Judengemeinde — Ein Abriß ihrer Geschichte, Landau 1983, S. 78.

7 Jüdisches Gemeindeblatt für das Gebiet der Rheinpfalz, 1. Jg. Nr. 4, S. 4

8 ebd., 1. Jg., Nr. 3, S. 7

9 ebd., 1. Jg., Nr. 10, S. 8

10 ebd., 2. Jg., Nr. 2, S. 8

11 ebd., 2. Jg., Nr. 2, S. 4. Die aufgelösten israelitischen Kultusgemeinden waren Altenbamberg, Billigheim, Busenberg, Dahn, Göllheim, Kleinbockenheim, Iggelheim, Niederkirchen, Rheingönheim, Roxheim, Ruchheim und Wallhalben.

12 Vgl. das Verzeichnis der am 22. Oktober 1940 aus der Pfalz evakuierten Juden, veröffentlicht in: Dokumente des Gedenkens mit Beiträgen von Wilhelm Denig und Henry R. Huttenbach, hrsg. in Zusammenarbeit mit Editha Bucher von Franz-Josef Heyen (= Dokumentation zur Geschichte der jüdischen Bevölkerung in Rheinland-Pfalz und im Saarland von 1800 bis 1945, Bd. 7), Koblenz 1974, S. 119 ff.

13 Zit. nach Helmut Müssener, Exil in Schweden — Politische und kulturelle Emigration nach 1933, München 1974, S. 44. Vgl. auch die Einleitung im Biographischen Handbuch der deutschsprachigen Emigration nach 1933, Bd. I. Leitung und Bearbeitung: Werner Röder und Herbert A. Strauss, München — New York — London — Paris 1980, S. XIII ff.

14 Biographisches Handbuch der deutschsprachigen Emigration nach 1933, Bd. I, S. XIX ff,

15 Vgl. z.B. Karl-Heinz Debus, Christen und Juden in der Pfalz zur Zeit des Nationalsozialismus, in: Pfälzische Landeskunde — Beiträge zur Geographie, Biologie, Volkskunde und Geschichte, hrsg. von Michael Geiger, Günter Preuß und Karl-Heinz Rothenberger, Band 3, Landau 1981, S. 370-385.
Beispielhaft auch als erste nach dem Krieg entstandene umfassende Arbeit über eine jüdische Gemeinde in der Pfalz ist: Hans Heß, Die Landauer Judengemeinde — Ein Abriß ihrer Geschichte, Landau 1969 (2. Auflage 1983); Zur Situation in Speyer im Dritten Reich vgl. Elisabeth Schleicher-Landgraf, Unsere jüdischen Mitbürger in Speyer, in: Geschichte der Juden in Speyer, hrsg. von der Bezirksgruppe Speyer des Historischen Vereins der Pfalz, Speyer 1981, S. 120-131; Karl-Heinz Debus, Verfolgung und Auslöschung — Geschichte der Juden in Speyer von Hitlers Machtergreifung 1933 bis zur Deportation nach Gurs 1940, in: Geschichte der Juden in Speyer (wie oben), S. 132-169; Karl-Heinz Debus, Kirchen und Religionsgemeinschaften in Speyer seit 1918, Band II, hrsg. von der Stadt Speyer (Redaktion Wolfgang Eger), Stuttgart 1983 (2. Aufl.), S. 465-527.

16 Heß, Die Landauer Judengemeinde, 1983, S. 65. Kommerzienrat Viktor Weiss, viele Jahre lang Mitglied im Landauer Stadtrat, hatte sich im Ersten Weltkrieg für die Verbesserung der Ernährungslage in Landau eingesetzt. Nach seinem Wegzug von Landau lebte er in Wiesbaden, wo er sich am Abend vor der geplanten Deportation nach dem Osten das Leben genommen hat (Brief von Dr. Paul Weiss, Tel Aviv vom 20.6.1972 an das Stadtarchiv Landau; freundlicherweise zur Verfügung gestellt von Dr. Hans Heß).

17 Vgl. Johannes Simmert (Bearbeiter), Die nationalsozialistische Judenverfolgung in Rheinland-Pfalz 1933 bis 1945, in: Dokumentation zur Geschichte der jüdischen Bevölkerung in Rheinland-Pfalz und im Saarland von 1800 bis 1945, Bd. 6, Koblenz 1974, S. 13.

18 Elisabeth Schleicher-Landgraf, Unsere jüdischen Mitbürger in Speyer, in: Geschichte der Juden in Speyer, hrsg. von der Bezirksgruppe Speyer des Historischen Vereins der Pfalz, Speyer 1981, S. 126; Edmund Heringer, Die israelitische Glaubensgemeinschaft — Fried-

hof als letztes Zeugnis, in: 750 Jahre Gräfensteiner Land 1237-1987 — Mit der Geschichte von Rodalben, S. 253.

19 Brief von Elisheva Lernau, Ramat Gan, Israel, an den Verfasser vom 14.3.1981 (vgl. auch Briefauszug im Anhang!). Der Brief wurde auszugsweise veröffentlicht bei Alfred H. Kuby, Vom Werden und Sterben der jüdischen Gemeinde in der Stadt Zweibrücken, in: Heimatkalender 1988 für das Pirmasenser und Zweibrücker Land, S. 41 f.

20 Als Beispiel antisemitischer Hetzpropaganda übelster Art sei der Artikel »Der jüdische Parasit« von Josef Hünerfauth genannt, veröffentlicht in: Die Westmark, VI. Jg., Dezember 1938, S. 166 f.

21 Jüdisches Gemeindeblatt für das Gebiet der Rheinpfalz, 2. Jg. Nr. 1, S. 8. Vgl. auch Roland Paul, Die Kaiserslauterer Synagoge und ihr Schicksal vor 50 Jahren, in: Heimat-Jahrbuch 1988 für Stadt- und Landkreis Kaiserslautern, S. 156-161.

22 Brief von Charles Wolff, New York, N.Y. an den Verfasser vom 24.3.1981. In einem an Gehässigkeit kaum zu überbietenden, von einem »W.T.« unterzeichneten Beitrag »Gegen das Volk der Grynszpane«, der mit dem Satz »Hinaus mit der Mörderbrut aus der deutschen Stadt Pirmasens« endet, hatte die Pirmasenser Zeitung am 11. November 1938 über die Ereignisse in der »Kristallnacht« und die »spontanen Vergeltungsaktionen gegen das Judentum« berichtet.

23 Dokumentation zur Geschichte der jüdischen Bevölkerung, Bd. 6, S. 195 f.

24 Der Viehhändler Adolf Kayem, geb. 1900 in Steinbach am Glan, lebte mit Ehefrau Elisabeth, geb. Mayer (geb. 1907 in Ulmet) und Tochter Nanette Irene (geb. 1933) bis 6.2.1939 in Steinbach, dann in Glan-Münchweiler (Gemeindearchiv Glan-Münchweiler, Akten über die Juden in Steinbach und Glan-Münchweiler). Von Gurs kam die Familie 1941 in das Lager Rivesaltes. Während die Tochter in einem Kinderheim überlebte, wurden Adolf und Elisabeth Kayem 1942 nach Auschwitz deportiert. Vgl. Dokumentation zur Geschichte der jüdischen Bevölkerung, Bd. 7, S. 131.

25 Zit. nach Die jüdische Emigration aus Deutschland 1933-1941 — Die Geschichte einer Austreibung — Eine Ausstellung der Deutschen Bibliothek, Frankfurt am Main, unter Mitwirkung des Leo Baeck Instituts, New York, Frankfurt am Main 1985, S. 284

26 ebd., S. 287.

27 ebd., S. 289 »Schreiben der Reichsvereinigung der Juden in Deutschland«, unterzeichnet u.a. von Leo »Israel« Baeck und Otto »Israel« Hirsch an Dr. Eugen Strauss, Mai 1940.

28 Die jüdische Emigration, S. 306.

29 Vgl. das Verzeichnis der am 22. Oktober 1940 aus der Pfalz evakuierten Juden (Anm. 12), S. 119 ff.

30 Gespräche des Verfassers mit Frau Hilde Oppenheimer in New York am 18.9.1981 und 27.10.1983; vgl. auch Roland Paul, Die jüdische Gemeinde in Landstuhl — Anmerkungen zu ihrem Schicksal im Dritten Reich, in: Heimatkalender 1982 für Stadt und Landkreis Kaiserslautern, S. 60-64.

31 Die jüdische Emigration, S. 175 ff.

32 Jüdisches Gemeindeblatt für das Gebiet der Rheinpfalz, 1. Jg., Nr. 12, S. 3.

33 Vgl. den Artikel »Typische Fehler unserer Auswanderer«, in: Jüdisches Gemeindeblatt 1. Jg., Nr. 1, S. 3 f.

34 Jüdisches Gemeindeblatt, 1. Jg., Nr. 1, S. 5

35 ebd., 1. Jg., Nr. 6, S. 3

36 ebd., 1. Jg., Nr. 7, S. 2 f.

37 ebd., 1. Jg., Nr. 2, S. 4. Dr. Mark Wischnitzer (1882-1955) war von 1922 bis zu seiner Emigration nach Frankreich 1938 Generalsekretär des Hilfsvereins. Vgl. Die jüdische Einwanderung, S. 175 f.

38 ebd., 1. Jg., Nr. 1, S. 5 und Nr. 5, S. 4.

39 Dokumentation zur Geschichte der jüdischen Bevölkerung, Bd. 6, S. 91.

40 Jüdisches Gemeindeblatt, 1. Jg., Nr. 5, S. 5.

41 ebd., 1. Jg., Nr. 11, S. 5.

42 ebd., 1. Jg., Nr. 10, S. 6 und 2. Jg., Nr. 2, S. 6.

43 Ruth Fabian und Corinna Coulmas, Die deutsche Emigration in Frankreich nach 1933, München - New York - London - Paris 1978.

44 Detlef Oppermann, Hitler-Gegner nicht vorbehaltlos willkommen — Die deutschen Emigranten in Frankreich nach 1933, in: Frankfurter Rundschau v. 5.11.1979.
45 Fabian/Coulmas, S. 33.
46 ebd., S. 67 ff.
47 Kurt R. Grossmann, Emigration — Geschichte der Hitler-Flüchtlinge 1933-1945, Frankfurt am Main, S. 209 f.
48 Grossmann, S. 17 ff.
49 ebd., S. 234 f.
50 Grossmann, Emigration, S. 15.
51 Walter A. Berendsohn, Probleme der Emigration aus dem Dritten Reich, in: Politik und Zeitgeschichte, Bd. XXXIII/56 v. 15.8.1956, S. 518
52 Grossmann, S. 16; Müssener, S. 70
53 Berendsohn, S. 5; Grossmann, S. 20
54 Die jüdische Emigration, S. 194.
55 Philo-Atlas, Handbuch für jüdische Auswanderung, Berlin 1938, Spalte 30.
56 Berendsohn, Probleme der Emigration, S. 523.
57 ebd., S. 525.
58 ebd., S. 523 nach: Dispersion and Resettlement, The Story of the Jews from Central Europe, London 1955.
59 Die jüdische Emigration, S. 195 f.
60 Philo-Atlas, Spalte 39.
61 Berendsohn, S. 524.
62 ebd.
63 Berendsohn, S. 522, in Anlehnung an: Maurice R. Davie, Refugees in America, Report of the Committee for the Study of Recent Immigration from Europe, New York 1947.
64 Grossmann, Emigration, S. 155 ff.
65 ebd., S. 159
66 Philo-Atlas, Spalte 183
67 Grossmann, Emigration, S. 160; Berendsohn, S. 522
68 Philo-Atlas, 1938, Spalten 141-144
69 Biographisches Handbuch der deutschsprachigen Emigration, Bd. I, S. XXVIII.
70 Jüdisches Gemeindeblatt für das Gebiet der Rheinpfalz, 1. Jg., Nr. 5, S. 5.
71 ebd., Nr. 10, S. 6.
72 ebd., Nr. 10, S. 5.
73 ebd., Nr. 11, S. 7
74 ebd., 2. Jg., Nr. 2, S. 5. Der Frankenthaler Emigrant Perez Reinhard, gestorben 1987 in Israel, bestätigte dem Verfasser, daß Ernst Sender neben Sanitätsrat Dr. Treifuß und Dr. Jonas aus Bad Dürkheim zu den führenden Zionisten in der Pfalz zählte. Sender, geboren 1906 in Landau, lebte in Rishon Lezion, Israel. Er starb im Sommer 1987 während eines Kuraufenthaltes in Baden-Baden. Vgl. Die Rheinpfalz, Ausgabe Landau, vom 16.9.1987.
75 Die jüdische Emigration, S. 157.
76 Jüdisches Gemeindeblatt, 1. Jg., Nr. 12, S. 5
77 Die jüdische Einwanderung, S. 153.
78 Jüdisches Gemeindeblatt, 1. Jg., Nr. 7, S. 4
79 Brief von Frau Gerda Zipora Katz, geb. Kayem, früher Kaiserslautern, jetzt Tivon/Israel, an den Verfasser vom 23.2.1984. Sie leitete früher die jüngere Mädchengruppe der jüdischen Pfadfindergruppe in Kaiserslautern. »1934 beschloß die Bundesleitung zum Zionismus zu erziehen und wir, so jung wir auch waren, übernahmen die Leitung der zionistischen Bewegung in Kaiserslautern ... Ich selbst verließ Kaiserslautern 1936 und war 2 Jahre in Westerbeck auf einem Hachscharagut, um mich auf Palästina vorzubereiten.«
80 Biographisches Handbuch der deutschsprachigen Emigration, S. XXIX.
81 Vgl. Ernest Maass, Integration and Name Changing among Jewish Refugees from Central Europe in the United States, in: Journal of the American Name Society, Bd. 6, Nr. 3, Berkeley 1958, S. 129 ff.

82 ebd.
83 Biographisches Handbuch der deutschsprachigen Emigration, Bd. I, S. 167 und 173; Interviews und Korrespondenz des Verfassers mit Dr. Justin Adler und Howard John Fields.
84 Müssener, S. 110.
85 Berendsohn, S. 501; Müssener, S. 111 ff.
86 Biographisches Handbuch der deutschsprachigen Emigration, Bd. I, S. XXX
87 Willi Schaber, Eine Zeitung als Heimat, in: AUFBAU 50 Years 1934-1984, Ausstellungskatalog, S. 11
88 AUFBAU 50 Years, S. 44

Im Zuge der nationalsozialistischen »Hexenjagd« auf die Juden mußten alle »Nichtarier« ab 17. August 1938 ihrem Vornamen die Namen Sara oder Israel hinzufügen. Ab 5. Oktober 1938 wurde der »J«-Stempel für »nichtarische« Pässe eingeführt.
Hier die Reisepässe des Zweibrücker Rechtsanwalts Justizrat Berthold Kahn und seiner Frau Sophie, geb. Bach.

176

Den Holocaust auf abenteuerliche Weise überlebt

Oskar Althausen, geboren 1919 in Lampertheim, arbeitete ab 1934 in Mannheim. Er wurde am 22. Oktober 1940 zusammen mit den badischen und pfälzischen Juden nach Gurs deportiert. Nach drei Jahren in verschiedenen französischen Internierungs- und Arbeitslagern gelang ihm am 28. November 1943 die Flucht nach Spanien. Er kehrte 1951 in die Bundesrepublik zurück und ist heute zweiter Vorsitzender der Mannheimer jüdischen Gemeinde.

Jugend unterm Hakenkreuz

Herr Althausen, wie haben Sie die ersten Jahre des Dritten Reiches erlebt? Welche Beschränkungen der nationalsozialistischen Judengesetzgebung, welche der Diskriminierungen haben Sie besonders getroffen?

Das erste, was mich persönlich sehr stark berührt hat, waren meine Erfahrungen am Gymnasium in Worms. Und zwar, daß es für jüdische Schüler unmöglich war, dort weiter zur Schule zu gehen. Man wollte eine »judenreine« Schule, und so mußte ich 1934 das Gymnasium verlassen. Vielleicht darf ich hierzu gerade ergänzen: Ich war überrascht, als ich vor zwei oder drei Jahren las, daß dennoch später ein jüdischer Schüler aufgenommen wurde. Ich kann aus meiner Erfahrung sagen, daß dieser von der Schulleitung wohl nur als sog. »Renommierjude« benutzt wurde. Das andere, was ich als Kind — wir waren fünf Geschwister — erlebte, waren die wirtschaftlichen Schwierigkeiten, in die mein Vater geriet, weil sich in dem kleinen Ort, in dem wir damals wohnten, in Lampertheim, der Boykott jüdischer Geschäfte stärker auswirkte als in der Stadt. Mein Vater war Uhrmacher von Beruf, aber er führte in seinem bis zur »Machtübernahme« der Nazis gutgehenden Geschäft auch Gold- und Silberwaren, Leder- und Galanteriewaren.

Welchen Weg haben Sie nach Verlassen der Schule eingeschlagen?

Ich kam dann in eine kaufmännische Lehre nach Mannheim, in eine Eisengroßhandlung. Diese Lehre habe ich absolviert; eine Gehilfenprüfung durfte ich jedoch nicht ablegen, weil die Handelskammer keine Juden zur Prüfung zuließ. Nachdem der Besitzer dieses Unternehmens quasi Hals über Kopf ausgewandert war, wurde ich arbeitslos. Nach einigen Wochen fand ich eine Beschäftigung in einem anderen jüdischen Geschäft, das allerdings schon in Liquidation begriffen war. Aber ich hatte für kurze Zeit wieder Arbeit, und das ging so weiter bis zum 10. November 1938, den ich in Mannheim erlebte, wie man in die Wohnung meines Arbeitgebers eindrang und alles kurz und klein schlug. Aber in der Wut, die sich diese Nazihorden sozusagen angefressen hatten, waren sie so blind, daß sie mich nicht bemerkten und ich einfach weggehen konnte. Danach hatte ich das Glück, kurze Zeit bei der Auflösung eines jüdischen Betriebes helfen zu können; ab Ende 1938 kam ich dann zu einem sog. jüdischen Devisen- und Auswanderungsberater. Als er seine Lizenz verlor, glückte es mir, auch bei seinem arischen Nachfolger bis zum Tag meiner Deportation in Arbeit zu stehen. Ich war damit natürlich weit begünstigter als meine Altersgenossen und viele Juden, die damals bereits zu schweren Arbeitseinsätzen herangezogen wurden.

Kam die Deportation der badischen und pfälzischen Juden wirklich so überraschend, wie man in einigen Büchern nachlesen kann? Oder gab es schon vorweg Anzeichen für eine solche Aktion?

Eher das Letztere! Durch meine Tätigkeit ergaben sich für mich doch Anhaltspunkte, die darauf schließen ließen, daß sich — ich spreche jetzt von Anfang/Mitte Oktober 1940 — irgendetwas ereignen würde. Ja, ich möchte sogar sagen, daß diese Befürchtungen um den 20. Oktober herum noch zunahmen. Also, daß wir nicht ungestört hier in Deutschland würden bleiben können, das war mir klar. Mir war auch bekannt, was nicht überall im Reich verbreitet war, daß bereits im Februar 1940 eine Massendeportation deutscher Juden stattgefunden hatte, bei der die Stettiner Juden nach dem Osten, in die Nähe von Lublin, abgeschoben worden waren. Ich rechnete damit, daß wir — wenn es zu einer Aktion kommen sollte — sehr wahrscheinlich in den Osten verbracht werden würden.

Heißt das auch, daß die Juden in Baden und — was mich noch mehr interessiert — in der Pfalz gefährdeter oder stärkeren Repressionen ausgesetzt waren als die anderer »Gaue des Reiches«?

Das ist leider richtig. Ich erinnere nur an die Ereignisse, die sich während der sog. »Kristallnacht« in Neustadt abspielten, wo man die alten Menschen des dortigen jüdischen Altersheims einfach auf die Straße trieb. Wir erlebten ja hier in Mannheim eine regelrechte Invasion von pfälzischen Juden. In meinem Geburts- und Heimatort Lampertheim z.B. weigerte man sich, jüdischen Menschen Lebensmittel zu verkaufen und nur dank der Hilfe von nichtjüdischen Nachbarn bekamen sie etwas zu essen. Ähnliches, wenn nicht Schlimmeres spielte sich damals auch in der Pfalz ab, und plötzlich wuchs hier in Mannheim — trotz der Auswanderung — der jüdische Bevölkerungsanteil, sodaß die jüdische Gemeinde in B 7 ein Altersheim speziell für die Leute aus der Pfalz errichten mußte.

Gehen Sie soweit zu sagen, daß die Aktion Bürckel-Wagner, die ja die erste Judendeportation aus dem Westen Deutschlands war, eine zwangsläufige Konsequenz der besonderen Judenpolitik dieser Gauleiter war?

Ja genau, das ist es. Meiner Meinung nach waren sie die Initiatoren dieses Plans, auch wenn im sog. »Madagaskar-Plan« einmal festgelegt worden war, die Juden umzusiedeln. Beide waren besondere »Scharfmacher« und ihnen kam die Idee, die Juden zunächst einmal in das »unbesetzte« Frankreich abzuschieben, um ihrem Führer melden zu können, daß die Pfalz und Baden »judenfrei« seien.

Die Deportation

Herr Althausen, wie erlebten Sie den 22. Oktober 1940?
Ich ging an diesem Morgen wie üblich in das Büro. Ich war allein, weil mein Chef nicht jeden Tag ins Büro kam, denn er hatte noch eine Geschäftsstelle in Karlsruhe. Ich hatte ein ungutes Gefühl, weil er am Tag zuvor gewisse Andeutungen gemacht hatte, die mir nicht gefielen. Irgendetwas schien bevorzustehen! Und in der Tat, ich war kaum eine Stunde im Büro gewesen, es dürfte so zwischen neun und zehn Uhr gewesen sein, als meine jüngste Schwester zu mir kam und sagte: »Komm schnell nach Hause! Wir müssen packen! Wir müssen innerhalb einer Stunde aus unserer Wohnung heraus!« Ich ging mit ihr, und Sie können sich vorstellen, wie groß dort die Aufregung war. Zur Familie zählte mein damals schon über achtzig Jahre alter Großvater, der unter anderem — ich meine, das klingt jetzt sehr banal — Inflationsgeld, das er noch besaß, zusammensuchte und in den Koffer steckte. Laut Bestimmungen hätten wir ja sogar 50 Kilogramm Gepäck pro Person mitnehmen dürfen. Aber wer kann das tragen? Meine kleine Schwester nicht, meine Mutter auch nicht und der alte Großvater erst recht nicht. Wir rafften also das Notwendigste zusammen, einhundert Mark durften wir auch mitnehmen und verließen die Wohnung; d.h. pünktlich nach einer Stunde stellte sich ein Mann von der Gestapo ein und bat uns, aus der Wohnung zu treten, die er hinter uns versiegelte. Dies ging ohne Beschimpfungen ab. Er verhielt sich, wenn man so will, »korrekt«. Auf der Straße waren zahlreiche Menschen versammelt. Es war eben keine Nacht-und-Nebel-Aktion, wie manche erklärt haben. Das stimmt nicht! Es gab auch keinen Fliegeralarm, wie ein Zeitgenosse in einer Ludwigshafener Zeitung berichtet hat. Das stimmt auch nicht! Alles spielte sich in voller Öffentlichkeit ab. Ich erinnere mich, daß wir von unserer Wohnung aus in eine nahegelegene Schule gebracht wurden und daß am Straßenrand Frauen standen. An einer Straßenecke, ich weiß heute noch genau an welcher, standen zwei Frauen, die Taschentücher vor ihren Mund gepreßt hatten. Als wir vorübergingen, hörte ich eine von ihnen sagen: »Dafür werden wir noch einmal büßen«. In der Schule wurden die Personalien aufgenommen. Noch am gleichen Tag, es war der 22. Oktober, brachte man uns mit einem Bus zum Mannheimer Hauptbahnhof. Dort hatte sich ein Notar postiert, der von allen Familienoberhäuptern und Volljährigen Unterschriften verlangte, durch die sie ihr Vermögen der sog. »Reichsvereinigung der Juden in Deutschland« überschreiben mußten, die ja dann später nichts anderes war als eine Nazi-Tarnorganisation. Bald ging es dann weiter in den bereitstehenden Sonderzug. Auch da möchte ich einen Punkt richtigstellen. Es stimmt nicht, wie manche behaupten, daß damals schon Transporte mit Viehwagen stattgefunden haben. Ich erinnere mich, daß es u.a. französische Personenwagen waren, mit denen wir deportiert wurden. Natürlich war alles streng bewacht. Polizei und Waffen-SS. Wir fuhren noch am gleichen Tag ab. Zunächst beherrschte uns nur die beklemmende Frage: Geht es nach Osten? Oder geht es nach Westen? Als wir Karlsruhe erreichten und von da über den Rhein fuhren, war mir klar, daß meine Befürchtungen nicht richtig gewesen waren. Es ging tatsächlich nach Frankreich. Den ersten längeren Halt machten wir in Mühlhausen im Elsaß, das ja damals wieder deutsch besetzt war. Dort bekamen wir eine Suppe und konnten unser Geld umtauschen.

Natürlich war dies wieder mit besonderen Androhungen verbunden. Wer mehr als einhundert Mark oder Wertgegenstände besitze, solle alles unbedingt abgeben, sonst habe er die schlimmsten Repressalien zu befürchten. Goldbesitz war Juden ohnehin verboten; schon vorher gab es ja diese spezielle Goldablieferungsaktion. Wir fuhren dann in einer großen Ungewißheit weiter. Als wir in die Nähe von Chalon-sur-Saône kamen — hier verlief die Demarkationslinie zwischen dem »besetzten« und dem »unbesetzten« Gebiet —, sagte der für unseren Waggon zuständige Waffen-SS-Mann, daß wir in Kürze ins »unbesetzte« Frankreich kämen und er uns nur noch Gesundheit wünschen könne. Der Zug hielt in Chalon-sur-Saône, und als er weiterfuhr, schoß noch irgendjemand ein paar Salven in die Luft. Als erste Station des »unbesetzten« Gebiets erreichten wir dann den berühmten Weinort Mâcon.

Traten, nachdem die deutschen Bewachungsmannschaften den Zug verlassen hatten, Franzosen an ihre Stelle?

Nein, zunächst kam niemand. Denn die Franzosen — in Mâcon stand eine Art Empfangskomitee bereit — waren äußerst erstaunt, als sie hörten, daß wir direkt aus dem Reich kamen. Man war Transporte mit sog. »Frankophilen, Elsässern oder Lothringern, gewohnt; aber wir wurden dem Vichy-Regime — wie inzwischen ja auch dokumentarisch belegt werden konnte — quasi als Kuckuckseier ins Nest gelegt. So fuhren wir zwar ohne Bewachung weiter, aber wir wußten nicht, was mit uns geschehen sollte. Der Zug hielt auf vielen Stationen, dann stand er auf irgendeinem Abstellgleis. Ich erinnere mich an einen Zwischenaufenthalt in Lyon, wo wir Essen bekommen sollten, was aber nicht geschah. Es könnte sein, daß ab Lyon vielleicht vorne beim Zugführer französische Gendarmerie mitfuhr, aber gesehen habe ich niemand.

Wie war die Stimmung im Zug? Wurde Ihre »Erleichterung«, daß es nicht nach Osten ging, von den anderen Deportierten geteilt?

Ja, eine gewisse Erleichterung war deutlich spürbar. Viele träumten noch immer von Frankreich als der »Grande Nation«, die jetzt zwar besiegt sei, aber die Maximen der Revolution, »Liberté, Egalité, Fraternité«, so glaubten viele, müßten nach wie vor noch zu spüren sein. Dies hat sich erst später als große, große Täuschung erwiesen. Es gab unter uns auch Leute, die von Angehörigen aus südfranzösischen Lagern, Lagern aus der Nähe von Perpignan, schon Post bekommen hatten. Dort waren meist Leute, die zuvor illegal nach Belgien oder Holland geflüchtet waren und die am 10. Mai 1940, bei der Nazi-Offensive, von dort als sog. »5. Kolonne« — was natürlich nicht zutraf, aber was leider sehr schlimme Folgen für die Betroffenen hatte — nach Frankreich transportiert und dann in diese Lager gesteckt worden waren. Deswegen achteten wir, d.h. die, die noch etwas französische Geographie im Kopf hatten, darauf, wohin sich der Zug wenden würde, als wir Narbonne erreichten. In südliche Richtung, das hieße Perpignan, oder nach Westen? Nun, wir fuhren nach Westen. Wir passierten Toulouse und Lourdes, den berühmten Wallfahrtsort. In Lourdes standen einige Franzosen, teilweise in Militäruniformen, teils in Zivil, die uns sagten, wir kämen in ein Familienlager in die Nähe von Oloron-Sainte-Marie; dort würden wir es gut haben. Das waren natürlich nur leere Versprechungen. Es kam alles ganz anders. Das war übrigens bereits der 24. Oktober, so lange waren wir seit dem Spätnachmittag des 22. schon unterwegs. Das Wetter war schlecht, es regnete unaufhörlich, auch, als wir fast schon bei Einbruch der Dunkelheit in Oloron-Sainte-Marie ankamen, dem letzten Bahnhof, von dem aus man Gurs erreichen kann. Wir wurden auf Lastwagen verladen, die uns ins Lager brachten. Obwohl es ziemlich dunkel war, konnte man den Stacheldraht gut erkennen. Das war nun das »Camp de Gurs«. Hier mußten wir Männer absteigen, die Frauen fuhren weiter. Von dem Gepäck war überhaupt keine Spur zu sehen. Wir besaßen nur das, was jeder als Handgepäck hatte tragen können. So kamen wir in Gurs an. Der erste Eindruck war sehr deprimierend. Wir spürten sofort den Schlamm. Mein Vater, der nach der sog. »Kristallnacht« von Lampertheim aus in das KZ Buchenwald gekommen war, wo er bis Dezember inhaftiert blieb, sagte gleich zu mir: »Gib acht, das ist wie in Buchenwald!« Wir wurden in eine Holzbaracke hineingeschoben, die Tür hinter uns verschlossen. In der Baracke war überhaupt nichts zu sehen wie der blanke Fußboden. Kein Strohsack, nichts. Es dauerte lange, bis die Tür wieder geöffnet wurde. Die Leute jammerten, weil sie ihre Notdurft verrichten mußten. Später erschienen dann Offiziere, die etwas Deutsch sprachen und die sich erkundigten, woher wir kamen und die doch überrascht waren, als sie hörten, daß wir direkt aus Deutschland nach Gurs gekommen waren. Ich möchte an dieser Stelle gleich betonen, daß die Franzosen, die uns da in Empfang nahmen und zunächst bewachten, zur sog. »Garde mobile« gehörten; das war noch Militär.

Im »Camp de Gurs«

Gab es im Lager überhaupt irgendwelche sanitäre Einrichtungen? Und wie sah Ihr Lageralltag in den ersten Tagen aus?

Das Lager war ja bereits 1939 als Auffanglager für Angehörige der Internationalen Brigaden und für Soldaten der spanisch-republikanischen Armee errichtet worden. Man darf aber nicht vergessen, daß das Lager im Frühjahr bzw. Sommer errichtet worden war und daß die Spanienkämpfer, als Angehörige einer fremden Armee, die in ein anderes Land übergelaufen war, nach den Bestimmungen des Völkerrechts interniert worden waren. Und diese z.T. noch jungen Männer konnten die Verhältnisse weitaus besser ertragen als die vielen alten Menschen, die nun ankamen. Die Altersstruktur der 6500 Juden, die damals aus Baden, der Pfalz und dem Saarland nach Gurs deportiert wurden, ist ja bekannt. Am nächsten Tag konnten wir feststellen, daß die sanitären Verhältnisse haarsträubend waren. Wasser lief nur stundenweise und war, worauf man uns ausdrücklich hinwies, nicht trinkbar. Die Küche mit ihren großen Kesseln war mehr als primitiv. Aber das Schlimmste war der Schlamm, der vor allem zwischen den »Frauen-Blöcken« sehr tief war. Sie haben vielleicht schon die Bilder von Lagerinsassen gesehen, die bis an die Hüften in diesem Schlamm eingesunken waren. Hinzu kam, daß auch der Weg zu den Latrinen, um diese »Installationen« vornehm zu benennen, ebenfalls völlig verschlammt war. Es war also nicht allein der Hunger, sondern vor allem diese

furchtbar schlechten sanitären Verhältnisse, die dazu führten, daß alsbald eine Ruhrepidemie ausbrach, die innerhalb weniger Tage und Wochen Hunderte dahinraffte.

Wie war Ihre Verpflegung, wenn man das so nennen kann?
Die von der Lagerverwaltung ausgeteilte Verpflegung war einfach furchtbar. Sie bestand meist aus diesen berühmten Wassersuppen, in denen ein paar Kichererbsen herumschwammen oder einige Rübenstücke und ganz gelegentlich eine minimale Ration Fleisch. Kartoffeln bekamen wir damals überhaupt nicht. Morgens gab es eine schwarze Brühe, von Kaffee-Ersatz zu sprechen, wäre schon übertrieben. Daneben erhielten wir unsere Brotrationen, die jedoch bald immer kleiner wurden. Am Anfang teilte man einen Laib Brot, der so ungefähr zwei Kilogramm haben sollte, unter sechs Personen auf, später dann unter acht und ab Ende 1943 verschlechterte sich das Verhältnis nochmals. Diese offizielle Ernährung war völlig unzureichend. Und hätte es im Lager keinen »marché noir«, keinen »Schwarzmarkt«, gegeben, mit Lebensmitteln, die von draußen hereingebracht wurden, wäre die Zahl der Opfer noch größer gewesen. Beliefert wurde er hauptsächlich von den »Spaniern«, die einen Sonderstatus genossen, weil sie einer Arbeitskompanie angehörten, die nicht nur für die Lagerinstandhaltung verantwortlich war, sondern auch Arbeiten außerhalb des Lagers verrichten mußte. Daneben brachten auch französische Arbeiter, die im Lager arbeiteten, Lebensmittel herein. Es herrschten effektiv chaotische Zustände. Die Verwaltung hat, dies ist ja erst später bekannt geworden, Lebensmittelsendungen, Reis, Nudeln, ..., die uns helfen sollten, im wahrsten Sinne des Wortes »verschoben«. Davon haben wir jedoch nichts bemerkt. Gut war in Gurs nur, daß jeder Block einen Blockältesten hatte, der aus dem Kreis der Reichsinternierten stammte. Natürlich gab es unter diesen große Unterschiede. Die einen traten gegenüber den Franzosen mutiger auf, die anderen standen noch immer unter dem Eindruck der Einschüchterungen der Nazis und waren eher zaghaft. Das hat sich dann zwangsläufig auf das Lagerleben ausgewirkt. Schlimm war, daß wir in dieser ersten Zeit nicht arbeiten durften und nur gelegentlich zu irgendwelchen kleinen Tätigkeiten herangezogen wurden: Abladearbeiten, Holzreinbringen in die Küche ..., aber eine geregelte Arbeit gab es damals noch nicht.

Wie war die Verwaltungsstruktur des Lagers? Gab es neben den Blockältesten noch eine Art von Lagerselbstverwaltung?
Nein, das gab es nicht. Nur die Blockältesten, die jeden Morgen zur sog. »Blockältestenkonferenz« zum Lagerkommandanten oder dessen Stellvertreter beordert wurden. Das hat sich später etwas geändert, aber ich war ja zunächst nur vom 24. Oktober bis zum 10. März 1941 in Gurs. Dann war es möglich, in andere Lager zu kommen. Auch da hat man uns wieder große Versprechungen und Hoffnungen gemacht. Familien mit Kindern, wie in unserem Fall — ich hatte ja noch eine zehnjährige Schwester —, konnten in ein Familienlager in die Nähe von Perpignan; andere, alte Leute oder solche, die wir heute als Schwerbehinderte bezeichnen würden, konnten in zwei Lager bei Toulouse. Das war freiwillig, man wurde nicht dazu gezwungen. Vielleicht darf ich hier noch einmal auf die Verhältnisse in

Gurs zurückkommen. Sehr schlimm war für uns auch die Ungezieferplage, vor allem die unzähligen Ratten, später wir hatten ja keinerlei Bekämpfungsmittel, dann auch Läuse, ...

Wie wurden Sie von den französischen Wachmannschaften behandelt? Wie war deren Verhältnis zu den deutschen Juden?

Dazu ist manches Positive, aber auch Negatives zu sagen. Zuerst muß man festhalten, daß sich die Zusammensetzung der Wachmannschafen rasch änderte. Nach den von mir geschilderten Soldaten der »Garde mobile« kam Gendarmerie. Das waren reguläre französische Gendarmen, die uns bewachten. Diese wurden von Wachmannschaften abgelöst, die das Vichy-Regime speziell für diese Tätigkeit angeheuert hatte. Sie trugen blaugefärbte Armeeuniformen und als Kopfbedeckung ein Barett, eine Baskenmütze. Jede dieser Veränderungen bedeutete für uns eine Verschlechterung. Die Soldaten der »Garde mobile«, die allerdings nur kurze Zeit da waren, die drückten doch mal ein Auge zu. Die ließen den einen oder anderen von uns schon manchmal für fünf Minuten in den Teil des Lagers, in dem die »Spanier« lebten, der an sich hermetisch von unseren Blöcken abgeschlossen war. Denn dort gab es zwei Kantinen, in denen man einkaufen konnte. Und unsere einhundert Mark, die uns damals noch in 2 000 Francs umgetauscht wurden, die halfen uns in der ersten Zeit doch über manche Hürde hinweg. Diese Wachposten ließen uns auch gelegentlich unsere Mütter oder Frauen besuchen oder umgekehrt. Das ging offiziell ja nur nach dem sog. »Ticketsystem«. Eine, das möchte ich betonen, furchtbar unmenschliche Geschichte. Es konnte passieren, daß eine Frau, die in den Männerblock kam, um ihren Gatten zu besuchen, erfahren mußte, daß man ihn zwei Tage zuvor beerdigt hatte. Später, bei den Gendarmen, ging es schon weitaus strenger zu und nachher, bei diesen von Vichy Angeheuerten, ja, da war es eben Glücksache. Man konnte auf einen stoßen, der menschliche Züge hatte, aber auch auf einen, der sehr unbarmherzig war. Auch das gab es.

Welche Möglichkeiten hatten Sie überhaupt, das Lager zu verlassen? Konnten Sie draußen arbeiten?

Das war in der ersten Zeit, in der ich in Gurs war, unmöglich. Allerdings, das ist mir jetzt gerade wieder eingefallen, zu der Zeit, als das Lager noch in Militärhänden war, da gab es einen sehr mitfühlenden französischen Leutnant, der aus dem Elsaß stammte. Er nannte sich Petit, aber sein richtiger Name war Klein. Der gestattete, daß Kinder bis zu sechzehn Jahren unter Führung eines Lehrers — wir hatten ja einige jüdische Lehrer unter uns — das Lager verlassen konnten. An bestimmten Tagen, zu bestimmten Zeiten. Mir gelang es zweimal — ich sah damals noch sehr jung aus — mit dieser Kinderkolonne aus dem Lager herauszukommen. Was machten wir draußen? Das Wichtigste war natürlich, irgendwelche Nahrungsmittel zu beschaffen. Und ich muß sagen, im großen und ganzen war die Bevölkerung uns gegenüber nicht feindlich eingestellt. Im Gegenteil, sie hatten zwar selbst nicht viel, aber diese Spaziergänge brachten nicht nur eine gewisse Abwechslung, sondern auch eine kleine Hilfe an Lebensmitteln. Doch als die »Garde mobile« abgezogen worden war, hörten auch diese Spaziergänge auf.

Gab es für Sie noch andere Möglichkeiten, mit der Zivilbevölkerung in Kontakt zu kommen? Sie sprachen davon, daß gelegentlich Arbeiter in das Lager kamen.

Nein, zu Beginn nicht. Ich war ja dann später noch einmal in Gurs, in der Zeit von November 1942 bis zu meiner Flucht am 28. November 1943. So ein Datum behält man natürlich für immer.

Hatte sich die Stiuation im Lager inzwischen verändert?

Ja. In der Zwischenzeit hatten vor allem Drainagearbeiten stattfinden, so daß der Schlamm nicht mehr ganz so schlimm war.

Wer hatte diese Drainagearbeiten ausgeführt?

Eine im Lager aufgestellte »Arbeitskompanie«, die aus Internierten bestand, die führte solche Arbeiten unter französischer Leitung durch. Im Lager selbst herrschten nicht mehr diese chaotischen Verhältnisse wie 1940-1941. Auch die Verwaltung hatte sich gebessert. In normalen Zeiten, ich werde gleich sagen, welche Zeiten ich als anormal betrachte, war es möglich, daß sich die Familienangehörigen gegenseitig besuchten. Ich kam damals auch in die Lagerkompanie und konnte, sozusagen nach Arbeitsschluß, meine Angehörigen besuchen. Inzwischen waren auch Gemeinschaftseinrichtungen geschaffen worden, eine Art Unterhaltungsraum, ein Leseraum; es gab kulturelle Veranstaltungen, die zwar schon 1940-41 sogar mit bedeutenden Künstlern stattgefunden hatten, und die bis 1943 weiter durchgeführt wurden. Allerdings, ich komme jetzt zu den angesprochenen anormalen Zeiten, wenn wieder einmal ein Transport anstand — Gurs wurde ja dann wieder zum Verladebahnhof, von wo aus Transporte über das Lager Drancy bei Paris in die Vernichtungslager des Ostens abgingen —, wenn wieder so ein Transport anstand, dann war das Lager gesperrt und Besuche verboten.

Wann setzten diese Transporte in die Vernichtungslager des Ostens ein?

Das war im Sommer 1942, Juli und August. Um diese Zeit war ich allerdings nicht im Lager, weder in Rivesaltes, wo wir im März 1941 hinkamen, noch in Gurs, sondern ich war in einer französischen Arbeitskompanie in der Nähe von Carcassonne. Aber auch dort holte man die Leute zusammen und brachte sie nach Rivesaltes, das zu einem regelrechten Versandbahnhof für diese Deportationen wurde. Ich selbst konnte mich den Transporten in dieser Zeit dadurch entziehen, daß ich mich einige Zeit versteckte. Bei meinem zweiten Aufenthalt in Gurs erlebte ich zwei große Transporte, die im Januar bzw. Februar 1943, das war fast eine Art Ausnahme, noch das Lager Majdanek erreichten.

Wer stellte diese Transporte in Gurs oder in den anderen südfranzösischen Lagern zusammen?

Die wurden von der jeweiligen Lagerverwaltung zusammengestellt.

Von den Franzosen?

Ja, von den Franzosen!

Nach welchen Kriterien wurden die Leute selektiert?
Ausschlaggebend war zunächst die Nationalität. Das klingt jetzt sehr makaber, aber deportationsreif waren speziell die Juden aus Deutschland und aus den von Deutschland besetzten Gebieten. Man ging auch nach dem Alter vor, das man immer höher hinaufschraubte, und dann war auf Seiten der Franzosen sehr viel Willkür mit im Spiel. Man weiß z.B., daß der letzte Lagerkommandant von Gurs bei einem Transport mehr Juden deportieren ließ, als die Nazis angefordert hatten. Der gleiche Mann rühmte sich ja auch, da war er noch nicht Lagerkommandant, daß er dem französischen Fiskus dadurch viel Geld gespart hätte, daß er die Verpflegungskosten noch unter den von Vichy bewilligten Satz heruntergedrückt hatte.

Sie haben selbst schon Ihre Flucht angesprochen. Bevor wir darauf näher eingehen, möchte ich Sie bitten, noch etwas zum Thema »Auswanderung« zu sagen. Es gab doch auch die Möglichkeit, von den Lagern aus ins Ausland zu emigrieren?
Ja. Das gilt vor allem für die, die zuvor schon von Deutschland oder einem anderen Land aus, ihre Auswanderung eingeleitet hatten, die schon von einem Konsulat — beispielsweise dem der USA — erfaßt worden waren und wo dann von außen, also von Amerika her, die Auswanderung weiter betrieben wurde. Die kamen dann von Gurs oder von Rivesaltes aus in das Lager Les Milles bei Marseille, um von dort aus ihre Formalitäten, z.B. mit dem amerikanischen Generalkonsulat, abwickeln zu können. Aber dies gelang nur noch sehr wenigen. Viele von ihnen stießen in Marseille auf enorme Schwierigkeiten, wurden im Sommer 1942 wieder erfaßt und in die Vernichtungslager deportiert. Aber von Gurs aus, wenn man da erst einmal drin war, noch etwas in die Wege zu leiten, das war fast unmöglich. Man kam ja mit keinem Konsulat mehr in Verbindung. Wir durften zwar schreiben und Post empfangen. Wir waren nicht völlig von der Außenwelt abgeschnitten. Jeden Tag kam sogar ein Zeitungsverkäufer. Das war auch in den anderen Lagern so, in Rivesaltes habe ich das ebenfalls erlebt. Wir konnten schon Zeitungen bekommen. Aber das waren Zeitungen, die entweder — wie im Falle von Gurs — aus der besetzten Zone stammten, oder zumeist nur aus einem Blatt bestanden, das im Sinne der deutschen Okkupanten verfaßt war und das die Thesen des Vichy-Regimes verherrlichte.

Gab es für Sie noch andere Informationsmöglichkeiten? Inwieweit waren Sie über das Kriegsgeschehen oder die Judenvernichtung in den Ostgebieten unterrichtet?
Die Zeitungen veröffentlichten natürlich auch die Heeresberichte. Besonders eine Zeitung, die »Dépêche« aus Toulouse, war sehr mutig. Da konnte man auch zwischen den Zeilen lesen; ihr konnte man etwas mehr entnehmen als der gleichgeschalteten Presse. Zeitweise konnten wir sogar Zeitungen empfangen, die uns aus dem Ausland, z.B. der Schweiz, zugeschickt wurden. Aber das ist im Jahr 1943 nicht mehr möglich gewesen, da war die Zensur schon schärfer. Andere Informationsmöglichkeiten? Da muß ich noch einmal auf das Verhältnis zwischen Internierten und französischen Wachmannschaften zurückkommen. Unter denen gab es auch einige, wie wir sagten, sehr anständige Kerle, die im Innern gute Patrioten geblieben waren und die uns beispielsweise berichteten, was am Abend zuvor Ra-

dio London gemeldet hatte. Es gab auch etwas privilegierte Internierte, Angehörige des Sanitäts- oder Ambulanzpersonals etwa, die selbst ein Radiogerät besaßen. Das war natürlich offiziell nicht bekannt. Aber, auf diese Weise waren wir 1943 doch darüber informiert, daß es im Osten zur Vernichtung der Juden kam. Nun, die genaue Methode, mit Gaskammern usw., das war uns nicht bekannt, aber daß es dort zur physischen Vernichtung kam, das war uns klar. Und das war für uns ja auch ganz logisch aus der Tatsache abzuleiten, daß aus den Lagern Leute von über 60 Jahren deportiert wurden. Die konnten doch nicht mehr zur Arbeit eingesetzt werden, mit denen mußte doch irgendetwas anderes geschehen.

D.h. Sie kannten zwar nicht das ganze Ausmaß der Vernichtung, aber Ihnen war klar, daß die neuen Transporte in den Osten gingen, und Sie wußten auch in etwa, daß die Lager dort einen anderen Charakter hatten als die südfranzösischen?
Ja, ja! Das war unbedingt der Fall! Das wußten wir schon, als im Januar und Februar 1943 die beiden großen Transporte abgingen, die ich in Gurs miterlebt habe. Wobei ich gleich hinzufügen möchte, daß gerade die Jüngeren, die in Arbeitskompanien in Frankreich eingesetzt waren, immer noch optimistisch waren. Gerade auch weil sie wußten, wie sich der Krieg nach Stalingrad entwickelte, hegten sie die Hoffnung: »Was soll uns passieren, die Deutschen brauchen uns doch zur Arbeit. Mit den Alten mag irgendetwas Schlimmeres geschehen, aber uns werden sie zur Arbeit einsetzen.« Wir wissen heute, daß das sehr trügerische Hoffnungen waren. Wir kennen die Transporte, bei denen alle Deportierten gleich nach ihrer Ankunft ins Gas geschickt wurden. Das ist auch bei diesen beiden Transporten im Januar und Februar 1943 der Fall gewesen.

In Rivesaltes und im Arbeitslager bei Brest

Um noch einmal auf die psychische Situation der Internierten zurückzukommen; Sie haben von den großen äußeren Veränderungen gesprochen, die es zwischen 1940 und 1942/43 gab. Welche Auswirkungen hatten diese auf die Stimmung der Menschen? Gab es da auch so eine Art Wandlung? Und wie unterschiedlich waren die Reaktionen der Älteren und der Jungen?
Nun die Alten litten natürlich besonders stark; sie waren sehr, sehr deprimiert. Vielleicht darf ich zur Verdeutlichung hier auf die Situation im Lager Noé bei Toulouse eingehen, wohin gerade ältere Leute, die über sechzig oder fünfundsechzig Jahre alt waren, gebracht wurden. Zwar war dieses Lager in Bezug auf die Beschaffenheit der Baracken usw. weit, weit besser als Gurs, aber dort war alles sehr stark reglementiert. Beispielsweise durfte man sich in Gurs, wenn man wollte und konnte, auf primitiven, aus Konservenbüchsen gefertigten Öfchen eigene Mahlzeiten zubereiten, wenn man ein Paket bekam oder ähnliches. Alle diese Dinge waren in Noé völlig verboten. Während in Gurs die Alten immer noch mit Jüngeren in Verbindung kamen, waren sie dort völlig unter sich. Und das hat sich seelisch sehr verheerend ausgewirkt. Besonders, als dann Amerika in den Krieg eintrat. Denn viele hatten dort Verwandte, die ihnen Geld schickten, das jetzt nur noch hie und

da kam. Die Lage in Noé war vielleicht noch schlimmer als die in Rivesaltes mit seiner typischen vichy-faschistischen Verwaltung, die sich ja, wenn man so will, die deutsche Judengesetzgebung mit allen Diskriminierungen und Schikanen zu eigen gemacht hatte. Dort waren z.B. nicht nur alle Lagerstraßen weiß gestrichen, sondern es gab sogar menschliche Einbahnstraßen. Wenn nun einer unglücklicherweise aus der falschen Richtung kam, wurde er zur Rede gestellt und angepfiffen. Das hat die Leute doch sehr mitgenommen. Dann war es dort, wie in Noé, nicht möglich, sich selbst irgendwelche Mahlzeiten zuzubereiten. Man durfte auch kein Essen mit in die Baracke nehmen, sondern gegessen werden durfte nur in einem bestimmten Eßraum. Das wirkte sich ja auch auf die Sterbeziffern aus. Ich glaube, daß unter anderen Umständen, ich will nicht einmal sagen, bei besserem Essen, sondern eben ohne diese Schikanen nicht so viele Menschen gestorben wären. Das Seelische hat doch sehr stark mitgewirkt.

Und die Jüngeren? Wie war deren Stimmung? Sie sprachen vorher von einem gewissen Optimismus ...

Ja, wir Jüngeren, wir konnten uns doch noch mehr Optimismus bewahren. Vielleicht darf ich das an meinen Erlebnissen aus dem Lager Rivesaltes verdeutlichen. Das war, wie schon erwähnt, strikt nach vichy-faschistischen Prinzipien organisiert. Es gab keinen Blockältesten aus den Reihen der Internierten, sondern das waren Franzosen. Die Bewachung lag ausschließlich in Händen dieser von Vichy angeheuerten Mannschaften, mit ihren dunkelblau gefärbten Armeeuniformen und ihren Baretts. Darunter befanden sich einige, die, wie soll ich sagen, in ihrem Zivilberuf wohl sehr eigenartigen Beschäftigungen nachgegangen sein mußten. Ein großer Teil stammte aus der Gegend von Marseille und hatte dort gewisse Berührungen mit der Unterwelt. Und, ich sag das nicht gerne, weil gerade wir Juden keine Vorurteile haben sollten, aber ein großer Teil dieser Leute waren Korsen. Mit denen machten wir leider nur negative Erfahrungen. Es kam nämlich in Rivesaltes auch zu Übergriffen, daß man uns verprügelte, daß man nachts in die Frauenbaracken eindrang, usw. Und wenn ein Päckchen ankam, so wurde das zunächst auf der Post kontrolliert und Nahrungsmittel, die rationiert waren, wurden zum größten Teil beschlagnahmt; wenn man nun mit dem Päckchen vom Eingang zu seinem Block kam, wurde man noch einmal kontrolliert und nochmals wurde die Hand hineingestreckt und etwas herausgenommen. Das nur zur allgemeinen Situation in Rivesaltes.

Kurzum, in diesem Lager kam es im Juli zu einer internen Aktion. Man trieb uns Männer, die da zur Arbeit eingesetzt waren, in einen bestimmten Block, führte uns einem Arzt vor, der uns oberflächlich untersuchte und auf die Lageridentitätskarte entweder ein »i« oder ein »a« malte. Was das zu bedeuten hatte, bemerkten wir erst später: »i« war »inapte = untauglich«, »a« war »apte = tauglich«. Dann wurden wir an einen Tisch gebracht, an dem zwei, drei Herren saßen mit dem Nazi-Parteiabzeichen am Revers, die unsere Personalien aufnahmen; wir wurden sozusagen selektiert. Am gleichen Abend transportierte man uns, wir waren etwa zweihundert Mann, in Viehwagen ab. Das Lager Rivesaltes hatte so eine Art Bahnanschluß mit einer Verladerampe. Deswegen war dieses Lager später ja auch so günstig für die Deportationen nach dem Osten. Wir kamen, wie gesagt, in Viehwaggons, in denen etwas Stroh lag, und dann ging es im Eiltempo nach Brest, an den Atlantik. Wir waren als Sklavenarbeiter an die Organisation Todt verkauft worden. Aber dieser Verkauf geschah über eine französische Tarnfirma namens »Bergtkamp«, die in Wirklichkeit nichts anderes war als eine speziell für die Arbeiten am Atlantikwall eingerichtete französische Niederlassung der großen deutschen Baufirma Julius Berger. Heute ist das »Bilfinger und Berger«. Kurzum, wir kamen nach vielen Schikanen an der »Demarkationslinie« — die französischen Gendarmen des unbesetzten Gebietes, die uns die ganze Zeit begleiteten, übergaben uns da an Gendarmen des besetzten Gebietes und natürlich tauchten da auch gleich die Feldgendarmen auf — nach Brest. Dort wurden wir zur Arbeit eingesetzt, wir mußten Zement schleppen, in zwei Schichten; entweder von sechs Uhr morgens bis sechs Uhr abends oder umgekehrt. Untergebracht waren wir in einem sehr stark bewachten Lager etwas außerhalb der Stadt. Das waren oft sehr junge Burschen, die uns da in der Uniform der Organisation Todt mit Maschinenpistolen zur Arbeit brachten. Das war nun nicht etwa eine leichte Arbeit. Nicht das einfache Zementtragen, sondern wir mußten die Säcke über äußerst unwegsames Gelände schleppen, was uns sehr schwer fiel. Denn wir waren ja nach rund acht Monaten Lager schon ziemlich entkräftet.

Aber das alles wäre noch halbwegs zu ertragen gewesen, wenn es im Lager selbst nicht diese Schikanen gegeben hätte. Da war nämlich ein Offizier der Feldgendarmerie, einer dieser »Kettenhunde«, der Meinung, wir wären zu dick und zu faul, und müßten deshalb exerzieren. Aber nicht nach der einfachen Art, sondern mit allen Schikanen. Wir gingen da auf eine Wiese, auf der vorher Kühe geweidet hatten, und wenn die Kühe da etwas hinterlassen hatten, war es ihm ein besonderes Vergnügen, gerade hier sein »Sprung auf, marsch, marsch!« zu kommandieren. Aber auch das genügte ihm nicht, sondern er studierte mit uns noch ein Lied ein: »Die Juden zieh'n dahin, daher/ Sie zieh'n an's Rote Meer/ Die Wellen schlagen zu/ Die Welt hat Ruh'.« Das alles, das Exerzieren und das Singen, funktionierte bei ihm nach Pfeiftönen. Er erklärte, er wolle uns abrichten wie Affen. Erster Pfiff: Antreten, zweiter Pfiff: rechts um, dritter Pfiff: Marsch, marsch, usw. Das ging so jeden Abend bzw. jeden Morgen, bis er eines Tages seine »dressierten Affen« einem deutschen Admiral vorführen wollte. Brest unterstand ja der Marine. Als er seinen berühmten Gesang anstimmen ließ — ich war allerdings nicht dabei, weil ich gerade arbeitete —, da soll dieser Admiral geschrieen haben: »Aufhören! Aufhören!« Die Folge war, daß wir am nächsten Tag nicht zur Arbeit gehen mußten, sondern in ein anderes Lager verlegt wurden. Als wir dort ankamen, stand ein Mann in der Uniform der Waffen-SS vor uns. Wir dachten natürlich alle, daß wir vom Regen in die Traufe gekommen seien. Aber es war fast ein Wunder, es kam alles ganz anders. Dieser Mann sagte: »Bei mir gibt es kein Exerzieren und keinen Gesang.« Er wolle uns fair behandeln, und zum Beweis dafür ließ er die vom Essen übriggeblieben Fische unter uns verteilen. Wir waren erstaunt. Das war eine Art Engel in der Uniform des Teufels. Aber es sollte noch besser kommen. Wir dachten ja, wir kämen nie wieder aus dieser Geschichte heraus, sondern würden, wenn die Arbeit zuende wäre, in den Osten verschickt. Aber das war nicht so. Eines Tages mußten wir packen. Wir fragten natürlich, warum und wohin es ginge. Aber er ließ sich auf keine Diskussionen ein und meinte nur, daß wir ihm noch einmal dankbar sein würden. Und wo ging es hin? Das Ziel war wieder das Lager Rivesaltes, also etwas, womit wir überhaupt nicht rechnen konnten. Das war im September 1941.

Was bedeutete für Sie diese Rückkehr nach Rivesaltes?
Ja, Rivesaltes. Ich kam da sogar verletzt zurück, denn in Brest hatten wir zum erstenmal am hellen Tag englische Flieger erlebt. Das war vorher , wie uns die Wachmannschaften und die Franzosen sagten, die dort zur Arbeit eingesetzt waren, aber weitaus größere Freiheiten genossen als wir, kaum der Fall gewesen. Nun, jetzt waren wir wieder bei unseren Angehörigen, mit denen wir lange keinen Kontakt gehabt hatten. Und in Brest spürten wir ja diese Ausweglosigkeit. Man muß sich vorstellen, um diese Zeit war die deutsche Armee in Rußland im Vormarsch; wir hörten ja in der Riesenkantine jeden Tag die Sondermeldungen des großdeutschen Rundfunks. Das waren doch Dinge, die uns sehr deprimierten, und manchmal haben wir uns gewünscht, es würden mal Bomben kommen und für uns wäre die ganze Geschichte dann vorbei.

Die Flucht

Ihr Optimismus war demnach nicht mehr so groß? Welche Konsequenzen haben Sie aus diesen Erfahrungen gezogen?
Die Konsequenz war, daß wir, d.h. wir Jüngeren, uns sagten, daß wir nie wieder in eine solche Situation geraten dürften. Wir dürften nie, nie wieder in die Hände der Nazis fallen. Das war nun vielleicht auch das, was uns beflügelt hat, dann aus Gurs zu fliehen. Und zwar geschah folgendes: In Gurs war die Zahl der Internierten sehr stark geschrumpft, und man plante gewisse Verlegungen in Richtung zur Lagerkommandantur hin, zum eigentlichen Lagereingang hin, vorzunehmen. Nun, das führt jetzt wieder zu weit, das alles zu erzählen, mein Bruder, der inzwischen wieder zu uns gestoßen war, und ich, wir hielten in unserer Baracke noch einen dritten Mann versteckt. Das klingt jetzt unglaublich, aber das konnten wir tun, weil wir in einem ganz bestimmten Block waren, und es in unserer Baracke eine Art Depot für allerhand Lagerutensilien, Decken und anderes, gab. Dieser Mann hatte in den internationalen Brigaden gegen Franco gekämpft und zum Dank dafür, daß wir ihn bei uns versteckten, hatten uns seine Gesinnungsfreunde versprochen, sie würden uns mit falschen Papieren versehen und aus dem Lager herausbringen, damit wir Anschluß an die Widerstandsbewegung finden könnten. Das funktionierte leider nicht, weil die Fabrikation der falschen Papiere in Lyon aufflog. Ich brauche hier nur das Stichwort »Barbie« zu nennen, das passierte in dieser Zeit. Nun war uns als einzige Alternative die Flucht nach Spanien geblieben. Von Gurs aus sind das, Luftlinie gerechnet, maximal fünfzig Kilometer. Aber mit einem Mann, der in den internationalen Brigaden gekämpft hatte, nach Spanien zu flüchten? Doch das spielte keine Rolle, wir mußten unser Leben retten.

Er war welcher Nationalität?

Er stammte aus Transsilvanien, war also ungarisch-rumänischer Abstammung, hatte aber zuletzt in Belgien gelebt. Unser erster Fluchtversuch, der glücklicherweise nicht entdeckt wurde, scheiterte. Wir hatten versucht, anhand einer Landkarte, die wir uns beschafft hatten, den Weg allein zu finden, aber wir haben uns im wahrsten Sinne des Wortes »verfranst«. Ich kann nur sagen, es war schwerer, wieder ins Lager zurückzukommen als aus ihm heraus. Damit war für uns klar, daß wir ohne organisierte Hilfe unser Ziel nicht erreichen würden. Und so kamen wir über einige Gesinnungsfreunde unseres dritten Mannes in Kontakt mit der französischen Widerstandsbewegung, die es auch innerhalb der Lagerverwaltung von Gurs gab. Und zwar, mit der gaullistischen Widerstandsbewegung; u.a. war da ein Elsässer, der als Telegraphist im Lager arbeitete, der sich durch besondere antisemitische Bemerkungen auszeichnete, in Wirklichkeit aber einer der Männer des Widerstandes im Lager war. Kurzum, über ihn bekamen wir dann einen Führer, der uns die erste Etappe führte, die nicht ganz die Hälfte der Fluchtstrecke ausmachte. Aber dies war natürlich auch nicht ungefährlich, denn bereits fünf Kilometer von Gurs entfernt begann die sog. »Zone interdit«, die »verbotene Zone«, in die auch Franzosen nicht ohne besondere Genehmigung deutscher Behörden einreisen durften. In der Zwischenzeit war ja ganz Frankreich von der Wehrmacht besetzt worden. Das war, vielleicht darf ich das gerade einschieben, für uns und unsere Eltern ein Glück gewesen. Denn als die alliierte Landung in Nordafrika einsetzte, wurde das Lager Rivesaltes aufgelöst bzw. von den deutschen Truppen besetzt, und wir kamen wieder nach Gurs. Sonst wären wir bestimmt bei dem nächsten Transport nach dem Osten mit dabei gewesen. Ich war auf dem letzten Lastwagen, der zur Rampe gebracht wurde, und sah noch, wie die Kübelwagen mit Männern der Waffen-SS in Rivesaltes einfuhren. Kurzum, wir setzten unsere Flucht unter Führung von zwei Franzosen baskischer Abstammung, fort. Wir waren ja bereits in dem Teil des Departements, das damals »Basses Pyrénées« hieß. Das waren, was wir alles nicht ahnen konnten, und wir auch sehr mißtrauisch waren, offizielle Kuriere der französischen Widerstandsbewegung. Nach Spanien hinüber führte uns dann ein großer Hirtenhund. Ich will hier nicht allzu sehr ins Detail gehen, nur erwähnen, daß wir einmal ganz nahe an deutsche Grenzpatrouillen herankamen; das Schlimmste aber war, daß wir oben in den Bergen in einen Schneesturm gerieten. Es war ja, wie gesagt, die Zeit vom 28. auf den 30. November, und wir kamen bestimmt auf Höhen von 1600 oder 1800 Metern, vielleicht mehr, hinauf, bis wir in Spanien waren. Unterwegs hatte ich meinen Bruder verloren, aber der Hund und die beiden Franzosen brachten alles wieder in Ordnung, und so erreichten wir mit dem dritten Mann, diesem Farkas — das ist in Ungarn und Rumänien ein sehr bekannter Name —, die spanische Grenze.

Wie ging es dann weiter?

Wir kamen an ein Gehöft, und das machte uns mißtrauisch. Denn in der Nähe des Gehöfts sahen wir auf einer Weide eine große Menge Pferde. Jetzt waren wir im Zweifel, ob wir schon in Spanien oder noch in Frankreich waren. Obwohl unsere beiden Führer sagten, wir seien in Spanien, waren wir uns nicht sicher. Denn das konnten ja auch requirierte Pferde sein, die die Wehrmacht zusammengetrieben hatte. Nun, wir preschten vor, sahen einen alten Mann, auf den gingen wir zu. Es war ausgemacht, daß Farkas, der ganz gut Spanisch sprach, sich zurückhalten sollte, um nicht aufzufallen. Vielmehr sollte er lieber mich, der im jüdischen Lehrhaus in Mannheim — zur Vorbereitung auf eine mögliche Auswanderung nach Südamerika — mal zwanzig Lektionen Spanisch gelernt hatte, radebrechen lassen. Ich fragte also, es war ganz einfach: »Aqui Espana?« »Si, si, aqui Espana!« Wir hatten die Grenze überschritten, und dieser Mann, später kam noch sein Sohn dazu, gab uns etwas Brot und Wein, und sagte, wir sollten dableiben. Wir hörten erst später, daß er für jeden, den er der spanischen Grenzpolizei auslieferte, eine Prämie bekam. Am folgenden Tag wurden wir in den nächsten größeren Ort gebracht und vernommen. Wir hatten Glück, dieses Mal nicht ins Gefängnis zu müssen. Denn der Polizeikommissar, der Prototyp des Franco-Faschismus, fragte, was wir noch besäßen. Ich zeigte ihm unsere kostbaren fünfzig französische Francs. Den Tip, etwas mit dem Geld herumzufuchteln, bekamen wir von den sehr anständigen Grenzpolizisten, die uns sogar noch ein Feuerzeug und einen Füllhalter abgekauft und gesagt hatten, daß wir unser Geld vorzeigen sollten, dann kämen wir nicht ins Gefängnis. Da gäbe es andere Lösungen. Es funktionierte tatsächlich. Wir verbrachten die Nacht in einer kleinen Pension, bekamen auch etwas zu essen, und am nächsten Tag wurden wir dann von der Guardia Civil, der spanischen Polizei mit der berühmten Uniform, nach Pamplona transportiert. Auf der Polizeipräfektur hat man uns dann Ausweise ausgestellt. Wir gaben uns als Amerikaner aus. Denn das wußten wir von anderen, daß man eine falsche Nationalität angeben mußte. Kein Mensch hat gefragt, was, wie, woher. Ich hatte noch Fotos einstecken, die sogar aus Mannheim stammten, und wir bekamen Ausweise — ich besitze meinen übrigens heute noch —, in denen vermerkt war, daß wir illegal nach Spanien gekommen waren, usw. Wir wurden dann in dem Präsidium abgeholt und ..., ich könnte noch stundenlang erzählen, was sich dort alles abgespielt hat, denn wir waren nicht allein, sondern in großer Gesellschaft; zusammen mit alliierten Fliegern, die über Deutschland oder Frankreich abgeschossen worden waren, die alle schon ihre Adressen hatten, an die sie sich wenden mußten, um nach Spanien rübergeschleust zu werden. Ein so treuer Bundesgenosse von Hitler war Franco damals schon nicht mehr gewesen. Kurzum, wir verbrachten die Nacht in Pamplona, wo wir uns das erste Mal wieder, ich meine, das klingt jetzt banal, mit einer schäumenden Seife waschen konnten. Am nächsten Morgen ging es mit der Bahn nach Lecumberri. Das ist ein sehr schöner Erholungsort zwischen Pamplona und San Sebastian, ähnlich wie im Hochschwarzwald. Dort brachte man uns in ein gutes Hotel, das allerdings von der Guardia Civil streng bewacht wurde. Wir erhielten eine hervorragende Verpflegung und als Amerikaner auch ein besseres Frühstück. Diese Herrlichkeit dauerte jedoch nicht allzu lange, dann brachte man uns eines Morgens gefesselt zum Bahnhof und von da zum »Campo Miranda de Ebro«, einem der berüchtigsten spanischen Lager des Bürgerkriegs. An den Mauern konnte man noch die Einschüsse erkennen, wo man die Leute an die Wand gestellt und zusammengeschossen hatte. Aber auch hier waren die Verpflegung und die Behandlung gut. Die hätten wir in Gurs haben sollen. Das schlechteste Essen war dort eine, wie soll ich sagen, verdünnte Gulaschsuppe. Und wir bekamen Pakete vom amerikanischen Roten Kreuz, wir kamen auch in Verbindung mit einem jüdischen Komitee und trafen als Leiter des amerikanischen Komitees, das nur für echte Amerikaner zuständig war, jemanden, den wir aus Gurs kannten, usw. Beim jüdischen Komitee erfuhren wir auch, was wir für Möglichkeiten hatten. Wir konnten entweder nach Kanada weiterwandern oder nach Palästina, obwohl da ja die Einwanderung begrenzt und nur mit Zertifikaten möglich war. Aber weil niemand da war, dem man sie hätte geben können, eröffnete sich ausgerechnet in Spanien für uns plötzlich die Chance, mit einem offiziellen Zertifikat nach Palästina zu gehen. Aber, wie sollten wir da mitten im Krieg hinkommen?

Nun, wie der Zufall so spielt, es sollte einen Austausch von japanischen und amerikanischen Diplomaten geben. Übrigens der, der diesen Austausch organisierte, ist später mit einem Flugzeug abgestürzt, weil die Deutschen in der Maschine, in der er saß, Churchill vermuteten. Mit ihm kam damals auch der bekannte englische Schauspieler Leslie Howard ums Leben. Kurzum, die Japaner sollten von Amerika aus in Richtung Japan befördert werden, über Portugal, Spanien und den Suez-Kanal auf die portugiesische Besitzung Timor. Dort sollte der Austausch stattfinden, denn Portugal war damals noch neutral. Diese Fahrt war den beiden kriegführenden Parteien gemeldet, und so sind wir im spanischen Hafen Cadiz nach Haifa eingeschifft worden. Ganz normal versehen mit einem echten englischen Einwanderungszertifikat für Palästina und so einer Art Identitätsbogen, ausgestellt vom englischen Generalkonsulat in Madrid. Bei der Ankunft im Heiligen Land, die gar nicht so heilig war, lernten wir die englische Willkür kennen. Wir durften auch mit dem englischen Stacheldraht Bekanntschaft schließen. Denn man befürchtete englischerseits, daß unter uns Agenten wären, was sogar stimmte. Erst nach einiger Zeit kamen wir aus diesem Lager wieder heraus. Ich hatte damals schon eine Schwester in Palästina, und es war gut, daß sie mit ihrem Mann an das Lagertor kam, denn dann hat man uns provisorisch entlassen.

Sie, Ihr Bruder und Ihre Schwester, die Sie gerade erwähnten, waren demnach »in Sicherheit«. Was aber ist aus Ihren übrigen Familienangehörigen geworden?

Ich muß sagen, es ist eine große Gnade Gottes gewesen, daß wir alle, wir fünf Geschwister und unsere Eltern, überlebt haben, wenn auch auf ganz abenteuerliche Weise. Der einzige, der leider ein Opfer des Holocaust wurde, war der Mann meiner ältesten Schwester, der im Februar 1943 aus der Arbeitskompanie in das Lager Gurs kam und den wir dort noch sahen und dem wir sagten, um was es gehe; daß da Transporte abgingen und er solle unter die Baracke kriechen und keine Angst haben vor den Ratten. Wenn die Aktion vorüber sei, wollten wir etwas unternehmen. Wir hatten damals schon unsere Fluchtgedanken. Aber, er war leider einer von denen, die glaubten, »wir sind jung, wir können arbeiten, die Nazis werden uns für die Arbeit brauchen«.

Er wurde dann in den Osten deportiert?

Er wurde nach Majdanek deportiert und gleich nach der Ankunft vergast.

Wann sind Sie aus Israel wieder in die Bundesrepublik zurückgekommen und welche Motive haben Sie zu diesem Schritt bewogen?

Ich will Ihnen ganz offen antworten. Ich bin im Juli 1951 zurückgekommen, hatte aber nicht die Absicht zu bleiben. Das war keine Rückkehr, ich hatte auch ein Ticket für den Hin- und Rückflug und kam nur mit kleinem Gepäck hier an, um die Entschädigungsansprüche für die ganze Familie zu regeln. Hier kam ich dann wieder mit Leuten zusammen, die ich schon aus der Zeit vor der Deportation kannte und die mir halfen, eine passable Stellung zu finden. In Israel war im Jahr 1951 die Wirtschaftssituation sehr, sehr schlecht, und außerdem, hier konnte ich Fähigkeiten wie Sprachen usw. besser anbringen. So bin ich eben hier geblieben, habe hier eine Familie gegründet, usw. Aber, wie gesagt, es war — nicht daß ich mich entschuldigen möchte —, es war nicht geplant, aber es hat sich so ergeben, und ich habe es nicht bereut, zumal die ersten Menschen, mit denen ich damals zusammenkam, Menschen waren, die sich mir gegenüber immer sehr anständig verhalten haben, auch in der Nazizeit.

Bernhard Kukatzki

»Wo die toten Menschen schweigen, da sprechen um so lauter die lebendigen Steine«[1]

Eine Bestandsaufnahme von nach 1945 in der Pfalz erhaltenen Synagogenbauten und -resten

In der Nacht vom 9. auf den 10. November 1938, von den Nazis beschönigend »Reichskristallnacht« benannt, brannten auch in der Pfalz dutzende von Synagogen. Trotz dieser Zerstörungen gab es nach 1945 nicht wenige, zumindest in ihrer Grundsubstanz erhaltene Synagogengebäude in der Pfalz. Dieser Beitrag ist der Versuch einer Bestandsaufnahme von nach 1945 erhaltenen Synagogen, steinernen Zeugen pfälzisch-jüdischer Geschichte. Er fragt aber auch nach dem Umgang mit unserer gemeinsamen Geschichte, der sich im Umgang mit diesen Gebäuden dokumentiert. Und die Antwort fällt wenig schmeichelhaft aus: Die Zerstörung an Bausubstanz, durch Abriß oder einen bis zur Unkenntlichkeit gehenden Umbau, war nach 1945 nicht wesentlich geringer als in der Schandnacht von 1938. Und in der Gründlichkeit, mit der teilweise die Spuren jüdischer Geschichte und damit die Erinnerung beseitigt wurde, erweckt es manchmal sogar den Anschein einer Fortsetzung. Und bis heute sind die meisten ehemaligen Synagogen oder Synagogenstandorte immer noch nicht mit Gedenktafeln versehen, die auf die frühere Nutzung und Geschichte hinweisen.

Leider hat auch die staatliche Denkmalpflege den Erhalt von Dorfsynagogen, steinernes Sinnbild des pfälzischen Landjudentums, lange vernachlässigt. Erst in den letzten Jahren hat auch hier ein Umdenken eingesetzt.[2] Für viele Dorfsynagogen kam dieses Umdenken aber leider zu spät.

Bedingt durch das kleinstädtisch-dörflich geprägte Judentum, gab es in der Pfalz im 19. Jahrhundert zahlreiche jüdische Klein- und Kleinstgemeinden, die auch über eigene Betstuben und Synagogen verfügten. In diesem Zeitabschnitt wurden auch die meisten unserer erhaltenen Dorfsynagogen erbaut. Durch Abwanderung in größere Städte und durch Auswanderung in die USA hatte sich die Mitgliederzahl vieler Kleingemeinden Ende des 19. und Anfang des 20. Jhdts. so verringert, daß die Kultusgemeinden aufgelöst und die Synagogen profaniert wurden. Die Emigration und Vertreibung nach 1933 und die damit verbundene anderweitige Benutzung der Synagogen durch zumeist christliche Privatleute oder Gemeindeverwaltungen ist einer der beiden Gründe, wieso diese Synagogen 1938 überstanden. Ein anderer ist der, daß manche Synagoge in der »Reichskristallnacht« nicht angezündet wurde, um Nachbargebäude nicht zu gefährden. Diese Synagogen wurden dann »nur« im Innern demoliert.

Welches Verhältnis die pfälzischen Juden zu ihren Synagogen hatten, macht ein Artikel in der Nr. 5 des »Jüdischen Gemeindeblatt für das Gebiet der Rheinpfalz« deutlich, der kurze Zeit vor der »Reichskristallnacht« erschien. In seiner Kinah (Klage) schreibt Ludwig Strauß aus Bad Dürkheim:[3]

»Im Jahre 1933 erhob ich in einer Mitgliederversammlung unseres Verbandes den Hilferuf: »Rettet die absterbenden Landgemeinden!« Die Rettung erwies sich als unmöglich. Das Verhängnis war und ist nicht mehr abzuwenden. Die Landgemeinden und auch die Gemeinden der Kleinstädte gehen von Tag zu Tag mehr und mehr ihrer Auflösung, ihrem Ende entgegen. Als wir vor einem Jahrzehnt die Synagoge in Wattenheim der dortigen katholischen Kirche zur Errichtung einer Kleinkinderschule übergaben — weil eben die letzte israelitische Familie Wattenheim verlassen hatte — da erhoben mehrere größere jüdische Zeitungen heftige Vorwürfe und Anklagen gegen unseren Verband, »der eine Synagoge einem profanen Zwecke geopfert habe«.

Heute — dem Himmel sei es geklagt — berichten unsere jüdischen Zeitungen fast in jeder Nummer von der Auflösung jüdischer Gemeinden, von dem Verkaufe dieser und jener Synagoge. Wir nehmen es resigniert hin ohne uns zu entsetzen.

Unser Pfalzverband hat bis heute 12 jüdische Gemeinden auflösen und ihre Synagogen veräußern müssen. Das ist immer nach Anhörung der wenigen Familien der betreffenden Gemeinde — ihre Anzahl ging durchweg über 2 oder 3 nicht hinaus — und mit deren Einverständnis geschehen. Wir haben jede Synagoge vor dem Verkaufe eingehend besichtigt, alle Thorarollen und die sonstigen Ritualien in sichere Hut gebracht. Manche dieser Synagogen ließen schon beim Eintritt erkennen, daß seit Jahren kein Gottesdienst mehr in ihnen stattgefunden, in andern wieder herrschte noch eine wohltuende Ordnung und Reinlichkeit, und der Aron hakodesch trug noch vom letzten Gottesdienst her ein weißes Gewand. Unsere Trennung von diesen Synagogen — es waren *Trauertage für das pfälzische Judentum.*«

Die Nutzung der profanierten Synagoge ist vielfältig. Mal dient sie als Schuppen oder Werkstatt, mal als Lagerhaus oder Wohnhaus, mal wurden sie zu Rathaus oder Kirche umgewidmet. Nur als Synagoge wird keine der nach 1945 erhaltenen Gebäude mehr benutzt. Die kleine Jüdische Kultusgemeinde der Rheinpfalz hält heute ihren Gottesdienst in einer Betstube in Kaiserslautern ab. Lebten in der Pfalz 1933 noch 10000 Juden, so hat die Kultusgemeinde heute knapp 100 Mitglieder.

Andere steinerne Reste jüdischer Kultur in der Pfalz sind bis heute ebenfalls nicht dokumentiert. Es sind dies Friedhöfe, Mikwaot (Ritualbäder), Schulen, Häuser jüdischer Familien und hebräische Inschriften. Soweit sie an einem Synagogenstandort vertreten sind, wurden sie in den Beitrag aufgenommen.

Was muß getan werden? Da ist zum einen das Einleiten des Denkmalschutzverfahrens für alle noch nicht geschützten ehemaligen Synagogen, das Anbringen von Gedenktafeln wo dies noch nicht geschehen ist und die Restaurierung und würdige Nutzung der Synagogen.

Jüdische Kultuseinrichtungen in der Pfalz

▽ Mikwe (Reinigungsbad)
Synagogen
   ◗ vor der »Reichskristallnacht« beseitigt
   ◕ in der »Reichskristallnacht« zerstört
   ◑ nach 1945 beseitigt
   ● als Gebäude erhalten, profaniert
   ◈ Wiederaufbau oder Neubau
   ○ Denkmalschutz
   □ Gemeinden mit ≥ 5% jüdischem Bevölkerungsanteil (1900)
   ▲ jüdischer Friedhof

Quelle Erhebungen R.J BENDER/B KUKATZKI 1988
Kartographie K Hunefauth

197

Was geschah nach 1945 mit den Überresten pfälzischer Synagogen? (in alphabetischer Reihenfolge)

Alsenz (Donnersbergkreis)
Standort: Kirchberg 1
Hinweistafel: ja
Baubeschreibung: Schöner spätbarocker Synagogenbau von 1765.[4] Synagogen-
portal mit Sprenggiebel, hebräische Inschrift. (Psalm 118, 20: »Dies ist das Tor des
Herrn, die Gerechten werden dort einziehen ...«) Der erhaltene Aron ha-Kodesch
(ein altarähnlicher Aufbau an der Ostseite, in dem die Thorarollen untergebracht
waren) ist z.Zt. in Speyer gelagert und wird dort später in der Judaica-Ausstellung
des Historischen Museums ausgestellt. In dem Walmdachgebäude befanden sich
auch die Schule und die Lehrerwohnung. Im rückwärtigen Teil des Anwesens ist
die Mikwe erhalten. Zu erwähnen ist auch noch ein erhaltener Chuppa-oder Hochzeitsstein mit hebräischer Inschrift (Jeremia 7, 34).[5] Deckenbemalung erhalten
(Sternenhimmel). Leider sind die hebräischen Inschriften sowohl über dem Portal
wie auf dem Hochzeitsstein schon sehr verwittert. Heutiger Zustand: Lange Jahre
stand das 1933 verkaufte Gebäude leer. Mit Bescheid vom 15.2.1982 wurde es unter Denkmalschutz gestellt. Seit 1987 von privat restauriert und darin Wohnung
und Atelier untergebracht.
Hinweistafel: keine
Sonstiges: In Alsenz befindet sich auch ein jüdischer Friedhof. Der älteste Stein ist
von 1710. Letzte Beerdigung 1963.

Bad Bergzabern (Landkreis Südliche Weinstraße)
Standort: heutiger Parkplatz zwischen Protestantischer Kirche und Sparkasse.
Hinweistafel: ja

Bad Dürkheim (Kreis Bad Dürkheim)
Heutiger Zustand: Vollkommen zerstört. Nur die hebräische Portalinschrift
(Psalm 118,20) ist erhalten und wurde auf Veranlassung von Dr. Paul Mayer als
Bauspolie in einem Nachbarhaus (Apotheke) in der Leininger Straße eingemauert.
Gedenktafel: keine

Billigheim-Ingenheim (Landkreis Südliche Weinstraße)
Gedenktafel: In Erinnerung an das vollkommen zerstörte Gebäude, die prächtige,
von Friedrich von Gärtner zwischen 1828 und 1832 erbaute Synagoge in Ingenheim
wurde 1986 eine Gedenktafel angebracht.
Sonstiges: Ingenheim war eine der großen jüdischen Landgemeinden mit im 19.
Jahrhundert bis zu einem Drittel jüdischer Bevölkerung und zwischen 1869 - 1884
jüdischem Bürgermeister. Im Ortsteil Ingenheim ist der große jüdische Friedhof
erhalten. In Billigheim gab es einen Betsaal.

Bobenheim-Roxheim (Kreis Ludwigshafen)
Standort: Bobenheimer Straße
Baubeschreibung: Backsteinbau mit Satteldach. Fassadengliederung durch mehrere Rundbogenfenster. Rundfenster im Giebel. Eingangsportal mit Jahreszahl 1889 auf Scheitelstein und hebräischer Inschrift. Heutiger Zustand: Zum Wohnhaus umgebaut. Erhalten sind neben der Originalgröße des Baus zwei Rundbogenfenster und das Rundfenster. Scheitelstein erhalten, aber hebräische Inschrift abgeschlagen. Eine Ausweisung als Kulturdenkmal wurde von den Behörden abgelehnt.
Hinweistafel: keine
Sonstiges: Jüdischer Friedhof in der Roxheimer Straße.

Bockenheim (Landkreis Bad Dürkheim)
Standort: Ulmenweg 10
Baubeschreibung: Umbau zur Synagoge, Anfang 19. Jahrhundert. Erhaltene hebräische Portalinschrift (»Laß deine Augen geöffnet sein über diesem Haus bei Tag und Nacht ...«) Der eigentliche Betsaal befand sich im Obergeschoß.
Heutiger Zustand: Verkauf 1939 an die politische Gemeinde. Nachdem die Synagoge jahrelang leerstand, wurde sie vor einigen Jahren zum Wohnhaus umgebaut. In den Proportionen noch mit der Synagoge identisch. Allerdings wurden die Rundbogenfenster zugemauert und verputzt, eine Zwischendecke eingezogen und die hebräische Inschrift ins Innere verlegt. Zu sehen sind noch drei Oculi im Giebel. Wegen der baulichen Veränderungen hat das Denkmalpflegeamt die Unterschutzstellung abgelehnt.
Hinweistafel: keine

Böhl-Iggelheim (Kreis Ludwigshafen)
Standort: Schulstraße im Ortsteil Böhl
Heutiger Zustand: 1938 zerstört und später abgerissen.
Gedenktafel: seit 1971

Brücken (Kreis Kusel)
Standort: Hohlstraße
Heutiger Zustand: zum Wohnhaus umgebaut

Busenberg (Landkreis Pirmasens)
Standort: Hauptstraße
Heutiger Zustand: Nach Kriegsschäden 1945 abgerissen.
Sonstiges: Am Ortsende auf einer leichten Anhöhe liegt in Höhe der Burgruine Drachenfels einer der schönsten Friedhöfe der Pfalz, 1833 angelegt. Erhalten hat sich das ehemalige Badhaus (Mikwe) an der Verbindungsstraße zwischen Hauptstraße und Talstraße.

Dahn (Landkreis Pirmasens)
Standort: Schäfergasse 8 (früher Judengasse)
Baubeschreibung: Bau aus der Mitte des vorigen Jahrhunderts. Erhaltene gußeiserne Säulen der Frauenempore, Reste von Schablonenmalerei. Oculus im Giebel.
Heutiger Zustand: Das vor 1933 verkaufte Gebäude wird heute als Schreinerei genutzt. Zwei Rundbogenfenster sind noch erhalten, die übrigen Fenster umgestaltet. Denkmaleigenschaft wurde von der Kreisverwaltung verneint.
Hinweistafel: keine
Sonstiges: Anschließendes Lehrer- und Schulhaus ebenfalls erhalten. Um die Synagoge gruppierten sich die Häuser jüdischer Familien.

Deidesheim (Landkreis Bad Dürkheim)
Standort: Bahnhofstraße 19
Baubeschreibung: Bei der um 1854 erbauten Synagoge handelt es sich um einen im neoromanischen Stil errichteten Rechteckbau mit Walmdach. Drei hohe Rundbogenfenster an den Längsseiten und je zwei an den Breitseiten gliedern die Fassade. Im Innern Gliederung durch schwach stuckierte Lisenen, die ein mehrfach profiliertes Gesims tragen.[6]
Heutiger Zustand: Da das Gebäude 1936 verkauft wurde, entstanden in der »Reichskristallnacht« keine Schäden. Bis heute wird der gut erhaltene Bau, im Äußern nur durch eine LKW-Einfahrt an der Westseite verändert, als Garage benutzt. 1985 wurde die Einleitung des Denkmalschutzverfahrens vom Verfasser beantragt und im Juli 1987 das Gebäude unter Schutz gestellt. Dagegen hat die Eigentümerin Einspruch erhoben. Als zukünftige Nutzung im Gespräch ist die Einrichtung einer Gastwirtschaft durch Privatunternehmer. Gegen diese Art von Nutzung hat sich ein Interessenkreis gebildet, der eine würdigere Nutzung des Gebäudes anstrebt. Auch die Stadt Deidesheim bemüht sich nach Auskunft des Bürgermeisters seit Jahren um den Erwerb, ohne daß dies bislang zu konkreten Ergebnissen geführt hat.[7]
Hinweistafel: keine
Sonstiges: In der Gemeinde Deidesheim, in der Juden erstmals 1309 urkundlich erwähnt werden, befindet sich am Platanenweg auch noch ein 800 qm jüdischer Friedhof mit Steinen aus der Zeit von 1800 bis 1933.

Dirmstein (Landkreis Bad Dürkheim)
Standort: Mitteltor 14
Heutiger Zustand: Das seit 1932 im Privatbesitz sich befindende Gebäude ist bis zur Unkenntlichkeit zu einem Geschäftshaus umgebaut.
Hinweistafel: keine

Edenkoben (Landkreis Südliche Weinstraße)
Standort: Bahnhofsstr. 47
Heutiger Zustand: Nach den Zerstörungen in der »Reichskristallnacht« sind auf dem heutigen Gartengrundstück noch kleine Mauerreste erhalten.
Gedenktafel: keine

*Die in Privatinitiative restaurierte Spätbarocke Synagoge in Alsenz. Zustand 1988.
Der rechte Eingang mit dem barocken Sprenggiebel führt in den eigentlichen Synagogenraum. Der Eingang links zum Schul- und Vorbeterwohnhaus.*

(Foto: Jochanan Bender)

*Blick auf die Ostwand der Alsenzer Synagoge vor der Restaurierung (Zustand
1966) Der Aron ha-Kodesch ist heute entfernt und wird in der Judaica-Abteilung
des Historischen Museums der Pfalz in Speyer ausgestellt werden.*

(Foto: H. Arnold)

Sonstiges: 1861 eingerichteter jüdischer Friedhof, der Teil des Gemeindefriedhofs ist. In der Rhodter Straße 5 erinnert ein Schlußstein von 1754 am Torbogen in hebräischer Schrift an den Besitzer Scherel Hertz. In der gleichen Straße erinnert ein anderer, nur in deutsch gehaltener Schlußstein von 1819 an die früheren jüdischen Besitzer Sara und Nestor Dreyfus. Das ehemalige Schulhaus neben der Synagoge steht noch.

Edesheim (Landkreis Südliche Weinstraße)
Standort: Luitpoldstraße 22
Baubeschreibung: Privathaus, welches 1830 angekauft und zur Synagoge umgebaut wurde. Rundbogenfenster im Obergeschoß, in dem sich die Synagoge und das Schulhaus befanden. Im Erdgeschoß die Lehrerwohnung. Profiliertes Portal, über dem eine hebräische Inschrift zu lesen war.[8]
Heutiger Zustand: Nachdem die Jüdische Kultusgemeinde 1931 die Synagoge verkaufte, wurde sie zweimal umgebaut, dabei auch die hebräische Inschrift entfernt. Trotz der Umbauten ist sie im Außenbereich aber noch gut als ehemaliges Synagogengebäude zu erkennen. Heute wird in dem Haus eine Nachtbar (!) geführt. Der Verfasser hat die Unterschutzstellung beantragt.
Hinweistafel: keine

Ellerstadt (Landkreis Bad Dürkheim)
Standort: Ecke Schubertstraße/Georg-Fitz-Straße
Heutiger Zustand: Die Synagoge wurde 1908 von der politischen Gemeinde angekauft und diente später als Vereinshalle. Im Jahre 1970 abgerissen.
Hinweistafel: keine

Erlenbach (Kreis Pirmasens)
Heutiger Zustand: Nach Kriegsschäden 1945 abgerissen.

Essingen (Landkreis Südliche Weinstraße)
Standort: Gerämmestraße 48
Baubeschreibung: Das spätklassizistische Bebäude wurde um 1820 errichtet, worauf auch die erhaltene hebräische Portalinschrift, die von außen durch einen Anbau nicht mehr zu sehen ist, hinweist. Einige Rundbogenfenster, z.T. noch mit Buntglas, und die Vertiefung für den Thoraschrein sind noch zu erkennen. Säulenreste des Aron ha-Kodesch werden im Frank-Loeb'schen Haus in Landau gezeigt.
Heutiger Zustand: Nach dem Verkauf des Gebäudes 1937 wurde es umgebaut und dient heute als Lagerhalle.
Hinweistafel: keine
Sonstiges: Der Thoraschrein, in Essingen lediglich ein einfacher Schrank aus Fichtenholz, dient heute als Werkzeugschrank. Der größte und auch einer der schönsten jüdischen Friedhöfe der Pfalz befindet sich am Ortsrand von Essingen, das im 19. Jahrhundert eine der großen jüdischen Landgemeinden (1823: 254 jüdische Einwohner) beherbergte. Der im 17. Jahrhundert angelegte Friedhof weist zahlreiche interessante Steine auf. Auf die hebräische Inschrift an den Torpfosten ist hinzuweisen.

Eßweiler (Landkreis Kusel)
Standort: Im Läppchen 19
Heutiger Zustand: Die »Judenschule« wurde bis zum Ersten Weltkrieg genutzt und danach geschlossen. Das Gebäude steht noch und dient nach einem Umbau als Wohnhaus.
Hinweistafel: keine
Sonstiges: Im Keller des Nebenhauses befand sich ein jetzt zugeschütteter »Brunnen«, vermutlich die frühere Badeanlage, die Mikwe.

Frankenstein (Landkreis Kaiserslautern)
Standort: Hauptstraße
Heutiger Zustand: Die Synagoge wurde 1932 an das Bistum Speyer verkauft und zur Kapelle umgebaut, der Filialkirche der Pfarrei Weidenthal.
Hinweistafel: keine
Sonstiges: In einem Schreiben des Präsidenten des Verbandes der jüdischen Kultusgemeinden der Pfalz, Kommerzienrat Albert Joseph aus Landau hieß es: »... Wir machen ausdrücklich darauf aufmerksam, daß wir darauf sehen, daß die Synagoge keinem profanem Zweck zugeführt wird, und freuen wir uns jetzt schon, daß das Gebäude gottesdienstlichen Zwecken dienen soll.«[9]

Frankenthal
Standort: Glockengasse
Heutiger Zustand: Die Ruine wurde 1950 beseitigt
Gedenktafel: Gedenkstein vorhanden
Sonstiges: Erhaltener jüdischer Friedhof von 1827. Die an der ehemaligen Synagoge vorbeiführende Schnurgasse wurde 1960 in Synagogengasse umbenannt.

Freinsheim (Landkreis Bad Dürkheim)
Standort: Judengasse 8
Baubeschreibung: Drei Außenwände sind vom ehemaligen Synagogenbau noch erhalten, ebenso die alte Einteilung der Rundbogenfenster mit ausgeprägtem Kämpferstein. Der ehemalige Zugang und das Dach sind vollkommen verschwunden.
Heutiger Zustand: Nachdem die Synagoge 1893/94 verkauft wurde und der Erlös für die Renovierung der Synagoge in Kallstadt verwendet wurde, ist das Gebäude in Privatbesitz. Bis 1966 befand sich darin der städtische Kindergarten, ging dann an einen Männergesangsverein über, dem es bis heute als Vereinsheim dient. Aus dieser Zeit stammt auch der moderne Anbau. Im Oktober 1985 wurde die Synagoge trotz der modernen Veränderungen unter Schutz gestellt.
Hinweistafel: keine
Sonstiges: Freinsheim ist der Geburtsort des Schriftstellers und Publizisten Hermann Sinsheimer. Eine Gedenktafel ist an seinem Geburtshaus in der Haintorstraße 6 angebracht.

Friedelsheim (Landkreis Bad Dürkheim)
Standort: Bahnhofsstraße 8
Baubeschreibung: Fast quadratischer Mauerwerksbau aus der ersten Hälfte des 19.
Jahrhunderts. Über kleinen Bach gebaut. Rundbogenfenster, schön profiliertes
Portal. Im Giebel Rundfenster.
Heutiger Zustand: Trotz des Umbaus 1982 zu einem Wohnhaus ist der in der zweiten Reihe stehende, bis 1922 benutzte Bau noch gut als ehemalige Synagoge zu erkennen. Leider wurde die hebräische Portalinschrift weggehauen.
Hinweistafel: keine
Sonstiges: Denkmalschutz vom Verfasser 1988 beantragt.

Fußgönheim (Landkreis Ludwigshafen)
Standort: Hauptstraße 62
Baubeschreibung: Bau von 1842, der nach einem Brand 1902 mit einem neuen historisierendem offenen Dachstuhl mit ausgeprägten Zierformen am Gebälk versehen wurde. Hebräische Inschriften im Außen- und Innenbereich (Genesis 28,17 und Psalm 118,20). Alte Fenster- und Türeneinteilungen sowie Reste der Innenbemalung und Fußboden erhalten.[10]
Heutiger Zustand: In den 30er Jahren verkauft, wurde 1938 ein Anbau errichtet, der noch heute die Frontseite der Synagoge verdeckt. Kurze Zeit später wurde die Synagoge zum Getreideerfassungslager für die Raiffeisengenossenschaft umgebaut. Seit Spätjahr 1984 steht die Synagoge unter Denkmalschutz, wogegen sich eine Gemeinderatsmehrheit aussprach.[11] Beim Fußgönheimer Heimat- und Kulturkreis gibt es Überlegungen, die Synagoge in einen Museumskomplex zu integrieren. Heute steht die Synagoge leer, nachdem das Gebäude als Lagerhalle aufgegeben wurde. Antisemitische Schmierereien 1988 am Synagogengebäude.
Gedenktafel: keine
Sonstiges: Wenige Schritte von der Synagoge wurde 1986 eine NS-Skulptur »Der Arbeiter der Stirn und der Arbeiter der Faust« aufgestellt.
Drei Jahre vorher wurde im Ortskern eine Scheune abgerissen, deren Torbalken einen hebräischen Haussegen aus dem 18. Jahrhundert aufwies.
Zwischen der Bahnhof- und der Ellerstadter Straße liegt der jüdische Friedhof, dessen ältester Stein von 1796 datiert wird. Zwischen 1726 und 1875 war ein Sechstel der Bevölkerung jüdischen Glaubens.

Gauersheim (Donnersbergkreis)
Heutiger Zustand: Von der Synagoge blieb nichts erhalten, sie wurde 1933 abgebrochen.
Gedenktafel: keine
Sonstiges: erhaltener jüdischer Friedhof

Gaugrehweiler (Donnersbergkreis)
Heutiger Zustand: 1924/25 abgerissen.
Hinweistafel: keine
Sonstiges: Jüdischer Friedhof.

Hebräische Portalinschrift (Psalm 118, 20) im Inneren der Fußgönheimer Synago-ge. *(Foto: K. Freidel)*

Synagoge im Jüdischen Gemeindezentrum Basteigasse, Kaiserslautern. Zustand 1982. *(Foto: B. Gerlach)*

Germersheim (Landkreis Germersheim)
Standort: Oberamtsstraße 12
Baubeschreibung: Bau aus der Mitte des 19. Jahrhunderts. In Häuserzeile eingepaßt. Erhaltene Rundbogenfenster und -portal.
Heutiger Zustand: zum Wohnhaus umgebaut.
Hinweistafel: keine

Göcklingen (Landkreis Südliche Weinstraße)
Standort: Schulstraße 17
Baubeschreibung: In der Mitte des letzten Jahrhunderts errichtet, aber schon um 1900 profaniert. Erhaltene Rundbogenfenster. Kleine Vierpaßfenster.
Heutiger Zustand: Vor einigen Jahren im Innern vollkommen umgestaltet, dabei wurde auch eine noch vorhandene Deckenbemalung beseitigt.
Hinweistafel: keine
Sonstiges: Die ehemalige jüdische Schule und die im gleichen Gebäude untergebrachte, heute zugeschüttete Mikwe, befindet sich im Hinterhof der Gastwirtschaft Otto Sommer. Das Gebäude ist sehr baufällig und wird als Abstellraum genutzt. Im Ort ist am Wohnhaus Schulstraße 15 (früher Getreidehändler Emsheimer) eine hebräische Inschrift (Deuteronomium 28,6) über dem Eingang zu finden.

Göllheim (Donnersbergkreis)
Standort: Berggasse 120
Baubeschreibung: Rechteckiger Bau mit Satteldach. An der der Straße zugewandten Längsseite getrennter Männer- und Fraueneingang, zwischen den Eingängen zwei Fenster. Im oberen Bereich vier Oculi. Fenster und Portale in Hufeisenbogenform gestaltet, einem Kennzeichen der »neo-orientalischen Synagogenarchitektur«. Mit der älteren Synagoge in Kaiserslautern und der Synagogenruine in Lustadt nach 1945 eines der drei erhaltenen Beispiele dieser Gattung in der Pfalz.
Heutiger Zustand: 1971 abgerissen, obwohl die Göllheimer Synagoge seltene »neo-orientalische Stilelemente« aufwies. 1970 war das Gebäude auf Empfehlung der jüdischen Gemeinde von der politischen Gemeinde angekauft worden. Die Kultusgemeinde argumentierte, daß man infolge zu großer Baufälligkeit die Substanz nicht erhalten könne. Der Abriß erfolgte im Zuge des Ortssanierungsprozesses.
Gedenktafel: Gedenkstein 1979 auf dem ehemaligen Synagogen-Gelände errichtet.[12]
Sonstiges: Göllheim ist der Geburtsort des späteren saarländischen Kultusministers Dr. Emil Straus. Der jüdische Friedhof liegt an der Straße nach Ramsen.

Gommersheim (Landkreis Südliche Weinstraße)
Standort: Hauptstraße
Baubeschreibung: Großer, um 1800 erbauter, schön proportionierter Fachwerkbau mit getrenntem Zugang für Männer und Frauen (über Außentreppe). Decke mit Sternenhimmel ausgemalt.
Heutiger Zustand: Zusammen mit der Badstube (Mikwe) 1963 abgerissen.
Gedenktafel: keine

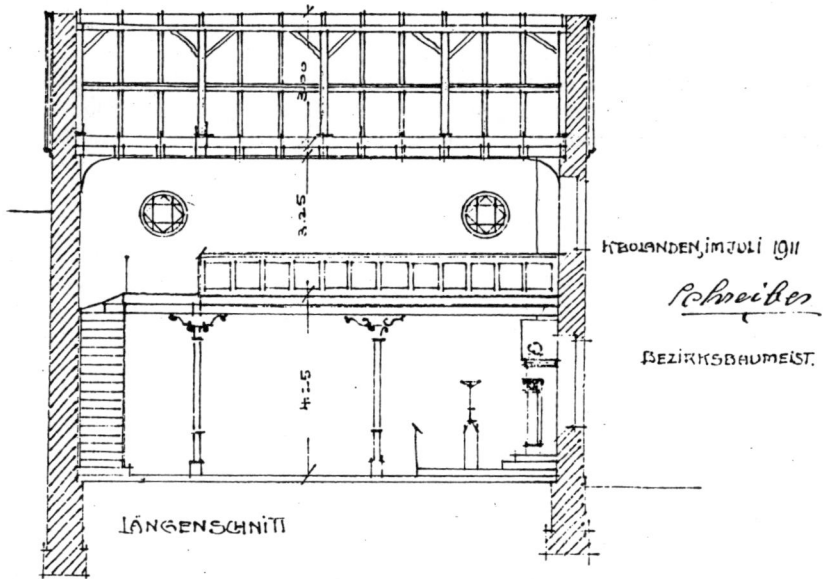

Längsschnitt der Synagoge in Göllheim. Ganz rechts ist der Thoraschrank skizziert. Die Säulen tragen die Frauenempore.

(Plan: Landesarchiv Speyer, Best. H 37, 424)

Außenansicht der Synagoge Göllheim von 1911. Deutlich sind die Hufeisenbogenfenster — neoorientalische Architekturelemente — zu sehen.

(Plan: Landesarchiv Speyer, Best. H 37, 424)

Grünstadt (Landkreis Bad Dürkheim)
Standort: Östlicher Graben 19
Baubeschreibung: Bau von 1791. Tonnengewölbe mit Rosetten aus dem ausgehenden 19. Jahrhundert. Frauenempore. Profilierte Gesimse an den Rundbogenfenstern und Profilierung des Portals. Drei Oculi im Giebel. Satteldach. Fast quadratischer Grundriß.
Heutiger Zustand: Im Außenbereich ist das 1938 geschändete und 1939 verkaufte Gebäude bis auf ein paar moderne Arkaden weitgehend unverändert, im Innern nach 1945 leider total umgestaltet. Nachdem es in den 70er Jahren vom Abriß bedroht war, steht es seit 1986 unter Denkmalschutz. Genutzt wird es als Ladengeschäft.
Gedenktafel: keine
Sonstiges: In Grünstadt, im 19. Jahrhundert mit 400 Mitgliedern eine der größten jüdischen Kleinstadtgemeinden, erhielt sich auch ein 1700 angelegter und 1881 erweiterter großer jüdischer Friedhof. Im Ortsteil Sausenheim in der Silcherstraße steht noch die heute als Wohnhaus genutzte jüdische Schule.

Hainfeld (Südliche Weinstraße)
Am Haus Weinstraße 67 ist am Torgewände eine hebräische Jahreszahl erhalten.

Haßloch (Bad Dürkheim)
Standort: Gillergasse 1a
Baubeschreibung: Einfaches Gebäude mit Krüppelwalmdach.
Heutiger Zustand: Da nach Angaben der Jüdischen Kultusgemeinde der Rheinpfalz der bauliche Zustand eine Erhaltung nicht ermöglichte, wurde das 1938 im Innern demolierte Gebäude 1978 abgerissen.
Gedenktafel: 1984 angebracht
Sonstiges: Das Nachbargebäude, Lehrerwohnung und ehemalige jüdische Schule, ist erhalten. Inmitten eines Neubaugebiets befindet sich heute der 1821 angelegte jüdische Friedhof. Eine Straße wurde 1987 nach Leo Loeb benannt, ab 1920 Gemeinderat und von 1930 bis zu seiner Amtsenthebung 1933 durch die Nazis 3. Bürgermeister. Loeb wurde 1943 in Auschwitz ermordet.[13]

Herschberg (Landkreis Pirmasens)
Standort: Eckersgasse 2
Heutiger Zustand: Wohnhaus
Hinweistafel: keine
Sonstiges: In unmittelbarer Nähe des Gemeindefriedhofes der 0,3 ha große jüdische Friedhof.

Hochspeyer (Landkreis Kaiserslautern)
Heutiger Zustand: Die Synagoge befand sich seit 1939 in Privatbesitz und wurde 1966 nach Auskunft der Verbandsgemeindeverwaltung wegen Baufälligkeit abgebrochen.
Hinweistafel: keine
Sonstiges: Kleiner jüdischer Teil innerhalb des Gemeindefriedhofes.

Hochstadt (Kreis Südliche Weinstraße)
Standort: Kirchgasse
Heutiger Zustand: Die im Ortsteil Niederhochstadt stehende Synagoge wurde 1938 zerstört. Reste sind keine vorhanden.
Gedenktafel: keine
Sonstiges: Jüdischer Friedhof neben dem Gemeindefriedhof.

Höheinöd (Landkreis Pirmasens)
Standort: Matzenbergstraße
Baubeschreibung: Privathaus, in dem Betstube eingerichtet wurde. Ohne Frauenempore, ebenerdige Trennwand.
Heutige Nutzung: Im Jahr 1935 verkauft und zum Wohnhaus umgebaut. Stark verändert.
Gedenktafel: keine
Sonstiges: Jüdische Abteilung in der Mitte des christlichen Friedhofes

Kaiserslautern
Standort: Salzstraße
Baubeschreibung: Die erste urkundlich erwähnte Synagoge geht bereits auf das Jahr 1344 zurück. Die Synagoge, von der wir hier sprechen, ist ein einfacher, zweistöckiger Bau von 1848/49 mit neoorientalischen Stilelementen (Hufeisenbogen) an Fenstern und Portal. Nach dem Bau der neuen Synagoge von 1884/86 diente das Gebäude noch als Schule der jüdischen Gemeinde, wurde später verkauft. Mit Göllheim und Lustadt war diese Synagoge eine der nach 1945 erhaltenen Synagogenbauten mit neoorientalischen Stilelementen.[14]
Heutige Nutzung: Wegen eines Straßenverkehrsprojekts 1972 abgerissen. Das Projekt ist aber bis heute noch nicht verwirklicht.
Gedenktafel: keine

Kaiserslautern
Standort: Schloßstraße 2/II
Heutiger Zustand: Von 1961 - 1965 fanden in der zum Betsaal umgebauten Wohnung Gottesdienste statt.
Hinweistafel: keine

Kaiserslautern
Standort: Basteigasse 4
Baubeschreibung: Umgebautes Wohnhaus, das seit 1965 als Synagoge der Jüdischen Kultusgemeinde der Rheinpfalz benutzt wird. Heute ist dieses Gebäude die einzige benutzte Synagoge in der Pfalz.
Sonstiges: Antisemitische Schmierereien an der Synagoge im Jahr 1983. Anfang der 60er Jahre gab es Pläne für den Neubau einer Synagoge, die aber wegen der Mitgliederentwicklung nicht realisiert wurden. Der Platz auf dem bis 1938 die Synagoge stand, heißt heute wieder Synagogenplatz. Jüdischer Friedhof Teil des Hauptfriedhofes.

Kallstadt (Landkreis Bad Dürkheim)
Standort: Neugasse 12
Baubeschreibung: Bei dem 1837 von August von Voit, einem bekannten pfälzischen Baumeister errichteten Gebäude, handelt es sich um ein traufständig zur Straße stehendes Gebäude. Original erhalten sind noch die straßenseitigen Außenwände und der Giebelbereich mit Fenstern und profilierter Tür. Auffällig sind die nach unten auslaufenden Fenster- und Türgewände. Trotz Veränderungen im Innern ist der eigentliche Synagogenraum noch gut erkennbar, so auch die Wandgliederung und Teile des Ausmalungssystems an Wänden und Decke.[15]
Heutige Nutzung: Seit 1918 profaniert, dient das Gebäude seit Jahrzehnten als Wohnhaus. Gegen die 1986 ausgesprochene Unterschutzstellung hat die Eigentümerin Einspruch eingelegt.
Sonstiges: Mit dem Verkaufserlös der Freinsheimer Synagoge wurde 1893/94 eine Renovierung finanziert.

Kirchheim an der Weinstraße (Landkreis Bad Dürkheim)
Standort: Kirchgasse 29
Baubeschreibung: Stattlicher Bau aus den Jahren 1883/84. Fassade in romanisierender Form, gegliedert mit Rundbogenfriesen und Lisenen. Typische Ortsrandlage.
Heutiger Zustand: Verwüstungen in der »Reichskristallnacht«. Nachdem das Gebäude 1939 an die politische Gemeinde verkauft wurde, stand es lange Zeit leer. In den 70er Jahren wurde es zu einem Wohnhaus umgebaut. Im Innern total verändert, Fassadengestaltung jedoch in Teilen erhalten, weshalb sie 1987 unter Schutz gestellt wurde.
Gedenktafel: keine
Sonstiges: Auf dem 1938 verwüsteten Friedhof wurde 1947 ein Mahnmal errichtet.

Kirchheimbolanden (Donnersbergkreis)
Gedenktafel: ja
Sonstiges: im Wald gelegener Friedhof des 17. Jahrhunderts.

Kirrweiler (Landkreis Südliche Weinstraße)
Standort: Schloßgasse (Hinterhof)
Baubeschreibung: Einer der kleinsten Synagogenbauten der Pfalz, 1766 erbaut. Zwei Rundbogenfenster. Direkt daran angebaut die Wohnung des Kantors.
Heutiger Zustand: Nach 1964 wurde das Kantorenhaus abgerissen. Im Innern wurde das Synagogengebäude verändert und dient heute als Wohnraum. Im Außenbereich wurde ein Vordach angebracht.
Hinweistafel: keine
Sonstiges: Erhaltenes Frauenbad (Mikwe) aus dem 17. Jahrhundert, welches 1987 wiederentdeckt wurde und sich im Keller eines Fachwerkhauses in der Kirchstraße 4 befand.[16] Der derzeitige Besitzer, Fritz Roth, hat das Bad in Privatinitiative wieder freigelegt. Maße: 1,5 m breit, 5 m lang und 3,9 m tief. In Kirrweiler gibt es auch einen 1849 angelegten jüdischen Friedhof.

Thorawimpelfragment aus einer pfälzischen Synagoge. Um 1800.

(Foto: B. Kukatzki)

Die Synagoge in Konken. Zustand ca. 1940   *(Foto: K. Weidenkaff)*

Klingenmünster (Landkreis Südliche Weinstraße)
Standort: Steinstraße
Heutiger Zustand: 1945 durch Artilleriebeschuß beschädigt, 1946 abgetragen.
Heute steht darauf ein Wohnhaus.

Konken (Kreis Kusel)
Standort: Hauptstraße
Baubeschreibung: Mauerwerkbau, Ende des 18. Jahrhunderts, mit Krüppelwalmdach. Flachbogenfenster. Hebräische Portalinschrift.
Heutiger Zustand: Nach Angaben der Verbandsgemeinde bereits vor Jahren zur Autogarage umgebaut, wobei der bauliche Zustand derart verändert wurde, daß eine Ähnlichkeit zu dem früheren Bauwerk nicht mehr besteht. Das Gebäude wurde zwischen 1900 und 1933 verkauft, war aber bis mindestens 1940 im Äußern noch im Originalzustand erhalten.
Hinweistafel: keine

Lambsheim (Landkreis Ludwigshafen)
Standort: Hauptstraße 43
Baubeschreibung: Angekauftes Privathaus in dem 1829 im Obergeschoß die Synagoge eingerichtet wurde. Im Erdgeschoß Schule und Lehrerwohnung. Getrennte Treppen zur Männer- und Frauenabteilung der Synagoge. Im Keller Frauenbad.[17]
Heutiger Zustand: Das 1938 im Innern demolierte Gebäude (gelegtes Feuer konnte durch Nachbarn gelöscht werden), wurde 1948 von der Jüdischen Kultusgemeinde der Rheinpfalz verkauft. Nach dem Abriß wurde 1957 an gleicher Stelle ein Wohn- und Geschäftshaus errichtet.
Gedenktafel: keine
Sonstiges: Neben dem 1822 errichteten jüdischen Friedhof ist auch das unter Denkmalschutz stehende und renovierte »Weill'sche Judenhaus« erhalten.

Landau
Standort: zwischen Friedrich-Ebert-Straße/Moltkestraße/Marienring
Heutiger Zustand: Ein Teil der Reste des von Ludwig Levy entworfenen und 1884 eingeweihten Synagogenbaus wurde zum Stützmauerbau in der Xylanderstraße am Savoyenpark verwendet.
Gedenktafel: Gedenkstele 1968
Sonstiges: Im restaurierten Gebäude Kaufhausgasse 9, dem ehemaligen Wohnsitz des Großvaters von Anne Frank, wurde 1987 ein kleiner Betsaal und eine Ausstellung zur jüdischen Geschichte Landaus eingerichtet. Der jüdische Friedhof ist Teil des Hauptfriedhofes.

Landau (französische Synagoge)
Eine Synagoge bzw. Betsaal wurde für die Angehörigen der französischen Armee bis 1953 im ehemaligen Hotel Geist untergebracht. Leiter war Armeerabbiner Kalifa.
Hinweistafel: keine
Sonstiges: Nach dem Krieg hatte die jüdische Kultusgemeinde der Rheinpfalz zunächst ihren offiziellen Sitz in Landau.

Landau-Arzheim
Standort: Hauptstraße 36 (Rückgebäude)
Baubeschreibung: Roter Fachwerkbau mit hohem Innenraum.
Heutiger Zustand: Nach dem Bau der neuen Landauer Synagoge Ende des 19.
Jahrhunderts wurde dieses Gebäude aufgegeben, war aber bis 1938 im Besitz einer
jüdischen Familie Abraham, die das Vorderhaus bewohnte. Sehr baufälliger Zu-
stand, wird als Abstellraum benutzt. Eine der wenigen erhaltenen Fachwerksyna-
gogen in der Pfalz.
Hinweistafel: keine

Landstuhl (Landkreis Kaiserslautern)
Standort: Kanalstraße
Heutiger Zustand: Das Haus, in dem die Betstube untergebracht war, steht heute
noch. In der »Reichskristallnacht« wurde das Gebäude im Innern zerstört. Nach
Umbauten wurde es als Wohnhaus genutzt.
Gedenktafel: keine
Sonstiges: der jüdische Friedhof liegt im östlichen Teil des Gemeindefriedhofes,
von einer Mauer abgetrennt.

Leimersheim (Landkreis Germersheim)
Baubeschreibung: Klassizistischer Bau von 1847.[18]
Heutiger Zustand: Bereits vier Wochen vor der »Reichskristallnacht« wurde die
Synagoge im Innern von Wehrmachtsangehörigen demoliert und 1939/40 an die
politische Gemeinde verkauft. Im Jahr 1971 wurde die Synagoge abgerissen und
an ihrem Platz mit den geborgenen »Zehn-Gebots-Tafeln« eine kleine Erinne-
rungsstätte errichtet.
Gedenktafel: ja
Sonstiges: Eine Straße wurde nach Abraham Weil, Ehrenbürger von 1884 und
Gründer der Gemeindesparkasse, benannt.

Ludwigshafen a. Rhein-Rheingönheim
Standort: Hauptstraße 246
Baubeschreibung: Betsaal und Schule im rückwärtigen Gebäude des dortigen Bau-
ernhofes.
Heutiger Zustand: Umbau 1949.
Hinweistafel: 1983 wurde eine Tafel angebracht.

Ludwigshafen a. Rhein-Ruchheim
Standort: Fußgönheimer Straße 52
Baubeschreibung: Einfacher, 1881 errichteter Satteldachbau. Erhaltene hebräische
Portalinschrift (Psalm 118, 20).
Heutiger Zustand: Seit 1955 ist das 1938 im Innern demolierte Gebäude im Besitz
der protestantischen Kirche, die dort ein Gemeinde- und Jugendhaus eingerichtet
hat. Die Portalinschrift steht unter Denkmalschutz.[19]
Gedenktafel: 1985 an der Fassade angebracht.[20]

Synagoge Leimersheim. Aufnahme Ende 20er / Anfang 30er Jahre. In der Tür der Schuhflicker Karl Behr (gen. Kaleb), der die hinteren Räume der Synagoge bewohnte und auch Synagogendiener war. *(Foto: Alan Behr, New York)*

Die Synagogenruine Lustadt im Jahr 1963 *(Foto: Heinz Mayer)*

Sonstiges: Der 1938 ebenfalls geschändete, 1856 angelegte Friedhof ist Teil des Hauptfriedhofs. Gedenktafeln erinnern an die zerstörte Synagoge in der Kaiser-Wilhelm-Straße und im Hof der Maxschule an die Deportation von 1940.

Lustadt (Kreis Germersheim)
Standort: Röderstraße 112
Baubeschreibung: Stattlicher Bau von 1851 mit maurischen Anklängen im Rundbogenfries der Fassade. Reich gestaltetes Hufeisenbogenportal. Über dem Eingang zwischen Fenstern die »Zehn-Gebots-Tafeln«. Eine der schönsten Bauten der Pfalz mit neoislamischen/maurischen Architekturelementen.
Heutiger Zustand: Die im ehemaligen selbstständigen Oberlustadt stehende Synagoge wurde am 10. November 1938 in Brand gesteckt. Die Umfassungsmauern samt der architekturhistorisch wertvollen Fassade erhielten sich bis mindestens 1963. In den 70er Jahren wurden die Reste bis zur Unkenntlichkeit zu einem Wohnhaus umgebaut.
Gedenktafel: keine
Sonstiges: Rechts von der ehemaligen Synagoge steht das jüdische Schulgebäude. Außerhalb des Ortes findet sich der jüdische Friedhof mit Steinen des 18. Jahrhunderts.

Münchweiler a.d. Alsenz (Donnersbergkreis)
Standort: Hauptstraße
Baubeschreibung: Stattlicher Mauerwerkbau mit Fachwerkaufsatz. Abgewalmtes Satteldach.
Heutiger Zustand: In Münchweiler wurde in den Jahren 1804/1806 ein Privathaus angekauft und zur Synagoge umgebaut. Im Jahr 1938 im Innern verwüstet, dient es seit 1958 als Bürgermeisteramt. Außer einer neuen Dacheindeckung ist der Bau in der äußeren Form unverändert.
Gedenktafel: keine
Sonstiges: Im 19. Jahrhundert war Münchweiler zeitweise Rabbinatssitz und die jüdische Gemeinde nach den Lutheranern und vor den Katholiken zweitgrößte religiöse Gruppierung im Ort.[21]

Münsterappel (Donnersbergkreis)
Standort: Hintergasse 13
Beschreibung: Einfacher Bau ohne Schmuckelemente
Heutiger Zustand: als Wohnhaus genutzt.
Hinweistafel: keine
Sonstiges: jüdischer Friedhof am Ortsrand.

Mutterstadt (Landkreis Ludwigshafen)
Gedenktafel: Ein Kreis von Bürgern fordert einen Gedenkstein zur Erinnerung an die abgebrochene Synagoge.[22]

Neuleinigen (Kreis Bad Dürkheim)
Heutiger Zustand: Die jüdische Gemeinde kaufte 1822 die Ruine der Karmeliter-
klosterkirche und richtete dort die Synagoge ein. Verkauf 1902 an die politische
Gemeinde. Heute ist das Gebäude evangelische Kirche.
Hinweistafel: keine

Neustadt an der Weinstraße
Standort: Hauberallee 13
Baubeschreibung: Im Jahr 1960 errichteter moderner Gebäudekomplex, der das
Jüdische Elternheim beherbergte. In einem Saal war auch eine Synagoge (100 Plät-
ze) eingerichtet. An der Geländezufahrt ein schmiedeeiserner Davidstern.
Heutiger Zustand: Nach der Auflösung des Jüdischen Elternheimes wurde 1987
auch die Synagoge geschlossen, die bis zu dieser Zeit der Jüdischen Kultusgemeinde der Rheinpfalz als Gebetsstätte diente. Der Gebäudekomplex wird heute als Jugendheim genutzt, Thorarollen und Thoraschrank wurden nach Kaiserslautern gebracht. Die einzige aktive Synagoge der Pfalz steht heute in der Basteigasse in Kaiserslautern. In der Vorderpfalz lebende Juden gehen auch häufig zum Gottesdienst
in die 1987 eingeweihte neue Mannheimer Synagoge.
Hinweistafel: keine
Sonstiges: In der Ludwigstraße 20 steht noch das ehemalige, 1909 erbaute Schul-
und Verwaltungsgebäude der jüdischen Gemeinde, direkt neben dem früheren Sy-
nagogengelände. Von 1953 bis 1960 war im Obergeschoß ein Betsaal. Im Jahr 1987
wurde es renoviert und ist heute Verwaltungssitz der jüdischen Kultusgemeinde der
Rheinpfalz.[23] An dem Gebäude Ludwigsstraße 10 sind kleine Bauplastiken erhalten, die auf die frühere Nutzung des Gebäudes als Mazzenbäckerei hinweisen. In
Neustadt existierte auch ein jüdischer Friedhof, der bis heute noch belegt wird. Auf
dem Gelände der 1938 zerstörten Synagoge in der Ludwigsstraße, im Besitz der jüdischen Kultusgemeinde, wird eine Reihenhausanlage errichtet. Die bisherige Ge-
denkanlage wurde beseitigt, auf einem Teil des Geländes soll 1988 ein Gedenkstein
errichtet werden.[24]

Neustadt an der Weinstraße - Geinsheim
Standort: Gäustraße 24
Baubeschreibung: Fachwerkgebäude mit Holzrundbogenfenstern und bemalter
Decke.
Heutiger Zustand: Nach Angaben der Stadtverwaltung mußte das 1938 geschände-
te Gebäude 1983 aufgrund akuter Baufälligkeit und Einsturzgefahr abgebrochen
werden.
Gedenktafel: keine

Neustadt an der Weinstraße - Mußbach
Standort: Kurpfalzstraße 4
Baubeschreibung: Bescheidenes Gebäude, dessen Ursprung auf einen Vorgänger-
bau von 1793 zurückgeht und das nach einem Brand 1902 wieder aufgebaut wurde.

Heutiger Zustand: Der rückwärtig gelegene, zweigeschossige Bau wurde im Erdgeschoß stark verändert und ist heute Teil einer Bäckerei.
Hinweistafel: keine.

Obermoschel (Donnersbergkreis)
Standort: Mathildenstraße 1
Baubeschreibung: Stattlicher, mit Lisenen und Rundbogenfries gegliederter Bau. Großes Rundbogenportal mit hebräischer Inschrift (Psalm 118, 120). Decke mit Sternenhimmel ausgemalt.
Im Obergeschoß befand sich der eigentliche Synagogenraum.
Heutiger Zustand: Zu Wohnzwecken wurden das Gebäude 1972/73 bis zur Unkenntlichkeit verändert.
Hinweistafel: keine
Sonstiges: Am Ortsrand befindet sich der 1819 angelegte Friedhof.

Obrigheim (Landkreis Bad Dürkheim)
Heutiger Zustand: Die Synagoge wurde 1904 verkauft und danach als Turnhalle genutzt. Nach erneutem Verkauf im Jahr 1971 wurde sie abgerissen und auf dem Platz ein Wohnhaus errichtet.
Hinweistafel: keine
Sonstiges: Kleiner Friedhof mit sehr wenigen Steinen am Ortseingang neben dem christlichen Friedhof.

Odenbach (Landkreis Kusel)
Standort: Kümmelstraße
Baubeschreibung: Eingeschossiger Mauerwerksbau mit Satteldach, dessen freistehende Giebelspitze in Fachwerk ausgeführt ist. Mit Sandsteingewänden eingefaßte Rundbogenfenster. Über dem Portal der Synagoge von 1752 hebräische Inschrift. Im Innern teilweise freigelegte, bedeutende spätbarocke Synagogenmalerei (reiche Pflanzenornamentik, Säulen, hebräische Schrift) an Wänden und Decke. Getrennter Frauen- und Männereingang. Erhaltene Frauenempore.[25]
Heutiger Zustand: Das Gebäude wurde am 6.11.1986 unter Denkmalschutz gestellt. Es gibt Bestrebungen der öffentlichen Hand, die wertvollen Malereien zu sichern. Ob die Synagoge komplett restauriert wird oder die Malereien ins Museum gebracht werden ist noch ungeklärt. Bis heute wird das 1938 im Innern demolierte Gebäude als Schuppen genutzt. Ein Förderverein zur Erhaltung des Baus wurde gegründet. [26] [27] Dieser hat Anfang 1989 die Synagoge erworben.
Gedenktafel: keine
Sonstiges: Am Ortseingang liegt der 1845 angelegte jüdische Friedhof.

Detail der spätbarocken Synagogenmalerei Odenbach—eine Säule. Zustand 1988.
(Foto: Beate Steigner)

Otterberg (Landkreis Kaiserslautern)
Standort: Kirchstraße 19 a
Baubeschreibung: Mauerwerkbau mit Rundbogenfenstern und hebräischer Portal-
inschrift (Psalm 118, 20), Satteldach.
Heutiger Zustand: Die 1835 erbaute Synagoge wurde schon in den 1880er Jahren
verkauft und 1902 umgebaut. An der Seite sind noch die Schattenrisse der verputz-
ten Rundbogenfenster zu erkennen. Die Inschrift wurde als Bauspolie in den hin-
teren Teil des Baus eingemauert.
Hinweistafel: keine
Sonstiges: Nebenan steht das ehemalige Schul- und Lehrerwohnhaus.

Pirmasens
Gedenktafel: in der Nähe des ehemaligen Synagogengeländes angebracht.

Rockenhausen (Donnersbergkreis)
Standort: Gutenbrunnenstraße 1
Baubeschreibung: Eineinhalbstöckiges Gebäude, das seit 1885 als Synagoge und
Schule diente.
Heutiger Zustand: Die Stadt Rockenhausen, zuletzt Eigentümerin des Gebäudes,
ließ es 1976 abreißen.
Hinweistafel: keine
Sonstiges: Jüdischer Friedhof von 1912. Daniel Henry Kahnweiler, bekannter Ga-
lerist und Kunsthändler ist Ehrenbürger der Stadt.

Rockenhausen-Marienthal (Donnersbergkreis)
Standort: Amtsstraße 1
Baubeschreigung: Mauerwerksbau von 1827 mit Fachwerkaufsatz. Tonnengewöl-
be aus Holz, bemalter Sternenhimmel. Getrennter Männer- und Fraueneingang.
Halbbogenfenster und Rundfenster aus Holz.[28]
Heutiger Zustand: Das Gebäude der 1912 aufgelösten Gemeinde wird als Schup-
pen genutzt und ist im Innern umgebaut.
Hinweistafel: keine
Sonstiges: An der Straße nach Falkenstein liegt am Hang der jüdische Friedhof.
An die Synagoge angrenzend das ehemalige Schulhaus, welches zum Wohnhaus
umgebaut wurde.

Rodalben (Kreis Pirmasens)
Heutiger Zustand: Bei der Befreiung durch die Amerikaner im März 1945 beschädigt und danach abgerissen.[29]
Sonstiges: Jüdischer Friedhof. Im Rückgebäude des Hauses Demmeré in der
Hauptstraße wurde 1874 ein Zimmer angemietet, das als Schul- und Betraum diente. Dieses Gebäude steht noch. Im Jahr 1947 wurde der ehemalige Gemeinderat
und Sägewerksbesitzer Ludwig Samuel zum Ehrenbürger ernannt.

Rülzheim (Landkreis Germersheim)
Standort: Kuntzengasse
Baubeschreibung: Von August von Voit 1833 errichtet. Stattlicher Mauerwerksbau. Fenster mit nach unten auslaufenden Sandsteingewänden. Schön gestaltetes Architrav, hebräische Portalinschrift (Jesaja 26,2 - »Öffnet die Tore, daß einziehe ein gerechtes Volk, welches die Treue bewahrt«). Erhaltene Frauenempore. Rechteckbau mit Satteldach.[30]
Heutiger Zustand: Das 1938 im Innern demolierte Gebäude wurde von der katholischen Kirchengemeinde für die Jugendarbeit genutzt. 1989 soll mit der Restaurierung der 1985 unter Denkmalschutz gestellten Synagoge zur Gedenkstätte und Begegnungszentrum begonnen werden.
Gedenktafel: keine
Sonstiges: Wenige Schritte von der Synagoge steht noch die ehemalige Schule. Am Ortsausgang nach Herxheimweyher befindet sich der in den 70er Jahren renovierte jüdische Friedhof von Rülzheim, das bis in das 20. Jahrhundert eine der größten jüdischen Landgemeinden war. Es existierte sogar ein Synagogen-Chor und bis 1932 noch eine eigene israelitische Volksschule. Im Spätjahr 1988 lädt die politische Gemeinde ehemalige jüdische Bürger Rülzheims ein. Nach dem jüdischen Arzt Dr. Kahn ist eine Straße benannt.

Schifferstadt (Landkreis Ludwigshafen)
Standort: Bahnhofstraße 48
Baubeschreibung: Bau von 1892. Die Fassade wies über dem Portal einen Hufeisenbogen, auf zwei Kapitellen ruhend, und eine große Rosette vor, flankiert von zwei Rundbogenfenstern. An den Längsseiten je zwei Rundbogenfenster mit rundbogigem Schluß. Die Fassade war durch die Verwendung von rotem und gelbem Backstein noch zusätzlich gegliedert. Auf dem Giebel als Abschluß die Gesetzestafeln mit hebräischer Schrift.[31]
Heutiger Zustand: Die Synagoge wurde in der »Reichskristallnacht« zerstört. Das angrenzende Kantorenhaus und die Synagogenruine mußten 1939 an die politische Gemeinde verkauft werden. Nach 1945 wurde das Gelände an die Jüdische Kultusgemeinde zurückgegeben und 1951 von dieser an privat verkauft. In den folgenden Jahren wurden die Ruine und das Kantorenhaus abgerissen und auf dem Gelände ein Wohnhaus erstellt.
Gedenktafel: Seit 1984 erinnert ein der Synagogenfassade nachgebildeter großer Gedenkstein, wenige Schritte vom ehemaligen Synagogenstandort aufgestellt, an die Zerstörung der Synagoge und die Vertreibung und Deportation der jüdischen Schifferstadter.
Sonstiges: Auf dem 1907 angelegten Friedhof, 1938 zerstört, wurde mit den wiedergefundenen Steinen eine Gedenkstätte angelegt. Im Heimatmuseum wird eine Schabbeslampe aus einem Schifferstadter Haushalt ausgestellt.

Schwegenheim (Landkreis Germersheim)
Standort: Hauptstraße
Heutiger Zustand: Parkplatz
Gedenktafel: an die 1938 völlig zerstörte Synagoge erinnert nichts.

Sembach (Landkreis Kaiserslautern)
Standort: Eckstraße 8
Heutiger Zustand: Zum Wohnhaus 1976 umgebaut.
Hinweistafel: keine
Sonstiges: Der jüdische Friedhof liegt im benachbarten Mehlingen, das früher zusammen mit Sembach eine Kultusgemeinde bildete.

Speyer
Standort: Judenbadgasse 5
Heutiger Zustand: Mauerreste der mittelalterlichen Synagoge. Das Speyerer Judenbad ist das älteste der erhaltenen mittelalterlichen Mikwaot in Deutschland.
Sonstiges: An die zerstörte Synagoge des frühen 19. Jahrhunderts erinnert eine kleine Gedenktafel am Kaufhof/Hellergasse. Der jüdische Friedhof ist Teil des Hauptfriedhofes. Das Historische Museum der Pfalz zeigt in seiner Judaica-Abteilung interessante Objekte. Nach Angaben des Bischöflichen Ordinariats soll auch das erhaltene Gebäude in der Webergasse 11 eine Synagoge gewesen sein. Das Gebäude, vorher Schuppen, ist jetzt renoviert. Männer und Fraueneingang, sieben Ochsenaugen an der Längsseite. Schriftliche Belege gibt es für diese Synagoge nicht. Heute wird das Haus als Kapelle benutzt.

Steinbach am Glan (Landkreis Kusel)
Standort: Hauptstraße 78
Heutiger Zustand: Die 1725 erbaute und 1938 beschädigte Synagoge wurde als Ruine verkauft und 1950 in deren Grundriß ein Geschäfts- und Wohnhaus erbaut.
Gedenktafel: Gedenkstein im August 1988 anläßlich des Besuches ehemaliger jüdischer Bürger angebracht.
Sonstiges: Der jüdische Friedhof von 1830 wurde 1979 und 1986 von noch unbekannten Tätern geschändet.

St. Ingbert (Saar-Pfalz-Kreis)
Standort: Josefstalerstraße 24
Baubeschreibung: Bau von 1876 mit Spitzgiebel und ausgeprägten Pilastern. Die Fassade ist durch ein Rundfenster und ein Rundbogenportal strukturiert.
Heutiger Zustand: Das 1936 an die Stadt verkaufte Gebäude wurde bis 1944 als Luftschutzschule genutzt. Zwischen 1945/47 wurde sie für Angehörige der amerikanischen Streitkräfte wieder zur Synagoge hergerichtet, war kurze Zeit Kirche und ab 1950 Jugendheim der protestantischen Kirche. Das Gebäude ist im Außenbereich im Originalzustand erhalten.

Teschenmoschel (Donnersbergkreis)
Heutiger Zustand: Keinerlei Reste
Hinweistafel: keine
Sonstiges: Jüdischer Friedhof

Thaleischweiler (Landkreis Pirmasens)
Standort: Klostergasse 4
Baubeschreibung: Privathaus, das 1826/27 zur Synagoge umgebaut wurde. Satteldach, Rundbogenfenster.
Heutiger Zustand: Bereits in den 1910er Jahren wurde die Gemeinde aufgelöst und die Synagoge profaniert.
Hinweistafel: keine
Sonstiges: Kleine jüdische Grabanlage innerhalb des Gemeindefriedhofes.

Venningen (Landkreis Südliche Weinstraße)
Standort: Schafsgasse 15
Baubeschreibung: Dreigeschossiger Satteldachbau. Im Giebel drei Oculi. Der ehemalige Tanzsaal wurde 1847 zu einer Synagoge umgebaut. Hebräische Portalinschrift (»Du bis gesegnet in deinem Kommen und deinem Gehen...«) erhalten.[32]
Heutiger Zustand: Das Gebäude, in dem auch Mikwe, Kantorenwohnung und Schule untergebracht war, diente auch für die benachbarten Gemeinden Altdorf und Kirrweiler als Synagoge. Beim Umbau zum Wohnhaus wurde die ehemals bemalte Decke (Sternenhimmel) entfernt.
Hinweistafel: keine
Sonstiges: Direkt neben dem christlichen Friedhof liegt an der Straße nach Kirrweiler der 1888 errichtete jüdische Friedhof. An einem Pfosten des Eingangsbereichs hebräische Inschrift.

Wachenheim (Landkreis Bad Dürkheim)
Standort: Bleichstraße 5
Baubeschreibung: Mauerwerkbau mit Fachwerkaufsatz. Im Obergeschoß war der eigentliche Synagogenraum, im Erdgeschoß wohnte der Vorbeter. Dort befand sich auch das Frauenbad. Hebräische Inschrift («Glanz wohne in diesem Haus«). Bau Anfang 19. Jahrhundert.
Heutiger Zustand: Die Synagoge wurde von den derzeitigen Besitzern in den 40er Jahren erworben und zum Wohnhaus umgebaut, die hebräische Inschrift entfernt und das Bad zugeschüttet. Da nur noch die Grundmauern und einige wenige Fenster mit der Synagoge identisch sind, wurde von der Denkmalpflege die Denkmaleigenschaft verneint. Mit wenigen Ausnahmen lagen die Häuser der jüdischen Familien in der Hauptstraße zwischen der heutigen Sparkasse und dem Luisenbrunnen.
Hinweistafel: keine
Sonstiges: Der jüdische Friedhof ist eine ansehnliche Anlage mit zahlreichen qualitätsvollen Steinmetzarbeiten, dessen ältester Stein auf 1725 datiert ist. Erhaltene Leichenhalle von 1895 mit hebräischer Inschriftentafel.

Waldgrehweiler (Donnersbergkreis)
Heutiger Zustand: Die hebräische Portalinschrift (Psalm 118,20) vom Anfang des 19. Jahrhunderts ist als Bauspolie im Haus Triftweg 4 in Obermoschel eingemauert.

Wallhalben (Kreis Pirmasens)
Heutiger Zustand: Die Synagoge wurde nach dem Krieg abgerissen, weil sie angeblich ein Verkehrshindernis darstellte.
Hinweistafel: keine
Sonstiges: Das ehemalige Anwesen der Familie Katz wurde restauriert und steht unter Denkmalschutz. Gegenüber dem Gemeindehaus liegt der jüdische Friedhof, der zweite, im Ortsteil Oberhausen gelegen, ist Teil des christlichen Friedhofs.

Wattenheim (Landkreis Bad Dürkheim)
Heutiger Zustand: In den 20er Jahren wurde die Synagoge verkauft und dort eine katholische Kleinkinderschule eingerichtet. Das Gebäude wurde abgerissen.
Hinweistafel: keine

Weisenheim am Berg (Landkreis Bad Dürkheim)
Standort: Hauptstraße 28
Baubeschreibung: Schön proportionierter Mauerwerksbau mit zwei Rundbogenfenstern an der Ostseite und je drei Rundbogenfenstern an den Längsseiten. Erhaltene hebräische Portalinschrift (Psalm 118,20) und Frauenempore. In der Ostwand ist noch die Thoranische zu sehen.[33]
Heutiger Zustand: Das 1909 profanierte Gebäude wurde jahrzehntelang als Schuppen genutzt. Die Synagoge wurde mit Entscheidung vom 6.10.1983 unter Denkmalschutz gestellt. Inzwischen hat sich ein Kreis interessierter Bürger gebildet, die die Synagoge in Zusammenarbeit mit der Gemeinde restaurieren und nutzen will.[34]
Hinweistafel: keine

Südseite der Weisenheimer Synagoge. Über dem Eingang befindet sich das Fenster der Frauenempore. Zustand 1988. (Foto:« Jochanan Bender)

Quellen:

Grundlage dieses Beitrages waren Gespräche mit Ortsansässigen, Akten des Landesarchivs Speyer und Schriftwechsel mit Gemeinde- und Kreisverwaltungen.

Allgemeine Literatur:

Arnold, Hermann: Juden in der Pfalz. Vom Leben pfälzischer Juden. Landau 1986.
Bender, R.J.: Denkmalschutz und jüdische Kultuseinrichtungen in: ders.: (Hrsg.): Pfälzische Juden und ihre Kultuseinrichtungen. Mannheim 1988. S. 45 - 59.
Debus, Karl-Heinz: Die Reichskristallnacht in der Pfalz. Schuldbewußtsein und Ermittlungen. Aufsatz in der Zeitschrift f.d. Geschichte des Oberrheins. 129. Bd. 1981 S. 445 - 515.
Herz, Reinhold: Die Juden in der Pfalz. Phillipsburg 1937.
Kukatzki, Bernhard: Dorfsynagogen in der Pfalz. Schifferstadt 1986.
Kukatzki, B.: Zur Geschichte des pfälzischen Synagogenbaus in: Bender, R.J. (Hrsg.): Pfälzische Juden und ihre Kultuseinrichtungen. Mannheim 1988. S. 27- -43.
Landesarchivverwaltung Rheinland-Pfalz: Dokumentation zur Geschichte der jüdischen Bevölkerung in Rheinland-Pfalz und im Saarland 1800 - 1945. Koblenz 1972 - 1982.

Anmerkungen:

1 Zitat von Ludwig Börne
2 Caspary, Hans: Zur Problematik der Erhaltung und Pflege jüdischer Kulturdenkmäler in Rheinland-Pfalz. Aufsatz in: Denkmalpflege in Rheinland-Pfalz. Jahresberichte 1979-1981. Worms 1982.
3 Strauß war Präsidialmitglied des Verbandes der Israelitischen Kultusgemeinden der Pfalz.
4 Zepp, Eugen: Die Alsenzer Synagoge hat 220 Jahre überdauert. Art. i.d. Rheinpfalz, Ausg. Kirchheimbolanden v. 19.9.1985.
5 Röder, Ernst: Der Chuppa- oder Hochzeitsstern an der Synagoge in Alsenz. Aufsatz im Heimatjahrbuch Donnersbergkreis 1985.
6 Schnabel, Berthold: Die Deidesheimer Synagogen. Aufsatz im Heimatjahrbuch Landkreis Bad Dürkheim 1988.
7 —: In Synagoge steckt Stein des Anstoßes. Art. i.d. Rheinpfalz, Ausg. Neustadt/Weinstr. vom 31.7.1987
8 Freiermuth, Joseph: Die Judenschule in Edesheim. Aufsatz im Heimatjahrbuch Landkreis Südliche Weinstraße 1986.
9 Kaufmann, Hermann Michael: Für Juden und Katholische. Aufsatz im Heimatjahrbuch Landkreis Bad Dürkheim 1987.
10 Kukatzki, Bernhard: Jüdische Kulturdenkmäler im Landkreis Ludwigshafen. Aufsatz im Heimatjahrbuch Ludwigshafen 1987.
11 —: Kein Denkmalschutz für ehemalige Synagoge. Art. i.d. Rheinpfalz, Ausg. Ludwigshafen vom 29.10.1984
12 Korz, Mathias: Juden in Göllheim. Aufsatz im Heimatjahrbuch Donnersbergkreis 1983.
13 —: Jüdische Gemeinde hat ihre bleibende Erinnerung. Art. i.d. Rheinpfalz, Ausg. Neustadt/Weinstr. vom 28.9.1987
14 Paul, Roland: Die Kaiserslauterer Synagoge und ihr Schicksal vor 50 Jahren. Aufsatz im Heimatjahrbuch Landkreis Kaiserslautern 1988.
15 Kukatzki, Bernhard: Selbst die Kristallnacht überstanden. Art. i.d. Rheinpfalz, Ausg. Bad Dürkheim vom 13.1.1986.
16 Biffar, Ursula: Schutt birgt altes Denkmal jüdischer Kultur. Art. in der Rheinpfalz, Ausg. Landau vom 16.6.1987
17 Kinkel, Kurt: Die Juden in Lambsheim. Lambsheim 1981

18 Sittinger, Helmut: Schicksal einer Minderheit, die Geschichte der Leimersheimer Juden. Art. i.d. Rheinpfalz Landau vom 3.,4. und 5.1.1984
19 Barth, Friedrich: Die Geschichte der Juden in Ruchheim. Ludwigshafen 1985
20 —: Gedenktafel an ehemaliger Synagoge Geste der Versöhnung und Erinnerung. Art. i.d. Rheinpfalz, Ausg. Ludwigshafen vom 19.8.1985
21 Busch, Egon: Mit 40 Gulden Einzugsgeld in Münchweiler angesiedelt. Art. i.d. Rheinpfalz, Ausg. Kirchheimbolanden vom 21.2.1985
22 —: Rabbiner sucht Bibelstelle aus. Art i.d. Rheinpfalz, Ausg. Ludwigshafen vom 1.3.1988
23 —: Neues Domizil für jüdische Mitbürger. Art. i.d. Rheinpfalz, Ausg. Neustadt/Weinstr. vom 3.10.1987
24 —: Auf Synagogen-Gelände werden Reihenhäuser gebaut. Art. i.d. Rheinpfalz, Ausg. Neustadt/Weinstr. vom 3.2.1988
25 Kukatzki, Bernhard: Ein Kleinod im Kusel — die Synagoge in Odenbach. Aufsatz im Heimatjahrbuch Donnersbergkreis 1988.
26 —: Wandgemälde in Odenbacher Synagoge entdeckt. Art. i.d. Rheinpfalz, Ausg. Kusel vom 14.4.1986.
27 —: Förderverein angeregt. Art. i.d. Rheinpfalz, Ausg. Kusel vom 9.3.1988
28 —: Die alte Synagoge in Marienthal. Art. i.d. Rheinpfalz, Ausgabe Kirchheimbolanden vom 27.12.1984
29 Heringer, Edmund: Die israelitische Glaubensgemeinschaft-Friedhof als letztes Zeugnis. Aufsatz in 750 Jahre Gräfensteiner Land 1237 - 1987. Mit der Geschichte von Rodalben. Pirmasens 1987.
30 Kukatzki, Bernhard: Jüdische Gotteshäuser einst und jetzt. Art. i.d. Allgemeine Jüdische Wochenzeitung vom 19.12.1986.
31 Sold, Emil/Kukatzki, Bernhard: Die Schifferstadter Juden. Schifferstadt 1988.
32 Teutsch, Albert: Geschichte der Juden der Gemeinden Venningen, Karlsruhe 1936.
33 Kukatzki, Bernhard: Historische Lager-Halle. Art. i.d. Rheinpfalz, Ausg. Bad Dürkheim vom 17.4.1986
34 —: Spenden und Biberschwänze retten Substanz der Synagoge. Art. i.d. Rheinpfalz, Ausg. Bad Dürkheim vom 18.1.1988

Jüdischer Friedhof in Thallichtenberg, Zustand 1978

(Foto: Dirk Weschler)

Samuel Kamenetzki:

Jüdische Friedhöfe in der Rheinpfalz

1970 begann für mich eine neue Tätigkeit, nachdem ich als gelernter Holztechniker nach 20jährigem Aufenthalt in Israel die Fürsorge der jüdischen Friedhöfe der Kultusgemeinde Neustadt übernommen hatte.

Da die Bezirksregierung in Neustadt die Verantwortung trägt — dies ist vertraglich festgelegt — bezuschußte sie meine Arbeit als Berater und Kontrolleur.

Obwohl der finanzielle Anteil der jüdischen Kultusgemeinde an meiner Arbeit immer der wesentlich Höhere gewesen ist, war die Zusammenarbeit mit der Bezirksregierung stets gut und effektiv: in den letzten Jahren wurden gemeinsam ca. 80 Friedhöfe instandgesetzt und gepflegt. Diese Maßnahmen gewährleisten langfristig die Erhaltung der Friedhöfe.

Meine Arbeit wurde also von beiden Seiten unterstützt, so daß man heute sagen kann, daß die wesentlichen und aufwendigen Arbeiten abgeschlossen sind.

Die Unantastbarkeit der Friedhöfe zu gewährleisten, ist in der jüdischen Geschichte eine alte Tradition. Am Ende des Krieges wurde dies auch sofort von der neuen Regierung klargestellt.

Nachdem die Hauptzentren des Judentums in der Pfalz ausgelöscht wurden, leben heute in der Pfalz nur noch 123 Juden. Viele von diesen sind jedoch ältere und kranke Menschen, es gibt nur eine kleine Anzahl Jugendlicher. So ist am Ende nur noch die große Zahl der Toten geblieben, um die man sich kümmern muß.

Zum Glück wurden während der Jahre 1933 bis 1945 nicht alle Friedhöfe zerstört. Entgegen bestimmten religiösen Vorschriften, auf die ich später noch eingehen werde, wurden im Lauf der Jahre fast alle Friedhöfe instandgesetzt.

Die Maßnahmen bestanden hauptsächlich aus dem Einbetonieren der Steine, da diese schon öfters umgefallen waren und dabei Menschen verletzt hatten. Auch wurde so die Pflege der Steine erleichtert.

Nach dem orthodoxen Glauben darf am Zustand eines Friedhofes nichts verändert werden, denn der Grabplatz gehört dem Toten. Die einzigen, denen erlaubt ist, die Gräber zu pflegen, sind die Mitglieder der »Chevra Kadischa«, einer Vereinigung aus lauter Freiwilligen. Die Männer und Frauen, die dieser Vereinigung angehören, haben es zu ihrer Aufgabe gemacht, kranke und alte Menschen zu umsorgen, sich um sie zu kümmern und nicht von ihrer Seite zu weichen. Stirbt der Betreute, so wird er von seinen Pflegern gewaschen und in den Sarg gelegt. Dies ist eine alte jüdische Tradition und für jeden Juden ist es eine ehrbare Handlung, den Toten in seine Totenkleidung aus Leinen zu kleiden, bevor dieser bestattet wird. Dies ist eine letzte, würdige Handlung gegenüber dem Toten. Die Geburt eines Menschen geht mir Sorgfalt und Liebe vor sich, so soll es auch beim Tod geschehen.

Nach dem Zuschütten des Grabes wird zuerst das Kadisch, das Totengebet, gesprochen, dann erst verläßt die Trauergemeinde den Friedhof.

Ein Toter wird so begraben, daß sein Angesicht gegen Jerusalem gerichtet ist, das heißt bei uns: gegen Osten.

Wird ein Grab von einem Freund oder Anverwandten des Toten besucht, so findet man danach oft ein kleines Steinchen auf dem Grabstein. Dieses Steinchen hat symbolischen Charakter und seinen Ursprung in der Wüste. Hier wird zunächst die in Sand gegrabene Grabgruft mit Steinen ausgelegt und erst danach der in Leinentücher gewickelte Tote hineingelegt. Nachdem das Grab zugeschüttet ist, wird es mit Steinen vor Schakalen, Hyänen und anderen Wildtieren geschützt.

Besucht man nun ein Grab, so legt man zu seinem Schutz ebenfalls einen Stein darauf. Diese Sitte wird von den meisten Juden noch heute fortgeführt.

In Deutschland bieten die meisten abseits gelegenen jüdischen Friedhöfe vielen gefährdeten Tierarten Schutz, hier können auf den meist Jahrhunderte alten Friedhöfen seltene Pflanzen ungefährdet gedeihen. In den Hecken, die zur Begrenzung angelegt wurden, finden seltene Vogelarten Schutz und Nahrung. Die meisten Friedhöfe sind heute Oasen der Natur, inmitten einer verbauten und zubetonierten, naturfeindlichen Umgebung.

Daß Friedhöfe keine Parks, sondern würdige und ruhige Ruhestätten sein sollen, haben mittlerweile auch große Teile der Bevölkerung und die meisten Behörden eingesehen. So ist zu hoffen, daß diese Oasen auch in Zukunft erhalten werden.

Liste der jüdischen Friedhöfe in der Pfalz:

Albisheim
Alsenz
Annweiler
Börrstadt
Breunigweiler
Busenberg
Carlsberg
Deidesheim
Dielkirchen alt
Dielkirchen neu
Edenkoben
Essingen alt
Essingen neu
Frankenthal alt
Frankenthal neu
Fußgönheim
Gauersheim
Gaugrehweiler
Göllheim alt
Göllheim neu
Gries
Grünstadt
Hagenbach
Haßloch
Herschberg
Herxheim
Hettenleidelheim alt
Hettenleidelheim neu
Heuchelheim
Hinzweiler
Hochspeyer
Hochstadt
Höheinöd
Ilbesheim
Ingenheim
Kaiserslautern
Kindenheim
Kirchheim
Kirchheimbolanden
Kirrweiler
Lambsheim
Landau

Landstuhl
Ludwigshafen
Lustadt
Marienthal
Mehlingen
Münsterappel
Mutterstadt
Neuhofen
Neustadt
Niederkirchen (bei Kaiserslautern) alt
Niederkirchen (bei Kaiserslautern) neu
Oberhausen-Walhalben
Obermoschel
Obrigheim
Odenbach
Offenbach-Friemschenberg
Offenbach-Hundheim
Otterstadt
Pirmasens-Nikolaus
Pirmasens-Ottostraße
Pirmasens-Waldfriedhof
Rockenhausen
Rodalben
Roxheim
Rülzheim
Schifferstadt
Speyer
Steinbach/Donnersberg
Steinbach/Glan
Teschenmoschel
Thaleischweiler
Thallichtenberg
Venningen
Wachenheim
Waldgrehweiler
Waldmohr
Wallhalben-Oberhausen
Weilersweiler
Winnweiler
Zweibrücken-Ernstweiler-Bubenhausen
Zweibrücken neu

Alfred Hans Kuby

Zwischen Verschweigen und Bekennen

Jüdisches Schicksal im Spiegel pfälzischer Ortsgeschichten 1948 bis 1988

Das Ungetane
fällt
oft genug
auf fruchtbaren Boden
Es geht auf
es gedeiht
es wird groß
und seine Frucht ist
die Untat

> Erich Fried

(Nicht weit vom Stamm, in: Zur Zeit und Unzeit S. 8)

Nach dem 2. Weltkrieg erschienen für zahlreiche pfälzische Städte und Dörfer Darstellungen der Ortsgeschichte. Zu den ersten gehörten Zweibrücken und Kaiserslautern. Noch mit einem Genehmigungsvermerk der französischen Besatzungsmacht gab 1948 Josef Müller ein Buch über die Stadt Zweibrücken heraus: »Zweibrücken — Geschichte eines städtischen Gemeinwesens 1660 - 1930« (212 S.). Daß es in diesem Gemeinwesen eine beachtliche jüdische Gemeinde gab (1823: 156 Seelen) kann nur aus einer Notiz aus dem Jahre 1842 erschlossen werden, daß für 14 jüdische Handelsleute Moralitätszeugnisse ausgestellt wurden.

Drei Jahre später, 1951, ließ die Stadtverwaltung Kaiserslautern eine Festschrift herausbringen: »Kaiserslautern 1276 - 1951« (360 S.). Darin werden Gebäude, Institutionen, Personen gewürdigt — doch von den Juden und ihren Synagogen findet sich kein Wort!

Nun bot sich beiden Städten eine Chance, das ohne böse Absicht — dies sei unterstellt — Versäumte nachzuholen. 1952 feierte die Stadt Zweibrücken ihr 600-jähriges Bestehen, und im Auftrag der Stadtverwaltung erschien: »Zweibrücken — 600 Jahre Stadt« (378 S.). In fast fünfzig Einzelbeiträgen geht es um Geschichte und Kirchen, um Kunst und Industrie, den Luftangriff vom 14. März 1945 — bloß von den Juden, ihrer Gemeinde, ihrem Schicksal kein Wort!

Für Kaiserslautern brachten im Jahre 1970 Ernst Christmann und Heinz Friedel ein dickes Buch heraus: »Kaiserslautern einst und jetzt. Beiträge zur Geschichte der Großstadt Kaiserslautern von der Vor- und Frühgeschichte bis zu den heutigen Flur- und Straßennamen« (648 S.). Aber obwohl Stadtarchivar Friedel selbst mit Engagement der Geschichte der jüdischen Gemeinde Kaiserslautern nachgegangen

231

ist und darüber in Zeitschriften veröffentlicht hat, sind die Hinweise auf die einstige Existenz von Juden in der Stadt und die »Arisierung« jüdischer Firmen so versteckt, daß erst Herr Friedel selbst mich für diese 2. Auflage darauf hinweisen mußte. Doch es gab noch eine dritte Gelegenheit mit dem Erscheinen des Buches »Kaiserslautern — Aspekte und Perspektiven einer Stadt« (1976, 308 S.), und in diesem Sammelband steht immerhin der Halbsatz »seit 1938 aber auch die Vernichtung der jüdischen Bürgerschaft und des jüdischen Unternehmertums, welches seit 1804 und insbesondere nach 1870 einen hervorragenden Beitrag zur Entwicklung der örtlichen Wirtschaft geleistet hatte« (S. 113) und findet sich an zwei Stellen die Notiz: 1938 Abbruch (bzw. Abriß) der Synagoge (S. 40, S. 152).

Doch andernorts lief die Entwicklung genauso oder ähnlich. 1975 brachte die Stadt Neustadt ein imposantes Werk heraus: »Neustadt an der Weinstraße — Beiträge zu Geschichte einer pfälzischen Stadt« (776 S.). Im Geleitwort betont der Oberbürgermeister: »ohne jeden Anspruch auf Vollständigkeit oder Lückenlosigkeit«. Doch wie ist es zu erklären, daß von über vierzig Einzelbeiträgen keiner die jüdische Geschichte von Neustadt auch nur streift?!

In Ludwigshafen hat die »Arbeitsgemeinschaft Pfälzisch-Rheinische Familienkunde« ihren Sitz, zu deren Mitgliedern auch Verf. gehört. 1970/73 hat die Arbeitsgemeinschaft drei Hefte veröffentlich: »Zur Geschichte der Stadt Ludwigshafen am Rhein. Bekannte Familien und Persönlichkeiten«. Ernst Bloch kommt darin nicht vor — aus Scham? Gleiches gilt für eine weitere Veröffentlichung in der gleichen stadtgeschichtlichen Reihe: »50 Jahre Pfälzische Familienforschung 1925 - 1975. Ludwigshafner Stadtgeschichte im Spiegel der Familiengeschichte«. Doch in einem Heft aus dem Jahre 1974 »Ludwigshafen 1853 und 1873« kommen auf S. 101 tatsächlich die Brüder Bernhard und Lazarus Morgenthau vor, die »zu den ersten Einwohnern der jungen Stadt« gehörten und sowohl der katholischen wie der protestantischen Kirche beachtliche Stiftungen machten.

Die nordpfälzische Kreisstadt Kirchheimbolanden hatte Professor Hans Döhn beauftragt, eine Stadtgeschichte zu erstellen. Die erschien dann auch 1968 in erstklassiger Aufmachung mit 426 Seiten. Auf S. 397 gibt es eine Übersicht über die Religionszugehörigkeit der Einwohner. Für die Juden bewegen sich die Zahlen von 40 im Jahre 1802 über 188 im Jahre 1835 und 75 im Jahre 1925 zu Null im Jahre 1939, 2 (1946), 1 (1950) und wieder Null (1961). Was zu diesem Schwund von 75 auf Null geführt hat, kann man nur ahnen, wenn man Abbildung 228 sieht: »Ehem. Synagoge in Kirchheimbolanden, zerstört 1938«. Das ist alles. Natürlich gibt es auch keine den katholischen und protestantischen Pfarrerlisten entsprechende Liste jüdischer Lehrer oder Synagogenvorsteher.

Da ist die Stadt Pirmasens schon eher zu loben mit ihrem Buch »200 Jahre Schuhstadt Pirmasens« (1963, 244 S.). Zwar kann man dort auf S. 73f einigermaßen Haarsträubendes über die Jahre 1933 bis 1940 lesen (Autor: Georg Steigner): »unbestreitbar ... wirtschaftliche Erholung«, »Aufschwung der Schuhindustrie«, »der öffentliche und private Wohnungsbau erwachte aus seiner Stagnation«; 1937: Westwallbau, 1939: »ein neuer Weltbrand brach aus« — keine Erwähnung der Daten November 1938 oder Oktober 1940!

Aber dann folgt auf S. 95f ein eigener Artikel »Die jüdische Kulturgemeinde« (sic) von Theodor Kaul. Er schließt folgendermaßen: »Die Synagoge fiel wahrscheinlich (!) am 9. November 1938 der Zerstörung anheim, die Judengemeinde ist den Verfolgungen der Hitlerzeit zum Opfer gefallen. In der Nachkriegszeit schließen sich die zurückgekehrten Israeliten zur »Jüdischen Kultusgemeinde der Rheinpfalz« mit dem Sitz in Neustadt a.d. Weinstraße zusammen, die ein im Stadtgebiet wohnendes Mitglied zu ihrem Repräsentanten bestellt.«

Ein privates Werk war »Die Geschichte der Stadt Frankenthal und ihrer Vororte« von Anna Maus (1969, 248 S.). Unter dem Stichwort »Judenverfolgung« wird dort auf S. 136f berichtet, daß 1930 etwa drei Prozent der Bevölkerung Frankenthals Juden waren. Am Pogrom von 1938 hätten sich in Frankenthal nur einige Rowdys beteiligt, und »zur Brandstiftung an der Synagoge mußten Leute von auswärts geholt werden«. »Eine große Anzahl Frankenthaler Juden kamen in die Konzentrationslager und endeten in den Gaskammern.« »Die noch lebenden ehemaligen Frankenthaler Juden hängen heute noch trotz Verfolgung an ihrer Heimat und pflegen noch Beziehungen zu Freunden und Bekannten ihres Geburtsortes.«

Die »Geschichte der Stadt Speyer«, herausgegeben von Wolfgang Eger, erschien fast zwanzig Jahre später (Stuttgart 1982). Der zweite, die Neuzeit behandelnde Band enthält außer einem kurzen Abschnitt über die Speyerer Juden zwischen 1871 und 1914 (S. 253f) auf den Seiten 472-477 eine ausführliche Darstellung der späteren Geschichte der Juden bis zu ihrem bitteren Ende, wobei der Autor, K.H. Debus, auch das Versagen der christlichen Kirchen in der Nazizeit deutlich anspricht.

Für einige pfälzische Orte erschienen Monographien zur jüdischen Geschichte. An erster Stelle ist hier die Arbeit des Oberkirchenrates August Kopp zu nennen: »Die Dorfjuden der Nordpfalz, dargestellt an der Geschichte der jüdischen Gemeinde Alsenz ab 1650« (Meisenheim 1968, 458 Seiten). Stadtarchivar Hans Heß schrieb 1969 »Die Landauer Judengemeinde, ein Abriß ihrer Geschichte« (88 Seiten), wovon inzwischen eine zweite Auflage erschienen ist.

Für die Gemeindeverwaltung Lambsheim bearbeitete 1981 Kurt Kinkel das Thema »Die Juden in Lambsheim« (40 Manuskriptseiten — wir danken der Gemeindeverwaltung für die Überlassung eines Exemplars).

Und 1985 gab Friedrich Barth eine Schrift von 24 Seiten heraus: »Die Geschichte der Juden in Ruchheim«.

Was ist nun der Befund in den Ortsgeschichten und vergleichbaren Veröffentlichungen für andere Dörfer und Kleinstädte? Wir haben Beispiele aus den vergangenen dreißig Jahren untersucht und wollen sie in einigermaßen chronologischer Folge vorstellen. Der Leser mag daraus erkennen, wie von Ende der sechziger Jahre an das Verdrängen der dunklen Vergangenheit mehr und mehr vom Willen und der Bereitschaft ersetzt wird, das Geschehene beim Namen zu nenen. Doch ist dieser Trend keineswegs durchgängig, wie wir schon am Beispiel einiger Städte gesehen haben oder etwa im Falle Bobenheim-Roxheim noch sehen werden.

Im Jahre 1957 veröffentlichte ein Gesangverein in Hagenbach eine Festschrift, verbunden mit einer »erschöpfenden Ortschronik«. Tatsächlich finden sich darin (S. 22) auch die nachstehenden Aussagen: »Die günstigen Handelsaussichten innerhalb einer schaffigen Bauernschaft lockten viele Juden in die Dörfer, neben Rülzheim, Oberlustadt, Leimersheim auch nach Hagenbach. 1823 zählte man 47,

1903 noch 36. Sie waren im Besitze einer Synagoge, die 1885 neuerstellt, im Jahre 1938 in Flammen aufging. Ebenso verfügten sie über eine israelitische Volksschule, die am 1.7.1924 aufgelöst wurde.« Wilhelm Ludt's »Hochspeyer — Die Geschichte eines Dorfes« erschien erstmals 1958 (2. Aufl. 1979). Das Buch enthält sachliche Angaben zur jüdischen Bevölkerungsgeschichte, über deren Ende im »Dritten Reich« der folgende Satz (S. 305) Auskunft gibt: »Die unter dem Druck der politischen Verhältnisse ausgewanderten Judenfamilien hinterließen hier vier Wohnhäuser, von denen drei durch Kauf an hiesige Einwohner übergingen.«

Weniger Erinnerungsvermögen besaß man in Venningen. Dort zählte man schon 1836 neben 999 Katholiken 37 Juden. In unserem Edenkobener Progymnasium waren jüdische Schüler aus Venningen; in Gurs fand ich den Grabstein einer Venningerin; Mrs. Low geb. Teutsch in Lakewood/N.J. hat mir das Drama ihrer zerschlagenen Familie brieflich geschildert — aber bei der 1100 Jahrfeier von Venningen im Jahre 1959 fand man die verschwundene Minderheit keiner Erwähnung mehr wert. Zwar wurde die Festschrift »Venningen 859 - 1959« (Edenkoben 1959, 64 S.) vom damaligen bischöflichen Archivar herausgegeben, doch weder im Abschnitt »Venningens Menschenschlag«, noch in »Vom alten Dorf« oder in »Verschwundene Siedlungen« werden die Juden erwähnt. Eine Ausstellung zeigte zwar »Militärbilder und Erinnerungsstücke« (wörtliches Zitat: »Französische Gefangene haben Venningen nichts Böses nachgesagt«) und man erinnert sich: »Auch nach dem Krieg herrschte größte Not... Das Leid hinterm Stacheldraht wuchs riesengroß... Aus der Heimat im Osten vertrieben...«, nach dem sonntäglichen Festgottesdienst gab es eine »Gefallenenehrung«, aber vor lauter Selbstmitleid dachte anscheinend niemand mehr an die aus ihrer Heimat Venningen Vertriebenen. Wir haben dieses Beispiel so ausführlich gebracht, weil es für die ersten zwei Jahrzehnte der Nachkriegszeit geradezu typisch ist.

Unser nächstes Beispiel belegt es: Carl Josef Hodapp »Geschichte des Ortes Leimersheim« (1960, 356 S.). Dort wird auf S. 158 behauptet: »Von den vielen Greueltaten, die von den Schergen Hitlers begangen wurden, hatte der einfache Mann keine Ahnung«. Die Einwohnerlisten nennen zwischen 75 (im Jahr 1835), 109 (1870) und 28 (1925) jüdische Einwohner von Leimersheim, aber die Gefallenen- und Vermißtenlisten des 2. Weltkriegs sind durch keine Liste der vertriebenen und zum Teil ermordeten Juden ergänzt!

Auch Schifferstadt, dessen Ortsgeschichte 1961 publiziert wurde: Georg Sturm »Geschichte meiner Heimatgemeinde Schifferstadt« (Speyer 1961, 272 S.), hatte 1930 noch 35 jüdische Einwohner. Was aus ihnen wurde, wird verschwiegen. Über die ganze NS-Zeit liest man auf S. 57 nur folgendes: »Der zweite Weltkrieg (Anmerkung d. Verf.: dem Kontext nach, brach er unmittelbar nach der Eröffnung einer Gemüsebauschule im Jahre 1926 aus!) rief ungefähr 2400 Bewohner zum Heeresdienst; 409 sind gefallen, 232 gelten als vermißt. Drei Fliegerangriffe suchten die Stadt heim...« C'est tout!

Die 1965 im Verlag des Historischen Vereins der Pfalz erschienene Ortsgeschichte von Meckenheim von Georg Feil enthält auf S. 54 einen Abschnitt über die Juden im Ort vom 18. bis zum 20. Jahrhundert. Der Schlußsatz lautet: »Von den Juden, die vor 1933 in Meckenheim lebten, sind 5 verschollen, 8 waren vorher (Frage

d. Verf.: vor der nicht erwähnten Deportation nach Gurs 1940?) nach Nord- und Südamerika ausgewandert.«

»Hachenbach am Glan und die nähere Umgebung im Wandel der Zeiten« von Ludwig Mahler erschien 1966. Man erfährt aus diesem Buch, daß es 1830 in Niedereisenbach und Offenbach 100 Juden gab und daß auch in Hinzweiler und in Oberweiler im Tal jüdische Familien lebten, doch man erfährt nichts über deren Schicksal im 19. und 20. Jahrhundert.

Ganz anders ist dies in der ebenfalls 1966 erschienenen Heimatgeschichte von Lachen-Speyerdorf von Otto Reichart. Er widmet auf S. 190 f ein ganzes Kapitel dem »Schicksal der Juden«, und damit wird der Trend zur Verdrängung durchbrochen. Gleiches kann von zwei anderen, im selben Verlag (Südwestdeutsche Verlagsanstalt Mannheim) unter Betreuung von Frau Dr. Moninger veröffentlichten Ortsgeschichten gesagt werden: Heinrich Eyselein »Mutterstadt in Vergangenheit und Gegenwart« (1967), dort S. 306 - 309; und »1200 Jahre Edenkoben« (1969), dort S. 188 - 193.

Auch Fritz Wendel »Geschichte der Stadt Wachenheim an der Weinstraße« (1967) hat den Juden ein eigenes Kapitel (S. 110 - 128) gewidmet, in dem auch ohne Beschönigung über die Jahre nach 1933 berichtet wird.

Einen Rückfall stellt demgegenüber »Annweiler — Geschichte einer alten Reichsstadt« (Landau 1968) dar. Ein Kollege in kirchenleitender Stellung hatte mir vor der Lektüre angekündigt: »Du hältst die Luft an!« und fürwahr, zwar sind den Juden auf S. 74 zwanzig Zeilen gewidmet, doch betrifft die letzte Erwähnung das Jahr 1840! Über die Zeit nach 1918 heißt es auf S. 49: »Auf diese Zeiten näher einzugehen erübrigt sich, sie sind den meisten Lebenden noch zu gut im Gedächtnis, ebenso auch die scheinbare Blüte des sog. Dritten Reiches und der unglückselige zweite Weltkrieg.« Das angekündigte Schweigen wird aber keineswegs durchgehalten. Vielmehr wird z.B. auf S. 104 erwähnt, daß 1933 Reichspräsident Paul von Hindenburg zum Ehrenbürger ernannt wurde (ich frage: nur er?) und 1936 der bayerische Ministerpräsident Ludwig Siebert.

Anders ist es um die gleichfalls 1968 erschienene Geschichte des Nachbarortes Albersweiler bestellt. Sie wurde vom protestantischen Ortspfarrer Karl Hamm erarbeitet und enthält ein Kapitel »Zur Geschichte der Juden und ihrer Schule« (S. 153 - 165). Wir erfahren daraus, daß im 20. Jahrhundert die Zahl der Juden in Albersweiler stetig abnahm: von 69 im Jahre 1910 auf 42 im Jahre 1930 und 32 im Jahre 1935. »Danach verliert sich ihre Spur in den düsteren Räumen der Lager oder in der aufgezwungenen Heimatlosigkeit. Heute wohnt kein Israelit in unserem Dorf.«

Ebenfalls 1968 veröffentlichte der Bürgermeister von Neidenfels, Philipp Karch, seine umfangreiche »Chronik eines Walddorfes« (458 S.). Auf S. 419 werden die Anfänge der Naziherrschaft geschildert: »Sofort begann auch der Judenboykott. Vor dem Laden des jüdischen Kaufmanns Leo Benjamin, der im Oktober 1930 hierher heiratete, prangte das Schild »Deutsche kauft nur bei Deutschen«. Leo Benjamin, geb. 1891 zu Lambsheim, wohnhaft Kaiserslautern, Vertreter in Wein, Spirituosen, Tabak, war der erste Jude, der sich seit Bestehen von Neidenfels im Ort niedergelassen hatte.«

Für das hier erwähnte Lambsheim brachte Heinrich Rembe 1981 ein Ortssippenbuch heraus: »Lambsheim — Die Familien von 1547 - 1800«, in dem selbstverständlich auch die Juden behandelt sind (besonders S.8 u. S.21). In einem 1983 erschienenen zweiten Band »Lambsheim — Die Familien mit Heiratsdaten von ca. 1800 - ca. 1830« sind die Seiten 162 bis 193 ausschließlich der Geschichte der jüdischen Gemeinde gewidmet. Die beiden letzten Abschnitte handeln vom Novemberpogrom von 1938 und der »Aktion Bürkel (sic) 1940«.

Das kleine Heimatbuch »Freimersheim im Wandel der Zeiten 771 - 1971« erwähnt die Existenz von Juden im Dorf nur mit einem Satz auf S. 41: »Die israelitischen Kinder zu Freimersheim besuchten die Schule in Altdorf, wo 1839 13 Kinder unterrichtet wurden.« Da ist es um die entsprechende Schrift für Lustadt (»1200 Jahre Lustadt 773 - 1973«) schon etwas besser bestellt. S. 67 wird dort die Zahl der Juden um die Mitte des 19. Jahrhunderts mit mehr als zweihundert angegeben. S. 72f ist die Geschichte der jüdischen Gemeinde und ihrer Schule bis zur Niederbrennung der Synagoge 1938 dargestellt. S. 82 finden sich die genauen Zahlen der jüdischen Einwohner für die Zeit von 1840 bis 1967. 1933 gab es noch 29 Juden in Oberlustadt, 1961 im Doppeldorf noch/wieder 3!

Im Jahre 1973 erschien »Bobenheim-Roxheim. Aus der Geschichte einer Großgemeinde« von Georg Biundo (476 S.). Ein Stichwortverzeichnis hilft, die Erwähnung von Juden nachzulesen:
S. 25: bei den Kriegslieferungen 1814/15 »machten die (!) Juden das beste Geschäft«.
S. 142 - 145: Kapitelüberschrift »Die jüdische Gemeinde«. S. 142: »Anfang des 13. Jahrhunderts hatte sich der (!) Jude von dem deutschen Kaiser ein besonderes Schutzrecht gesichert...«
»Erst nach dem 30jährigen Kriege kamen die Juden mit behördlicher Erlaubnis massenhaft (!) in die verlassenen Gebiete der Pfalz als Trödler, Geldverleiher, Getreide- und Viehhändler, auf welche die Bauern meist angewiesen waren und in Notzeiten nicht selten ihr Opfer wurden.«
Und so geht das fort! Doch nach den Verallgemeinerungen kommt der Verfasser zum Konkreten, und siehe, da hört es sich anders an: S. 143: »In Bobenheim konnte der Gemeinderat den Juden 1847 das einstimmige Zeugnis ausstellen, daß sie einen guten Ruf genießen, dem Wucher nicht ergeben seien und sonst keine unerlaubten Gewerbe betreiben«. »Bevor einige unserer örtlichen Fanatiker des sog. 3. Reiches ihre häßliche (sic) antisemitische Flegeleien auch an den Juden unserer beiden Orte übten, denen der eine oder andere vielleicht aus früheren Zeiten hätte sehr dankbar sein müssen, waren in Roxheim die Familien... (es folgen die Namen) vertreten, deren Vorfahren zum Teil schon über 200 Jahre Bürger unserer beiden Orte waren.«
S. 144: werden Einzelheiten über die bereits 1934/35 gegen die Juden verübten Schikanen berichtet. Seltsamerweise wird jedoch dann über die Ereignisse der Jahre 1938 und 1940 nichts mehr gesagt.

Auch »Rockenhausen. Die Geschichte eines Landstädtchens« von Armin Engel (1974, 388 S.) enthält ein Register, wonach S. 276 - 279 den Juden und der jüdischen Kultusgemeinde gewidmet sind. Doch dieser Autor kommt ohne Gemeinplätze aus und scheut sich auch nicht, die »bedauerlichen und beschämenden Ausschreitungen im November 1938« und die »Evakuierung« vom 22. Oktober 1940 wenigstens in ihren Ergebnissen darzustellen.

Ebenfalls 1974 gab der protestantische Pfarrer Friedrich Barth sein Buch »Ruchheim gestern und heute« (192 S.) heraus. Das Kapitel »Die Juden in Ruchheim« erstreckt sich über die Seiten 93 bis 104. Hier wird auch von Schuld und Besinnung gesprochen. Die oben erwähnte Kleinschrift von 1985 enthält einen Nachdruck dieses Kapitels.

Das 1975 erschienene »Heimatbuch« von Walter Lampert »1100 Jahre Grünstadt« (414 S.) berichtet auf S. 168 über die Judenverfolgungen der NS-Zeit, allerdings mit dem entschuldigenden Zusatz: »Der geschichtlichen Wahrheit wegen konnten diese Vorgänge nicht übersehen oder verschwiegen werden, zumal gesagt werden kann, daß sich nur ein ganz kleiner Teil der Bevölkerung zu diesen Übergriffen (!) verleiten ließ.« In einem zweiten Buch »Bewegte Jahre — Grünstadt 1918 - 1948« (1985) hat Lampert auf den Seiten 149 bis 165 ausführlicher über die »Entrechtung und Verfolgung der jüdischen Mitbürger« gehandelt.

Recht dürftige Auskünfte über die Existenz von Juden erhält man aus Theodor Knocke's »Stadt Landstuhl« (1975, 290 S.). Auf S. 181 heißt es lediglich: »1895: Ein Judenfriedhof wird angelegt; bis zu seiner Schließung i.J. 1933 wurden 58 Personen beigesetzt. Entstehung der jüdischen Gemeinde seit 1868. 1908: 15 Familien mit 52 Personen, 1930: 22 Familien mit 76 Personen.« Wieso wurde der Friedhof dann 1933 geschlossen, fragt man sich.

Besser steht es um den Sammelband »Germersheim — Beiträge zur Stadtgeschichte 1900 - 1975« (Germersheim 1976), in dem Reinhold Klotz für die Darstellung der Religions- und Kirchengeschichte verantwortlich zeichnet. Zwar wird den Juden von fast fünfzig Seiten nur eine halbe gewidmet, aber immerhin ist dort das Wichtigste klar ausgesprochen: »Der größte Teil davon verließ schon bald nach Errichtung des Dritten Reiches — nichts Gutes ahnend — Haus und Hof, um in Amerika oder in Frankreich Schutz und eine neue Heimat zu finden. Die wenigen Zurückgebliebenen wurden Opfer der bald einsetzenden Judenverfolgung. Sie wurden bei der »Endlösung der Judenfrage« verhaftet, in Lager verschleppt und umgebracht.« (S. 218)

Einigermaßen ärgerlich ist hingegen der Befund in »Haßlocher Chronik. Eine Gemeinde zwischen Rhein und Haardt« von Erwin Thiel (Haßloch 1977, 416 S.). Bei den Angaben zur Religionszugehörigkeit von 1802 bis 1974 werden neben Protestanten und Katholiken nur »sonstige und ohne Konfession« genannt (S. 86). Unter den Kirchen- und Religionsgemeinschaften (S. 260 ff) wird eine israelitische Kultusgemeinde nicht erwähnt. Die Zeittafel (S. 381 ff) enthält für die Hitlerzeit nur die folgenden Angaben: »1933 Machtergreifung durch die Nationalsozialisten 1936 Bau des Westschulhauses der Schillerschule 1939/45 Zweiter Weltkrieg; ein schrecklicher Blutzoll Haßlochs; fast 700 Bürger der Gemeinde verlieren durch den Krieg ihr Leben; dazu kommen die gefallenen und vermißten Angehörigen der neu angesiedelten Heimatvertriebenen und Flüchtlinge«.

Schon meinte ich, die einstige Existenz von Juden in Haßloch sei in dem Buch ganz verschwiegen. Doch da fand ich auf S. 215 f einen Abschnitt »Jüdischer Friedhof«. Dort ist zu erfahren, daß es im Jahre 1845 in Haßloch 103 jüdische Einwohner gab, in Böhl 70, in Geinsheim 89 und in Iggelheim 37. 1846 ist ein jüdischer Friedhof angelegt worden, der 1922 zuletzt erweitert wurde, woraus man schließen kann, daß die jüdische Gemeinde bis damals noch im Wachsen begriffen war. Doch dafür scheint man sich im »Großdorf« nicht zu interessieren!

1978 erschien »Bad Dürkheim. Chronik einer Salierstadt« (696 S.). Im Kapitel über die Juden (S. 124ff) heißt es zur Einleitung des letzten Abschnitts: »Es ist Chronistenpflicht, über das furchtbare Schicksal der Juden zur Zeit des Nationalsozialismus zu berichten...« Die dann folgende Darstellung der »Kristallnacht« und der »Umsiedlungsaktion« (beide Wörter auch im Text in Gänsefüßchen) nach Gurs ist exakt und verzichtet auf Beschönigung und Entschuldigungen.

Von Heinz Friedel erschien gleichfalls 1978 »Kirrweiler. Die Geschichte eines pfälzischen Weindorfes« (232 S.) mit einem Kapitel über »die jüdische Gemeinde« (S. 63 ff). Friedel erwähnt drei Grabsteine auf dem verkauften Friedhof (um den es nach 1978 einen Skandal gab), die das Leid ahnen ließen, »das auch über Kirrweilers Juden nach 1933 kam«: »So starb Artur Süß 1941, Robert Rubel 1942 in einem Lager in Frankreich, Gustav Süß 1943 im berüchtigten Lager Theresienstadt und Marie Süß, Witwe eines jüdischen Kriegsteilnehmers des 1. Weltkriegs 1941 in der Emigration in Luxemburg.«

1979 schrieb Paul Habermehl »Beindersheim. Geschichte eines Dorfes« (506 S.). Im Dorf gab es nur wenige Juden (1836 noch 9) — trotzdem ist nicht einzusehen, warum diese wenigen bei den Einwohnerzahlen für 1802, 1825 und 1857 einfach weggelassen sind! Dazu paßt dann vielleicht auch, daß die »Herrschaft der Nationalsozialisten« (S. 250 - 253) scheinbar mit dem Jahr 1935 endete!

Auch in der 1979 erschienenen Festschrift »800 Jahre Freisbach 1179 - 1979« sind in den Bevölkerungstabellen auf S. 30 die Juden (1836 immerhin 30) weggelassen! Auch eine Art von »Vergangenheitsbewältigung«!

Emil Dhom in »Gaugrehweiler und sein Rheingrafen-Schloß. Eine kleine Ortsgeschichte« (1983) weiß zwar auch nichts von den Juden zu erzählen, bringt aber wenigstens ihre Zahlen für die Jahre 1802 bis 1905 (S. 44).

Nochmals zurück zum Jahr 1979: damals erschien auch »Neukirchen - Mehlingen - Baalborn. Geschichte der Dörfer auf dem Kreis« von Arnold Ruby (316 S.). Auf den Seiten 204 bis 207 wird die Geschichte der jüdischen Gemeinde zu Mehlingen behandelt, die allerdings schon 1925 durch Abwanderung endete. A. Ruby zeichnet auch verantwortlich für das Ortssippenbuch »Verbandsgemeinde Enkenbach-Alsenborn. Ihre Bürger 1650 - 1850« (Ludwigshafen 1982). Darin werden die jüdischen Lehrer von Mehlingen und Sembach für den Zeitraum von 1780 bis 1869 aufgeführt (S. 19) und ein alphabetisches Register der Mehlinger Juden aus dem Jahre 1808 abgedruckt (S. 49ff).

Im Jahre 1980 beging Böhl seine 1200-Jahrfeier auch mit einer Festschrift. Sie enthält zwei Bilder der 1938 zerstörten Synagoge und ein Bild des 1971 errichteten Gedenksteins. Paul Drumm in Speyer schrieb »Ein Dorf im Wandel der Zeit: Ulmet« (Manuskript, Speyer 1981). Darin gedenkt er auch auf S. 126 - 130 in angemessener Weise der Juden, die in Ulmet gelebt haben.

1981 erschien der zweite Band der »Geschichte von Kloster und Stadt Otterberg« von Gerhard Kaller (544 S.). Über die Juden in Otterberg wird auf den S. 346 - 357 gehandelt. Die Kultusgemeinde wurde bereits 1897 aufgelöst, die Synagoge 1900 versteigert.

Als vorbildlich könnte man das Kapitel »Die Göcklinger Juden« in dem großen Werk des katholischen Pfarrers Alois Schirmer (»Göcklingen bei Landau/Pfalz«, 1981, 974 S.) bezeichnen. Obwohl es 1910 nur noch 9 Juden in Göcklingen gab und die jüdische Schule schon 1908 verkauft wurde, sind auf den Seiten 754 bis 762 alle erreichbaren Informationen zur Gemeindegeschichte zusammengestellt, wobei die Jugenderinnerungen von Professor Eugen Kullmann aus Gambier in Ohio besonders hervorzuheben sind. Knapp dreißig Jahre vorher hatte Schirmers Kollege A. Hoffmann für die Geschichte der einst großen Judengemeinde von Börrstadt (»Geschichte von Börrstadt«, Ruppertsecken 1952) ganze zwei Zeilen übriggehabt!

»Über 1200 Jahre Hochstadt« ist der Titel einer 1982 erschienenen 474seitigen Ortsgeschichte, herausgegeben von Gerd Pressler. Zwar hat man sich in diesem Buch eine Darstellung der Zeit zwischen 1918 und 1938 erspart (sie müßte zwischen S. 141 und S. 142 stehen!), aber ein seinem Beitrag »Zur Geschichte der jüdischen Kultusgemeinde Niederhochstadt« (S. 258ff) geht G. Pressler auch auf das »leidvolle und schreckliche Ende« dieser Gemeinde unter der NS-Herrschaft ein.

In dem 1983 erschienenen »Heimatbuch der Gemeinde Duchroth-Oberhausen« werden die Juden mit keinem Wort erwähnt, obwohl es zu Anfang des 19. Jahrhunderts dort jüdische Einwohner gab. Demgegenüber enthält das von Ute Heintz 1984 herausgegebene Buch »1000 Jahre Schwegenheim« eine gewissenhafte Darstellung der »Jüdischen Kultusgemeinde (S. 146 - 154) und der »israelitischen Schule« (S. 178 f), und die Auswandererlisten des 19. Jahrhunderts (S. 255 ff) enthalten auch zahlreiche jüdische Namen.

Auch Dieter Hoffmann als Autor der Dorfgeschichte von Dielkirchen (Mainz 1985) hat den Juden ein eigenes Kapitel gewidmet (S. 310 ff). Sein Wert wird allerdings etwas gemindert durch entschuldigende Bemerkungen — wem zu Gefallen? — wie die folgende: »Doch war die Judenfeindlichkeit der Deutschen nicht größer als unter anderen Völkern Europas.« (S. 312). Von der Deportation nach Gurs scheint der Autor nichts erfahren zu haben; er spricht nur allgemein von »Zwangsevakuiert«.

Ärgerlicher sind dagegen die Lücken des Schweigens in der 774 Seiten dicken »Chronik von Maikammer-Alsterweiler« von 1986. Zwar kann man daraus, wenn man danach sucht, erfahren, daß es von 1844 bis 1849 eine jüdische Schule im Ort gegeben hat und daß es 1864 noch 26 und 1925 immerhin noch 13 Juden im Dorf gegeben hat, auch die frühere Judengasse wird erwähnt — aber damit hat es sich auch schon. Vor allem haben die Chronisten vorsichtig auf eine Darstellung der Ereignisse nach dem Weinherbst 1933 (S. 273) und vor dem 18. März 1945 (S. 645) verzichtet. Nur sporadisch werden Fakten aus der Zeit dazwischen genannt (z.B. S. 473 f), aber unter den Namen der Kriegsopfer (S. 479 ff) sucht man vergeblich die Namen der nach Gurs deportierten Glieder der Familien Freundlich und Mayer.

Zum Glück brauchen wir unsere kritische Durchsicht nicht mit diesem Negativbefund abzuschließen. Einige Veröffentlichungen aus den letzten Jahren zeigen etwas mehr an Sensibilität und Verpflichtung gegenüber dem Andenken derer, die ausgelöscht werden sollten.

Die Gemeinde Albisheim an der Pfrimm hat 1985 eine Broschüre herausgegeben »1150 Jahre Albisheim«. Darin ist ein besonderer Beitrag dem Judenfriedhof gewidmet (S. 49 ff). Wenn man ihn genau liest, findet man darin auch »ein Zeugnis für das

Schicksal der Juden in Deutschland« (S. 59), nämlich in der Grabinschrift für Johanna Metzger, geb. 5. März 1888, »deportiert nach Polen und dort gestorben«.

Sogar in dem 1986 erschienenen Buch »Bad Bergzabern — 700 Jahre Stadt«, das in erster Linie ein Buch der Gegenwart und Führer für Einheimische und Kurgäste sein will, wird »der vom Regime organisierte Pogrom« vom 9./10. November 1938 erwähnt. Und auch die bescheidene Ortsgeschichte von Waldgrehweiler (Otterbach 1987) versäumt nicht, der Juden zu gedenken, die dort einmal gelebt haben.

Dennoch wird man noch nicht von einem durchgängigen Bewußtseinswandel sprechen können, vielleicht jedoch von Ansätzen einer Neubesinnung.

Synagoge Kaiserslautern (1886-1938)   *Reproduktion: B. Gerlach*

Bibliographie zur Geschichte der Juden in der Pfalz von 1800 bis 1945

zusammengestellt von *Bernhard H. Gerlach*

Stand: Mai 1988

Gliederung:

Teil A: Nachschlagewerke, Standardwerke

Teil B: Geschichte der Juden in den benachbarten Gebieten der Pfalz (oft bestanden oder bestehen persönliche oder territoriale Verflechtungen)

Teil C: Bücher und Aufsätze, die sich explizit oder doch an wichtigen Textstellen mit der Geschichte der Juden in der Pfalz beschäftigen (ohne Lokalgeschichte);
besondere Stichworte:
— Gurs - 22. 10.1940,
— Namen,
— Jiddisch-Judendeutsch,
— Kirchen und Judentum,
— Rabbiner.

Teil D: Bücher und Aufsätze, die sich mit Geschichte und Leben der Juden an einzelnen Orten der Pfalz beschäftigen.

Vorbemerkungen:

1. Diese Bibliographie soll möglichst vollständig alle Veröffentlichungen erfassen, die sich auf die Geschichte der Juden im Gebiet der ehemals bayerischen Rheinpfalz (wie 1816-1940) beziehen. Parallel zu der »Dokumentation zur Geschichte der jüdischen Bevölkerung in Rheinland-Pfalz und im Saarland«, erschienen 1972-1986, wird besonders der Zeitraum von 1800 bis 1945 berücksichtigt. Titel zur Geschichte der Juden im Mittelalter und in den verschiedenen Territorien der Pfalz bis ins 18. Jahrhundert wurden ebenfalls verzeichnet, aber nicht vollständig oder systematisch ermittelt. Historisch interessante Veröffentlichungen zur Geschichte der jüdischen Gemeinde in der Pfalz nach 1945 wurden ebenfalls aufgenommen.

2. Die Bibliographie soll zunächst dem interessierten Heimatforscher und Regionalhistoriker Informationen bieten, die er u.a. für Ausstellungen und weitere Untersuchungen zur Geschichte der Juden in der Pfalz nutzen kann. Dabei sollte er auch die Ergebnisse der überregionalen Forschung berücksichtigen. Andererseits wird für den überregional arbeitenden Historiker ein leichterer Zugriff auf Daten aus der Geschichte des pfälzischen Judentums möglich.

Eine kommentierte Bibliographie war aus Platzgründen nicht möglich, viele Titel sprechen auch für sich. Bei Veröffentlichungen, die vom Titel her keinen Bezug zu Juden in der Pfalz erkennen lassen, wurde meist ein knapper Vermerk angefügt.

3. In vielerlei Hinsicht mußten für diese Bibliographie Einschränkungen und eine subjektive Auswahl vorgenommen werden: Alle Standardwerke und viele Einzeluntersuchungen zur Geschichte der Juden in den Rheinlanden im Mittelalter gehen natürlich auch auf die Pfalz und insbesondere auf Speyer ein; sie sind in anderen Bibliographien greifbar und werden hier nur in Auswahl berücksichtigt, teilweise in Abschnitt C und teilweise im Abschnitt D unter »Speyer«, wenn es speziell um die jüdische Gemeinde in Speyer geht.

Verzichtet wurde auf die vollständige Nennung der bayerischen Broschüren und Kontroversschriften, die im 19. Jahrhundert zwar auch in der Pfalz gelesen wurden, aber oft nur die Emanzipationsdebatte im rechtsrheinischen Bayern betreffen (bibliographiert z.B. bei V. Eichstätt und S. Schwarz). Zahlreiche auch größere Artikel zur Geschichte der Juden in der Pfalz in jüdischen Lexika konnten noch nicht berücksichtigt werden, außerdem finden sich in den jüdischen Zeitungen und Zeitschriften des 19. und 20. Jahrhunderts oft sehr aufschlußreiche Artikel. Auch in den pfälzischen Zeitungen gibt es öfter größere Artikel, die von historischem Wert sind.

Nicht aufgenommen wurden Statistische Jahrbücher, Einwohnerverzeichnisse, Verhandlungsprotokolle der bayerischen Parlamente, Regesten und Urkundensammlungen. Auf bekannte Standardwerke zur pfälzischen Verwaltungsgeschichte sei hier nur verwiesen, sie enthalten teilweise statistische Übersichten bzw. gesetzliche Regelungen (J.G. Widder 1786/88, Handbuch von Rheinbaiern 1828, G.F. Kolb 1831/33, A. Geib 1863, W. Götz 1903 u.a.). Rezensionen sollten nur ermittelt werden zu den Veröffentlichungen in den Abschnitten C und D, die sich im engeren Sinn auf die Geschichte der Juden beziehen.

Texte mit antisemitischer Tendenz (aus dem Bereich der Pfalz) wurden, auch wenn sie nur wenige historische Informationen liefern, ebenfalls aufgenommen, da sie heute zum Gegenstand historischer Forschung werden können.

Im Teil D werden auch kleinere Aufsätze oder Zeitungsartikel erfaßt, da hier oft interessante Kenntnisse vermittelt werden, wenn z.B. für den betreffenden Ort eine umfassende Darstellung noch fehlt. Allerdings müssen gerade bei Zeitungsartikeln aus den letzten 40 Jahren enge Grenzen gesetzt werden, da in Berichten über Gedenkfeiern bzw. über Begegnungen mit früheren jüdischen Bürgern der historische Ertrag oft gering ist.

4. Abschnitt A enthält nur einige Hinweise auf Standardwerke, die auch in einer regionalen Bibliographie nicht fehlen sollten, damit der Interessierte Ansatzpunkte für grundlegende Orientierungen findet.

Abschnitt B verzeichnet in Auswahl die Literatur zur jüdischen Geschichte in den die Pfalz umgebenden Gebieten, da oft territoriale oder biographische Verbindungen vorhanden sind. Titel zu heute saarländischen, früher pfälzischen Orten sind nur unter »Saarland« eingeordnet.

Im Abschnitt C sind neben den allgemeinen Titeln auch Literaturangaben zu 5 Themenbereichen zu finden, die damit den Zugang zu diesen Fragestellungen erleichtern. (Ein Register konnte aus Zeitgründen nicht erstellt werden.) Literatur, die sich auf mehrere Orte bzw. auf eine pfälzische Region bezieht, wurde meistens hier verzeichnet und nicht im Teil D.

Im Abschnitt D sind die Veröffentlichungen zur Geschichte der Juden in den verschiedenen Gemeinden registriert. Die Benennung der einzelnen Orte richtet sich im wesentlichen nach dem Stand während des Berichtszeitraumes, meistens nach der Einteilung um 1900. Spätere Eingemeindungen und Zusammenlegungen sind nicht berücksichtigt. Verweisungen auf an anderen Stellen notierte Literatur konnten noch nicht eingearbeitet werden.

5. Trotz vielfältiger Hilfe, u.a. auch der Pfalzbibliothek in Kaiserslautern und der Landesbibliothek in Speyer, konnten manche Lücken in der Titelaufnahme und in der bibliographischen Vollständigkeit (z.B. bei den Vornamen) nicht vermieden werden. Für viele bibliographische Ergänzungen und Korrekturen habe ich bisher zu danken: H. Arnold, E.M. Keim, A.H. Kuby, B. Kukatzki, H. Pasedach, R. Paul, H.L. Reichrath u.a. Verbesserungen und weitere Literaturhinweise werden gerne entgegengenommen.

Abkürzungen

AJW	Allgemeine Jüdische Wochenzeitung
AmrhKG	Archiv für mittelrheinische Kirchengeschichte
AZJ	Allgemeine Zeitung des Judentums
BllPfKG	Blätter für pfälzische Kirchengeschichte
DGJB	Dokumentation zur Geschichte der jüdischen Bevölkerung in Rheinland-Pfalz und im Saarland von 1800 bis 1945
GJ	Germania Judaica
Heimatkalender/ Heimatjahrbuch	abgekürzt mit Angabe des Landkreises bzw. der Region
HistJud	Historia Judaica
JbKL	Jahrbuch zur Geschichte von Stadt und Landkreis Kaiserslautern
JbwestdLG	Jahrbuch für westdeutsche Landesgeschichte
KDM	Die Kunstdenkmäler von Bayern/Die Kunstdenkmäler von Rheinland-Pfalz
LBI B	Leo Baeck Institute Bulletin
LBI YB	Year Book
LBI SWA	Schriftenreihe wissenschaftlicher Abhandlungen
LBI News	
LGB	Leininger Geschichtsblätter
MHVPf	Mitteilungen des Historischen Vereins der Pfalz
MGWJ	Monatsschrift für Geschichte und Wissenschaft des Judentums
ND	Nachdruck/Reprint
NLB	Neue Leininger Blätter
NPfGV	Nordpfälzer Geschichtsverein
PfFam	Pfälzisch-rheinische Familienkunde / Pfälzische Familien- und Wappenkunde
PfH	Pfälzer Heimat
PfM	Pfälzisches Museum; 1921-1933: PfM/Pfälzische Heimatkunde
REJ	Revue des Etudes Juives
Die Rheinpfalz (Ludwigshafen)	meist mit Angabe der Ortsausgabe; ohne = überregionaler Teil
Udim	Zeitschrift der Rabbinerkonferenz in der Bundesrepubublik Deutschland
VjhfZG	Vierteljahrshefte für Zeitgeschichte
ZGJD	Zeitschrift für die Geschichte der Juden in Deutschland 1887 ff, 1929 ff
ZGO	Zeitschrift für die Geschichte des Oberrheins
ZGSaarg	Zeitschrift für die Geschichte der Saargegend
ZHF	Zeitschrift für Historische Forschung

Teil A:
Nachschlagewerke, Zeitschriften, Einführungen und Standardwerke
(oft ohne unmittelbaren Bezug auf die Geschichte der Juden in der Pfalz)

Leo Baeck Institute New York. Bibliothek und Archiv. Katalog Bd. I: Deutschsprachige jüdische Gemeinden. Zeitungen, Zeitschriften, Jahrbücher, Almanache und Kalender. Unveröffentlichte Memoiren und Erinnerungsschriften. Hrsg. Max Kreutzberger. Tübingen 1970 (LBI SWA 22) *(bes. S. 14ff, 204f zu Pfalz und Bayern)*

German Jewry. Its History, Life and Culture. The Wiener Library Catalogue Series No. 3. London 1958 *(u.a. S. 37f)*

Eichstädt, Volkmar: Bibliographie zur Geschichte der Judenfrage. Bd. I: 1750-1848. Hamburg 1938 *(bes. auch zahlreiche Kleinschriften zum Antisemitismus, bes. S. 43f, 112-116)*

Bibliographia Judaica. Verzeichnis jüdischer Autoren deutscher Sprache. Hrsg. Renate Heuer. 3 Bde. Frankfurt 1982-1986

Biographisches Handbuch der deutschsprachigen Emigration nach 1933. Hrsg. Institut für Zeitgeschichte München, u.a.; 3 Bde. München 1980-1983

Tetzlaff, Walter: 2000 Kurzbiographien bedeutender deutscher Juden des 20. Jahrhunderts. Lindhorst 1982

Germania Judaica. Arbeitsinformationen über Studienprojekte auf dem Gebiet des deutschen Judentums und des Antisemitismus. Köln 1963 ff; Ausgabe 13, 1986

Leo Baeck Institute of Jews from Germany. Year Book London 1 (1956) ff *(mit ausführlicher Bibliographie)*; Bulletin Tel Aviv/Jerusalem 1 (1957) ff; LBI News New York 1 (1960) ff

Monatsschrift für Geschichte und Wissenschaft des Judentums 1 (1851) - 83 (1939); Gesamtregister Tübingen 1966 *(zahlreiche Beiträge zur Pfalz)*

Yad Vashem Studies. Jerusalem 1 (1957) ff

Vierteljahrshefte für Zeitgeschichte. München 1 (1953) ff (mit Bibliographie)

(Übersicht über jüdische Zeitungen und Zeitschriften des 18.-20. Jahrhunderts im Jüdischen Lexikon, Art. Presse)

Germania Judaica. Band I-II (in 3 Bänden). Tübingen 1963-1968; III, 1 (1987) (Abk. GJ)

Maimon, Arye/Yacov Guggenheim: Ortschaftsverzeichnis für Germania Judaica Bd. III (1350-1519). — Berichte zur deutschen Landeskunde 52 (1978) 13-32 *(Pfalz: S. 26f)*

Schriftenreihe wissenschaftlicher Abhandlungen des Leo Baeck Institute. Tübingen 1959 ff; bes. wichtige Titel:

13: Entscheidungsjahr 1932. Zur Judenfrage in der Endphase der Weimarer Republik. Hrsg. Werner E. Mosse, 2. A. 1966

15: Toury, Jacob: Die politischen Orientierungen der Juden in Deutschland. Von Jena bis Weimar, 1966

25: Deutsches Judentum in Krieg und Revolution 1916-1923. Hrsg. Werner E. Mosse, 1971

28: Richarz, Monika: Der Eintritt der Juden in die akademischen Berufe. Jüdische Studenten und Akademiker in Deutschland 1678 bis 1848, 1974

33: Juden im Wilhelminischen Deutschland 1890-1914. Hrsg. Werner E. Mosse, 1976

35: Das Judentum in der deutschen Umwelt 1800-1850. Studien zur Frühgeschichte der Emanzipation. Hrsg. Hans Liebeschütz u.a., 1977

39: Revolution and Evolution: 1848 in German-Jewish History. Ed. Werner E. Mosse, 1981

42: Jüdische Textilunternehmer in Baden-Württemberg 1683-1938. Hrsg. Jacob Toury, 1984

43: Prinz, Arthur: Juden im deutschen Wirtschaftsleben: soziale und wirtschaftliche Strukturen im Wandel 1850-1914, 1984

45: Die Juden im nationalsozialistischen Deutschland 1933-1945. Hrsg. Arnold Paucker, 1980

Adam, Uwe Dietrich: Judenpolitik im Dritten Reich. Düsseldorf 1972, Königstein 1979

Bein, Alex: Die Judenfrage. Biographie eines Weltproblems. 2 Bde. Stuttgart 1980 *(mit ausführlichen Exkursen zum 19./20. Jh. und umfangreicher Bibliographie)*

Das Dritte Reich und die Juden. Hrsg. Léon Poliakov/Joseph Wulf. Berlin 1955, Frankfurt 1983

Eschwege, Helmut: Die Synagoge in der deutschen Geschichte. Wiesbaden 1980

Genschel, Helmut: Die Verdrängung der Juden aus der Wirtschaft im Dritten Reich. Berlin 1966

Geschichte des jüdischen Volkes. Hrsg. Haim Hillel Ben-Sasson. Bde. 1-3, München 1980

Gilbert, Martin: Endlösung, Die Vertreibung und Vernichtung der Juden. Ein Atlas. Reinbek 1983

Ginzel, Günther B.: Jüdischer Alltag in Deutschland. Düsseldorf 1984

Hilberg, Raul: Die Vernichtung der europäischen Juden. Eine Gesamtgeschichte des Holocaust. Berlin 1982

Die Juden als Minderheit in der Geschichte. Hrsg. Bernd Martin. München 1981

Juden in der Weimarer Republik. Internationales Symposium 1984. Hrsg. Walter Grab. Stuttgart 1986 (Jahrbuch des Instituts für deutsche Geschichte, Tel Aviv, Beiheft 9)

Jüdisches Fest. Jüdischer Brauch. Ein Sammelwerk. Hrsg. Friedrich Thieberger. Königstein 1979 (1. A. 1937)

Jüdisches Lexikon. Ein enzyklopädisches Handbuch in 4 (d.h. 5) Bänden. Berlin 1927, Reprint Königstein 1982

Kampmann, Wanda: Deutsche und Juden. Die Geschichte der Juden in Deutschland vom Mittelalter bis zum Beginn des Ersten Weltkrieges. Frankfurt 1979 (1. A. 1963)

Kennzeichen J. Bilder, Dokumente, Berichte zur Geschichte der Verbrechen des Hitlerfaschismus an den deutschen Juden 1933-1945. Hrsg. Helmut Eschwege. Berlin 1966

Kirche und Synagoge. Handbuch zur Geschichte von Christen und Juden. Darstellung mit Quellen. Hrsg. Karl Heinrich Rengstorf/Siegfried von Kortzfleisch. 2 Bde. Stuttgart 1968-1970

Maier, Johann/Peter Schäfer: Kleines Lexikon des Judentums. Stuttgart 1981

Reitlinger, Gerald: Die Endlösung. Hitlers Versuch der Ausrottung der Juden Europas 1939-1945. Berlin 5. A. 1979

Schoenberner, Gerhard: Der Gelbe Stern. Gütersloh 1978

Das Sonderrecht für die Juden im NS-Staat. Hrsg. Joseph Walk. Heidelberg 1981

Wir haben es gesehen. Augenzeugenberichte über die Judenverfolgung im Dritten Reich. Hrsg. Gerhard Schoenberner. Wiesbaden 1981

Teil B:
Geschichte der Juden in den benachbarten Gebieten der Pfalz

1. Saarland
(vollständig nur zu den ehemals pfälzischen Gebieten, bes. zu den Orten: Alschbach, Blieskastel, Homburg, Medelsheim. St. Ingbert, Wörschweiler)

Bischof und Rabbiner über Saarbrücken. *(Interviews mit Bischof L. Sebastian und Rabbiner L. Rothschild)* — Wiener Sonn- und Montagszeitung, 21.1.1935

Dimel, Dora (unter Mitarbeit von J. Postius, R. Welsch, W. Hard): Alschbach. Saarlautern 1936 *(S. 214 f: »Bauer, Jud und Raiffeisen«)*

Dörner, Helga: Ein Mosaik am Jugendheim erinnert an früheres Gotteshaus der jüdischen Bürger (in St. Ingbert). — Saarbrücker Zeitung, 6.1.1983, 20

Eckert, Hans: Die Visionen des Aaron von Illingen. Saarbrücken 1988 *(dokumentarische Erzählung)*

Eid, Ludwig: Reichsgräfin Marianne von der Leyen geb. von Dalberg. Leben, Staat, Wirken. Saarbrücken 1937/ND St. Ingbert 1980

Ein Wucherjude, August Daniel, in Mittelbexbach. — NSZ-Rheinfront, Kaiserslautern, 5.8.1938

Eyer, Fritz: Die in den Grafschaften Nassau-Saarbrücken und Saarwerden, der Herrschaft Blieskastel und im Kurtrierischen gültigen Zolltarife nach einer Aufstellung von 1718. — ZGSaarg 22 (1974) 87-94 *(Judenzoll)*

Fischer, Karl: Blätter zur Geschichte der Stadt Homburg-Saar. Homburg 1958/1959 *(passim)*

Fischer, Karl: Von der Klosterkirche zur Synagoge. Die Geschichte des ehemaligen Franziskanerklosters in Homburg. — Saarbrücker Bergmannskalender, 1960, 77-80

Fox, Nikolaus: Saarländische Volkskunde. Bonn 1927/ND Saarbrücken 1979

Das Franziskanerkloster in Homburg. Eine ehemals katholische Kirche wird zur Synagoge. — NSZ Rheinfront, 2.8.1938

Gedenktafel ist falsch. Projektgruppe befaßte sich mit »Reichskristallnacht«. — Saarbrücker Zeitung, Homburger Rundschau, 25.7.1987 *(Kritische Würdigung zahlreicher Artikel und Leserbriefe)*

GJ II, 89 (Blieskastel); 369 (Homburg)

Die größte jüdische Gemeinde. Sie bestand im Gebiet des heutigen Saarpfalzkreises in Homburg. — Saarbrücker Zeitung, Homburger Rundschau, 7.4.1988, S. 13

Groh, Willibald/Wilhelm Hard/Rudolf Welsch: Wörschweiler. Saarbrücken 1939 *(u.a. S. 81-83: »Juden und fahrendes Volk in Wörschweiler«, 19.Jh.)*

Herrmann, Hans-Walter: Beiträge zur Geschichte der saarländischen Emigration 1935-1939. — JbWestdLg 4 (1978) 357-412

Hoppstädter, Kurt: Der Jude in der Geschichte des Saarlandes. Kaiserslautern 1943 (West-märkische Abh. zur Landes- und Volksforschung Beiheft 5) *(antisem.; bes. zu Pfalz-Zweibrücken, Homburg, Blieskastel, St. Ingbert)*

Der jüdische Friedhof ist ein Stück Stadtgeschichte. Gras darf nicht über die Gräber wach-sen. — Saarbrücker Zeitung, Homburger Rundschau, 11.8.1987, S. 9

Knaps, Emil: Die Regierungsweise der Grafen von der Leyen in der Herrschaft Blieskastel im 18. Jahrhundert. — Stimmen der Heimat (Beilage zur Saarbrücker Landeszei-tung), 15.12.1925

Krämer, Wolfgang: Der Blieskasteler Zolltarif 1669-1738. — PfH 15 (1964) 105 f *(Juden-zoll)*

Krämer, Wolfgang: Eine Häuser-Aufnahme zu Blieskastel vom Jahre 1792. — PfH 15 (1964) 136-139

Krämer, Wolfgang: Ereignisse und Zustände in den gräflich Leyen'schen Herrschaften Blieskastel und Glanmünchweiler 1793/1794. Homburg 1929 *(Verteidigung des Schlosses 1793)*

Krämer, Wolfgang: Geschichte der Stadt St. Ingbert. 2 Bde. St Ingbert 2. A. 1955 *(über Juden in Bliesbrücken, Blieskastel, Glanmünchweiler, Medelsheim, St. Ingbert, Wölferdingen)*

Laubenthal, Wilhelm: Die Synagogengemeinden des Kreises Merzig 1648-1942. Saar-brücken 1984

Lillig, Karl: Cerf Beer von Medelsheim (1726-1793). — Saarheimat 24 (1980) 171-176

Lohmeyer, Karl: Die Sagen an der Saar, Blies, Nahe, vom Hunsrück, Soon- und Hoch-wald. Saarbrücken 3. A. 1935 *(verschiedene Erzählungen zu Juden, auch aus pfälzi-schen Orten)*

Lowenthal, Ernst G.: Im Spiegel der Geschichte IX: Saarbrücken. — AJW 15 (1960), 15.7.1960 *(Juden im Saargebiet, 18. Jh. bis 1960)*

Lowenthal, Ernst G.: Juden im Saargebiet. Ansätze zu einem Geschichtswerk. — Der freie Bürger (Mainz), 30.8.1971

Marx, Albert: Die Geschichte der Juden an der Saar vom Ancien Régime bis zum Zweiten Weltkrieg. Diss. Saarbrücken 1985 *(Literatur)*

Much, Franz J.: Ein Atlas von Blieskastel zur Inventarisation und Denkmalpflege. — 15. Bericht der Staatlichen Denkmalpflege im Saarland. Saarbrücken 1968, 169-180 *(Judengasse, Synagoge)*

Nachrichtenblatt der Synagogengemeinde des Kreises Saarbrücken, *(ab 1934:)* Nachrich-tenblatt ... des Saargebiets. Saarbrücken 1928-1938

Nauhauser, Otto: Die jüdische Gemeinde zu Illingen. Illingen 1980

Nimsgern, Christoph/Eva Zutter: Juden in St. Ingbert. Eine Dokumentation. St. Ingbert 1987, 2. erw. Aufl. in Vorb.

Paul, Gerhard: die jüdische Volksschule in Saarbrücken (1934-1939). — ZGSaarg 33 (1985) 157-183 *(betr. auch den Unterricht für Kinder aus dem saarpfälzischen Bereich)*

Petto, Walter: Angebliche Juden in der saarländischen Wirtschaftsgeschichte der Fürstenzeit. — Saarheimat 30 (1986) 266f *(u.a. zu St. Ingbert, wichtige Korrekturen zu W. Krämer und K. Hoppstädter)*

Rahner, Wolfgang F.: Nur sechs kamen wieder. Die jüdische Gemeinde des Saarlandes zählt heute weniger als 500 Seelen. — Saarbrücker Landeszeitung 76 (1959) Nr. 219 vom 17.12.1959

Rothschild, Lothar: Jüdisches Schicksal an der Saar. Zur Geschichte der jüdischen Bevölkerung Saarbrückens. — ZGSaarg 19 (1971) 249-264

Rothschild, Lothar: Das Nachrichtenblatt der Synagogengemeinde des Kreises Saarbrücken (1928-1938). — ZGSaarg 21 (1973) 141-145 *(ab 1934: Nachrichtenblatt ... des Saargebiets)*

Rothschild Lothar: Saarabstimmung und jüdisches Schicksal 1935. — AJW 19 (1965), 29.1.1965

Rudnick, Heinrich: Nachforschungen über das weitere Schicksal der am 22. Oktober 1940 aus dem Saarland nach Gurs verschickten Juden und der Träger des Judensterns im Saarland. — JbWestdLg 1 (1975) 337-372

Rülf, Schlomo: Ströme im dürren Land. Lebenserinnerungen. Stuttgart 1964 *(Saarland 1929-1935)*

Rülf, Schlomo F.: Schicksalsreiche Jahre im Saargebiet. — Paul Lazarus Gedenkbuch. Hrsg. Schlomo F. Rülf. Jerusalem 1961, 110-119

Die Synagoge in Homburg, einstmals Franziskanerkloster. — Aus heimatlichen Gauen (Beilage zum Pfälzischen Merkur) 1926, Heft 37 (16.9.1926)

2. Hunsrück

Erdmann, Leo: O, wie liegt so weit. — Heimatkalender (Birkenfeld) 1967, 211-213 *(Juden in Hoppstädten)*

Meigen, Dorothee: Zur Geschichte der Juden in Idar-Oberstein. Birkenfeld 1983 (Schriftenreihe der KVHS Birkenfeld 17; Lit.!)

Meisenheim am Glan. Hrsg. Bürgermeister. Meisenheim 1940, 46 f

Wolff, Raymond: Das jüdische Schulwesen in Meisenheim. — Meisenheim. Studien zu Natur, Geschichte und Kunst Teil 1. Hrsg. Günther F. Anthes/Meinhold Lurz. Meisenheim 1984, 244-280

Kronenberger: s. Teil C (zu Birkenfeld)

3. Rheinhessen

Arnsberg, Paul: Die jüdischen Gemeinden in Hessen. Anfang, Untergang, Neubeginn. 2 Bde., Frankfurt 1971. Bd. 3: Bilder, Dokumente. Darmstadt 1973

Juden in Mainz. Katalog zur Ausstellung der Stadt Mainz. Bearbeitet von Friedrich Schütz. Mainz 1978 (Beiträge von *L. Falck, G. Mayer, O. Böcher, F. Schütz, A. Keim, U. v. Dietze, A. Epstein, E. Gerth, D. Cohen; H. W. Ginkel: Bibliographie)*

Neunhundert Jahre Geschichte der Juden in Hessen. Beiträge zum politischen, wirtschaftlichen und kulturellen Leben. Hrsg. Kommission für die Geschichte der Juden in Hessen. Wiesbaden 1983 (Schriften der Kommission Bd. 6; vgl. auch Bände 1-5)

Reuter, Fritz: Warmaisa. 1000 Jahre Juden in Worms. Worms, 1984, Königstein 2. A. 1987 *(Literatur!)*

Schlösser, Annelore und Karl: Keiner blieb verschont. Die Judenverfolgung 1933-45 in Worms. Worms 1987 (Der Wormsgau, Beiheft 31)

4. Baden / Mannheim

Dokumente über die Verfolgung der jüdischen Bürger in Baden-Württemberg durch das Nationalsozialistische Regime 1933-1945. 2 Bde. Bearbeitet von Paul Sauer. Stuttgart 1966; dazu: Die Opfer der nationalsozialistischen Judenverfolgung in Baden-Württemberg. Ein Gedenkbuch. Stuttgart 1969 *(zahlreiche Namen aus der Pfalz)*

Fliedner, Hans-Joachim: Die Judenverfolgung in Mannheim. 2 Bde.: Darstellung/Dokumente. Stuttgart 1971

Hundsnurscher, Franz/Gerhard Taddey: Die jüdischen Gemeinden in Baden. Stuttgart 1968

Juden in Baden 1809-1984. 175 Jahre Oberrat der Israeliten Badens. Bearbeiter: Jael B. Paulus. Hrsg. Oberrat der Israeliten Badens. Karlsruhe 1984; dazu: Begleitbuch zur Ausstellung: Juden in Baden 1809-1984. Karlsruhe 1984

Lewin, Adolf: Geschichte der badischen Juden seit der Regierung Karl Friedrichs (1738-1909). Karlsruhe 1909

Rosenthal, Berthold: Heimatgeschichte der badischen Juden seit ihrem geschichtlichen Auftreten bis zur Gegenwart. Bühl 1927/ND Magstadt 1979

Sauer, Paul: Die Schicksale der jüdischen Bürger Baden-Württembergs während der nationalsozialistischen Verfolgungszeit. Stuttgart 1969

Watzinger, Karl Otto: Geschichte der Juden in Mannheim 1650-1945. Stuttgart 2. A. 1987

5. Elsaß/Lothringen

Assall, Paul: Juden im Elsaß. Bühl-Moos 1984

Blumenkranz, Bernhard: Bibliographie des Juifs en France. Toulouse 1974 (Collection Franco-Judaica) *(u.a. zu den Rabbinern, die im 18. Jh. für südpfälzische Orte zuständig waren)*

Cahen, G.: Les Juifs dans la région Lorraine des origines à nos jours. — Le pays Lorrain 53, 1972, 55-83

Fischer, Johann Friedrich: Dissertatio inauguralis de statu et jurisdictione judaeorum secundum leges romanas, germanicas, alsaticas. Straßburg 1763 *(bes. zu den Rechtsverhältnissen in den verschiedenen pfälzischen und elsässischen Territorien)*

Hoffmann, Charles: L' Alsace au dix-huitième siècle. Tome 4, Colmar 1907 (S. 315-530: les Juifs)

Raphael, Freddy/Robert Weyl: Juifs en Alsace. Culture, société, histoire. Toulouse 1977 (Collection Franco-Judaica 5) *(u.a. zu den Rabbinern, die für südpfälzische Orte zuständig waren)*

Raphael, Freddy/Robert Weyl: Regards nouveaux sur les Juifs dAlsace. Straßburg 1980 *(u.a. mit Listen der Rabbiner, die im 18. Jh. für die südpfälzischen Orte zuständig waren)*

Recueil des édits, déclarations, lettres patentes, arrêts du conseil d' état et du conseil souverain d' Alsace. Ed. Francois Henri de Boug, 2 tomes, Colmar 1775 *(u.a. zu Juden aus Landau und zu Rabbinern)*

Scheid, Elie: Historie des Juifs d'Alsace. Paris 1887 *(auch zu verschiedenen südpfälzischen Orten, bes. im 18. Jh., u.a. Arzheim, Busenberg, Dahn, Hagenbach, Herxheim, Ingenheim, Landau, Rülzheim, Wörth)*

Scheid, Elie: Histoire des Juifs de Haguenau. Paris 1885 *(auch zu Juden in Landau im 18. Jh.)*

Szajkowski, Zosa: The economic status of the Jews in Alsace, Metz and Lorraine (1648-1789). New York 1954

Szajkowski, Zosa: The emancipation of Jews during the French Revolution. A bibliography of books, pamphlets and printed documents, 1789-1800. — Studies in bibliography and booklore, Cincinnati, III (1957/58) 55-68, 87-114; IV (1959/60) 21-48 *(Dokumente zum Unter-Elsaß, die auch südpfälzische Orte betreffen; Veröffentlichunen der Rabbiner; nicht in diese Bibliographie übernommen; Nr. 366 ein Hinweis auf ein Todesurteil, Paris 1795, gegen Joseph Jacob aus Pirmasens)*

Szajkowski, Zosa: Franco-Judaica. An analytical bibliography of books, pamphlets, decrees, briefs and other printed documents pertaining to the Jews in France 1500-1788. New York 1962 *(zahlreiche Dokumente auch zum Unter-Elsaß und zu südpfälzischen Orten, u.a. Landau und Bergzabern; Veröffentlichungen der Rabbiner; nicht in diese Bibliographie übernommen)*

Weill, Georges: Recherches sur la démographie des Juifs d' Alsace du XVI. au XVIII. siècle. — REJ 130, 1971, 51-89 *(gründliche statistische Übersichten, auch zu vielen südpfälzischen Orten)*

Teil C:
Bücher und Aufsätze zur Geschichte der Juden in der Pfalz

Änderung der Satzung der Jüdischen Kultusgemeinde der Rheinpfalz. — Staatsanzeiger, Mainz, 9.9.1985

Agus, Irving A.: Rabbi Meir of Rothenburg. His Life and his Works as Sources for Religious, Legal, and Social History of the Jews of Germany in the Thirteenth Century. 2. vol. Philadelphia 1947 *(u.a. zu Speyer, Worms, Rockenhausen)*

Alter, Willi: Die Bevölkerung der Pfalz im Jahre 1825/1961; Bevölkerungsveränderungen 1825-1961. Text zum Pfalzatlas, Karten 35, 36, 37. — Pfalzatlas, Textband I, Speyer 1964, 165-192 *(S. 189f: Die Juden in der Pfalz zwischen 1825 und 1961)*

Altmann, Alexander: Essays in Jewish Intellectual History. London 1981 *(u.a. zu Elias Grünebaum)*

Altmann, Alexander: The New Style of Preaching in Nineteenth-Century German Jewry. — Studies in Nineteenth-Century Jewish Intellectual history. Ed. Alexander Altmann. Cambridge (Mass.) 1964, 65-116 *(u.a. zu Elias Grünebaum)*

Ammerich, Hans: Landesherr und Landesverwaltung. Beiträge zur Regierung von Pfalz-Zweibrücken am Ende des Alten Reiches. Saarbrücken 1981 (Veröffentlichungen der Kommission für Saarländische Landesgeschichte und Volksforschung Bd. 11) *(Rabbiner; judenschaftliche Kasse)*

Andermann, Kurt: Die sogenannte »Speyerer Volkszählung« von 1530. — Regionale Amts- und Verwaltungsstrukturen im rheinhessisch-pfälzischen Raum (14.-18. Jahrhundert). Stuttgart 1984 (Geschichtliche Landeskunde Bd. 25), 107-130 *(S. 110f: keine Juden in den Listen; es besteht eine ziemlich sichere Vermutung, daß in den knapp 100 Orten des Hochstifts Speyer 1530 tatsächlich keine Juden wohnten)*

Arnold, Alfred: Bandenbekämpfung im Arrondissement Kaiserslautern unter französischer Herrschaft (ca. 1798-1803). — JbKL 16/17 (1978/79) 114-123 *(auch zu jüdischen Opfern in Dörrmoschel, Münchweiler a.d. Alsenz, Obermoschel)*

Arnold, Hermann: Bemerkungen über die soziale Grundschicht des deutschen Judentums im 18. und frühen 19. Jahrhundert (mit besonderer Berücksichtigung der Verhältnisse im Mittelrheingebiet). — Wort und Wirklichkeit. Studien zur Afrikanistik und Orientalistik, Bd. 1. Festschrift für Eugen Ludwig Rapp. Hrsg. O. Benzing u.a. Meisenheim 1976, 132-152

Arnold, Hermann: Juden in der Pfalz. Vom Leben pfälzischer Juden. Landau 1986 *(mit umfangreichem Quellenverzeichnis)* Rez. Max M. Ydit: Die Rheinpfalz, 23.11.1987/; Ernst G. Lowenthal AJW 43 (1988) Nr. 33 vom 19.8.1988, 11

Arnold, Hermann: Die Juden in der Pfalz vor ihrer Verfolgung und Vernichtung im Dritten Reich. Text zum Pfalzatlas, Karte 103. — Pfalzatlas, Textband III, Speyer 1983, 1335-1342

Arnold, Hermann: Der Schinderhannes-Mythos. — PfH 36 (1985) 58-61

Arnold, Hermann: Von den Juden in der Pfalz. Speyer 1967 (Veröffentlichungen der Pfälzischen Gesellschaft zur Förderung der Wissenschaften Speyer Bd. 56) *(mit umfangreichem Quellen- und Literaturverzeichnis)* Rez. Otto Böcher: PfH 19 (1968) 117f; Hans Reichrath: Evangelischer Kirchenbote für die Pfalz 122 (1968) 127; Hans Ziegler: Die Rheinpfalz, Ausgabe Landau, 24 (1968) Nr. 37 vom 13.2.1968; Jürgen

Sydow: Blätter für deutsche Landesgeschichte 104 (1968) 713; Hertha Wolf-Bera-
nek: Hessisches Jahrbuch für Landesgeschichte 19 (1969) 570-572.

Die Ausbürgerung deutscher Staatsangehöriger 1933-1945 nach den im Reichsanzeiger
veröffentlichten Listen. Hrsg. Michael Hepp. München 1985/88, 3 Bde.

Bach, S.: Die jüdische Gemeinde in Deutschland. 3. Bayern. — Israelitisches Familienblatt, 1929, Nr. 51 vom 19.12.1929, 13f

Bamberger, Ludwig: Erlebnisse aus der pfälzischen Erhebung im Mai und Juni 1849.
Frankfurt 1849

Battenberg, Friedrich: Zur Rechtsstellung der Juden am Mittelrhein in Spätmittelalter und
früher Neuzeit. — ZHF 6 (1979) 129-183

Baumann, Kurt: Aaron Elias Seeligmanns Aufstieg. Ein Beitrag zur Geschichte der
Judenemanzipation in der Kurpfalz. — Unsere Heimat 1 (1935/36) 360-364

Baur, Joseph: Das Fürstbistum Speier in den Jahren 1635 bis 1652. — MHVPf 24 (1900)
1-163 *(S. 107-109: die Juden)*

Bavaria. Landes- und Volkskunde des Königreichs Bayern. Bd. 4,2: Bayerische Rheinpfalz. München 1867 *(S. 260f Ludwig Schandein mit Anekdoten über Juden in pfäl-
zischem Dialekt; S. 426 Friedrich A. Mühlhäuser zur jüdischen Bevölkerung; S. 471
Georg Schirges zu den ökonomischen Fähigkeiten der jüdischen Bevölkerung; S.
567, 569f Eduard Geib über Lehrerausbildung und Schulen)*

Bayerische Israelitische Gemeindezeitung. Nachrichtenblatt der Israelitischen Kultusgemeinden München, Augsburg, Bamberg und des Verbandes Bayerischer Israelitischer Gemeinden. München 1 (1925) - 14 (1938) *(vereinzelt auch Berichte und Aufsätze zur Pfalz)*

Bayerische Stimmen zum Antisemitismus. Hrsg. Richard Horlacher. München 1931 *(auch
mehrere Persönlichkeiten aus der Pfalz mit Stellungnahmen und Unterschriften zum
»Mahnwort«)*

Becker, Albert: Pfälzer Volkskunde. Bonn 1925/ND Frankfurt 1979

Becker, Albert: Die Pfalz vor 100 Jahren. Zur Geschichte des Hambacher Festes. — Zeitschrift für bayerische Landesgeschichte 2 (1929) 65-88 *(zu Juden in Deidesheim und
Frankenthal)*

Becker, August: Die Pfalz und die Pfälzer, Leipzig 1858/ND Landau 1986 *(u.a. zu Ingenheim, Landau, Speyer)*

Becker, B. *(Johann Nikolaus)*: Actenmäßige Geschichte der Räuberbanden an den beyden
Ufern des Rheins. Köln 1804 *(Schinderhannes)*

Behr, S.: Jüdische Statistik in Bayern *(1840-1950)*. — Münchener Jüdische Nachrichten,
1955, Nr. 24 vom 31.8.1955, 2

Berliner, Ludwig: Die staatskirchenrechtliche Stellung der israelitischen Religionsgemein-
den und sonstigen israelitischen Religionsverbände Süddeutschlands. Worms 1912

Berliner, M.: Die israelitischen Notablen zu Speyer. Erörterungen einiger, ihren Beratungen zu Grunde gelegten Fragpunkte. Mannheim 1836

Bernhard Felsenthal. Teacher in Israel. New York 1924 *(Vorwort von Cyrus Adler, Biographie von Emma Felsenthal; zu Münchweiler und Kaiserslautern)*

Bertram, Otto: Vom Judentum in der Westmark. — Mitteilungsblatt des NS-Lehrer-
bundes, Gauwaltung Westmark, 1941, Nr. 9

Bewährung im Untergang. Ein Gedenkbuch. Hrsg. Ernst Gottfried Lowenthal. Stuttgart 2. A. 1966 *(u.a. Rabbiner der Pfalz)*

Bill.: Die Verjudung und Entjudung unserer Pfalz. — NSZ-Rheinfront, Ausgaben Ludwigshafen und Kaiserslautern, 26.4.1933 *(im Anhang Hinweise zur »Rasseforschung« von Hermann Gauch, Hermann Wirth, Theodor Fritsch und Gottfried Feder)*

(Blaul, Friedrich): Der ewige Jude und sein Liebling in München. Eine Verklärung, skizziert von einem reisenden Maler. München 1831

Blaul, Friedrich: Träume und Schäume vom Rhein. Speyer 1838/ND Pirmasens 1972 *(passim)*

Bock, Helmut: Ludwig Börne. Vom Getto des Frankfurter Juden zum Nationalfest der Deutschen. Diss. masch. Leipzig 1960 *(S. 300-351: Börne und das Hambacher Fest)*

Bodmann, Ferdinand: Annuaire statistique du Département du Mont-Tonnerre, pour l'an 1810. Mainz 1810 *(S. 294: Consistoire israelite)*

Bodmann, Ferdinand: Statistisches Jahrbuch für das Departement Donnersberg. Jahr 1811. Mainz 1811 *(S. 254f: Die Juden im Departement; S. 319: Jüdisches Konsistorium)*

Bösing, Wilhelm: Auffanggesellschaft für jüdische Vermögenswerte in der Saarpfalz. — Generalanzeiger, Ludwigshafen, 11.11.1938

Bösing, Wilhelm: Saarpfälzische Vermögensverwertungsgesellschaft. — NSZ-Rheinfront, Ausgabe Saarbrücken, 17.11.1938

Bran, Alexander: Gesammelte Actenstücke und öffentliche Verhandlungen über die Verbesserung der Juden in Frankeich. Hamburg 1806-1807

Breßlau, Harry: Zur Geschichte der Juden in Deutschland. Rheinhessen und Rheinpfalz. — Hebräische Bibliographie, 1870, 169-171

Breuer, Mordechai: Jüdische Orthodoxie im Deutschen Reich 1871-1918. Die Sozialgeschichte einer religiösen Minderheit. Frankfurt 1986 *(zu pfälzischen Gemeinden vereinzelte Hinweise)*

Breuner, Michael: Jüdische Gemeinde in Neustadt. — AJW 40 (1985) Nr. 6 vom 8.2.1985

Bumb, Bernhard: Die Anfänge des Judentums in der Pfalz. — Die Pfalz am Rhein 1984, H. 4, 33f

Cahnmann, Werner J.: Der Dorf- und Kleinstadtjude als Typus. — Zeitschrift für Volkskunde 70 (1974) 169-193 *(Landau, Elsaß, Bayern)*

Carlebach, Ephraim: Die rechtlichen und sozialen Verhältnisse der jüdischen Gemeinden Speyer, Worms und Mainz von ihren Anfängen bis zur Mitte des 14. Jahrhunderts. Frankfurt 1901 (Diss. Rostock)

Caspary, Hans: Zur Problematik der Erhaltung und Pflege jüdischer Kulturdenkmäler in Rheinland-Pfalz. — Denkmalpflege in Rheinland-Pfalz. Jahresberichte 1979-1981. Worms 1982, 47-56 *(u.a. zu Alsenz)*

Cohen, A.: Die bayerischen Juden in der Volkszählung von 1933. Auflösung und Vergreisung? — Bayerische Israelitische Gemeindezeitung, 1935, Nr. 10 vom 15.5.1935, 217-219

Cohn, Bernhard N.: Early German Preaching in America. — HistJud 15 (1953) 86-134 *(u.a. B. Felsenthal)*

Damecker, Friedrich: Die pfälzischen Kurfürsten und die Juden. — Die Kunkelstube (Beilage zur NSZ-Rheinfront) 1936, Nr. 1 (Januar) *(1582)*

Damian Hessel und seine Raubgenossen. Aktenmäßige Nachrichten über einige gefährliche Räuberbanden ... bearbeitet von einem gerichtlichen Beamten *(Andreas Georg Friedrich Rebmann)*. Mainz 1810, 3. Aufl. 1811 *(zahlreiche Hinweise auf jüdische Mitglieder und Opfer der Räuberbanden)*

Debus, Karl Heinz: Die Reichskristallnacht in der Pfalz. Schuldbewußtsein und Ermittlungen. — ZGO 129 (1981) 445-515

Debus, Karl Heinz: s.a. DGJB und GJ III

Deck, Fritz: Die Pfälzische Bank. Ein Beitrag zur Geschichte des deutschen Kreditgenossenschafts- und Bankwesens. Karlsruhe 1914 (Volkswirtschaftliche Abhandlungen der badischen Hochschulen NF H. 28)

Deeg, Peter: Hofjuden. Nürnberg 1938 *(Kurpfalz; Aaron Elias Seeligmann — von Eichthal)*

Die Deputierten der jüdischen Gemeinde des Departements Donnersberg zur Versammlung in Paris 1806. — Neue Mainzer Zeitung, 1806, Nr. 76 *(Abdruck in: Juden in Mainz. Mainz 1978, S. 165)*

Desquiron, (Antoine Toussaint d'Esquiron de Saint Agnan): Commentaire sur le Décret impérial du 17 mars 1808, concernant les droits et les devoirs des Juifs, précédé d'une notice historique sur l'existence civile et politique de la nation juive, depuis sa dispersion, jusqu'à nos jours. Mainz 1809

Desquiron, (Antoine Toussaint d'Esquiron de Saint Agnan): Considérations sur l'existence civile et politique des Israelites. Mainz (1808)

»Deutsche laßt des Weines Strom sich ins ganze Reich ergießen!« Die Pfälzer und ihre Weinstraße — ein Beitrag zur alternativen Landeskunde. Hrsg. Günther List. Heidelberg 1985 *(zur Behandlung der Juden und der jüdischen Firmen nach 1933 bes. Günther List S. 106-147)*

Deutschland-Berichte der Sozialdemokratischen Partei Deutschlands (Sopade). Prag/Paris 1 (1934) -7 (1940), ND Frankfurt 1980 *(zahlreiche Berichte zur Pfalz)*

Diamant, Adolf: Geschändete jüdische Friedhöfe in Deutschland 1945-1980. Frankfurt 1982

Diamant, Adolf: Jüdische Friedhöfe in Deutschland . Eine Bestandsaufnahme. Frankfurt 1982

(Dingfelder, S.): Denkschrift über die soziale Lage der israelitischen Lehrer, insbesondere der Religionslehrer Bayerns und Vorschläge zu deren Besserstellung. München 1908

Doctor, Max: Die Judenschaft des Bistums Speyer und das Wormser Rabbinat. — Blätter für jüdische Geschichte und Literatur (Beilage zu: Der Israelit, Mainz) 5 (1904) 102-104

Documents modernes sur les Juifs, XVIe - XXe siécles. Ed. Bernhard Blumenkranz. Tome I: Dépôts parisiens. Toulouse 1979 (Collection Franco-Judaica 7) *(u.a. auch zu Landau vor 1790; Mainz und Département Mont Tonnerre)*

Dohm, Christian Konrad Wilhelm: Über die bürgerliche Verbesserung der Juden. Berlin/Stettin 1781-83. ND Hildesheim 1973 mit einem Anhang: Franz Reuß: Christian Wilhelm Dohms Schrift »Über die bürgerliche Verbesserung der Juden« und deren Einwirkung auf die gebildeten Stände Deutschlands. Eine kultur- und literaturgeschichtliche Studie. (1. Aufl. Kaiserslautern 1891) *(auch zu Juden im Elsaß und in der Südpfalz, u.a. ein Mémoire »der elsässischen Judenschaft« sur l'état des juifs en Alsace)*

Dokumentation zur Geschichte der jüdischen Bevölkerung in Rheinland-Pfalz und im Saarland von 1800 bis 1945. Hrsg. Landesarchivverwaltung Rheinland-Pfalz in Verbindung mit dem Landesarchiv Saarbrücken. 9 Bde. Koblenz 1972-1987 (Veröffentlichungen der Landesarchivverwaltung Rheinland-Pfalz Band 12-20)

Band 1: Zur rechtlichen Situation der Juden im 18. Jahrhundert. Bearbeitet von Georg Friedrich Böhn; Die Juden in der Französischen Zeit von 1798/1801 bis 1814. Bearbeitet von Editha Bucher, mit einer Einleitung von Helmut Mathy. 282 S., 1982

Band 2: Der Weg zur Gleichberechtigung der Juden. Allgemeine Einleitung von Anton Doll.

Teil 1: Die südlichen Bezirke der preußischen Rheinprovinz. Bearbeitet von Manfred Wilmanns. Einleitung und 44 Dokumente, S. 25-162.

Teil 2: Die nördlichen Teile des Herzogtums Nassau, Fürstentum Lichtenberg, Oberamt Meisenheim und Fürstentum Birkenfeld. Bearbeitet von Hans-Josef Schmidt. Einleitung und Dokumente, S. 163-265.

Teil 3: Die bayerische Pfalz. Bearbeitet von Anton Doll. Einleitung und 68 Dokumente, S. 267-409.

Teil 4: Die linksrheinischen Teile des Großherzogtums Hessen. Bearbeitet von Anton Doll. Einleitung und 24 Dokumente, S. 411-472, 1979.

Band 3: Die Juden in ihrem gemeindlichen und öffentlichen Leben.

Teil 1: Organisation und Rechtsstellung der jüdischen Gemeinden. Bearbeitet von Kristine Werner. Einleitung und 67 Dokumente, S. 3-174.

Teil 2: Jüdische Schulen. Bearbeitet von Joachim Esperstedt. Einleitung und 85 Dokumente, S. 177-281.

Teil 3: Jüdische Wohltätigkeitsvereine und Stiftungen. Bearbeitet von Kurt Watschke. Einleitung und 30 Dokumente, S. 285-400.

Teil 4: Über die Juden im Erwerbsleben. Bearbeitet von Werner Knopp. Einleitung und 35 Dokumente, S. 403-454, 1972.

Band 4: Aufklärung, Gleichstellung, Reform und Selbstbesinnung. Religiöses und geistiges Leben im 19. und 20. Jahrhundert. Bearbeitet von Franz-Josef Heyen. Einleitung mit Wortverzeichnis und 58 Dokumente, S. 3-224; Das Verhältnis der Juden zu den christlichen Religionsgemeinschaften. Bearbeitet von Karl-Heinz Debus. Einleitung und 61 Dokumente, S. 227-335, 1974.

Band 5: Statistische Übersichten zur Geschichte der jüdischen Bevölkerung. Bearbeitet von Werner Knopp. Einleitung und 39 statistische Zusammenstellungen und Dokumente, 167 S., 1975.

Band 6: Die nationalsozialistische Judenverfolgung in Rheinland-Pfalz 1933 bis 1945. Bearbeitet von Johannes Simmert. Einleitung und 212 Dokumente, S. 3-256; Das Schicksal der Juden im Saarland 1920 bis 1945. Bearbeitet von Hans-Walter Herrmann. Einleitung und 139 Dokumente, S. 259-491, 1974.

Band 7: Dokumente des Gedenkens. Mit Beiträgen von Wilhelm Denig und Henry R. Huttenbach herausgegeben in Zusammenarbeit mit Editha Bucher von Franz-Josef Heyen: Das Auswandererbuch der israelitischen Religionsgemeinde in Worms 1931-1941. — Die Listen der am 22. Oktober 1940 aus der Pfalz und dem Saarland nach Gurs deportierten Juden. — Verzeichnis der jüdischen Einwohner der Stadt Trier November 1983 — Juni 1943. — Listen der aus der Stadt Koblenz und dem Landkreis Koblenz 1942 deportierten Juden. — Verzeichnis der jüdischen Friedhöfe in Rheinland-Pfalz und im Saarland 1972. 294 S., 1974.

Band 8: Index der Personen- und Ortsnamen sowie judaistischer Sachworte der Bände 1 bis 7. Bearbeitet von Eva Schindlmayr. 306 S., 1987.

Band 9: Inventar der Quellen zur Geschichte der jüdischen Bevölkerung in Rheinland-Pfalz und im Saarland von 1800/1815-1945. Eine Gemeinschaftsarbeit.

Redaktion: Theresia Zimmer.
Teil 1: Landeshauptarchiv Koblenz (Nr. 1-986);
Teil 2: Landesarchiv Speyer (Nr. 1001-1854);
Teil 3: Landesarchiv Saarbrücken (Nr. 1901-2395);
Teil 4: Kommunalarchive in Rheinland-Pfalz und im Saarland (Nr. 2396-3229);
Teil 5: Andere Archive in Auswahl (Nr. 3230-3733);
Teil 6: Index der Personen- und Ortsnamen. 4 Bände. 1708 S., 1982.
Besprechungen einzelner Bände:
Klaus Peter Westrich: PfH 24 (1973) 80; Paul Sauer: ZGO 123 (1975) 253-258; Fritz
Jacoby: ZGSaarg 27 (1979) 238f; Wolf Arno Kropat: Nassauische Annalen 87 (1976)
303f; Albrecht Eckhardt: Historische Zeitschrift 224 (1977) 187-189; Fritz Jacoby:
ZGSaarg 27 (1979) 238f; Paul Sauer: ZGO 128 (1980) 517f; Wolf Arno Kropat: Nas-
sauische Annalen 31 (1980) 435f; Friedrich Battenberg: Archiv für hessische Geschichte und Altertumskunde N.F. 39 (1981) 456-461; Eberhard Reuß: PfH 34
(1983) 136-138; Ernst G. Lowenthal: LBI YB 29 (1984) 433-435;
*(Die Bände enthalten zu den Themenbereichen weitere Literaturangaben. Öfter ent-
halten auch die Dokumente Hinweise auf kleinere, in den Akten abgeheftete Veröffentlichungen.)*

Dokumente zur Geschichte des deutschen Zionismus: 1882-1933. Hrsg. Jehuda Reinharz.
Tübingen 1981 (LBI SWA Bd. 37) *(u.a. Rabbiner Dr. Salvendi, Dürkheim; C. Seligmann)*

Dotzauer, Winfried: Freimaurergesellschaften am Rhein. Aufgeklärte Sozietäten auf dem
linken Rheinufer vom Ausgang des Ancien Régime bis zum Ende der napoleonischen Herrschaft. Wiesbaden 1977 (Geschichtliche Landeskunde Bd. 16) *(Logen in
Zweibrücken und Mainz nahmen Juden auf, in Frankenthal und Worms nicht)*

Dotzauer, Winfried: Die Städte Landau, Zweibrücken und Speyer und ihre aufgeklärten
Gesellschaften vom Ende des Ancien Régime bis zum Ende des napoleonischen Zeit-
alters unter besonderer Berücksichtigung der Freimaurerlogen. — ZGO 120 (1972)
303-351 *(9 Juden bei Jakobinern in Landau; Hatry und Oppenheimer in Zweibrücken)*

Durchhardt, Heinz: Judenpolitik am Mittelrhein nach dem 30jährigen Krieg. —
JbWestdtLG 8 (1982) 13-24

Eckstein, Adolf: Beiträge zur Geschichte der Juden in Bayern. Bd. I: Die bayerischen Parlamentarier jüdischen Glaubens. Bamberg 1902

Eckstein, Adolf: Haben die Juden in Bayern ein Heimatrecht? Eine geschichtswissenschaftliche Untersuchung mit kriegsstatistischen Beilagen. Berlin 1928. 2. verb. Auflage 1929

Eckstein, Adolf: Der Kampf der Juden um ihre Emanzipation in Bayern. Fürth 1905

Eckstein, Adolf: Die Stellungnahmen der bayerischen Staatsregierung zu den Reform-
rabbinerversammlungen (1837-1846). — ZGJD 6 (1935) 51-54 *(u.a. zu Elias Grünebaum)*

Eckstein, Adolf: Zur Geschichte der israelitischen Kirchenverfassung in Bayern. — ZGJD
3 (1931) 110-116

Ehmer, Egon: Sechs Gulden jährlich fürs Gastrecht. — Die Rheinpfalz, Ausgabe Landau,
8.3.1984

Eid, Ludwig: Zur Wirtschaftsgeschichte des pfälzischen Westrich. Zweibrücken 1894

Eilbott, Josef: Die rechtliche Stellung der Rabbiner in der Pfalz. (Unter Berücksichtigung des Falles Kultusgemeinde X gegen Rabbiner Z) Diss. Erlangen. Nürnberg 1909 *(Dr. Eugen Meyer, Zweibrücken-Pirmasens)*

Der Eisenhammer. Pfälzische Wochenschrift zum Kampfe um die Wahrheit und das Recht der Arbeit auf Brot. 1928-1930: Kampfblatt der NSDAP Gau Pfalz. Pirmasens, Lambrecht, Neustadt a.d.H. 1926-1930 *(Zahlreiche antisemitische Hefte, u.a. Nr. 7: Was ist Judenhetze, Nr. 15: In den Händen ostjüdischer Großschieber, Nr. 25: Warum sind wir Antisemiten?, Nr. 33: Jüdische Blutmorde: Das geschächtete Polenmädchen, Nr. 37: Jüdische Sittlichkeitsattentate ohne Ende, Nr. 39: Die Pirmasenser Juden feiern am Kreuze den Christusmord; später als Beilage zur NSZ-Rheinfront)*

Eliav, Mordechai: Jewish Education in Germany in the Period of Enlightenment and Emancipation. *(hebr.)* Jerusalem 1960 *(u.a. Elias Grünebaum)*

Elkan, Erika: Erste außerordentliche Delegiertentagung des Landesverbandes Pfalz der jüdischen Jugendvereine Deutschlands. — Israelitisches Gemeindeblatt 11 (1933) Nr. 2,7

Emrich, Wilhelm: Der rheinpfälzische Hausierhandel. Eine wirtschaftswissenschaftliche Untersuchung. Bochum 1933 (Diss. Frankfurt 1934)

Ernennung der Notablen des jüdischen Konsistoriums in Mainz. — Mainzer Zeitung, 1809, Nr. 3; in Nr. 53: Installierung des jüdischen Konsistoriums. *(Departement Donnersberg)*

Eschelbacher, Joseph: Über jüdische Heiratsausstattungen im 18. Jahrhundert. — Mitteilungen der Gesellschaft für jüdische Volkskunde 3 (1900) 97-103 *(Hochstift Speyer, Kirrweiler, Edesheim)*

Faltin, Sigrid: Die Auswanderung aus der Pfalz nach Nordamerika im 19. Jahrhundert: unter besonderer Berücksichtigung des Landkommissariates Bergzabern. Frankfurt 1986 (Europäische Hochschulschriften, Reihe 3, Bd. 293) *(bes. S. 55-62: Situation der Juden; S. 91-93: »Wucher«)*

Feilchenfeld, Werner: Zur Reform des bayerischen Judenedikts. Diss. Würzburg 1919

Fendler, Rudolf: Die kurpfälzischen Geleitsstraßen im Oberamt Neustadt nach dem dreißigjährigen Krieg (1669). — PfH 8 (1957) 48-52 *(Judengeleit 1590-1619)*

Fendler, Rudolf: Zoll- und Geleitswesen im Herzogtum Pfalz-Zweibrücken. — MHVPf 82 (1984) 181-198 *(Judenleibzoll 1716)*

Festschrift zum 25jährigen Jubiläum des Israelitischen Lehrervereins für das Königreich Bayern. Würzburg 1905

Festschrift zum 50jährigen Jubiläum des Jüdischen Lehrervereins für Bayern e.V. Geschichte der Vereins von 1905 bis 1930. Der Jubiläumsversammlung gewidmet von der Vereinsleitung. München 1930 *(auch jüd. Lehrer aus der Pfalz)*

Finkelstein, Louis: Jewish Self-Government in the Middle Ages. New York 1924/ND 1975 *(bes. zu Speyer)*

Fischer, Hermann/Theodor Wohnhaas: Quellen zur Geschichte der Orgeln in westdeutschen Synagogen. — Jahrbuch des Instituts für deutsche Geschichte, Tel Aviv, 5 (1976) 467-481 *(zu Kaiserslautern, Zweibrücken)*

Foerster, Cornelia: Der Preß- und Vaterlandsverein von 1832/33. Sozialstruktur und Organisationsformen der bürgerlichen Bewegung in der Zeit des Hambacher Festes. Trier 1982 (Trierer Historische Forschungen Bd. 3) *(jüdische Mitglieder; Artikel zur Judenemanzipation)*

Fox, Nikolaus: Schinderhannes im Volkslied. — Unsere Heimat 1 (1935/36) 101-103.

Fränkel, Sigmund: Die zukünftige Gestaltung der israelitischen Kirchensteuern in Bayern. München 1914

Frankenburger, Martin: Entwurf eines Gesetzes betr. die Kirchensteuer in Bayern. München 1914

Frankenburger, Martin: Die Rechtsstellung und die Grundlagen für eine Neugestaltung der bayerischen Rabbinatsbezirke. München 1932. Rez. Max Freudenthal: MGWJ 77 (1933) 236-238

Franz, Willy: Juden an der Nahe, im Westrich und am Glan. — Heimatkalender (Birkenfeld) 1966, 85-103 *(zu Pfalz-Zweibrücken, Lichtenberg, Offenbach; 17.-20. Jh.)*

Freie Lehrerzeitung. Hrsg. David Rosenwald (Winnweiler). 1919-1923 (?)

Freie Vereinigung der pfälzischen israelitischen Lehrer und Kantoren (Jahresversammlung 1934). — Israelitisches Gemeindeblatt 12 (1934) Nr. 7, 27f

Friedhofsschändungen in Deutschland 1923-1932. Dokumente der politischen und kulturellen Verwilderung unserer Zeit. Hrsg. Centralverein deutscher Staatsbürger jüdischen Glaubens. Berlin 5. A. 1932

Fritz, Albert: Geschichte der Lehrerbildungsanstalt Kaiserslautern von 1818-1918. Kaiserslautern 1919 *(auch für die Ausbildung von jüdischen Lehrern zuständig)*

Fücks, Karl/Michael Jäger: Synagogen der Pfälzer Juden. Vom Untergang ihrer Gotteshäuser und Gemeinden. Eine Dokumentation. Edesheim/Böbingen 1988 *(Übersichten zur Entwicklung und Organisation der jüdischen Gemeinden im 19. und 20. Jahrhundert; Dokumentation zur Vernichtung der Synagogen und zur Verfolgung der Juden in 63 Gemeinden)*

Führer durch die jüdische Gemeindeverwaltung und Wohlfahrtspflege in Deutschland 1932/33. Hrsg. Zentralwohlfahrtsstelle der deutschen Juden. Berlin 1932

Führer durch die jüdische Wohlfahrtspflege in Deutschland. Hrsg. Zentralwohlfahrtsstelle der deutschen Juden. Berlin 1928/1930

Fuhs, Hans-Josef: Ludwig Levy's protestantische Kirchenbauten in der Pfalz von 1884-1907. — Der Turmhahn 27 (1983) H. 1/2, 2-16 *(auch zur Biographie des Synagogenarchitekten L. Levy)*

Ganser, Julius: Über die Firmenbezeichnung arisierter Unternehmen. — Frankenthaler Zeitung, 18.11.1938

Gauch, Hermann: Jüdische Machtstellung in Deutschland. Magdeburg 1935 *(H. Gauch aus Einöllen)*

Gauch, Sigfrid: Die pfälzisch-jüdische Familie Grünebaum. — Heimatkalender (Kaiserslautern) 1973, 163-165

Gauch, Sigfrid: Vaterspuren. Eine Erzählung. Frankfurt 1979

Gedenkbuch. Opfer der Verfolgung der Juden unter der nationalsozialistischen Gewaltherrschaft in Deutschland 1933-1945. Hrsg. Bundesarchiv Koblenz. Koblenz 1986 (in 2 Bdn.) *(alphabetisches Verzeichnis, erschlossen durch ein Ortsregister und eine Liste pfälzischer Orte, aus denen Juden deportiert wurden; bei Gurs-Deportationen z.T. fehlerhaft)*

Genschel, Helmut: Die Verdrängung der Juden aus der Wirtschaft im Dritten Reich. Göttingen 1966 (Göttinger Bausteine zur Geschichtswissenschaft Bd. 38)

Gesetz über die jüdischen Kultusgemeinden vom 19.1.1950. — Gesetz- und Verordnungsblatt Rheinland-Pfalz, 1950,13

Glanz, Rudolf: Geschichte des niederen jüdischen Volkes in Deutschland. Eine Studie über historisches Gaunertum, Bettelwesen und Vagantentum. New York 1968

Götz, Josef: Die Juden und jüdischen Mischlinge in Bayern am 17. Mai 1939. — Zeitschrift des Bayerischen Statistischen Landesamtes 72 (1940) 174-179

Gotthelf, Jacob: Historisch-dogmatische Darstellung der rechtlichen Stellung der Juden in Bayern. München 1851

Gotthelf, Jacob: Die Rechtsverhältnisse der Juden in Bayern auf Grundlage der neuesten bayerischen Gesetze. München 1852

Le Grand Sanhédrin de Napoléon. Ed. Bernhard Blumenkranz/Albert Soboul. Toulouse 1979 (Collection Franco-Judaica 8)

Grégoire, Henri: Neue Betrachtungen über die Juden, besonders in Deutschland. — Magazin für Religion-, Moral- und Kirchengeschichte. Hannover, 4 (1806) 523-543 *(auch Beispiele aus dem Departement Donnersberg; zuerst frz. erschienen)*

Gruber, Hansjörg: Die Entwicklung der pfälzischen Wirtschaft 1816-1834 unter besonderer Berücksichtigung der Zollverhältnisse. Saarbrücken 1962 (Veröffentlichungen des Instituts für Landeskunde des Saarlandes Bd. 6)

Güdemann, Moritz: Geschichte des Erziehungswesens und der Kultur der abendländischen Juden während des Mittelalters und der neueren Zeit. 3 Bde. Wien 1880-1888

Gugumus, Johannes-Emil: Das Bistum Mainz im Jahre 1804. — AmrhKG 26 (1974) 243-268 *(Religions- und Konfessionsstatistik)*

Haasis, Hellmut G.: Spuren der Besiegten (in 3 Bdn.). Reinbeck 1984 *(Speyer 1096; S. 810-818 zu G. L. Loeb aus Ungstein 1849)*

Hamburger, Ernest: Juden im öffentlichen Leben Deutschlands. Regierungsmitglieder, Beamte und Parlamentarier in der monarchischen Zeit, 1848-1918. Tübingen 1968 (LBI SWA Bd. 19) *(u.a. Simon Levi, 1817-1900, Kirchheimbolanden; Karl Adler, 1823-1886, Speyer; Friedrich Goldschmit, geb. 1871 in Ludwigshafen; Ludwig Marum, 1882-1934, aus Frankenthal)*

Hammer-Schenk, Harold: Synagogen in Deutschland. Geschichte einer Baugattung im 19. und 20. Jahrhundert. 2 Bde. Hamburg 1981 (Hamburger Beiträge zur Geschichte der deutschen Juden Bd. 8)

Hammer-Schenk, Harold: Untersuchungen zum Synagogenbau in Deutschland von der ersten Emanzipation der Juden bis zur gesetzlichen Gleichberechtigung der Juden (1800-1871). Diss. Tübingen. Bamberg 1974

Handbuch der jüdischen Gemeindeverwaltung (Statistisches Jahrbuch). Berlin 1907

Handbuch der jüdischen Gemeindeverwaltung und Wohlfahrtspflege. Berlin 1925.

Hauck, Karl: Karl Ludwig, Kurfürst von der Pfalz 1617-1680. Leipzig 1903 (Forschungen zur Geschichte Mannheims und der Pfalz Bd. 4)

Hebräische Berichte über die Judenverfolgungen während der Kreuzzüge. Hrsg. Moritz Stern/Adolf Neubauer. Berlin 1892/ND Jerusalem 1971

Hecht, Emanuel: Gegenwärtiges Verhältnis der Israeliten in der Pfalz in Bezug auf Cultus und Unterricht. — MGWJ 10 (1861) 441-453 *(u.a. zu Kusel)*

Heilbrunn, Rudolf: Börne und das Hambacher Fest. — JbKL 18/19 (1980/81) 481-506 *(u.a. zu antijüdischen Einstellungen bei Friedrich Blaul und August Becker)*

Heimberger, Joseph: Das bayerische Judenedikt von 1813 und seine Revision. München 1907

Heimberger, Joseph: Die staatskirchenrechtliche Stellung der Israeliten in Bayern. Freiburg 1893 (2. erw. Aufl. Tübingen 1912)

Heinz, Karl/Claus-Peter Westrich: Die Deutsche Weinstraße und ihre Geschichte. Versuch einer Dokumentation. — Heimat-Jahrbuch (Bad Dürkheim) 3 (1985) 21-32 *(auch zu jüdischem Weinhandel)*

Herrmann, Hans-Walter: Die Religionspolitik König Ludwigs XIV. in den eroberten linksrheinischen Reichsgebieten. — BllPfKG 52 (1985) 17-44 *(Juden 1688 in Pfalz-Zweibrücken, Leiningen, Falkenstein)*

Herz, Reinhold: Jüdische Jugendarbeit in der Pfalz. — Bayerische Israelitische Gemeindezeitung 8 (1932) Nr. 19

Herz, Reinhold: Die Juden in der Pfalz. Philippsburg 1937. Rez. Ernst Steckelmacher: Jüdisches Gemeindeblatt für das Gebiet der Rheinpfalz 1 (1937/38) Nr. 9, Mai 1938, 2; Jüdisches Gemeindeblatt Mannheim 16 (1938) Nr. 13, 8f

Herzog, Hans: Friedhofsrecht in Rheinland-Pfalz. Diss. jur. Heidelberg 1953 *(auch zu jüd. Friedhöfen)*

Hess, Robert: Gedenkstättenführer Rheinland-Pfalz 1933-1945. Opfer des Nationalsozialismus. Hrsg. Landeszentrale für politische Bildung. Mainz 1987

Himmele, Adolf: Judenverfolgung mit Feuer und Schwert 1349. — NSZ-Rheinfront, Ausgabe Süd, 9.8.1938

Hintzen, Leo: Zur Geschichte des jüdischen Schulwesens im süddeutschen Raum. Speyer 1968 (Examensarbeit, masch.)

Hirsch, Samson Raphael: Gesammelte Schriften Bd. 2. Frankfurt 1904. (Darin S. 343-357: Kritik der Synagogen- und Gebetsordnung für die israelitischen Kultus-Gemeinden der Pfalz; S. 358-374: Rezension zu Elias Grünebaum: Israelitische Gemeinde ... 1861)

Hörmann, Karl: Die staatskirchenrechtliche Stellung der Juden in Bayern. Diss. masch. Würzburg 1925

Hoffmann, Heinrich: Geschichte als Lehrmeister. — NPfGV 1936, 65-67, 74-77, 81-83 *(antisemitisch)*

Hünerfauth, Josef: Der jüdische Parasit. — Die Westmark 6 (1938) 166 f *(antisemitisch, Rechtfertigung des Pogroms vom 9./10.11.1938)*

Immer nur aus Unkenntnis? — Zahlreiche Synagogen in der Pfalz nach dem Krieg zerstört. — Die Rheinpfalz, Ausgabe Landau, 23.11.1987

Inventar der Quellen zur Geschichte der Auswanderung 1500-1914 in den staatlichen Archiven von Rheinland-Pfalz und dem Saarland. Bearbeiter: Peter Brommer, Karl Heinz Debus, Hans-Walter Herrmann. Koblenz 1976 (Veröffentlichungen der Landesarchivverwaltung Rheinland-Pfalz Bd. 27/Schriften zur Wanderungsgeschichte der Pfälzer, Folge 35)

Inventar von Quellen zur deutschen Geschichte in Pariser Archiven und Bibliotheken. Hrsg. Wolfgang Hans Stein. Koblenz 1986 (Veröffentlichungen der Landesarchivverwaltung Rheinland-Pfalz Bd. 39) *(u.a. Organisation des israelitischen Kultus in den deutschen Departements 1790-1814)*

Israel und wir. Keren-Hajessod-Jahrbuch der jüdischen Gemeinschaft in Deutschland. Hrsg. Mendel Karger-Karin. Frankfurt. Ausgabe 1955-1965 (5715-5725) 1966, darin: Fritz Siegel: Die jüdischen Gemeinden in der Rheinpfalz früher und heute, 297-299 (außerdem 291-296); Ausgabe 1967-1970 (5727-5730) 1970, darin: 458-460: Statistik über die Juden in der Rheinpfalz (1933 und 1969)

Israelitisches Gemeindeblatt (ab Jg. 15 (1937) Nr. 15, 11.8.1937: Jüdisches Gemeindeblatt). Offizielles Organ der israelitischen Gemeinden Mannheim und Ludwigshafen. Badisches Gemeindeblatt. Mannheim/Ludwigshafen 1 (1923)-16 (1938). Ausgabe A: Alleiniges amtliches Organ der Israelitischen Gemeinden Mannheim und Ludwigshafen, mit dem die jüdischen Einwohner von Mannheim, Ludwigshafen (Pfalz) und Umgebung beliefert werden. (Ausgabe B: Amtliches Organ aller anderen jüdischen Gemeinden in Baden)

Jacobmeyer, Wolfgang: Jüdische Überlebende als »Displaced Persons«. Untersuchungen zur Besatzungspolitik in den deutschen Westzonen und zur Zuwanderung osteuropäischer Juden 1945-1947. — Geschichte und Gesellschaft 9 (1983) 331-478 *(S. 448-451: frz. Zone)*

Jewish Immigrants of the Nazi Period in the USA. Ed. Herbert A. Strauss, Vol. 3,1: Joan C. Lessing: Guide to the Oral History Collection of the Research Foundation for Jewish Immigration, New York. New York/München 1982 *(auch Juden aus der Pfalz)*

Juden als Darmstädter Bürger. Hrsg. Eckhardt G. Franz. Darmstadt 1984 *(umfangreiche Genealogien, zahlreiche Vorfahren aus der Pfalz)*

Die Juden als Soldaten. Hrsg. von dem Comite zur Abwehr antisemitischer Angriffe in Berlin. Berlin 1896 (Die Juden in Deutschland II) *(Namenslisten 1866 (3) und 1870/71 (66 Juden aus der Pfalz))*

Die Juden in der bayerischen Pfalz. — Jüdisches Volksblatt, Leipzig, 9 (1862) Nr. 2ff

Juden in Deutschland 1983 — integriert oder diskriminiert? Ein Symposion. Hrsg. Kurt E. Becker u.a. Landau 1983 (Frankenthaler Gespräche 1983)

Juden in der Provinz. Beiträge zur Geschichte der Juden in der Pfalz zwischen Emanzipation und Vernichtung. Hrsg. Alfred Hans Kuby. Neustadt/W. 1988

Judeneid — Der israelitische Lehrer, 1862, 91 *(Bericht)*

Die Judenfeindlichkeit der Presse in Baiern. — Der Orient 4 (1843) 61-64

Judenverordnung in der Pfalz vor 100 Jahren. — Unsere Heimat 1 (1935/36) 222

Die jüdischen Gefallenen des deutschen Heeres, der deutschen Marine und der deutschen Schutztruppen 1914-1918. Ein Gedenkbuch. Hrsg. Reichsbund Jüdischer Frontsoldaten. Berlin 1932 (mit Nachträgen und Berichtigungen 1933)

Die jüdischen Gemeinden und Vereine in Deutschland. (Verf. Jakob Thon). Berlin 1906 (Veröffentlichungen des Bureaus für Statistik der Juden H. 3) *(zahlreiche, auch vergleichende Informationen zu Gemeindegrößen, religiösen Einrichtungen, Vereinen und bes. zu Besteuerungs- und Finanzverhältnissen; einzelne Angaben zu Kaiserslautern, Landau, Ludwigshafen, Pirmasens, Speyer)*

Jüdisches Gemeindeblatt für das Gebiet der Rheinpfalz. Organ des Verbandes der israelitischen Kultusgemeinden der Pfalz. Hrsg. Kurt Metzger. Philippsburg 1 (1937/38) Nr. 1-12; 2 (1938) Nr. 1-3 (September-November).

Jüdisches Leben in Deutschland. 3 Bde. Hrsg. Monika Richarz. Stuttgart 1976, 1979, 1982.

> Bd. 1: Selbstzeugnisse zur Sozialgeschichte 1780-1871. *(bes. S. 137-139: Isaak Kuhn, Bissersheim/Dürkheim/Frankenthal; S. 377-391: Caesar Seligmann, Landau/Kaiserslautern)*

> Bd. 2: Selbstzeugnisse zur Sozialgeschichte im Kaiserreich. *(bes. S. 339-346: Philippine Landau, Worms)*

> Bd. 3: Selbstzeugnisse zur Sozialgeschichte 1918-1945. *(bes. S. 346-357: Alfred Schwerin, Pirmasens/Ludwigshafen/Dahn/Dachau; S. 388-393: Miriam Gerber, Gurs)*

Jüdisches Vermögen in der Pfalz. — Pfälzische Presse, Kaiserslautern, 24.11.1938

Jüdische Wuchertänze vor 120 Jahren in der Südpfalz. — NSZ-Rheinfront, Ausgabe Süd, 8.6.1938

Käufer, Ernst: Judenabwehr in der Pfalz 1847. — Heimatblätter für Ludwigshafen und Umgebung 26 (1937) Nr. 17

Kahn, Fritz: Die israelitischen Religionsgemeinschaften im Deutschen Reich, ihre staatskirchenrechtliche Stellung im allgemeinen und ihre Verfassungen in den Grundzügen. Mit besonderer Berücksichtigung Bayerns. Diss. Erlangen 1919

Kaiser, R.: Die Judenfrage in der »Kaiserlichen Reichsgrafschaft Falkenstein«. — NPfGV 1937, 50f

Kaufmann-Levy, Carola: »Judensachen« aus dem fürstlich-leiningischen Archiv in Amorbach. — Der Wormsgau 9 (1970/71) 48-53

Kauw, Emil: Das Finanzwesen der Kurpfalz am Ausgang des 16. Jahrhunderts mit besonderer Berücksichtigung der Ämter. Köln 1914 (Diss. Bonn) *(Judengeleit)*

Kermann, Joachim: Die Anfänge des Sparkassenwesens in der Pfalz. — MHVPf 77 (1979) 269-318 *(u.a. Stellvieh, 19. Jh.)*

Kisch, Guido: Forschungen zur Rechts- und Sozialgeschichte der Juden in Deutschland während des Mittelalters. Zürich 1955 (engl. 2. A. 1970)

Klar, Hugo: Der Jude in der Volkskunde unserer Heimat. — Mitteilungen des Vereins für Heimatkunde im Landesteil Birkenfeld 9 (1935) 57-60

Klein, Hanns: Veit Zöllers »Verzeichnis der wegen Hochverraths in dem Verwahrungshause zu Zweibrücken verwahrten Personen« vom Jahre 1849. Nach der handschriftlich ergänzten Fassung im Stadtarchiv Zweibrücken. — ZGSaarg 31 (1983) 19-70 *(Dreifuhs, Edenkoben; Lazarus, Frankenthal; Moses, Speyer)*

Klöfer, Franz: Juden in der Pfalz. — Der Pfälzer. Wochenzeitung für christliche Politik und Kultur 7 (1957) Nr. 13 vom 22.3.1957 *(1945-1957; von etwa 1500 Personen sind 1957 270 Mitglieder der jüdischen Gemeinde.)*

Kober, Adolf: Jewish Communities in Germany from the Age of Enlightenment to Their Destruction by the Nazis. — Jewish Social Studies 9 (1947) 195-238

Kober, Adolf: Jewish Preaching and Preachers. A Contribution to the History of the Jewish Sermon in Germany and America. — HistJud 7 (1945) 103-134 *(u.a. B. Felsenthal, C. Seligmann)*

Kober, Adolf: Jews in the Revolution 1848 in Germany. — Jewish Social Studies 10 (1948) 135-164

(Konzession) Kurfürst Karl Theodor von der Pfalz erneuert die Konzession für die kurpfälzischen Juden. Mannheim, 7.8.1744. Mannheim 1744 *(Abdruck: DGJB Bd. 1, S. 38-42)*. Erläuterung zu der am 4. August 1744 erlassenen Konzession für die Landjudenschaft in der Kurpfalz. Mannheim 1765 *(Abdruck: DGJB Bd. 1, S. 43-51)*. Erlaß der kurpfälzischen Regierung an die einzelnen Oberämter betr. Ergänzung und Abänderung der 1765 erfolgten Erläuterung der Landjudenkonzession von 1744. Mannheim 1784 *(Abdruck: DGJB Bd. 1, S. 63-66)*.

Kotzur, Hans-Jürgen: Forschungen zum Leben und Werk des Architekten August von Voit. Diss. Heidelberg 1977 *(zu den Synagogen in Albersweiler, Herxheim, Ingenheim, Kallstadt, Kirchheimbolanden, Rülzheim, Speyer)*

Kristek, Elfriede: Bauernlage und Bauernnot in der Grafschaft Leiningen 1400-1525. Kaiserslautern 1941 (4. Beiheft zu den Westmärkischen Abhandlungen zur Landes- und Volksforschung) *(S. 93-97: Verhältnis der Bauern zu den Juden)*

Kronenberger, Friedrich L.: Die jüdischen Vieh- und Pferdehändler im Birkenfelder Land und in Gemeinden des Hunsrücks. Birkenfeld 1983 (Schriftenreihe der Kreisvolkshochschule Birkenfeld Bd. 8)

Kuby, Alfred Hans: Die Pfarreien im Jahre 1790, Teil III: Jüdische Gemeinden um 1790. Text zum Pfalzatlas, Karte 75. — Pfalzatlas, Textband II, Speyer 1971 (1974), 828-833 (mit bes. Karte: Juden im 18. Jahrhundert)

Kuch, F.: Die konfessionellen Minderheiten im Jahre 1961. Ergebnisse der Volkszählung 1961. — Statistische Monatshefte Rheinland-Pfalz 17 (1964) 286-290

Küther, Carsten: Räuber und Gauner in Deutschland. Das organisierte Bandenwesen im 18. und 19. Jahrhundert. Göttingen 2. A. 1987 (Kritische Studien zur Geschichtswissenschaft Bd. 20)

Kukatzki, Bernhard: »Dies ist das Tor des Herrn ... « Dorfsynagogen in der Vorderpfalz. — Die Pfalz am Rhein 1986, H. 9, 30f *(Kallstadt, Rülzheim, Weisenheim am Berg)*

Kukatzki, Bernhard: Dorfsynagogen in der Pfalz. Eine Bestandsaufnahme erhaltener Synagogengebäude. Schifferstadt 1985. 2. erw. Aufl. 1986

Landsberger, J.: Politische Bestrebungen einiger Juden der Kurpfalz in der 2. Hälfte des 16. Jahrhunderts. — MGWJ 32 (1883) 379-384

Lease, Gary: Salomon Ludwig Steinheim's Influence: Hans Joachim Schoeps, a Case Study. — LBI YB 29 (1984) 383-402 *(Elias Grünebaum und Steinheim)*

Lehmann, Johann Georg: Die Mündigerklärung der Israeliten im teutschen Völkerbunde und die Einsetzung derselben in alle bürgerlichen und staatlichen Rechte. Eine Denkschrift an die Mitglieder der hohen teutschen Reichsversammlung in Frankfurt am Main. Vorwort Gabriel Riesser. Landau 1849

Lehne, Friedrich: Historisch-statistisches Jahrbuch des Departements vom Donnersberge für das Jahr 10 der fränkischen Republik *(1801/02)*. Mainz 1801 *(Bevölkerungstabelle 1801)*

Lewinsky, A.: Ein Brief der pfälzischen Gemeindevorsteher an David Oppenheim. — Blätter für jüdische Geschichte und Literatur (Beilage zu »Der Israelit«) 2 (1901) 62-65

Lilienthal, S.: Mit jüdischen Augen durch deutsche Lande. — Israelitisches Familienblatt (1930) Nr. 23, 28-31

Lilienthal, S.: Zur Geschichte der Pfälzer Juden. — MGWJ 75 (1931) 467

Lillig, Karl: Rechtsetzung im Herzogtum Pfalz-Zweibrücken während des 18. Jahrhunderts. Ein Beitrag zur Geschichte der territorialen Rechtsbildung. Frankfurt 1985 (Rechtshistorische Reihe Bd. 44)

Liste de MM. les députés de la nation juive, convoqués à Paris par ordre de Sa Majesté L'Empereur et Roi. Paris 1806 *(S. 11, aus dem Departement Donnersberg: Aaron Friedberg, Bingen; Benjamin (Jacob), Mainz; Herz-Loep-Lorech, Mainz; Herz Oppenheim, Zweibrücken; Jacob Herz, Rathskirchen; Jacob Lazard, Otterberg; Joseph Bloch, Homburg; Moise Kauffmann, Neu-Leiningen)*

Löwenstein, Leopold: Geschichte der Juden in der Kurpfalz. Frankfurt 1895 (Beiträge zur Geschichte der Juden in Deutschland Bd. 1) *(grundlegendes Werk über die Zeit 1225-1803)*

Löwenstein, Steven M.: Voluntary and Involuntary Limitation of Fertility in Nineteenth Century Bavarian Jewry. — Modern Jewish Fertility. Ed. Paul Ritterband. Leiden 1981 (Studies in Judaism in Modern Times 1), 94-111

Machtergreifung 1933 — Vor 50 Jahren in Rheinhessen-Pfalz. Ausstellung Historisches Museum der Pfalz. Handreichung. Speyer 1983

Maimon, Arye: Tagungen von Judenschaften in Westdeutschland im frühen 16. Jahrhundert. — JbWestdtLG 5 (1979) 71-82

Mang, Ludwig/Theodor Zink: Das Wirtschaftsleben der Pfalz in Vergangenheit und Gegenwart. München 1911 *(passim)*

Mannheimer, Moses: Die Judenverfolgungen in Speyer, Worms und Mainz im Jahre 1096 während des ersten Kreuzzuges. Darmstadt 1877

Maor, Harry: Über den Wiederaufbau der jüdischen Gemeinden in Deutschland seit 1945. Diss. Mainz 1961 *(zur Pfalz passim)*

Martin, Michael: Emigration und Nationalgüterveräußerungen im pfälzischen Teil des Départements du Bas-Rhin. Diss. Mainz 1981 *(u.a. S. 157-162: Juden als Käufer von Nationalgütern; 69 jüdische unter insgesamt 3 534 Emigranten; bes. Bergzabern, Billigheim, Essingen, Ingenheim, Landau, Niederhochstadt, Rülzheim)*

Das Martyrologium des Nürnberger Memorbuches. Hrsg. Siegmund Salfeld. Berlin 1898 (Quellen zur Geschichte der Juden in Deutschland Bd. 3)

Marx, Roland: La Révolution et les classes sociales en Basse-Alsace. Structures agraires et vents des biens nationaux. Paris 1974 *(Juden in verschiedenen Orten der südlichen Vorderpfalz)*

Mathy, Helmut: Französische Judenpolitik am Mittelrhein. — Lebendiges Rheinland-Pfalz 19 (1982) 19-25 *(Departement Donnersberg)*

Mathy, Helmut: Jeanbon St. André in Mainz (1802-1813). Ein Beitrag zur napoleonischen Rheinpolitik. — Mitteilungsblatt zur rheinhessischen Landesgeschichte 13 (1964) 146-161 *(relativ tolerante Einstellung zu den Juden des Departements)*

Mayer, Julius Lehmann: Drei kurpfälzische Hoffaktoren. Aus den Erinnerungen von J. L. Mayer, hrsg. von Paul R. Hirsch. — Mannheimer Geschichtsblätter 23 (1922) 7-13, 35-42

Meyer, Michael A.: Response to Modernity. New York 1988 *(Geschichte der jüdischen Reformbewegung; Liberales Judentum in Deutschland)*

Mitteilungen des Israelitischen Lehrervereins für Bayern. *(ab 1930:)* Mitteilungen des Jüdischen Lehrervereins für Bayern. München 1923-1933

Moersch, Karl: Geschichte der Pfalz von den Anfängen bis ins 19. Jahrhundert. Landau 1987 *(Juden im MA, bes. in Speyer)*

Mörz, Stefan: Verwaltungsstruktur der Kurpfalz zum Zeitpunkt des bayrischen Erbfalls. — MHVPf 84 (1986) 403-465 *(1777: Judenschutzbriefe, Judengeleitgeld)*

Moldenhauer, Rüdiger: Jewish Petitions to the German National Assembly in Frankfurt 1848/49. — LBI YB 16 (1971) 185-223 *(kommentierter Abdruck der Petition für die Emanzipation der Juden von Pfarrer J.G. Lehmann, Nußdorf)*

Moldenhauer, Rüdiger: Die jüdischen Petitionen an die Deutsche Nationalversammlung in Frankfurt am Main 1848/49. — Archiv für Frankfurts Geschichte und Kunst, Heft 54, 1974, 177-208 *(u.a. zu J.G. Lehmann)*

Mone, Franz Joseph: Über die Juden vom 13.-16. Jahrhundert in Württemberg, Baden, Bayern, Hessen und Nassau. — ZGO 9 (1858) 257-282 *(u.a. Speyer)*

Monumenta Judaica. 2000 Jahre Geschichte und Kultur der Juden am Rhein, Handbuch und Katalog. Hrsg. Konrad Schilling. Köln 1963, 2. verb. Aufl. 1964 *(zahlreiche und grundlegende Aufsätze auch zu Juden in der Pfalz, bes. in Speyer)*

Müller, Adolf: Die Grundlagen der pfälzischen Landwirtschaft und die Entwicklung ihrer Produktion im 19. Jahrhundert bis zur Gegenwart. Diss. jur. Würzburg 1912 *(zu Wucher-Krediten)*

Müller, Emil: Israelitische Volksschulen. — Nordpfälzer Geschichtsblätter 11 (1914) 39f *(Winnweiler, Münchweiler/A., Sembach, Steinbach a.D.)*

Müller, Michael: Säkularisation und Grundbesitz. Zur Sozialgeschichte des Saar-Mosel-Raumes 1794-1813. Boppard 1980 (Forschungen zur deutschen Sozialgeschichte Bd. 3)

Müller, Samuel: Der Weg in die jüdische Neuzeit. Jüdische Geschichte von Moses Mendelssohn bis zur Gegenwart in Charakterbildern dargestellt. Ludwigshafen 1936 *(erschienen im Verlag der »Jüdischen Schulzeitung«)*

Mutius, Hans-Georg von: Rechtsentscheide rheinischer Rabbiner vor dem ersten Kreuzzug. Quellen über die sozialen und wirtschaftlichen Beziehungen zwischen Juden und Christen. Frankfurt 1984/85 (Judentum und Umwelt Bd. 13)

Ney, Wilhelm: Bemerkungen über die gegenwärtigen Verhältnisse der Israeliten in Baiern. München 1822

Noch 700 Juden leben in Rheinland-Pfalz. — Die Rheinpfalz, 10.1.1984 *(Rabbiner Dr. M. Ydit, Tagung zu »Juden in der Pfalz«)*

Ottenheimer, Hilde: The Disappearance of Jewish Communities in Germany, 1900-1938. — Jewish Social Studies 3 (1941) 189-206

Paul, Roland: Auswanderung und Emigration aus der Pfalz vom 19. bis Mitte des 20. Jahrhunderts. — 300 Jahre Pfälzer in Amerika — 300 Years Palatines in America. Hrsg. Roland Paul. Landau 1983, 62-80

Die pfälzischen Juden zur Zeit Carl Theodors. — NSZ-Rheinfront, Ausgabe Ludwigshafen, 16.9.1938

Plaut, W. Gunther: The Growth of Reform Judaism. American an European Sources until 1948. New York 1965 *(u.a. zu B. Felsenthal und C. Seligmann)*

Pöhlmann, Karl: Einiges über Viehzucht und Viehhandel in der Nordpfalz zu Ende des 18. Jahrhunderts. — Nordpfälzer Geschichtsblätter 1 (1904) 9-20

Puvogel, Ulrike: Gedenkstätten für die Opfer des Nationalsozialismus. Eine Dokumentation. Bonn 1987 (Schriftenreihe der Bundeszentrale für politische Bildung Bd. 245)

Range, Helmut: Ludwig Levy — ein bedeutender Architekt des Historismus in Südwest-Deutschland. — Festschrift Martin Graßnick aus Anlaß der Vollendung seines 70. Geburtstages. Hrsg. Fachbereich Architektur/Raum- und Umweltplanung/Bauingenieurwesen der Universität Kaiserslautern. Kaiserslautern 1987, 117-128

Rapp, Eugen Ludwig: Epitaphe für jüdische Glaubenszeugen der Rheinstädte im Mittelalter. — BllPfKG 37/38 (1970/71) 5-20 *(Speyer)*

Rapp, Eugen Ludwig/Otto Böcher: Die mittelalterlichen Epitaphien des Rheingebiets. — Mainzer Zeitschrift 56/57 (1961/62) 155-182 *(umfangreiche Literaturangaben)*

Rechenschafts-Bericht des Israelitischen Kreis-Asyl-Vereins für die Pfalz. Speyer 1909 (für 1908/09)

Reichholt, Hartmut: Dr. jur. David Morgenstern. — Nachrichten für den jüdischen Bürger Fürths, September 1983, 15-18 *(bes. zu 1832 und 1849)*

Die Reichskristallnacht in Deutschland nach Augenzeugenberichten. Hrsg. Herbert Schultheis. Bad Neustadt a. d. Saale 1986 (Bad Neustädter Beiträge zur Geschichte und Heimatkunde Frankens Bd. 3) *(zu pfälzischen Orten mit zahlreichen Fehlern)*

Reinfrank, Arno: Die Totgesagten. Moderne jüdische Schicksalsdichtung. München 1973 *(Lyriker, auch Mundart-Autor, geb. 1934 in Mannheim, lebt in London; Bezug mancher Texte auf die Pfalz)*

Reissner, Hans Guenter: The German-American Jews (1800-1850). — LBI YB 10 (1965) 57-116

Resmini, Bertram: Juden am Mittelrhein im 16. Jahrhundert. — JbWestdtLG 7 (1981) 75-104

Reuter, Alfred: Der Merkantilismus im Herzogtum Pfalz-Zweibrücken. Die wirtschaftliche Bedeutung eines deutschen Kleinstaates in der zweiten Hälfte des 18. Jahrhunderts. Diss. Frankfurt 1931 *(Juden 1757, 1772)*

Riehl, Wilhelm Heinrich: Die Pfälzer, Ein rheinisches Volksbild. Stuttgart 1857/ND Neustadt/W. 1973; Abdruck der Aussagen über Juden (S. 375), versehen mit einer kritischen Vorbemerkung, in: Jüdisches Volksblatt 9 (1862) 8,10

Rosenberg, Emil: Zur Bevölkerungsbewegung der Juden in der Pfalz. — Jüdisches Gemeindeblatt für das Gebiet der Rheinpfalz 1 (1937/38) Nr. 2, 2; 2 (1938) Nr. 3,1f

Rosenthal, Berthold: Der Mannheimer Rabbiner Isaak Brilin (1671-1678). — Israelitisches Gemeindeblatt 10 (1932) Nr. 8, 6-10 *(ab 1675 zuständig für die Kurpfalz)*

Rosenthal, Berthold: Eine Wucherenquête in der Kurpfalz. — MGWJ 79 (1935) 443-450

Rothenberger, Karl-Heinz: Aus der nationalsozialistischen Zeit der Pfalz. — Pfälzische Landeskunde. Hrsg. Michael Geiger u.a. Landau 1981, Bd. 3, 350-369

Rothenberger, Karl-Heinz: Die nationalsozialistische Machtübernahme in der Südpfalz (Januar-November 1933). — ZGO 132 (1984) 305-342 *(u.a. zum 1.4.1933; bes. Landau)*

Rothschild, Leopold: Die Judengemeinden zu Mainz, Speyer und Worms von 1349 bis 1438. Berlin 1904

Rothschild, Samson: Samuel Levy. Ein Wormser Rabbiner aus der zweiten Hälfte des 18. Jahrhunderts, Mitglied des Pariser Sanhedrin. — Vom Rhein 12 (1913) 15-16, 21-22

Sallis-Freudenthal, Margarete: Ich habe mein Land gefunden. Frankfurt 1977. Auszug: Jüdische Kindheit in Speyer und Edenkoben. — PfH 30 (1979) 30-34

Sammlung der Hochfürstlichen-Speierischen Gesetze und Landesverordnungen, vier Theile. Bruchsal 1788

Schaufuß, Hans: Die Judengeleits-Verordnungen im Fürstentum Pfalz-Zweibrücken von 1596. — Pfälzische Heimatblätter (Beilage zur Rheinpfalz) 14 (1966) 23

Scherer, Egon W.: Als die Synagogen brannten. Beginn der offenen Judenverfolgung — Pogrome auch in der Pfalz. — Die Rheinpfalz, 8.11.1978

Scherer, Karl: Schicksale pfälzischer Auswanderer des 19. Jahrhunderts. — Die Pfalz am Rhein 1983, H. 5, 8-12 *(u.a. Juden aus Friedelsheim und Mehlingen)*

Scheyer, Herz David: Rede am Dank- und Freudenfeste der Mainzer Jüdischen Gemeinde bei Gelegenheit des Aufenthaltes unseres theuersten allergnädigsten Kaisers Napoleon in Mainz. Mainz 1804 *(Rede des Groß-Rabbiners, auch frz. »Sermon ...« und hebr. »Amidah ...«)*

Schichtel, Peter: Das Recht des zünftigen Handwerks im Herzogtum Pfalz-Zweibrücken während des 18. Jahrhunderts. Ein Beitrag zum Gewerberecht eines deutschen Kleinstaates gegen Ende des Ancien Régime. Berlin 1986 (Schriften zur Rechtsgeschichte H. 37) *(Krämerzunft, Viehhandel)*

Schindlmayr, Eva: Quellen zur Geschichte der Juden im Landesarchiv Speyer. — Das Landesarchiv Speyer. Festschrift zur Übergabe des Neubaues. Hrsg. Karl Heinz Debus. Koblenz 1987 (Veröffentlichungen der Landesarchivverwaltung Rheinland-Pfalz Bd. 40), 192-194

Schmelz, Usiel O.: Die demographische Entwicklung der Juden in Deutschland von der Mitte des 19. Jahrhunderts bis 1933. — Zeitschrift für Bevölkerungswissenschaft 8 (1982) 31-72 *(mit Bibliographie)*

Schmid, Johann: Die baierische Judenpolitik unter dem Ministerium Montgelas. Nürnberg 1920

Schnee, Heinrich: die Hoffinanz und der moderne Staat. Geschichte und System der Hoffaktoren an deutschen Fürstenhöfen im Zeitalter des Absolutismus. Bd. 4, Berlin 1963 *(S. 178-187: Pfälzer Hoffaktoren; S. 213-241: Familie Seligmann-Eichthal; Bereits in: Archiv für Kulturgeschichte 43 (1961) 62-99; Zeitschrift für bayerische Landesgeschichte 25 (1962) 163-201)*

Schneider, Erich: Die Revolutionszeit in der Rheinpfalz im Spiegel zeitgenössischer politischer Lyrik und Prosa. — MHVPf 79 (1981) 325-359 *(u.a. zu Juden in Mainz 1794)*

Schoeps, Julius H.: An der Seite der Unterdrückten. Ludwig Kalisch (1814-1882) im Vormärz, in der Revolution von 1848 und im französischen Exil. — Juden im Vormärz und in der Revolution von 1848. Hrsg. Walter Grab/Julius H. Schoeps. Stuttgart 1983, 331-351 *(bes. zu Kaiserslautern)*

Schreckenberg, Heinz: Die christlichen Adversus-Judaeos-Texte und ihr literarisches und historisches Umfeld (1.-11. Jh.). Frankfurt 1982 (Europäische Hochschulschriften, Reihe 23, Bd. 172) *(u.a. S. 557-559 zu Rüdiger von Speyer, 1084)*

Schumacher, Georg: Die Emanzipation der pfälzischen Juden in der ersten Hälfte des 19. Jahrhunderts. Diplomarbeit (masch.) Univ. Mannheim 1987

Schwartz, P.: Berufsgliederung der Juden in Bayern. — Bayerische Israelitische Gemeindezeitung, 1930, Nr. 4 vom 15.2.1930, 8

Schwarz, Karl: Die graphischen Künste. — Menorah 6 (1928) 365-367 *(zu Meyer Chaym, Landau 16. Jh.; L. Dick, Kaiserslautern 1816-1854)*

Schwarz, Stefan: Die Juden in Bayern im Wandel der Zeiten. München 1963/ND 1980 *(Literaturverzeichnis, bes. auch zur Geschichte der Juden im rechtsrheinischen Bayern im 19. Jh.)*

Schwarzfuchs, Simon: Napoleon, the Jews and the Sanhedrin. London 1979

Seligmann, Caesar: Erinnerungen. Frankfurt 1975 *(Jüdisches Leben in der Pfalz, bes. in Landau und Kaiserslautern; 19. und 20. Jahrhundert)*

Seligmann, Caesar: Geschichte der jüdischen Reformbewegung. Frankfurt 1922

Springer, Max: Die Franzosenherrschaft in der Pfalz 1792-1814. Berlin 1926

Spuren jüdischer Synagogen. — Tagespost, Speyer, 5.2.1987 *(über verschiedene pfälzische Synagogen)*

Steinmetz, Heinrich: Das linksseitige Rheingebiet unter der Herrschaft der Franzosen 1792-1813. Unter besonderer Berücksicntigung des Donnersberg-Departements. Alsenz 1913 *(S. 81f: Jüdischer Kultus)*

Stern, Moritz: Die israelitische Bevölkerung der deutschen Städte Bd. 7: Worms, Heft 1: Die Reichsrabbiner des 15. und 16. Jahrhunderts. Berlin 1937 *(u.a. Kurpfalz, Landau)*

Stern, Moritz: König Ruprecht von der Pfalz in seinen Beziehungen zu den Juden. Kiel 1898

Stern, Selma: Josel von Rosheim. München 1959

Stern, Selma: Der preußische Staat und die Juden. 3 Teile in 7 Bdn. Tübingen 1962-1975 (LBI SWA Bde. 7, 8, 24, 32) *(passim)*

Strauss, Elias: Grundsätze für eine neue gesetzliche Regelung der Verhältnisse der jüdischen Religionsgesellschaft in Bayern. München 1909

Strauß, Emil: Schinderhannes und die Musikanten in seinem Umkreis. Ein Beitrag zur mittelrheinischen Musik- und Sozialgeschichte. — JbKL 16/17 (1978/79) 124-132 *(u.a. »Judenmusikanten« aus Gemünden)*

Stürzenacker, A.: Architekt Ludwig Levy. — Badische Biographien Bd. 6, 1901-1910, Karlsruhe 1935, 421-423

Stuhlmüller, Karl: Vollständige Nachrichten über eine polizeyliche Untersuchung gegen jüdische, durch ganz Deutschland und dessen Nachbarstaaten verbreitete Gaunerbanden. o.O. 1825 *(u.a. zu Juden aus Carlsberg)*

Süss, Edgar: Die Pfälzer im »Schwarzen Buch«. Heidelberg 1956 *(M. Hatry, L. Herz)*

Szajkowski, Zosa: Agricultural Credit and Napoleon's Anti-Jewish Decrees. New York 1953

Szajkowski, Zosa: Jews and the French Revolutions of 1789, 1830 and 1848. New York 1970

Szajkowski, Zosa: Judaica-Napoleonica. A Bibliography of Books, Pamphlets and Printed Documents, 1801-1815. — Studies in Bibliography and Booklore Bd. 2, Nr. 9, Cincinnati 1956, 107-152 *(Von den zahlreichen Kleinschriften sind in diese Bibliographie, Teil C, diejenigen aufgenommen, die in der Pfalz bzw. in Mainz erschienen sind bzw. sich näher mit den Juden im Departement Donnersberg befassen.)*

Tama, Diogène: Collection des actes de l'Assemblée des Israélites de France et du Royaume d'Italie, convoquée à Paris par décret de Sa Majesté Impériale et Royale, du 30 mai 1806. Paris 1807

Tama, Diogène: Collection des procès-verbaux et décisions du grand Sanhédrin, convoqué à Paris, par ordre de Sa Majesté l'Empereur et Roi, dans les mois de février et mars 1807. Paris 1807

Thon, Jakob: Besteuerungs- und Finanzverhältnisse der jüdischen Gemeinden in Deutschland. — Zeitschrift für Demographie und Statistik der Juden 3 (1907) 17-24 *(u.a. zu Hagenbach, Kaiserslautern, Landau, Ludwigshafen, Speyer)*

Thon, Jakob: Die Bewegung der jüdischen Bevölkerung in Bayern seit dem Jahre 1876. — Zeitschrift für Demographie und Statistik der Juden 1 (1905) H. 8, 6-9

Die Toleranz. Eine pfälzische Anekdote. — Patriotisches Archiv für Deutschland. Hrsg. F. K. von Moser, Bd. 2, 1784, 559-560

Toury, Jacob: Der Anteil der Juden an der städtischen Selbstverwaltung im vormärzlichen Deutschland. — LBI B 6 (1963) 265-286

Toury, Jacob: Jewish Manual Labour and Emigration. Records from Some Bavarian Districts (1830-1857). — LBI YB 16 (1971) 45-62

Toury, Jacob: Soziale und politische Geschichte der Juden in Deutschland 1847-1871. Düsseldorf 1977 *(u.a. S. 369 f: Neustadt/W.)*

Toury, Jacob: Types of Jewish Municipal Rights in German Townships. — LBI YB 22 (1977) 55-80 *(Aron Seeligmann 1799; Bayern 19. Jh.)*

Toussaint, Ingo: Die Grafen von Leiningen. Studien zur leiningischen Genealogie und Territorialgeschichte bis zur Teilung von 1317/18. Sigmaringen 1982 *(bes. zu »Emich(o) von Leiningen« d.h. von Flonheim, 1096)* Rez. Hans-Martin Maurer: ZGO 131 (1983) 514 f; Heinz Thomas: ZHF 12 (1985) 229-231

Die traditionellen Synagogengesänge. Hrsg. N.H. Katz/Lazarus Waldbott. Bd. 1, Brilon 1868 *(L. Waldbott, Lehrer in Oberlustadt)*

Transier, Werner: Neuerworbene jüdische Kultgeräte im Historischen Museum der Pfalz. — PfH 37 (1986) 180-184; auch als Sonderdruck: Neu im Historischen Museum der Pfalz 1

Untertanenliste des Herzogtums Pfalz-Zweibrücken aus den Huldigungsprotokollen des Jahres 1776. Bearbeitet von Karl Schaaff. Ludwigshafen 1977 (Schriften zur Bevölkerungsgeschichte der pfälzischen Lande Folge 6) *(Juden in Albersweiler, Altenbamberg, Altenglan, Bergzabern, Bosenbach, Dielkirchen, Eßweiler, Homburg, Ilbesheim (bei Landau), Konken, Niederhorbach, Niederkirchen (Ostertal), Obermoschel, Odenbach, Rinnthal, Ulmet, Waldgrehweiler, Zweibrücken; außerdem in Medard, Meisenheim, Pfeffelbach, Thallichtenberg)*

Die Verhältnisse der israelitischen Kultusgemeinden in Bayern nach dem Stande des Jahres 1907. — Zeitschrift des Kgl. Bayerischen Statistischen Landesamtes 42 (1910) 448-459

Vorläufiger Abschluß der Arisierung im Gau Saarpfalz. — Pfälzische Presse, Kaiserslautern, 19.2.1938

Waldbott, Leo: Das israelitische Altersheim für die Pfalz e.V. Sein Werden und Bestehen. Manuskript Speyer 1937 (zit. nach Reinhold Herz, Juden in der Pfalz, 1937)

Wassermann, Rudolf: Die Entwicklung der jüdischen Bevölkerung in Bayern im 19. Jahrhundert. — Zeitschrift für Demographie und Statistik der Juden 1 (1905) H. 11, 11-13

Weber, Friedrich Wilhelm: Die Geschichte der pfälzischen Mühlen besonderer Art. Otterbach 1981 *(S. 390: Jüdische Ölhändler 1789-1820)*

Weckerle, Ferdinand: Judenemanzipationsbestrebungen unter den ersten Königen von Bayern. München 1939

Weech, F. von: Kurfürst Karl Philipps Freiheitsbrief für die Judenschaft in den pfälzischen Landen (1733). — ZGO 23 (1871) 165ff

Weech, F. von: Schirm- und Geleitbriefe des Kurfürsten Karl Ludwig für die in Kurpfalz wohnenden oder sich dort zeitweise aufhaltenden Juden (1650-1673). — ZGO 23 (1871)159ff

Weiner-Odenheimer, Paula: Die Berufe der Juden in Bayern. Berlin 1918 (Veröffentlichungen des Büros für die Statistik der Juden H. 10)

Weintz, Karl R.: Die Ansicht eines früheren Staatsrechtslehrers war: »Daß der Jud dem Staat gefährlich seye.« Ein kleiner Beilage zur Geschichte des Antisemitismus in der Pfalz. — Die Kunkelstube (Beilage zur NSZ-Rheinfront) 1933, Beilage vom 25.3.1933

Weiß, Gerhard: Heinrich Heines »Hambach-Artikel« aus den »Französischen Zuständen« (1832). Geschichtliche Aktion und literarische Reaktion. — JbKL 18/19 (1980/81) 597-606

Wenz, Fritz: Judenverordnung in der Pfalz vor 100 Jahren. — Unsere Heimat 1 (1935/36) 222 *(1814 Eheverbot zwischen Juden und Christen)*

Werner, Elmar: Ludwig Börne und das Hambacher Fest. — Die Rheinpfalz, Ausgabe Ludwigshafen, 18 (1962) Nr. 31 vom 6.2.1962

Werner, Rudolf: Die Nationalgüter im Departement Donnersberg. Diss. masch. Heidelberg 1922

Wertheimer, Rudolf: Der Hetzboykott. Einige Gedanken zum Boykott-Problem. Mit einem Vorwort und unter Mitarbeit von Erich Kehr. Wiesbaden 1931 *(Stellungnahme auch zum rassistischen Boykott, Verfasser aus Zweibrücken und Kaiserslautern)*

Westrich, Klaus-Peter: Auf den Spuren mittelalterlicher jüdischer Siedlungen im Bereich der alten Handelsstraße von Metz nach Worms. — Heimatkalender (Kaiserslautern) 1970, 73-75

Wiener, Meir: Geschichte der Juden in der Stadt und Diözese Speyer. — MGWJ 12 (1863) 161-177, 255-268, 297-310, 417-431, 454-466

Wille, Jakob/Gustav Christ: Judenordnung des Kurfürsten Karl Ludwig vom 16. April 1662. — Mannheimer Geschichtsblätter 18 (1917) 34-39

Wolf, Gottfried *(= Georg Ratzinger)*: Das Judentum in Bayern. München 1897

Wolfanger, Dieter: Die nationalsozialistische Politik in Lothringen (1940-1945). Diss. Saarbrücken 1977 *(u.a. zu Bürckels Haltung in der Judenfrage)*

Der Wucher auf dem Lande in der bayerischen Rheinpfalz. Bericht des Advokatanwalts Mahla aus Landau. — Der Wucher auf dem Lande. Berichte und Gutachten, veröffentlicht vom Verein für Socialpolitik. Leipzig 1887, 113-119

Ziegler, Hans: Das Gefängniswesen in der Pfalz 1800-1862. — MHVPf 62 (1964) 87-144 *(bes. Behandlung von Juden)*

Ziegler, Hans/Anton Doll: Das pfälzische Notariat im 19. Jahrhundert. Mit einem Verzeichnis der Notare. — MHVPf 81 (1983) 407-485 *(auch jüdische Notare)*

Ziegler, Hans: Der Anteil Pfälzer Richter und Staatsanwälte am pfälzischen Aufstand 1848/49. Ihre Maßregelung in der Zeit der Reaktion. — JbKL 22/23 (1984/85) 253-298 *(u.a. zu Gottlieb Ludolf Loeb und Karl Alexander Hecht)*

Ziegler, Hans: Die Gefängnisseelsorge in der Pfalz. Im vergangenen Jahrhundert. — Pfälzische Heimatblätter (Beilage zur Rheinpfalz) 12 (1964) 84-87 *(Gefangenenseelsorge für Israeliten erst ab 1862 gleichberechtigt; konfessionelle Gliederung der Strafgefangenen 1854-58)*

Zimmermann, Volker: Die Entwicklung des Judeneids. Untersuchungen und Texte zur rechtlichen und sozialen Stellung der Juden im Mittelalter. Frankfurt 1973 (Europäische Hochschulschriften, Reihe 1, Bd. 56) *(S. 244-257: Kurpfalz 18. Jh.)*

Zunz, Leopold: Literaturgeschichte der synagogalen Poesie. Berlin 1865/ND Hildesheim 1966 *(auch zu Juden aus Speyer und Kaiserslautern im Mittelalter)*

Zur Geschichte der Juden im Deutschland des späten Mittelalters und der frühen Neuzeit. Hrsg. Alfred Haverkamp. Stuttgart 1981 (Monographien zur Geschichte des MA Bd. 24) *(darin zu Juden im Gebiet der Pfalz, 13.-18. Jh., u.a. Daniel J. Cohen: Die Entwicklung der Landesrabbinate in den deutschen Territorien bis zur Emanzipation, S. 221-242)*

Zur Geschichte und Kultur der Juden im Rheinland. Mit Beiträgen von Adolf Kober, Elisabeth Moses und Friedrich Wilhelm Bredt. Neu hrsg. und eingel. von Falk Wiesemann. Düsseldorf 1985 (1. Aufl. Köln 1931) *(bes. zu Speyer im MA; Juden im Departement Donnersberg, Bevölkerungstabelle 1807/08)*

Teil C:

Gurs — 22.10.1940

Barth, Hannes: Gurs — Mahnmal der Vergangenheit auf dem Weg in die Zukunft. Nachdenken vorGedenkstätten badisch-pfälzischer Juden in Frankreich. — Die Rheinpfalz, 12.11.1985

Barth, Hannes: Pilgerfahrt gegen das Vergessen. Nachdenken vor den Gedenkstätten badischer und pfälzischer Juden in Frankreich. — Die Rheinpfalz, 12.5.1984

Bericht über die letzten Ruhestätten der am 22. Oktober 1940 nach Südfrankreich deportierten badischen Juden. Hrsg. Oberrat der Israeliten Badens. (Umschlagtitel: Sie sind nicht vergessen.) Karlsruhe 1958 *(viele Fotos; Listen zu Gurs, Noé, Récébedou, Rivesaltes)*

Den Unvergessenen. Opfer des Wahns 1933-1945. Heidelberg 1952 *(bes. zu Gurs)*

Freudenberger, Adolf: Rettet sie doch! Franzosen und die Genfer Ökumene im Dienste der Verfolgten des Dritten Reichs. Zürich 1969 *(auch Briefe Gurs)*

Hauser, Heinz: Über Nacht um Heimat und Besitz gebracht. Vor 40 Jahren Deportation der Juden aus der Pfalz und Baden nach Gurs in Südfrankreich. — Die Rheinpfalz, 22.10.1980

Kukatzki, Bernhard: Zum Gedenken an ehemalige Kreisbewohner — Jüdische Bevölkerung. —Heimat-Jahrbuch (Ludwigshafen) 3 (1987) 114 *(Namen der Deportierten)*

Lahaire, Claude: Le camp de Gurs. 1939-1945. Un aspect méconnu de l' histoire du Béarn. Biarritz 1985

Lingner, Max: Gurs. Bericht und Aufruf. Zeichnungen aus einem französischen Internierungslager 1941. Hrsg. Gerhard Strauss. Frankfurt 1982

Loch, Dietmar: Kunst im Martyrium. Im französischen Les Milles diente eine Ziegelei als Lager für deutsche Flüchtlinge. — Tagespost, Speyer, Nr. 252, 31.10.1987

Ludwig, Max: Das Tagebuch des Hans O. *(Oppenheimer)* Dokumente und Berichte über die Deportation und den Untergang der Heidelberger Juden. Heidelberg 1965

Marrns, Michael: Die französischen Kirchen und die Verfolgung der Juden in Frankreich 1940-1944. — VjhfZG 31 (1983) 483-505 *(Gurs, Drancy, Schweizer Grenze)*

Le mémorial de la déportation des Juifs de France. Ed. Beate et Serge Klarsfeld. Paris 1978 *(Umfangreiche Listen und Statistiken der Deportierten, ausführliche französische Literaturliste)*

Obst, Johannes: Gurs. Deportation und Schicksal der badisch-pfälzischen Juden 1940-1945. Didaktisch-methodische Handreichung für weiterführende Schulen (mit einer Dia-Serie). Mannheim 1986

Paul, Roland: An den Gräbern Pfälzer Juden. Letzte Ruhestätten im südfranzösischen Gurs. — Rheinpfalz, Ausgabe Kusel, 22.11.1986

Rönn, Norbert: Nur ein Umweg in die Vernichtungslager. Vor 45 Jahren wurden die Juden aus Baden und der Saarpfalz nach Südfrankreich deportiert. — Der Pilger (Speyer) 138 (1985) Nr. 43 vom 27.10.1985

Roitsch, Jutta: Die Tage des roten Staubes. Spurensuche im französischen Konzentrationslager Les Milles. — Frankfurter Rundschau, Beilage Zeit und Bild, 4.10.1986

Schramm, Hanna: Menschen in Gurs. Erinnerungen an ein französisches Internierungslager (1940-1941). Mit einem dokumentarischen Beitrag zur französischen Emigrantenpolitik (1933-1944) von Barbara Vormeier. Worms 1977 (Deutsches Exil, Bd. 13)

Titz, Anne: Von Les Milles nach Auschwitz. — Tribüne 24 (1985) H. 93, 166-178

Toury, Jacob: The anarcho-totalitarian Chain of Command (in Hebrew). — Yalkut Moreshet (Tel Aviv) no. 40 December 1985, 41-66 *(Deportation 1940 nach Gurs)*

Toury, Jakob: Die Entstehungsgeschichte des Austreibungsbefehls gegen die Juden der Saarpfalz und Badens (22./23. Oktober 1940 - Camp de Gurs). — Jahrbuch des Instituts für deutsche Geschichte, Tel Aviv, 15 (1986) 431-464

Toury, Jacob: From forced Emigration to Expulsion — the Jewish Exodus over the non-Slavic Borders of the Reich as a Prelude to the »final Solution«. — Yad Vashem Studies 17 (1985) 51-91 *(mehrfach zu J. Bürckel, Gurs)*

Vormeier, Barbara: Die Deportierung deutscher und österreichischer Juden aus Frankreich. Paris 1980 *(Namenslisten)*

Weinstock, Rolf: »Das wahre Gesicht Hitler-Deutschlands«. Häftling Nr. 59000 erzählt von dem Schicksal der 10000 Juden aus Baden, der Pfalz und aus dem Saargebiet in den Höllen von Dachau, Auschwitz, Jawischowitz, Buchenwald. Singen 1948 *(bes. zum 9.11.1938 in Speyer; Dachau und Gurs)*

Namen

Arnold, Hermann: Familiennamen der Juden in der Pfalz. Vor und nach dem Napoleonischen Erlaß vom 30.5.1808. — PfH 21 (1970) 20f; mit Ergänzungen von Alfred Hans Kuby: PfH 21 (1970) 139

Dreifuß, Erwin Manuel: Die Familiennamen der Juden unter bes. Berücksichtigung der Verhältnisse in Baden zu Anfang des 19. Jahrhunderts. Frankfurt 1927

Gauch, Sigfrid: Jüdische Namengebung in der Pfalz. — PfH 28 (1977) 70f *(bes. zu Fröhlich, Grüne(n)baum, Hirsch)*. Mit Ergänzungen von Hermann Arnold: PfH 28 (1977) 155

Ginsburger, Moses: Die Namen der Juden im Elsaß. Zürich 1904 *(u.a. Haym Reinoeld aus Landau, Arzt und Rabbiner in Hagenau, 17. Jh.)*

Keßler, Gerhard: die Familiennamen der Juden in Deutschland. Leipzig 1935 (Mitteilungen der Zentralstelle für Deutsche Personen- und Familiengeschichte H. 53). Rez. Ismar Elbogen: ZGJD 6 (1935) 57f

Kober, Adolf: Jewish Names in the Era of Enlightenment. — HistJud 5 (1945) 165-182 *(auch zum Departement Donnersberg, u.a. 1808)*

Levy, Max: Der Napoleonische Erlaß von 1808 wegen der Vor- und Zunamen der Juden und seine Ausführung in Worms. Worms 1914

Menninger, August: Das Napoleonische Dekret vom Jahre 1808 wegen der Vor- und Zunamen der Juden. Mainz 1928

Stern, William: Jewish Surnames — Further Researches. — LBI YB 22 (1977) 221-236

Stern, William: Jüdische Familiennamen. — Udim 4 (1973) 125-139; 6 (1975/76) 107-123

Stern, William: On the Fascination of Jewish Surnames. — LBI YB 19 (1974) 219-235

Zeitschrift für Jüdische Familienforschung. Berlin 1924 ff

Jiddisch — Judendeutsch

Arnold, Hermann: »Geh bloß nicht in die Pfalz.« Ein Kapitel über die Vaganten-Poesie. — Pfälzische Heimatblätter (Beilage zur Rheinpfalz) 6 (1958) 85 *(auch jiddische Verse)*

Arnold, Hermann: Materialien zur Volkskunde der pfälzischen Juden. — BllPfKG 43 (1976) 59-67

Arnold, Hermann: Juden in der Pfalz. Vom Leben pfälzischer Juden. Landau 1986 *(S. 148-161: Pfälzisches Jiddisch?)*

Beranek, Franz J.: Eine jiddische Steininschrift. — Mitteilungen aus dem Arbeitskreis für Jiddistik 2 (1963), Folge 17, 105 *(Stein in Eisenberg, evtl. aus Altleiningen, um 1800)*

Bräutigam, Kurt/Rudolf Lehr: Muddersprooch, Bd. 3. Karlsruhe 1981 *(S. 59-62: Jiddische Wörter in der Pfälzer Mundart, etwa 100 Beispiele)*

Buss, Karl M./Karl Westermann: So redd merr in Zelemochum. Bad Kreuznach 2. A. 1979 *(Jiddische Wörter, Nordpfalz)*

Christmann, Ernst: Hat die Volkssprache außer gesunkenem Kulturgut nicht noch anderes Fremdgut aufzuweisen? — Heimat und Volkstum 15 (1937) 101-104 *(auch hebräische Wörter)*

Christmann, Ernst: Mackes, Muppes, Schnokes und andere - es. — Pfälzische Heimat, Sonderbeilage zur Pfälzischen Rundschau vom 29.6.1924, S. 9 *(auch Endungen hebräischer Wörter)*

Conrath, Karl: Leihgaben der Volkssprache aus dem Jiddischen. — Saarbrücker Neueste Nachrichten 2 (1956) Nr. 279 vom 1./2.12.1956

Fraenkel, Meir: Erkannte jüdische, verkannte deutsche Ausdrücke in der Umgangssprache. — NPfGV 40 (1960) 429-433

Fraenkel, Meir: Hebräische Ausdrücke in unserer Umgangssprache. — NPfGV 43 (1963) 38-40

(Gilardone, Christian Heinrich): Eppes Kittisch!! Noch ä Beitraagk zu Israels Verkehr und Geist. Vuun kaa'm vunn unsere Leut'. Speyer 1843

(Gilardone, Christian Heinrich): Paradiee, Gedichtches und prousaische Uffsätz. Vun kahn Jüd' — vun e Gojem. Speyer 1832

(Gilardone, Christian Heinrich): Parodiee, Gedichtches unn prousaische Uffsätz'. 2. A. Neue Sammlung. Bd. 2. Speyer 1837

Guggenheim-Grünberg, Florence: Jiddisch auf alemannischem Sprachgebiet. Zürich 1973 (Beiträge zur Geschichte und Volkskunde der Juden in der Schweiz Bd. 10) *(u.a. zu Dürkheim, Kaiserslautern, Lambsheim)*

Hellriegel, Richard: Rotwelsch im Pfälzer Dialekt. — Aus heimatlichen Gauen (Beilage zum Pfälzischen Merkur) 13 (1952) Nr. 50

Heupel, C.: Besuch im Wortmuseum. Fremdwörter im Pfälzischen. — Wasgaubote Nr. 83, 15.12.1961 *(auch Wörter hebräischer Herkunft)*

Kauer, Wolfgang: »Ei dibber norre — der vermassert net«. Das Metzgermeister-Paar Göck aus Speyer pflegt das Händler-Jiddisch ihrer Berufsvorfahren. — Die Rheinpfalz, 2.1.1987

Kluge, Friedrich: Rotwelsch. Quellen und Wortschatz der Gaunersprache und der verwandten Geheimsprachen. Bd. 1: Rotwelsches Quellenbuch. Straßburg 1901 *(S. 437-439: Die Sprache der Pfälzer Händler, bes. Carlsberg und Dürkheim)*

Matzen, R.: Le Judéo-alsacien et les hebraismes alsaciens. — Saisons d'Alsace 55/56, 1975, 189-206

Merz, Alfred: Jüdische Handelssprache in Weierbach. — Heimatkalender (Birkenfeld) 1964

Odenwald, Konrad: Die Mundart in Philippsburg. Philippsburg 1971 *(auch jüdische Sprachelemente in der vorderpfälzischen Mundart)*

Pfälzisches Wörterbuch. Begründet von Ernst Christmann. Bearbeitet von Julius Krämer und Rudolf Post. Bde. I-IV (A-M). Wiesbaden 1965-1986 *(u.a. Artikel »Jude«, »Jüdin«, »jüdisch« mit Komposita, sowie zahlreiche jiddische Wörter)*

Rapp, Eugen Ludwig: Schum. — Aus der Enge in die Weite. Festschrift zum 60. Geburtstag von Georg Biundo. Grünstadt 1952, 236-257 (Veröffentlichungen des Vereins für Pfälzische Kirchengeschichte 4) *(kurzer Überblick zur Geschichte der Juden im Rheinland; Liste von 224 Wörtern, bes. aus Pirmasens und Ober-und Niederlustadt)*

Schäfer, R.: »Wer so en Kees schreibt, is meschugge!« Rotwelsche Einflüsse in der pfälzischen Umgangssprache. — Pälzer Feierowend (Beilage zur Rheinpfalz) 14 (1962) Nr. 20, 6f

Schupp, Dieter: Pfälzisch und Jiddisch. — Pälzer Sunndag (Beilage zur Pfälzischen Volkszeitung) 1967 Nr. 10, S. 3 und 7 *(etwa 100 Beispiele, häufig unzutreffend)*

Storch, Karl: Jüdische Ausdrücke im Volksmund. Mit einem Kommentar von Oswald Jung. — NPfGV 38 (1958) 246-249 *(65 Beispiele aus Münsterappel)*

Tawrogi, Abraham: Hebräische Ausdrücke in der heimischen Umgangssprache. — NPfGV 38 (1958) 283-286. (Zuerst in Heimatblätter, Beilage zum Kreuznacher »Öffentlichen Anzeiger«, 2.2.1922)

Thielen, Rainer: So babbeld mer bei uns an Glan und Nahe. Glan-Nahe-Lexikon. Meisenheim 1984

Weinberg, Werner: Die Reste des Jüdisch-Deutschen. Stuttgart 2. A. 1973 (Studia Delitzschiana Bd. 12)

Wolf, Siegmund A.:Christian Heinrich Gilardone (1798-1874), ein vergessener pfälzischer Mundart-Dichter. — PfH 26 (1975) 24-29 *(Liste jiddischer Wörter; Verzeichnis der gedruckten Schriften und des Nachlasses in der Pfälzischen Landesbibliothek Speyer)*

Zivy, Arthur: Elsässer Jiddisch. Basel 1966

Kirchen und Judentum

Altmann, Wolfgang: Die Judenfrage in ev. und kath. Zeitschriften zwischen 1918 und 1933. Diss. München 1971 *(mit Exkurs über Franz Rödel, kath. Kaplan aus Speyer und Gegner des Antisemitismus)*

Debus, Karl Heinz: Christen und Juden in der Pfalz zur Zeit des Nationalsozialismus. — Pfälzische Landeskunde. Hrsg. Michael Geiger u.a. Landau 1983 Bd. 3, 370-385

Diehl, Guida: Der deutsche Kampf gegen das Judentum. — Evangelischer Kirchenbote, Speyer, 93 (1936) 298f, 308-10, 321f

Documenta — Unsere Pfälzische Landeskirche innerhalb der Deutschen Evangelischen Kirche in den Jahren 1930-1944. Berichte und Dokumente. Hrsg. Richard Bergmann. Speyer 1960, 3 Bde.

Drumm, Ernst: Judentaufen im Herzogtum Zweibrücken. — NSZ-Rheinfront, Ausgabe Zweibrücken, 20.10.1937

Faber, Karl-Georg: Überlegungen zu einer Geschichte der Pfälzischen Landeskirche unter dem Nationalsozialismus. — BllPfKG 41 (1974) 29-58

Hoffmann, Alfons: Dr. Joseph Sigismund Zimmern. Domkapitular in Speyer 1838-1914. — AmrhKG 30 (1978) 257-274

Keller, Heinrich Julius: Zwei Judentaufen in Kirchheim a. d. Eck. — NLB 3 (1929) 92f

Die kirchliche Lage in Bayern nach den Regierungspräsidentenberichten 1933-1943, Band V: Regierungsbezirk Pfalz 1933-1940, bearbeitet von Helmut Prantl. Mainz 1978 (Veröffentlichungen der Kommission für Zeitgeschichte, Reihe A: Quellen, Bd. 24)

Kleemann, Emil: Ein Judenproselit. (Friedrich Konrad Andreas Friedenreich). — NLB 4 (1930) 16

Koch, Walther: Ehrenrettung des judenchristlichen Professors Immanuel Tremellius durch den pfälzischen Theologen David Pareus. - BllPfKG 27 (1960) 140-144

Koch, Walther: Immanuel Tremellius. Der erste Rektor des Hornbacher Gymnasiums. — Pfälzische Heimatblätter (Beilage zur Rheinpfalz) 7 (1959) 45-47 *(1510-1580, Konvertit; 1554-1561 in Zweibrücken, 1561-1577 in Heidelberg; Literaturhinweise)*

Lewy, Günther: Die katholische Kirche und das Dritte Reich. München 1965 *(zu Bistum Speyer)*

Neubauer, Helmut: Die Stellung des »Christlichen Pilger« zum Nationalsozialismus 1930-1935. — AmrhKG 25 (1973) 107-156

Prantl, Helmut: Zur Geschichte der katholischen Kirche in der Pfalz unter nationalsozialistischer Herrschaft. — BllPfKG 42 (1975) 79-117

Reichrath, Hans L.: Die evangelischen Sonntagsblätter der Pfalz und die »Judenfrage« im »Dritten Reich«. — BllPfKG 54 (1987) 51-64

Reichrath, Hans L. Judentaufen im Herzogtum Zweibrücken im 18. Jahrhundert. — Nachrichten aus dem Dekanat Zweibrücken (Beilage zum Evangelischen Kirchenboten) 1' (1960) Nr. 4, S. 1-3

Reusch, Marc: Judenverfolgung und Judenvernichtung zur Zeit des Nationalsozialismus als Herausforderung für die Evangelische Kirche in der Pfalz. (Zulassungsarbeit zum 1. Theologischen Examen, masch.) Heidelberg 1986

Volk, Ludwig: Der bayerische Episkopat und der Nationalsozialismus 1930-1934. Mainz 1965 (Veröffentlichungen der Kommission für Zeitgeschichte, Reihe B, Bd. 1)

Wilhelmy, Heinz: Aus meinem Leben. Lebenserinnerungen. Ebernburg 1977 *(Predigt zur »Rassenfrage«, Auseinandersetzungen mit der NSDAP in Thaleischweiler; Augenzeugenbericht über Judenermordungen in Berditschew 1941)*

Ziegler, Hannes: Die Berichterstattung und Kommentierung des »Rheinischen Volksblatt« und des »Christlichen Pilger« vom Januar bis Juli 1933. — AmrhKG 39 (1987) 203-247

Veröffentlichungen der pfälzischen Rabbiner
(Biographische Texte stehen jeweils im Anschluß eingerückt)

Baron, Sally: Saadia Al-fajjûmî's arabische Psalmenübersetzung und Commentar (Psalm 50-72). Nach einer Münchener und einer Berliner Handschrift hrsg., übersetzt und mit Anmerkungen versehen. Berlin 1900 (Diss. Erlangen) Rez. MGWJ 45 (1901) 183-185

Baron, Sally: Die jüdische Kultusgemeinde Kaiserslautern. — Bayerische israelitische Gemeindezeitung 12 (1936) 310-312

Einstein, Berthold: R. Josef Kara und sein Commentar zu Kohelet. Aus dem Ms. 104 der Bibliothek des jüdisch-theologischen Seminars zu Breslau zum 1. Male hrsg. Berlin 1886 (Diss.)

Einstein, Berthold: Mein lieber Freund! *(Würdigung von Max Freudenthal, Rabbiner in Nürnberg)* — Nürnberg-Fürther Israelitisches Gemeindeblatt 12 (1932) Nr. 7

Einstein, Berthold: Memorandum für den israelitischen Religionsunterricht. Zunächst für die israelitischen Religionsschulen des Rabbinatsbezirks Landau zusammengestellt. Frankfurt 1897

Einstein, Berthold: Nochmals die Kalir-Frage. — MGWJ 36 (1887) 529-538

Einstein, Berthold: Die Not des Judentums *(1908)*. — Katholischer Kirchenbote, Landau 1983, Folgen 33-35 (21.8.-4.9.1983)

Einstein, Berthold: Zwei Zeitpredigten. Gehalten in der Synagoge zu Landau (Pfalz) am Neujahrsfeste 5675 (20. u. 21. IX. 1914) Landau 1914.

Freudenthal, Max: Dr. Berthold Einstein. Zum ersten Jahrzeitgedenken. — Rundschreiben für den Rabbinatsbezirk Landau/Pfalz Nr. 8, Mai 1936, 1

Wald, Anne: Kleines Porträt meines Vaters (Rabbiner Dr. Berthold Einstein). — Jahresheft der Freunde des Eduard-Spranger-Gymnasiums, Landau 1964, 15f

Grünebaum, Elias: Confirmanden-Unterricht für Israeliten, zunächst für die Schulen des Rabbinatsbezirks Landau. Neustadt 1838

Grünebaum, Elias: Gedächtnisfeier für Ihre Majestät die höchstselige Königin Therese von Bayern, gehalten am 17. November 1854, in der Synagoge zu Landau. Landau 1854.

Grünebaum, Elias: Gottesdienstliche Vorträge. Karlsruhe 1844. Rez. Z. Frankel: Zeitschrift für die religiösen Interessen des Judentums, Berlin, 2 (1845) 63-66

Grünebaum, Elias: Der Grundzug der Liebe und dessen Entwicklung im Judenthume. — Wissenschaftliche Zeitschrift für jüdische Theologie 2 (1836) 285-303, 3 (1837) 59-73, 180-196

Grünebaum, Elias: Israelitische Gemeinde, Synagoge und Schule in der baierischen Pfalz. Eine geschichtliche Beleuchtung ihrer gesetzlichen Zustände mit dem Beginne dieses Jahrhunderts, nebst dem Entwurfe einer Synagogenverfassung. Landau 1861

Grünebaum, Elias: Das israelitische Schulwesen in der Pfalz. — Israelitische Annalen 3 (1841) 11f, 22-24, 29f, 43f

(Grünebaum, Elias): Nachrichten aus Rheinbaiern. *(Mai: Rabbiner; Juni: Schule und Synagoge; Juli: Sonntagsschule, Handel)* — Wissenschaftliche Zeitschrift für jüdische Theologie 1 (1835) 262-264, 435-437, 441-442

(Grünebaum, Elias): Nachricht über die Deputiertenversammlung 1836. — Wissenschaftliche Zeitschrift für jüdische Theologie 2 (1836) 415

Grünebaum, Elias: *(5 Predigten).* — Bibliothek jüdischer Kanzelredner. Hrsg. Moritz Kayserling, 2 (1872) 174-205

Grünebaum, Elias: Rede des Bezirksrabbiners Dr. Grünebaum bei der Weihe der Bürgerwehrfahne zu Landau am 20. September 1848. Landau 1848

Grünebaum, Elias: Rede, gehalten bei dem Antritte seines Amtes als Rabbiner des Gerichtsbezirks Landau, in der Synagoge zu Landau. Karlsruhe 1838

Grünebaum, Elias: Rede zur Einweihung der Synagoge in Ludwigshafen. Landau 1865

Grünebaum, Elias: Rez. zu S.L. Steinheim: Die Offenbarung nach dem Lehrbegriffe der Synagoge, ein Schiboleth. 1. Teil Frankfurt 1835. — Wissenschaftliche Zeitschrift für jüdische Theologie 4 (1838) 88-114

Grünebaum, Elias: Die Sittenlehre des Judentums andern Bekenntnissen gegenüber. Nebst dem geschichtlichen Nachweise über Entstehung und Bedeutung des Pharisaismus und dessen Verhältnis zum Stifter der christlichen Religion. Mannheim 1867. 2. erw. A. Straßburg 1878

Grünebaum, Elias: Zur Geschichte der Juden in der Pfalz. — Populär-wissenschaftliche Monatsblätter zur Belehrung über das Judentum für Gebildete aller Konfessionen 2 (1882) 97-104, 121-127

(Grünebaum, Elias): Zustände und Kämpfe der Juden mit besonderer Beziehung auf die baierische Rheinpfalz. Mannheim 1843. Rez. AZJ 8 (1844) 95f, 130f, 252-255; Zur Judenfrage in Deutschland, 1844, 218-221; Der Israelit 6 (1845), Literaturblatt 3f.

Grünebaum, Elias: Zwei Synagogen-Einweihungs-Reden. Landau 1885 *(Landau 1884, Hagenbach 1885)*

Brüll, Adolf: Elias Grünebaum (1807-1893). — Allgemeine Deutsche Biographie, Leipzig, Bd. 49, 596f

Felsenthal, Bernhard: Nachruf auf Elias Grünebaum. — Illinois Staatszeitung, 30.9.1893

Nachruf auf Bezirksrabbiner Dr. Elias Grünebaum. — AZJ (1893) Nr. 2 (1. Okt.)

Landsberg, Wilhelm: Der erneuerte Dank. Predigt gehalten am Erinnerungstage der Schlacht bei Sedan den 2. Sept. 1873. Pasewalk 1873.

(Landsberg, Wilhelm:) Israelitische Lehrerausbildung in der Pfalz. — AZJ 28.10.1892, 3

Landsberg, Wilhelm: Leitfaden für den israelitischen Religionsunterricht an Religions- und Volksschulen. Kaiserslautern 1882.

Landsberg, Guilelmus: De libro Ionae. Diss. Halle-Wittenberg, 1868

Landsberg, Wilhelm: Plan und System in der Aufeinanderfolge der einzelnen Mischnah's. — MGWJ 22 (1873) 208-215

Landsberg, Wilhelm: Predigt bei dem in der Synagoge zu Kaiserslautern am 22. Juni 1886 stattgefundenen Trauergottesdienste für den hochseligen König Ludwig II. Kaiserslautern 1886.

Landsberg, Wilhelm: Predigt bei dem in der neuen Synagoge zu Kaiserslautern am 18. Juni 1888 stattgehabten Trauergottesdienste für den Kaiser und König Friedrich III. Kaiserslautern 1888

Landsberg, Wilhelm: Das rituelle Schächten der Israeliten im Lichte der Wahrheit. Kaiserslautern 1882

Mayer, Israel: Antisemitismus in der Pfalz? Ein offener Brief an die »Pfälzische Presse«. Zweibrücken 1888

Meyer, Eugen: Der Philosoph Franz Hemsterhuis. Breslau 1893 (Diss. Erlangen 1892)

Metzger, Kurt: Elul. — Jüdisches Gemeindeblatt für Baden 16 (1938) Nr. 17, 2

Metzger, Kurt: Das hundertjährige Jubiläum der Speyerer Synagoge. — Jüdisches Gemeindeblatt für das Gebiet der Rheinpfalz 1 (1937/38) Nr. 5, 1f

Metzger, Kurt: Geschichte des Synagogenchorvereins Landau/Pfalz. — Jüdisches Gemeindeblatt für den Rabbinatsbezirk Landau/Pfalz Nr. 2, 1.8.1937, 1f

Nellhaus, Dagobert: Der Einfluß des deutschen Idealismus auf die Entwicklung der Philosophie Victor Cousins. Breslau 1916 (Diss. Erlangen)

Oppenheim, Gustav: Fabula Josephi et Asenethae apogrypha. E libro syriaco latine vertit. Berlin 1916 (Diss.)

Oppenheim, Juda: Synagogen-Lieder für Sabbathe und Festtage, zu Confirmationen, Trauungen, Leichenfeier und vaterländischen Festen. Pirmasens 1857

Salvendi, Adolf: Ansprache an die vor der Abstimmung seiner Glaubensgenossen in der Communalschul-Angelegenheit in der Becker'schen Hütte versammelt gewesenen Bürger hiesiger Stadt. Dürkheim a.d.H. 1869

Salvendi, Adolf: Der Mann und seine Zeit. Predigt, gehalten in der Synagoge zu Dürkheim am 9. Juni 1866. Frankfurt/M.1 1867

Salvendi, Adolf: Oläh Zajit. Ein Ölblatt am Baume meines Lebens. Ein wohlverdientes, ehrendes Denkmal für meine in der Blüte des Lebens mir entrissen wordene heissgeliebte Frau Augusta geb. Meyer, geb. am 23. Teweth 5603; gest. am 9. Kislew 5631. Karlsruhe 1871

Salvendi, Adolf: Praktisches Judentum. Vortrag, gehalten am 6. Cheschwan 5645 beim Beschliessen des 100sten Lebensjahres Sir Moses Montefiore's. o.O. 1885

Seligmann, Ludwig: Vier Predigten, in der Synagoge zu Kaiserslautern gehalten. Kaiserslautern 1872

Steckelmacher, Ernst: Der transzendentale und der empirische Idealismus bei Kant. — Heidelberg 1904 (Diss. Erlangen)

Steckelmacher, Ernst: Rezensionen *(mit interessanten Anmerkungen zu politischen und religiösen Fragen der Zeit)* im Israelitischen Gemeindeblatt (Mannheim/Ludwigshafen): 10 (1932) Nr. 1,12 zu Michael Faulhaber, Rufende Stimmen, 1931; Nr. 8, 12f zu Michael Faulhaber, Die Vesperpsalmen, 1930; 11 (1933) Nr. 1,24 (und öfter) zum Großen Herder, 1931ff; Nr. 2,19 zu Michael Faulhaber, Zeitrufe, 1932; Nr. 6,9 zu Rudolf Bultmann, Glauben und Verstehen, 1933; Nr. 11,23 zu Julius Langbehn, Der Geist des Ganzen, 1932; Nr. 12,22f zu August Brunner, Grundfragen der Philosophie, 1933; 12 (1934) Nr. 3,24 zu Wilhelm Steinberg, Soziale Seelenhaltungen, 1932; Nr. 5,31 zu Rudolf Dreikurs, Neurose, 1933; Nr. 7,31 zu Otto Eißfeldt, Einleitung in das AT, 1934; 15 (1937) Nr. 4,11 zu Hartmut Schmökel, Altes Testament und Judentum, 1936; Nr. 23,9 zu Abraham Berliner, Aus dem Leben der Juden Deutschlands im Mittelalter, 1937; 16 (1938) Nr. 7,8 zu Franz Rosenzweig, Kleinere Schriften, 1937.

Steckelmacher, Ernst: Zur Frage der Sabbatheiligung in unserer Zeit. — Israelitisches Gemeindeblatt 12 (1934) Nr. 5,18

Weyl, Max: Das zweite Josephs-Gedicht von Narses. Nach 2 Handschriften der Königlichen Bibliothek zu Berlin. Berlin 1901 (Diss. Giessen)

Ydit, Max Meir: A Guide on Problems of Jewish Religious Practice. *(hebr.)* Jerusalem 1964

Ydit, Max Meir: Hagadah jisraelit leseder lel hapesach. Israeli Passover Haggadah (Passover ritual of progressive Judaism in Israel). Ed. Max Meir Ydit. Jerusalem 1965

Ydit, Max Meir: Internationalised Territories. From the »Free City of Cracow« to the »Free City of Berlin«. A Study in the Historical Development of a Modern Notion in International Law and International Relations (1815-1960). Leyden 1961

Ydit, Max Meir: Kohelet, das tiefsinnigste Buch der Bibel. Neu übersetzt und interpretiert. Neustadt/W. 1984

Ydit, Max Meir: Kurze Judentumkunde für Schule und Selbstunterricht. Neustadt/W. 2. A. 1984

Ydit, Max Meir: Schir ha-Schirim. *(Das Hohelied der Bibel)* Jerusalem 1982

Ydit, Max Meir: The Song of Songs. New York 1983

Teil D:
Titel zur Lokalgeschichte der Juden in der Pfalz

A

Albersweiler

Hamm, Karl: Albersweiler. Beiträge zur tausendjährigen Geschichte eines pfälzischen Dorfes. Albersweiler 1968 *(S. 153-165: Zur Geschichte der Juden und ihrer Schule; passim)*

Siegel, Josef: Das jüdische Leben in Albersweiler. — Rundschreiben des Rabbinatsbezirks Landau/Pfalz Nr. 18 vom 11. Mai 1937 *(7 Seiten)*

Albisheim

1150 Jahre Albisheim. 835-1985. Hrsg. Gemeinde Albisheim. Albisheim 1985 *(S. 49-49: Rüdiger Unger: Der Judenfriedhof in Albisheim)*

Alsheim-Gronau

Käufer, Ernst: Juden in Alsheim 1808. — Heimatblätter für Ludwigshafen und Umgebung 19 (1930) Nr. 19

Käufer, Ernst: Familien zu Alsheim-Gronau im 19. Jahrhundert. — Heimatblätter für Ludwigshafen und Umgebung 20 (1931) Nrr. 17-19

Käufer, Ernst: Haus- und Grundbesitzer, Gewerbetreibende und Leibeigene in Alsheim 1777. — Heimatblätter für Ludwigshafen und Umgebung 27 (1938) Nr. 12

Käufer, Ernst: Einwohnerschaft von Alsheim 1796. — Heimatblätter für Ludwigshafen und Umgebung 15 (1926) Nr. 16

Alsenz

Kopp, August: Die Dorfjuden der Nordpfalz, dargestellt an der Geschichte der jüdischen Gemeinde Alsenz ab 1650. Meisenheim 1968. Rez. Otto Böcher: PfH 20 (1969) 37f; Fritz Geisthardt: Nassauische Annalen 80 (1969) 323f

Kopp, Robert: Die Juden in Alsenz. — NPfGV 1922, Nr. 4, S. 28-31

Kopp, Robert: Geschichte der Gemeinde Alsenz. Alsenz 1928 *(bes. S. 100-106)*

Koop, Robert: Ein Judenschutzbrief 1737. — NPfGV 1933, 87f

Melzer, Dirk: Die Reichskristallnacht in Alsenz und Obermoschel — Versuch einer Rekonstruktion. (Facharbeit in Geschichte, Staatliches Gymnasium an der Stadtmauer) Bad Kreuznach 1988

Röder, Ernst: Der Chuppa- oder Hochzeitsstern an der Synagoge in Alsenz. — Donnersberg-Jahrbuch 9 (1986) 121f

1200 Jahre Alsenz. 775-1975. Beiträge zur Geschichte und Gegenwart der Gemeinde. Hrsg. Ortsgemeinde Alsenz. Alsenz 1976 *(darin: Eugen Rapp: Die Juden von Alsenz S. 386-388; zur Mundart S. 396f)*

Zepp, Eugen: Die Alsenzer Synagoge hat 220 Jahre überdauert. — Die Rheinpfalz, Ausgabe Rockenhausen, 19.9.1985

Altenbamberg

GJ II, 10

Altdorf

Kuby, Alfred H.: Die jüdische Gemeinde Altdorf 1796-1815. — PfFam 35 (1986) = Bd. 11, 8-10

Altleiningen

Heiberger, Hans: 1200 Jahre Altleiningen. 780-1980. Heidelberg 1980 *(nur passim)*

GJ II, 476f (Leiningen)

Annweiler

Biundo, Georg/Hans Heß: Annweiler — Geschichte einer alten Reichsstadt. Annweiler 1968 *(passim)*

GJ II, 17; III, 1, 22f *(Korrektur zu Biundo/Heß)*

Piton, Heinrich: Die »Judenfrage«. Predigt über Matth. 7,12 gehalten zu Annweiler am 9.1.1881. Annweiler 1881

Assenheim

Schweitzer, Peter: Vom Salzverkaufen. — Heimatblätter für Ludwigshafen und Umgebung 27 (1938) Nr. 17 *(Juden 1776/1780)*

Binder, F./W. Tatge: Personennamen im Gerichtsbuch Assenheim 1601-1800. — PfFam 13 (1964) = Bd. 5, 2-7, 40-44

B

Bann

Sehi, Meinrad: Chronik der Gemeinde Bann. Bann 1979 *(S. 451-53: Kritische Bemerkungen zur Rolle der jüdischen Viehhändler aus Landstuhl und Kaiserslautern)*

Beindersheim

Habermehl, Paul: Beindersheim. Geschichte eines Dorfes. Beindersheim 1979 *(Bevölkerungstabelle 1771)*

Bellheim

Biundo, Georg: Bellheim im Wandel der Zeiten. Bellheim 1930 *(S. 142f: Die Juden)*

Bergzabern

Bergzaberns Juden: Deportiert und geflohen. — Die Rheinpfalz, Ausgabe Landau, 5.12.1986

GJ II, 68

Volz, Günter: Die Bevölkerung des Bergzaberner Oberamtes des Herzogtums Zweibrücken von 1719-1791 (Teil II). — Mitteilungsblatt des Historischen Vereins der Pfalz, Bezirksgruppe Bad Bergzabern, Nr. 4, 1981, 24-30 *(Juden 1778, 1787, 1790; auch in Annweiler 1787 und 1790)*

Volz, Günter: Grete Levy (Jahrgang 1923). — 150 Jahre öffentliche Höhere Schule 1836-1986. Hrsg. Staatliche Kooperative Gesamtschule Bad Bergzabern, Staatliches Gymnasium. Bad Bergzabern 1986, 71f

Billigheim (s.a. Ingenheim)

Kuby, Alfred H.: Amerika-Auswanderer des 19. Jahrhunderts aus Billigheim und Mühlhofen. — PfFam 34 (1984) = Bd. 10, 620-623

Enthüllung einer Gedenkplatte für die ehemaligen Juden des Dorfes Billigheim am 19.11.1978 (2 Ansprachen). — Silesia. Mitteilungen des Verbandes ehemaliger Breslauer und Schlesier in Israel. Nr. 46/47, Mai 1980, 18

Bobenheim am Rhein (s.a. Roxheim)

Biundo, Georg: Bobenheim-Roxheim. Aus der Geschichte einer Großgemeinde. Bobenheim-Roxheim 1973 *(u.a. S. 142-145: Die jüdische Gemeinde)*

Bockenheim

Festbuch zum 1200-jährigen Jubiläum der Gemeinde Bockenheim an der Weinstraße. 770-1970. Bockenheim 1970 *(passim)*

GJ II, 90

Böhl

1200 Jahre Böhl. 780-1980. Ein Dorf in der Mitte der Vorderpfalz. Böhl-Iggelheim 1980 *(darin S. 67f: Max Kettenbach: Die Synagoge; S. 73: Die Lehrer der israelitischen Schule, 1816-72)*

Kreis hilft beim Empfang ehemaliger jüdischer Bürger. — Die Rheinpfalz, Ausgabe Ludwigshafen, 7.10.1987 *(u.a. über Kurt Blum aus Böhl-Iggelheim)*

Börrstadt

Hoffmann, Aloys: Geschichte von Börrstadt. Ruppertsecken 1952 *(S. 85: Jüdische Namensliste von 1776)*

s.a. R. Gillmann zu Breunigweiler

Bosenbach

Judentaufe 1744 *(Benjamin Baer 1720-1767)*. Notiz. — Westricher Heimatblätter 2 (1938) 79

Breunigweiler

Gillmann, Rudolf: Sippersfeld, Pfrimmerhof und Breunigweiler. Ein Heimatbuch. Heidelberg 1968 *(u.a. S. 184-193, Auswanderer S. 204f, Statistik S. 364f, jüdischer Friedhof S. 394f)*

Schnabel, Berthold: Das Dorf Breunigweiler, das Rosenthaler Hofgut und der Kerzweiler Hof im Jahre 1764. — NPfGV 58 (1978) 49-53

Schneider, Helmut: Fast vergessener jüdischer Friedhof in Breunigweiler. — NPfGV 58 (1978) 68

Brücken

Brunck, Albert: Die Diamantschleifer in Brücken. — Aus heimatlichen Gauen (Beilage zum Pfälzischen Merkur) 16 (1955) Nr. 12

Christmann, Ernst: Beiträge zur Geschichte von Brücken im Kreis Kusel. — Pfälzische Heimatblätter (Beilage zur Rheinpfalz) 10 (1962) 22-24 *(Jüdische Namen 19. Jh.)*

Kloß, Alfred: Kostbare Edelsteine in rauher Hand. — Die Rheinpfalz, Ausgabe Kusel 11 (1955) Nr. 194 vom 23.8.1955

Kloß, Alfred: Diamanten im Ohmbachtal. — Westrich-Kalender, Kusel, 1958, 121f

Müller, A.: Ein halber Zentner Diamanten aus Brücken. — Pälzer Feierowend (Beilage zur Rheinpfalz) 11 (1959) Nr. 48 vom 28.11.1959

Nikolaus, Walter/Dieter Zenglein: Das Kohlbachtal (Frohnhofen, Altenkirchen, Dittweiler). Eine Bildchronik. Altenkirchen 1986 *(S. 119-124: Die Diamantschleifer im Kohlbachtal; Ausgangsort Brücken; Entwicklung nach 1936, nach 1945)*

Schlegel, Wolfgang/Albert Zink: 150 Jahre Landkreis Kusel. Beiträge zur Verwaltungs- und Wirtschaftsgeschichte von 1818-1968. Otterbach 1968 *(S. 174f: Die Diamantindustrie im Südteil des Kreises Kusel; Isidor Trifuß ab 1887)*

Steinmann, Otto: Die pfälzische Diamantindustrie. — Pfälzisches Industrie- und Handelsblatt 29 (1954) Nr. 13, 420f *(auch zum Boykott nach 1933, nach 1945)*

Busenberg

Belzer, Emil: Schulchronik Busenberg. — Schulzentrum Dahn, mit einem geschichtlichen Rückblick auf das Schulwesen im Wasgau (von Hans Jung u.a.). Pirmasens 1977, 37f *(jüd. Lehrer Oppenheimer)*

Fuhrmann-Stone, Erneste: Steine erzählen Schicksale. Ein Gang durch den israelischen(!) Friedhof in Busenberg. — Pälzer Feierowend (Beilage zur Rheinpfalz) 28.8.1976

Schmitt, Alois: Jüdische Einrichtungen in und um Busenberg. — Heimatkalender (Pirmasens/Zweibrücken) 1988, 29-32

C

Carlsberg

Schwender, Jakob: Carlsberg. Beiträge zur Enstehungs- und Entwicklungsgeschichte der Gemeinde Carlsberg. Frankenthal 1965 *(u.a. zu Juden 1827-1905)*

D

Dahn

Cronauer, Jakob/Arnim Egelhof: Streifzug durch das Schulwesen von Dahn. — Schulzentrum Dahn, mit einem geschichtlichen Rückblick auf das Schulwesen im Wasgau (von Hans Jung u.a.). Pirmasens 1977, 41ff

KDM Pirmasens, 1957, 190

Deidesheim

GJ II, 158

In Synagoge steckt Stein des Anstoßes./Vor dem Neubau Gottesdienst im Kelterhaus. — Die Rheinpfalz, Ausgabe Neustadt, 31.7.1987

Schnabel, Berthold: Die Deidesheimer Synagogen. Seit dem 14. Jahrhundert jüdische Gemeinden in der Weinstadt. — Heimat-Jahrbuch (Bad Dürkheim) 6 (1988) 173-178 *(auch zur Verfolgung 1933-1945)*

Schnabel, Berthold: Juden in Deidesheim. — Amtsblatt der Verbandsgemeinde Deidesheim 7 (1979) 5 Folgen (23.2./9.3./23.3./12.4./27.4.1979)

Dielkirchen

Dhom, Emil: Geschichte der Juden in der Nordpfalz. — Die Rheinpfalz, Ausgabe Rockenhausen, 20.7.1985

Hoffmann, Dieter: Dielkirchen. Die Geschichte eines Dorfes. Mainz 1985 *(S. 301-321: Die Dielkircher Juden)*

Dörrmoschel

Engel, Arnim: Freiheit - Gleichheit - Bruderliebe. Der Kanton Rockenhausen unter französischer Verwaltung 1798-1800. Otterbach 1987 *(Ermordung eines Juden)*

Dudenhofen

Klotz, Fritz: Ortsgeschichte der Gemeinde Dudenhofen/Pfalz. Dudenhofen 1964 *(zu Juden 1603, 1836)*

Dürkheim

Bad Dürkheim. Chronik einer Salierstadt. Von W. Dautermann, Georg Feldmann, Walther Klein, Ernst Zink. Landau 1978 *(S. 124-129: Die Juden in Dürkheim; passim, u.a. 52-55, 128, 271f, 349, 383, 420, 426, 449, 466)*

Dürkheimer Gnadenbrief und Judenfrage in Dürkheim im 15. Jahrhundert. — NSZ-Rheinfront, Ausgabe Neustadt, 24.8.1938

Die Dürkheimer Judenfrage von 1700 ... — Pfälzer Anzeiger, Ausgabe Speyer, 5.6.1937

Edinger, Dora: Sommerschule des Jüdischen Frauenbundes in Bad Dürkheim. — Der Morgen 6 (1939) 395f

GJ II, 181

Mehlis, C.: Dürkheim und seine Umgebungen. Dürkheim 1885 *(passim)*

Müller, Norbert: Die Bärmannschule und ihre Vorgeschichte. — Die Rheinpfalz, Ausgabe Dürkheim 20 (1964) Nr. 181 vom 6.8.1964

Müller, Norbert: Die einstige israelitische Kultusgemeinde. — Die Rheinpfalz, Ausgabe Dürkheim 20 (1964) Nr. 94 vom 22.4.1964

Orth, Bernhard: Ein Mäzen der Pollichia *(Jonathan Gernsheim)*. — Die Rheinpfalz, Ausgabe Dürkheim, 3.9.1987

Strauss, Ludwig: Die israelitische Kultusgemeinde Bad Dürkheim. Dürkheim 1920

Strauß, Ludwig: Niederschrift über die Rabbinatsversammlung des Rabbinatsbezirks Dürkheim - Frankenthal am 6. Februar 1934. — Israelitisches Gemeindeblatt 12 (1934) Nr. 2, 23

Weil, A.: Die Erlösung von dem Übel. Ein Zeitgemälde. Dürkheim 1883 *(A. Weil aus Dürkheim u.a. über Antisemitismus)*

E

Edenkoben

1200 Jahre Edenkoben. Hrsg. von Alfred H. Kuby. Mannheim 1969 *(u.a. Alfred H. Kuby: Die israelitische Gemeinde, S. 188-193)*

(Jüdische Beerdigung in Edenkoben, Begleitung auch durch christliche Geistliche.) Notiz. — MGWJ 12 (1863) 240

Kuby, Alfred H.: Ärztliche Praxis und Volksmedizin im 17. und 18. Jahrhundert. — PfH 22 (1971) 9f *(Schutzjude Hertz 1723)*

Kuby, Alfred H.: Jüdische Eheverträge im 18. Jahrhundert. Zeugnis für eine immer engere Symbiose von Juden und Christen. — Pfälzische Heimatblätter (Beilage zur Rheinpfalz) 17 (1969) Nr. 3, 5

Kuby, Alfred H.: Die Namenswahl der Juden im Jahre 1808, dargestellt am Beispiel der jüdischen Gemeinde Edenkoben. — PfH 21 (1970) 139

Kuby, Alfred H.: Die zwölf ersten Jahre der Zivilstandsregister (1798-1809), aufgezeigt am Beispiel der rheinpfälzischen Gemeinde Edenkoben. — Genealogie 36 (1987) = Bd. XVIII, 660-668 *(u.a. auch jüdische Bürger)*

Lurz, Meinhold: Die Edenkobener Synagogen. — Edenkobener Rundschau, 6.11.1986

Lurz, Meinhold: Das Edenkobener Judenbad. — PfH 37 (1986) 124-127

Sallis-Freudenthal, Margarete: Jüdische Kindheit in Speyer und Edenkoben. — PfH 30 (1979) 30-34

Sitzmann, Alfred: Wie die jüdischen Bürger aus Edenkoben vertrieben wurden. — »Wazzenpost«. Schülerzeitung der Realschule Edenkoben, Sonderausgabe »1200 Jahre Edenkoben«. Edenkoben 1969, 93-100

Edesheim

Freiermuth, Joseph: Aus dem Protokollbuch der Edesheimer Ortsschulkommission für die Jahre 1828-1888. — MHVPf 81 (1983) 353-369; gekürzt in: Heimat-Jahrbuch (Landkreis Südliche Weinstraße) 6 (1984) 131-134

Freiermuth, Joseph: Die Judenschule in Edesheim. — Heimat-Jahrbuch (Landkreis Südliche Weinstraße) 8 (1986) 131-137

Freiermuth, Joseph: Die Ordnung der Edesheimer Metzgerzunft im Jahre 1747. — PfH 27 (1976) 86-93 *(Absatz 7-9 zu Juden)*

Schröter, Hans: Der Kupperwolf in Edesheim. Aus der Geschichte eines pfälzischen Schlosses. — Die Pfalz am Rhein 1983, H.6, 33-35 *(Familien Isaak und Machol, Weinhandlung, 1853-1888)*

Eppstein

Habermehl, Paul/Anna Maus: Eppstein. Beiträge zur Geschichte eines vorderpfälzischen Dorfes. Frankenthal 1970 *(passim)*

Erpolzheim

Hans, Friedhelm: Streiflichter aus der Geschichte von Erpolzheim im 19. und 20. Jahrhundert. Festgabe zur Orgelweihe. Erpolzheim 1985 *(u.a. S. 90: Die Juden)*

Essingen

Akten den jüdischen Begräbnisplatz in Essingen betreffend (1717, 1747, 1761, 1796). — Mitteilungen der Gesellschaft für Jüdische Volkskunde 2 (1899) 72-75

Arnold, Hermann: In Essingen gab es eine Synagoge. Aus der Geschichte der Juden des Dorfes. — Die Rheinpfalz, Ausgabe Landau 24 (1968) Nr. 46 vom 23.2.1968

Hussong, Hermann: Neue Friedhöfe in der Pfalz. — Die Rheinpfalz und ihre Bauten. Berlin 1928, 149-159 *(israelitische Friedhöfe in Essingen und Ludwigshafen)*

KDM Landau, 1928, 160

F

Falkenstein

Kaiser, R.: Die Judenfrage in der »Kaiserlichen Reichsgrafschaft Falkenstein«. — NPfGV, 1937, 50f

Frankenstein

Kaufmann, Hermann Michael: Für Juden und Katholische. Die Filialkirche der Pfarrei Weidenthal auf Frankensteiner Gebiet. — Heimat-Jahrbuch (Bad Dürkheim) 5 (1987) 119-121 *(Synagoge aus dem 19. Jh., seit 1933 kath. Kirche)*

Ludt, Wilhelm: Die Herrschaft Diemerstein. — NPfGV 45 (1965) 25-51 *(jüdische Käufer bei der Nationalgüterversteigerung nach 1800)*

Frankenthal

Bressler, Wolfgang: Zur Geschichte des Gotteshauses der israelitischen Kultusgemeinde Frankenthal. — Frankenthal, einst und jetzt, 1981, Heft 1, 22-24

Charlotte Salomon — Leben oder Theater? Das »Lebensbild« einer jüdischen Malerin aus Berlin 1917-1943. Bilder und Spuren, Notizen, Gespräche, Dokumente. Hrsg. Christine Fischer Defoy. Berlin 1986 *(darin S. 37-58: Gespräche mit Paula Lindberg-Salomon, geb. 1897 in Frankenthal)*

Es gilt den Kampf. Dokumente zur Geschichte der Arbeiterbewegung in Frankenthal 1832-1949. Bearbeitet von Michael Ebenau/Alfred Kuffler. Frankenthal 1984 *(S. 255-257 zur Verfolgung der Juden 1938-1942)*

Frankenthal. Bilder aus der Vergangenheit. Frankenthal 1977 *(Bilder von der Synagoge und von jüdischen Einwohnern)*

Gruß aus Frankenthal. Hrsg. Walter Jarosch u.a.. Frankenthal 1982 *(Bilder der Synagoge)*

Huther, Karl: Paula Fischer, geb. Thalmann. Der tragische Lebensweg einer Frankenthalerin jüdischen Glaubens. — Frankenthal, einst und jetzt, 1974, Heft 3, 6-12

Kuffler, Alfred: Die Nazis aus der Nachbarschaft. Eine Dokumentation der IG Metall-Jugend über die Zeit des Faschismus in Frankenthal. Frankenthal 1980

Lamann, Ernst Wilhelm: Die Geschichte der Juden in der Pfalz und insbesondere in Frankenthal. — Frankenthal, einst und jetzt, 1963, Heft 2, 2-7 (auch abgedruckt in der Rheinpfalz, Ausgabe Frankenthal, 12.12.1963)

Lüdke, Peter: Eine Ausstellung zur Geschichte der Juden in Frankenthal. — Frankenthal, einst und jetzt, 1982, Heft 1, 19f

Maus, Anna: Die ersten Juden kamen im Jahre 1772 nach Frankenthal. — Die Rheinpfalz, Ausgabe Frankenthal 18 (1962) Nr. 62 vom 14.3.1962, 6

Maus, Anna: Die Geschichte der Stadt Frankenthal und ihrer Vororte. Frankenthal 1969 *(S. 136f: Judenverfolgung)*

Merkel, Ernst: Juden in Frankenthal. — Der Wormsgau 14, 1982, H.1, 15ff

Merkel, Ernst: Juden in Frankenthal und die Unruhen von 1614/15. — Der Wormsgau 13, 1979-81

Merkel, Ernst: Juden in Frankenthal von 1623-1689. — Frankenthal, einst und jetzt, 1982, Heft 1, 15-18

Merkel, Ernst: Unter Fürstenwillkür und »Berufsverbot«. Juden in Alt-Frankenthal. — Die Rheinpfalz, Ausgabe Frankenthal, 9.11.1978

Merkel, Ernst: Die Vor- und Frühgeschichte der israelitischen Gemeinde zu Frankenthal. — Frankenthal, einst und jetzt, 1985, Heft 1, 19-22

Merkel, Ernst: Die Wormser Juden und Frankenthal. Ein Beitrag zu den wirtschaftlichen Beziehungen beider Städte und zu der Judenvertreibung von 1614/15. — Der Wormsgau 13, 1979-81, 94-102

Schicksale Frankenthaler Juden. — Frankenthal, einst und jetzt, 1971, Heft 3, 24-26 *(S. 27 als Anhang: Erinnerungen an Frankenthal. 2 Gedichte von Erich Rahlson)*

Schiffmann, Dieter: Die »Pöbel-Classe« in Frankenthal und das Hambacher Fest. — Frankenthal, einst und jetzt, 1982, Heft 1, 9-14 *(jüdische Händler 1818, 1832)*

Schneider, Erich: Hambacher-Reminiszenzen aus fünf Jahrzehnten. — MHVPf 80 (1982) 131-198 *(u.a. zum Frankenthaler Fruchtkrawall, Erinnerungen von Johann Philipp Becker)*

Skalitzky-Wagner, Margret: Frankenthaler Goldschmiede des 16. und 17. Jahrhunderts. — MHVPf 81 (1983) 273-322, 82 (1984) 117-180 *(Pokal der Wormser Judengemeinde 1608)*

Wetzel, Gertrud: Erich Rahlson ist tot. — Frankenthal, einst und jetzt, 1980, Heft 1, 24

Freinsheim
Böse, Georg: In Brennpunkten des Geistes. Am 6. März wäre der Journalist und Publizist Hermann Sinsheimer 80 Jahre alt geworden. — Mannheimer Morgen 18 (1963) Nr. 55 vom 6.3.1963, 18

Braun, Hanno: Herrman Sinsheimer zum Gedächtnis. — Stimme der Pfalz 11 (1960) H.4, 3f

Hain, Bruno: Hermann Sinsheimer. — Der Aufbau, New York, 20.6.1986

Hain, Bruno: Der stille Exodus des H. Sinsheimer. — Die Rheinpfalz, 9.8.1986

Klamm, Otto: Freinsheim ... fließt über von Geschichte, Wein und Obst (Hermann Sinsheimer). Unsere Stadt im Wandel der Zeiten von A-Z. Freinsheim 1980 *(bes. S. 64f: Die Juden in Freinsheim; S. 105: Hermann Sinsheimer; passim)*

Kukatzki, Bernhard: Sinsheimer ist nicht vergessen. — Der Aufbau, New York, 10.10.1986

Löcher, Paul: Jude, Pfälzer und Deutscher. Eine Studie über Hermann Sinsheimer. — Der Pfälzer. Wochenzeitung für christliche Politik 8 (1958) Nr. 13 vom 28.3.1958

Sinsheimer, Hermann: Am schwarzen Kreuz. Freinsheimer Erzählungen. Kaiserslautern 1957

Sinsheimer, Hermann: Gelebt im Paradies. Erinnerungen und Begegnungen. München 1953

Sinsheimer, Hermann: Schriftsteller und Theaterkritiker zwischen Heimat und Exil. Eine Auswahl aus dem Gesamtwerk. Hrsg. Gert Weber/Rolf Paulus. Landau 1986

Sinsheimer, Hermann: Spatz in den Kirschen. Kindheitserinnerungen aus der Pfalz. Neustadt/W. 1963

Sinsheimer, Hermann: Unsere Schul! Erinnerungen an eine kleine jüdische Gemeinde der Pfalz. — Pälzer Sunndag (Beilage zum Schifferstadter Tagblatt), 26.8.1961

Synagoge unter Schutz. — Die Rheinpfalz, Ausgabe Bad Dürkheim, 25.10.1985

Weiglein, Willy: In memoriam Hermann Sinsheimer. Zum 10. Todestag des großen Publizisten und Kritikers. — Die Pfalz am Rhein 33 (1960) 129-131

Zentner, Wilhelm: Hermann Sinsheimer gestorben. Zu seinem 80. Geburtstag am 7.3.1963. — Ruperto-Carola 15 (1963) = Bd. 33, 134-136

Friedelsheim

Pietzsch, Friedrich-August: Die Einwohner von Friedelsheim 1802-1837. — PfFam 14 (1965) = Bd. 5, 173-178

Pietzsch, Friedrich-August: Friedelsheim. Ein Winzerdorf mit großer Vergangenheit. Friedelsheim 1976 *(Juden bes. im 18. Jh.)*

Welsch, Friedrich Jakob: Pfarrbuch oder allgemeine Beschreibung des gesammten Kirchenwesens in der protestantischen Pfarrey Gönheim. Bearbeitet von Helmut Meinhardt. Bad Dürkheim 1983 (= Gönnheimer Heimatblätter 1) *(Kritische Bemerkungen zu Juden aus Friedelsheim aus dem Jahr 1833, mit Nachträgen 1843/1853)*

Fußgönheim

KDM Ludwigshafen, 1936, 40

»Der Lazarus Dellheim war ein wackerer Mann«. Fußgönheimer Ortsgeschichte auf jüdischen Grabsteinen. — Die Rheinpfalz, Ausgabe Ludwigshafen, 17.9.1980

Merk, Ernst: Ortsgeschichte von Fußgönheim. Fußgönheim 1925 *(S. 146-148: Die jüdische Gemeinde)*

(Synagoge in Fußgönheim) Meldungen in der Rheinpfalz, Ausgabe Ludwigshafen, 5.4.1984, 29.10.1984, 25.2.1985, 20.4.1985

Zeugnis jüdischer Geschichte. Schüler widmet sich der früheren Judengemeinde Fußgönheim. — Die Rheinpfalz, Ausgabe Ludwigshafen, 27.7.1985

G

Gauersheim

1150 Jahre Gauersheim. 835-1985. Hrsg. Gemeinde Gauersheim. Gauersheim 1985 *(S. 54f: Lilly Becker: Der Gauersheimer Judenfriedhof; S. 55f: Lilly Becker: Der Philosoph Ernst Bloch (Vorfahren))*

Karmann, Paul: Zerfallene Grabsteine erinnern an die Vergangenheit. Gauersheim hatte einst eine große jüdische Gemeinde. Stumme Zeugen auf dem Friedhof. — Die Rheinpfalz, Ausgabe Rockenhausen, 31.8.1974

KDM Kirchheimbolanden, 1938, 82 und 90f

Gaugrehweiler

Dhom, Emil: Gaugrehweiler und sein Rheingrafen-Schloß. Eine kleine Ortsgeschichte. Imsweiler 1983 *(passim)*

Geinsheim

Westrich, Claus-Peter: Juden in Geinsheim/Pfalz. Anmerkungen zur Geschichte einer ländlichen israelitischen Kultusgemeinde zwischen bürgerlicher Emanzipation und Holokaust. — Geinsheim in der Pfalz. Beiträge aus Vergangenheit und Gegenwart eines Gäudorfes. Hrsg. Stadt Neustadt/W., Bearbeiter Claus-Peter Westrich. Neustadt/W. 1988, 249-257

Germersheim

Germersheim. Beiträge zur Stadtgeschichte. Hrsg. Stadtverwaltung. Germersheim 1976 *(u.a. Reinhold Klotz S. 218: Die jüdische Kultusgemeinde; Josef Sellinger: Chronik, bes. S. 33-36, 47)*

GJ II, 277

Kukatzki, Bernhard: Synagoge leider vergessen. — Die Rheinpfalz, Ausgabe Landau, 8.10.1987

Probst, Joseph: Geschichte der Stadt und Festung Germersheim. Germersheim 1898/ND Pirmasens 1974 *(u.a. S. 253: Israelitische Schule und Synagoge; S. 380f: Rabbi Elieser Garmiza)*

Revolte in der Stengelkaserne. Gegen einen Juden. Germersheim vor neunzig Jahren. — NSZ-Rheinfront, 23.4.1939 *(Revolution 1849)*

Glan-Münchweiler

950 Jahre Glan-Münchweiler. Zur Feier des Jubiläums vom 2. bis 10. August 1969. Bearbeiter: Hans Weber. Glan-Münchweiler 1969 *(nur kurz zu Juden im 18. Jahrhundert, S. 32)*

s. Roland Paul zu Kusel

Göcklingen

Schirmer, Alois: Göcklingen bei Landau/Pfalz. Göcklingen 1981 *(S. 754-762: Die Göcklinger Juden)*

Göllheim

Korz, Mathias: Juden in Göllheim. — Donnersberg-Jahrbuch 6 (1983) 173-177

Kraus, Albert H.V.: Kulturpolitik im Dienste der Völkerverständigung. Zum 85. Geburtstag des ersten Saar-Kultusministers Dr. Emil Straus. — Saarheimat 28 (1984) 245f

Küppers, Heinrich: Bildungspolitik im Saarland 1945-1955. Saarbrücken 1984 (Veröffentlichungen der Kommission für saarländische Landesgeschichte und Volksforschung 14) *(auch zu Emil Straus, Kultusminister bis 1951, gebürtig aus Göllheim)*

Schmoll gen. Eisenwerth, J. Adolf: Ehemaliger saarländischer Kultusminister Dr. Emil Straus *(1899-1985)*. — Saarheimat 29 (1985) 172

Gommersheim

Kaul, Theodor: Einwohnerlisten von Gommersheim und Freisbach aus dem 16. und 17. Jahrhundert. — PfFam 12 (1963) = Bd. IV, 257ff, 336-338: Gommersheim 1686 *(4 jüdische Familien)*

Gossersweiler

Christmann, Ernst: Beiträge zur Geschichte des Dorfes Gossersweiler. — PfH 18 (1967) 121-126 *(jüd. Familiennamen 1767, 1842)*

Grünstadt

Freudenthal, Max: Juden in Grünstadt und Umgebung (von 1584 an). — Leininger Geschichtsblätter 10 (1911) 20

Fessmeyer, Hans: Die Namen der Juden in Grünstadt bei der Annahme von Familiennamen im Jahre 1808. — Neue Leininger Blätter 6 (1932) 6

Fessmeyer, Hans: Geschichte von Grünstadt. Grünstadt 1936 *(antisemitische Aussagen des Bürgermeisters Fritz Klein in der Einleitung)*

Lampert, Walter: Bewegte Jahre — Grünstadt 1918-1948. Grünstadt 1985 *(S. 149-165: Entrechtung und Verfolgung der jüdischen Mitbürger, mit Namens-Liste)*

Lampert, Walter: 1100 Jahre Grünstadt. Ein Heimatbuch. Grünstadt 1975 *(nur passim; S. 165-168: über die Jahre 1933-1940)*

Lampert Walter: Unter dem Schall des Wortes Gottes. Kirchhöfe und Bestattungsfelder in Grünstadt. — Die Rheinpfalz, Ausgabe Grünstadt, 1.11.1961

Lampert, Walter: Von der jüdischen Gemeinde blieben nur die Grabsteine. — Die Rheinpfalz, Ausgabe Grünstadt, Sonderbeilage, 21.11.1975

Müller, Emil: Grünstadt und Umgebung. Grünstadt 1904 *(nur statistische Angaben)*

Schleyer, Franz: »Paramokum«. Erinnerung an verlorene Heimat. Was aus den Grünstadter Juden wurde. — Die Rheinpfalz, Ausgabe Grünstadt, 6.4.1979

H

Hachenbach
Mahler, Ludwig: Hachenbach am Glan. Hachenbach 1966 *(passim zu Juden in Hinzweiler und anderen Orten des Eßweiler Tals)*

Hagenbach
KDM Germersheim, 1937, 72

Hainfeld
Müller, Carl Werner: Juden in Hainfeld. Ein Beitrag zur Geschichte der Dorfjuden im Hochstift Speyer. — PfH 34 (1983) 156-167

Harthausen
750 Jahre Harthausen 1230-1980. Harthausen 1980 *(nur statistische Angaben)*

Haßloch
»Endlich die Schmach von damals tilgen.« — Festakt am Wochenende zum Gedenken an jüdische Mitbürger: Jahnstraße in Leo-Loeb-Straße umbenannt. — Die Rheinpfalz, Ausgabe Neustadt, 22.9.1987 *(über jüdischen Bürgermeister in Haßloch)*

Haßloch anno dazumal. Haßloch 1980 *(einige Bilder von Juden)*

Juden in Haßloch. — Die Pfalz am Rhein, 1987, H. 4, 46

Jüdische Gemeinde hat ihre bleibende Erinnerung. Aus der Jahnstraße wird die Leo-Loeb-Straße. — Die Rheinpfalz, Ausgabe Neustadt, 28.9.1987

Theison, Johannes: Erinnerung an jüdische Familien (1): Familie Sigmund Hene. — Die Rheinpfalz, Ausgabe Neustadt, 7.7.1988

Thiel, Erwin: Haßlocher Chronik. Eine Gemeinde zwischen Rhein und Haardt. Haßloch 1977 *(S. 85 nur knappe Angaben; S. 215f jüdischer Friedhof)*

Unter Glas das alte Kassenbuch von Leo Loeb. Ausstellung »Jüdische Gemeinde in Haßloch« im Heimatmuseum. — Die Rheinpfalz, Ausgabe Neustadt, 3.10.1987

Herchweiler
Sachs, Eugen: Wie der Volksmund zu der Bezeichnung »Juden-Herchweiler« kam. — Die Rheinpfalz, Ausgabe Kusel 12 (1956) Nr. 119 vom 24.5.1956

Herschberg
Gemeinde Herschberg/Pfalz. Dorfchronik. Hrsg. Günter Schwinn. Herschberg 1965 *(u.a. S. 20f: Der Judenfriedhof, jüdische Schule, Berufe, alte jüdische Ausdrücke, jiddisch)*

Herschweiler-Pettersheim
600 Jahre Herschweiler-Pettersheim 1387-1987. Festbuch mit heimatgeschichtlichen Beiträgen. Hrsg. Ortsgemeinde. Herschweiler-Pettersheim 1987 *(u.a. S. 153-163: Karl Schmitt: Aus der Geschichte der Diamantschleiferei in Herschweiler-Pettersheim; ausgehend von Isidor Dreyfuß 1887)*

Herxheim am Berg
Kater, Michael H.: Everyday Anti-Semitism in Prewar Nazi Germany: The Popular Bases. — Yad Vashem Studies 16 (1984) 129-159 *(Beispiel aus Herxheim)*

Hettenleidelheim
Blum, Karl: Die Judenheit in der Geschichte von Hettenleidelheim. Ludwigshafen/Hettenleidelheim 1974 (Masch. Ms.)

Osterroth, Nikolaus: Vom Beter zum Kämpfer. Bonn 2. A. 1980 (1. A. 1920) *(Kindheitserinnerungen über jüdische Einwohner)*

Heuchelheim (bei Frankenthal)
1200 Jahre Heuchelheim. Bearbeiter: Heinrich Scherer. Heuchelheim 1967 *(passim; S. 16: Jüdische Friedhöfe; S. 38f: Namenslisten)*

Hinzweiler
Reznikoff, Charles: Artikel »Simon Wolf« (1836-1923). — The Universal Jewish Encyclopedia, 554f *(ab 1848 in den USA; Literaturhinweise)*

Hochspeyer
Ludt, Wilhelm: Hochspeyer. Die Geschichte eines Dorfes. Hochspeyer 2. A. 1979 *(nur passim, z.B. 91f, 152, 155f, 162f, 280, 282, 305, 417)*

Hornbach
GJ I, 132f

I

Iggelheim
Baumann, Jakob: Der Kuhhandel vor 175 Jahren. — NPfGV 31 (1951) 20f *(Viehhandel in Iggelheim 1787, jüd. Händler aus Böhl)*

Jahresberichte 1983/84. Hrsg. Heimat- und Museumsverein e.V. Böhl-Iggelheim 1984 *(S. 28: Namen der jüdischen Verfolgten in der Nazizeit)*

Imsweiler
GJ II, 274

Ingenheim

Aus dunkler Vergangenheit Hoffnung auf deutsch-jüdische Versöhnung. Gedenkfeier. — Die Rheinpfalz, Ausgabe Bad Bergzabern, 9.11.1986

Becker, August: Die Pfalz und die Pfälzer. Leipzig 1858 *(auch über Juden in Ingenheim)*

Bohlender, J.: Die Ortsgeschichte von der Gemeinde Ingenheim. Landau 1932 *(S. 45-47)*

Eigentlich schon doppelt so alt. Ingenheim feiert erste urkundliche Erwähnung vor 750 Jahren. — Die Rheinpfalz, Ausgabe Bad Bergzabern, 31.7.1987 *(Juden 14.-20. Jh.)*

Erinnerung an das Ende einst blühender Gemeinde. Bezirksrabbiner Ydit morgen bei Feierstunde. — Die Rheinpfalz, Ausgabe Bad Bergzabern, 8.11.1986

KDM Bergzabern, 1935, 241-244

K

Kaiserslautern

Altlauterer Handwerk und Judentum. — NSZ-Rheinfront, Ausgabe Kaiserslautern, Nr. 136 vom 13.6.1935 *(17. Jh.)*

Baron, Sally: s. Teil C, Rabbiner

Bauer, Michael: »Es Landauer Jaköbsche«. Die erscht pälzisch Vampirgeschicht. Mit Illustrationen von Christa Estenfeld-Kropp. Nieder-Olm 1987 *(Mundarterzählung, jüdisches und katholisches Milieu in der Nazizeit)*

Bauwerker, C.: Das rituelle Schächten der Israeliten im Lichte der Wissenschaft. Kaiserslautern 1882

Bauwerker, C.: Das rituelle Schächten der Israeliten im Lichte der Wissenschaft und der Wahrheit. Ein Wort der Abwehr. Erwiderung auf Dr. Landsbergs Gegenschrift. Kaiserslautern 1882 *(zu Dr. Landsberg s. Teil C, Rabbiner)*

Bütterich, Anette u.a.: Die Judenverfolgung in Kaiserslautern während des Nationalsozialismus, dargestellt am Beispiel der Familie Wertheimer. — Faschismus in Kaiserslautern. Schüler erforschen den Alltag im Nationalsozialismus. Ausstellungskatalog Volkshochschule. Kaiserslautern 1983, 19-25

Christmann, Ernst: Die Judengasse in Alt-Lautern. Es war nicht die heutige Schillerstraße. — Pfälzische Volkszeitung, Ausgabe Kaiserslautern 162 (1953), 21.5.1953

Christmann, Ernst/Heinz Friedel: Kaiserslautern einst und jetzt. Beiträge zur Geschichte der Großstadt Kaiserslautern von der Vor- und Frühgeschichte bis zu den heutigen Flur- und Straßennamen. 2. erw. A. Otterbach 1976 *(vereinzelte Hinweise zu Juden in der Industriegeschichte; jüdische Einwohner auch im Bürgerbuch vom 12.-16. Jh.)*

Debus, Karl Heinz: die jüdische Bevölkerung im Bezirk Kaiserslautern nach der Französischen Revolution. - JbKL 16/17 (1978/79) 165-170

Dunkles Kapitel der Stadtgeschichte. Sprengung der Kaiserslauterer Synagoge im Film festgehalten. Ein Dokument der Barbarei. — Die Rheinpfalz, Ausgabe Kaiserslautern, 13.5.1986

Ein Meisterwerk der Baukunst (Synagoge 1886). — Straßburger Post vom 18.2.1886

Friedel, Heinz: »Auf dem Fels« stand die Synagoge. Abrißarbeiten in der Glaserstraße. — Die Rheinpfalz, Ausgabe Kaiserslautern 19 (1963) Nr. 147 vom 29.6.1963

Friedel, Heinz: Aus der Geschichte der Kaiserslauterer Judengemeinde. — PfH 27 (1976) 99-103 *(1850-1945)*

Friedel, Heinz: Die Geschichte der Friedhöfe unserer Stadt. — Wohin heute, Kaiserslautern 1961, H. 12, 12-15

Friedel, Heinz: Die Geschichte der jüdischen Gemeinde in Kaiserslautern. Ein Beitrag zur Ortsgeschichte. Kaiserslautern 1957 (Masch.)

Friedel, Heinz: Die Juden in Kaiserslautern. Die Zuwanderung von Juden nach Kaiserslautern zu Beginn des 19. Jahrhunderts. — PfH 19 (1968) 55-58

Friedel, Heinz: Die Judengasse und ihre ehemaligen Bewohner. — Pälzer Sunndag (Beilage zur Pfälzischen Volkszeitung) 1959, Nr. 15

Friedel, Heinz: Die Judengasse und ihre ehemaligen Bewohner. — Pälzer Sunndag (Beilage zur Pfälzischen Volkszeitung) 1959, Nr. 15

Friedel, Heinz: Die jüdische Gemeinde in Kaiserslautern. — Gemeindegruß. Evangelisches Gemeindeblatt für Kaiserslautern 25 (1965) Nrr. 21 und 30

Friedel, Heinz: Kaiserslautern 1866-1913. Eine Rückschau auf die gute alte Zeit. Otterbach 1982 *(u.a. zum Synagogenbau 1886)*

Friedel, Heinz: Kaiserslautern 1914-1940. Gehörtes und Erlebtes. Otterbach 1980 *(u.a. zu Juden im 1. Weltkrieg und zum Abbruch der Synagoge im Oktober 1938)*

Friedel, Heinz: Kaiserslautern im Wiederaufbau 1946-1966. Berichte und Begegnungen. Otterbach 1981 *(auch zu der in der Nachkriegszeit neu gebildeten jüdischen Gemeinde)*

Friedel, Heinz: Die Machtergreifung 1933 in Kaiserslautern. Ein Beitrag zum Werden des Nationalsozialismus in der Westpfalz mit den Städten Landstuhl, Pirmasens und Zweibrücken sowie ein Vergleich zu Neustadt (Weinstr.). Otterbach 1983 *(mehrfach zu antisemitischen Vorgängen)*

Friedel, Heinz: Die mittelalterliche Judengemeinde von Kaiserslautern. — PfH 16 (1965) 41-43

Friedel, Heinz: Die Neuentstehung der Kaiserslauterer Judengemeinde. — Gemeindegruß. Evangelisches Sonntagsblatt, Kaiserslautern 26 (1966) Nr. 28 vom 10.7.1966

Friedel, Heinz: Otterberger Sandstein für den Bau der Synagoge. Vor 100 Jahren errichtete die jüdische Gemeinde ihr Gotteshaus. — Die Rheinpfalz, Ausgabe Kaiserslautern, 13.3. 1986

Friedel, Heinz: Synagogen in Kaiserslautern. — Die Rheinpfalz, Ausgabe Kaiserslautern 21 (1965) Nr. 239 vom 14.10.1965

Friedel, Heinz: Synagogenplatz erinnert an das Schicksal der jüdischen Mitbürger. — Die Rheinpfalz, Ausgabe Kaiserslautern, 8.10.1980

Friedel, Heinz: Zur Geschichte der Judengemeinde. In Kaiserslautern bereits 1241 nachzuweisen. — Die Rheinpfalz, Ausgabe Kaiserslautern 22 (1966) Nr. 164 vom 19.7.1966

Gedenk- und Gelöbnisstunde in Kaiserslautern. Das deutsche Volk hat die Gefahr des Judentums erkannt. — NSZ-Rheinfront, Ausgabe Kaiserslautern, 11.11.1938

Gerlach, Bernhard H.: Juden in Kaiserslautern und ihre Beteiligung an der Revolution 1848/49. — JbKL 22/23 (1984/85) 299-312

Gerlach, Bernhard H.: Die Kristallnacht in Kaiserslautern. — »Reichskristallnacht« 9./10. November 1938. Ausstellungskatalog Theodor-Zink-Museum Kaiserslautern. Texte von Werner Krause, Horst-Peter Schulz, Bernhard H. Gerlach. Kaiserslautern 1979, 22-25

Gerlach, Bernhard H. Die Lage der jüdischen Bevölkerung im Raume Kaiserslautern zwischen 1814 und 1840. — JbKL 18/19 (1980/81) 269-288

Gerlach, Bernhard H.: Zur Erinnerung an Ludwig Rosenblatt (1895-1942). — Festschrift des Albert-Schweitzer-Gymnasiums 1811-1986. Hrsg. Staatliches Albert-Schweitzer-Gymnasium Kaiserslautern. Kaiserslautern 1986, 82-96 (Auch als erweiterter Sonderdruck erschienen.)

GJ I 139f; II 384f

Größte Zigarrenfabrik der Pfalz. Die Firma Felsenthal & Co. in Kaiserslautern ist vollbeschäftigt. — Die Rheinpfalz, Ausgabe Kaiserslautern, 5.1.1950

Häberle, Daniel: Ältere Nachrichten über die Judengemeinde in Kaiserslautern. — Pfälzische Geschichtsblätter 3 (1907) Nr. 1, 4f (auch abgedruckt in: Literaturblatt (Beilage zur Jüdischen Rundschau) 12 (1907) Nr. 2)

Herzog, Heinrich: Kaiserslautern 1620-1650. 1651-1681. 1682-1705. Bürger, Hintersassen, Ortsfremde, Soldaten, Flüchtlinge und andere Personen. 3 Bde. Kaiserslautern 1985-1987 *(mehrfach auch jüdische Namen)*

Kaiserslautern wird schön. Die Synagoge wird abgerissen. — NSZ-Rheinfront, Ausgabe Kaiserslautern, 27.8.1938

Kaiserslautern wird schön. Ein Stück Orient verschwindet. — NSZ-Rheinfront, Ausgabe Kaiserslautern, 29.8.1938

Kaiserslautern wird von Juden gesäubert. — Pfälzische Presse, Ausgabe Kaiserslautern, 11.11.1938 *(Verfasser begrüßt den Pogrom in Kaiserslautern)*

Kinzel, M.: Freiheiten, Rechte und Gewohnheiten der Stadt Kaiserslautern in alter Zeit. — Die Heimath. Pfälzisches Sonntagsblatt, 1886,124f, 133-35, 144, 154 *(1744, 1756: keine Juden in Kaiserslautern; Geleitgeld)*

Köhr, Th.: Die Heimatstelle Pfalz. — Die Pfalz am Rhein, 1985, H. 6, 17 *(Institut für pfälzische Geschichte und Volkskunde in Kaiserslautern, untergebracht in einem früher jüdischen Haus; erforscht auch die jüdische Emigration)*

Küchler, Julius: Chronik der Stadt Kaiserslautern aus den Jahren 1566-1798 nach den Ratsprotokollen bearbeitet. Kaiserslautern 1905/ND Pirmasens 1976 *(mehrfach Notizen zu Juden, die aber nur kurzzeitig in der Stadt wohnen durften)*

Küchler, Julius: Die Judengasse in Kaiserslautern. — Pfälzische Geschichtsblätter 3 (1907) Nr. 1, 11

Künzl, Hannelore: Islamische Stilelemente im Synagogenbau des 19. und frühen 20. Jahrhunderts. Frankfurt 1984 (Judentum und Umwelt 9) *(S. 401-404, Abb. 93: Synagoge in Kaiserslautern 1886)*

Lehmann, Johann Georg: Urkundliche Geschichte der Bezirkshauptstadt Kaiserslautern und des ehemaligen Reichslandes. Kaiserslautern 1853/ND Pirmasens 1974

Levy, Ludwig: Synagoge in Kaiserslautern. — Deutsche Bauzeitung 25 (1891) Nr. 1, 1,4f, Tafel 1

Löwenstein, Dr.: Nekrolog zu Leopold Dick (Zeichenlehrer in Kaiserslautern). — AZJ 18 (1854) 376

Lüth, Erich: Ein Hamburger schwimmt gegen den Strom. Hamburg 1981 *(Lebenserinnerungen; Begegnungen mit Juden in Kaiserslautern nach 1933)*

Lüth, Erich: Die Reichskristallnacht *(in Kaiserslautern)*. — Die Reichskristallnacht. Der Antisemitismus in der deutschen Geschichte. Beiträge von Erich Lüth u.a. Bonn 1960, 9-18

Meyer, Louis: Die alte Synagoge in der Salzgasse. — Die Rheinpfalz, Ausgabe Kaiserslautern 14 (1958) Nr. 273 vom 26.11.1958

Meyer, Louis: Ein stummer Zeuge von Alt-Lautern. Alter Türsturz aus dem Jahre 1569 in der Judengasse. — Die Rheinpfalz, Ausgabe Kaiserslautern 15 (1959) Nr. 92 vom 22.4.1959

Meyer, Louis: Wohnhaus-Neubau in der Glaserstraße. Wo einst die Synagoge stand. — Die Rheinpfalz, Ausgabe Kaiserslautern 20 (1964) Nr. 122 vom 28./29.5.1964

Neufert, Kurt: Rudi Rosenthal. Ein Musikant zieht durch die Welt. Landau 1986

Neufert, Kurt: Weltenbummler mit Klarinette, Saxophon, Kamm und Schere. Rudi Rosenthal aus Kaiserslautern. — Die Pfalz am Rhein, 1985, H. 3, 30f

Paul, Roland: Dr. Rudolf M. Heilbrunn 85 Jahre. Freund der Bücher und der Geschichte. — Die Rheinpfalz, Ausgabe Kaiserslautern, 19.4.1986

Paul Roland: Eines der beschämendsten Ereignisse der Stadtgeschichte. Vor 50 Jahren Synagoge gesprengt. — Die Rheinpfalz, Ausgabe Kaiserslautern, 17.9.1988

Paul, Roland: Die Kaiserslauterer Synagoge und ihr Schicksal vor 50 Jahren. — Heimatjahrbuch (Kaiserslautern) 1988, 156-161

Paul, Roland: Leben für Juden in Europa. Kaiserslauterer 1939 emigriert. 75. Geburtstag in New York. — Die Rheinpfalz, Ausgabe Kaiserslautern, 10.10.1985 *(Hans Feibelmann — Howard John Fields)*

Paul, Roland: Die Synagoge. Kaiserslauterer Geschichte: vor 100 Jahren eingeweiht — im Dritten Reich abgerissen. — Pavillon, Kaiserslautern, März 1987, 6f

Paul, Roland: Von Kaiserslautern in die weite Welt. — Die Pfalz am Rhein, 1983, H. 3, 25f *(u.a. H.A. Feibelmann)*

Das Salzhaus in Kaiserslautern. Der unheilvolle Einfluß der Juden. — NSZ Rheinfront, Ausgabe Kaiserslautern, 10.10.1938

Schattner, Gerd: Wie die Nazis vor 50 Jahren die Macht an sich rissen. — Die Rheinpfalz, Ausgabe Kaiserslautern, 4.2.1983 *(Gespräch mit Karoline Schlaufmann, geb. Rothschild)*

Scheifele, B.: Edith Werner — das Schicksal einer Kaiserslauterer Jüdin. — Sonntag aktuell (Die Rheinpfalz), 29.9.1985

Schmierereien am jüdischen Gemeindehaus. — Die Rheinpfalz, Ausgabe Kaiserslautern, 9.3.1983

Schoeps, Julius H.: An der Seite der Unterdrückten — Ludwig Kalisch (1814-1882) im Vormärz, in der Revolution von 1848 und im französischen Exil. — Juden im Vormärz und in der Revolution von 1848. Hrsg. Walter Grab/Julius H. Schoeps. Stuttgart 1983 (Jahrbuch des Instituts für Deutsche Geschichte, Universität Tel Aviv, Beiheft 5), 331-351 *(1849 als Redakteur in Kaiserslautern)*

Schwerdtfeger, Thomas: Stabilisierung nationalsozialistischer Macht. Beobachtungen zur anlaufenden Judenverfolgung in Kaiserslautern im Zeitraum vom 9.3. bis 1.4.1933. (Facharbeit in Geschichte, Gymnasium am Rittersberg) Kaiserslautern 1981

Die Synagoge in Kaiserslautern. — Architektonische Rundschau, 1891, H. 7

Synagoge in Kaiserslautern. 1883-1886. (Großformatiger Prachtband mit einer Titelseite — Architekt Ludwig Levy — und elf Bildtafeln. Exemplar in der Landesbibliothek Speyer.) Kaiserslautern um 1887

Um das schöne Stadtbild der Barbarossastadt. Abbruch der Synagoge. — Pfälzer Presse, Kaiserslautern, 27.8.1938

Verhandlungen des Pfälzischen Schwurgerichts in Zweibrücken. Freisprechung des Verlagsbuchhändlers August Gotthold in Kaiserslautern von der Anklage der Beschimpfung der jüdischen Religion durch die Presse. Wörtlicher Bericht der Sitzung vom 15.9.1887. Kaiserslautern 1887

Vandalismus auf dem israelitischen Friedhof in Kaiserslautern. 33 Grabdenkmäler von Bubenhänden umgestürzt. — Pfälzische Volkszeitung, Ausgabe Kaiserslautern, 10.7.1928

Vondano: Unrecht wieder gutmachen. Nach 42 Jahren wurde der Synagogenplatz offiziell eingeweiht. - Die Rheinpfalz, Ausgabe Kaiserslautern, 9.10.1980

Weinkauff, Ludwig: Juden in Kaiserslautern. Die Barbarossastadt hielt sich die Pest vom Halse. — NSZ-Rheinfront, Ausgabe Kaiserslautern, 5.8.1938

Westrich, Klaus-Peter: Ein »Weiser« am Rhein. — Die Rheinpfalz, Ausgabe Kaiserslautern 24 (1968) Nr. 179 vom 5.8.1968 *(Menachem ben Jacob aus Kaiserslautern)*

Westrich, Klaus-Peter: Auf den Spuren mittelalterlicher, jüdischer Ansiedlungen im Bereich der alten Handelsstraße von Metz nach Worms. — Heimatkalender (Kaiserslautern) 1970, 73-75

Wiehn, Erhard R.: Kaiserslautern. Leben in einer pfälzischen Stadt. Neustadt 1982 *(zu Juden u.a. S. 330-336: Zeitgenössische Judenpolitik; S. 382-386: Jüdische Anfangshoffnungen im 19. Jh.; S. 399-401: Jüdische Gemeinde nach 1945)*

Zink, Theodor: Kaiserslautern in Vergangenheit und Gegenwart. Kaiserslautern 1914 *(passim)*

Kallstadt

Herzog, S.: Erbauungsblätter für Israeliten zur Beförderung häuslicher Andacht. Mannheim 1833 *(S. Herzog, Candidat der Theologie, aus Kallstadt)*

Klamm, Otto: Die Juden in Kallstadt. — Amtsblatt der Verbandsgemeinde Freinsheim,

Kukatzki, Bernhard: Synagoge Kallstadt. — Die Rheinpfalz, Ausgabe Bad Dürkheim, 13.1.1986

Kindenheim

Rüttger, Joseph/Wolfgang M. Schmitt: Das Leininger Land. Grünstadt und Umgebung. Grünstadt 1984 (Der Landkrei Bad Dürkheim 3) *(S. 72f: Friedhof in Kindenheim)*

Kirchheim/W.

Auf den Spuren jüdisch-pfälzischer Kultur. — Die Rheinpfalz, Ausgabe Grünstadt, 9.10.1986

Kirchheimbolanden

Döhn, Hans: Kirchheimbolanden. Die Geschichte einer Stadt. Kirchheimbolanden 1968 *(S. 364-366, 397: nur knappe Angaben)*

Ein Rheinpfalz-Artikel wird zum Geburtstagsgeschenk. Auswandererschicksal einer jüdischen Familie rückt in Erinnerung. — Die Rheinpfalz, Ausgabe Kirchhembolanden, 26.9.1985

Hopp, Karl: Geschichte der Herrschaft Kirchheim auf dem Gau. Kirchheimbolanden 1899 *(u.a. zu Juden 1336 und 1706)*

KDM Kirchheimbolanden, 1938, 162 (Synagoge und Judenfriedhof)

Klischat, Ullrich: Die Geschichte der Juden in der Nordpfalz und in Kirchheimbolanden. — Die Rheinpfalz, Ausgabe Grünstadt, 12. und 16.11.1968

Köllner, Adolph: Geschichte der Herrschaft Kirchheim-Boland und Stauf. Wiesbaden 1854 *(Juden in verschiedenen Orten genannt)*

Lucae, Konrad: Kirchheimbolanden in alten Ansichten. Zaltbommel 2. Aufl. 1974 *(Bild 56: Synagoge)*

Lucae, Karl Theodor und Konrad: Kirchheim und seine Bürger. Kirchheimbolanden 1983 *(S. 107-133: Jüdische Familien)*

»Straus ist nach den USA ausgewandert«. Das Schicksal eines jüdischen Getreidehändlers aus Kirchheimbolanden. — Die Rheinpfalz, Ausgabe Kirchheimbolanden, 21.2.1983

Kirrweiler
Biffar, Ursula: Schutt birgt altes Denkmal jüdischer Kultur. (Frauenbad in Kirrweiler) — Die Rheinpfalz, Ausgabe Landau, 16.6.1987 (Ausgabe Neustadt, 13.6.1987)

Friedel, Heinz: Kirrweiler. Die Geschichte eines pfälzischen Weindorfes. Kirrweiler 1978 *(S. 63-66: Die jüdische Gemeinde)*

Roth, Fritz: Das Kirrweilerer Judenbad. — Heimat-Jahrbuch (Landkreis Südliche Weinstraße) 8 (1986) 65f

Klingenmünster
GJ II, 404; III, 1, 621 *(auch zu Billigheim)*

Kriegsfeld
Hoffmann, Jakob: Chronik des rheinpfälzischen Dorfes Kriegsfeld. Kriegsfeld 1897 *(u.a. S. 97: Die Juden)*

Kusel
Dick, Rainer: Gleichberechtigung nach 900 Jahren. Geschichtliche Hintergründe der jüdischen Gemeinde in Kusel. — Die Rheinpfalz, Ausgabe Kusel, 13.4.1985

Drumm, Ernst: Zur Geschichte des Judentums der Stadt Kusel. — Heimatblatt des Remigiuslandes 10 (1931) Nr. 2

GJ II, 460f

Kukatzki, Bernhard: Jahre der Verfolgung erlebt. Geschichte eines Kuseler »Halbjuden« während der Nazizeit. — Die Rheinpfalz, Ausgabe Kusel, 17.3.1986

Lilienthal, S.: Mit jüdischen Augen von Trier durch den Westrich zur Nahe. — Israelitisches Familienblatt, 3. Juli 1930

Lilienthal, S.: Zur Geschichte der Juden der Stadt Kusel. — Heimatblatt des Remigiuslandes 10 (1931) Nr. 8

Paul, Roland: »Lebt wohl, ihr Söhne, lebt wohl!« Ein Beitrag zur Geschichte der Amerika-Auswanderung aus dem Kuseler Land. — Der Landkreis Kusel. Landau 1985, 257-277 *(auch zu Juden, bes. aus Glan-Münchweiler, Hinzweiler, Lauterecken)*

Probst, Stephan M.: Zur Geschichte der Juden im Landkreis Kusel. — Westrichkalender (Kusel) 1988, 72-75

Schoenhoff, Vera: Die kirchengeschichtliche Entwicklung Kusels. — Westricher Heimatblätter n.F. 12 (1981) 18-38 *(S. 34-38: Zur Geschichte der Juden in Kusel, 14.-20.
Jahrhundert.)*

Schworm, Ernst: Kusel. Geschichte der Stadt. Kusel 1987 *(u.a. S. 369-374: Juden)*

L

Lachen-Speyerdorf
Reichert, Otto: Lachen-Speyerdorf. Heimatgeschichte. Mannheim 1966 *(S. 190f: Das
Schicksal der Juden)*

Lambsheim
GJ II, 464

Jüdischer Friedhof überlebt schreckliche Kriegsjahre. Letzte Beerdigung im Jahre 1937.
— Die Rheinpfalz, Ausgabe Frankenthal, 2.8.1986

Kinkel, Kurt: Die Juden in Lambsheim. Lambsheim 1981 (Masch.)

Kinkel, Kurt: Die Juden in Lambsheim. Kurzfassung. — Heimatjahrbuch (Ludwigshafen)
1 (1985) 95-102

Rembe, Heinrich: Die Juden in Lambsheim. — PfFam 30 (1981) = Bd. IX, 571-581 *(17.
Jh. bis 1940)*

Rembe, Heinrich: Lambsheim — Die Familien von 1547-1800. Lambsheim 1981; Lambsheim — Die Familien mit Heiratsdaten von ca. 1800-ca. 1830. Lambsheim 1983
(hier bes. S. 162-193 zur Geschichte der jüd. Bevölkerung)

Landau
Bröhmer, Helga: Zionisten-Vorsitzender Ernst Sender gestorben. — Die Rheinpfalz, Ausgabe Landau, 16.9.1987 *(geb. 1906 in Landau, emigriert 1938)*

Ein heute in Israel lebender ehemaliger jüdischer Mitbürger kommt im Rollstuhl. Einweihung des Frank-Loebschen Hauses. — Die Rheinpfalz, Ausgabe Landau, 2.4.1987
(mit einer Liste von etwa 100 jüd. Gästen)

GJ II, 464-466; III, 1, 703-711

Henrich, Karl: Die Landauer Scharfrichter und Wasenmeister in ihrem Leben und Wirken. — MHVPf 78 (1980) 301-380 *(Juden im 16.-18. Jh. als Zeugen, Kläger, Opfer
und Täter)*

Heß, Hans: Auf den Spuren der Juden in Landaus Geschichte. — Die Stiftskirche N.F. 33
(1981) Folge 7/8, 5-15; Folge 9, 3-8

Heß, Hans: Hoffnung unter Trümmern. Geschichte einer Synagoge. — Die Rheinpfalz,
Ausgabe Landau, 1.9.1984

Heß, Hans: Die Landauer Judengemeinde. Ein Abriß ihrer Geschichte. Landau 1969 (vorher in: Landauer Monatshefte, August 1968-Dezember 1969); Rez. Günter Stein:
PfH 21 (1970) 39f; 2. erw. A. Landau 1983 (Kleine Landauer Reihe 5)

Heuser, Emil: Ein Schutzbrief für die Juden von Landau. — PfM 18 (1901) 152-154 *(1711)*

Heuser, Emil/Dr. Krebs: Zur Judenverfolgung in Landau 1347. — PfM 16 (1899) 37f

KDM Landau, 1928, 63

Kohl, Sigrid: Besondere Probleme der jüdischen Gemeinde in Landau im Zusammenhang mit der nationalsozialistischen Judenpolitik. Landau 1973 (Masch.; Erziehungswiss. Hochschule)

Lieberich, Heinz: Die Schmaltz. Eine Familie des reichsstädtischen Patriziates in Landau, Speyer und Weißenburg. — MHVPf 75 (1977) 75-89 *(Burglehen auf die Judensteuer, 1354, 1397; Bankhäuser im 18. Jh.)*

Lutz, Karl: Die ersten Juden in Landau. — NSZ-Rheinfront, Ausgabe Süd, 6.10.1936

Die Memoiren des Ascher Levy aus Reichshofen im Elsaß (1598-1635). Hrsg. Moses Ginsburger. Berlin 1913 *(u.a. zu Landau, Bergzabern)*

Metzger, Lore: Erinnerungen an 1938er Novembertage. — Pfälzer Tageblatt, Ausgabe Landau, 14.11.1969

Metzger, Lore: 1938. Jugenderinnerungen. — Die Pfalz am Rhein, 1984, H. 2, 12-16

Mone, Franz Joseph: Die Besatzung zu Landau vom 13. bis 15. Jahrhundert. — ZGO 3 (1852) 299-309 *(Juden im 14. Jh.)*

Rabbiner urteilt: Geschichte real präsentiert. In der Konrad-Adenauer-Realschule dokumentieren 200 Ausstellungsstücke Not jüdischer Mitbürger. — Die Rheinpfalz, Ausgabe Landau, 14.11.1985

Rapide Auswanderung (Landau/Pfalz). — Israelitisches Familienblatt, Ausgabe Berlin, 11.11.1937, 15

Rundschreiben für den Rabbinatsbezirk Landau/Pfalz. Hrsg. Kurt Metzger. Landau 1935-1937; ab Juli 1937 unter dem Titel: Jüdisches Gemeindeblatt für den Rabbinatsbezirk Landau/Pfalz. Landau 1937-1.11.1938

Saalfeld, Martha: Isi oder Die Gerechtigkeit. Roman. Wien 1970 *(Schauplatz Landau)*

Saalfeld, Martha: Judengasse. Roman. Mit elf Zeichnungen von Werner vom Scheidt. Wien 1965. Rez. Herbert Müller: Die Rheinpfalz 21 (1965), 24.7.1965 *(Schauplatz Landau)*

Schwarz, Paul: »Es gab in Landau niemanden, der uns nicht gekannt hat.« Besuch bei dem ehemaligen jüdischen Mitbürger Ernst Wertheimer in Buenos Aires. / »Wir müssen endlich einmal einen Schlußstrich ziehen.« — Die Rheinpfalz, Ausgabe Landau, 7.4. und 8.4.1987

Szajkowski, Zosa: French Jewry During the Thermidorian Reaction. — HistJud (1958) 97-108 *(u.a. zu Landau: Leon Aaron Worms als gewähltes Mitglied im städtischen Rat)*

Überzeugt, in Landau gut aufgenommen zu werden. Gespräch mit Landaus letztem Rabbiner Dr. Kurt Metzger und seiner Frau am Vorabend der heute beginnenden »Woche der Begegnung«. — Die Rheinpfalz, Ausgabe Landau, 4.5.1987

Wiener, Max: Geschichte der Juden in Landau. — Achawa, 1867, 107, 117ff

Ziegler, Hans: Landau in der Vormärzzeit und im Jahre des pfälzischen Aufstandes 1849. — MHVPf 61 (1963) 201-224 *(zur Beteiligung von Juden; Rede des Rabbiners Grünebaum)*

Ziegler, Hans: Die Landauer Gesellschaft der Konstitutionsfreunde (Jakobinerklub: 1791-1795). — MHVPf 73 (1975) 221-294 *(jüd. Mitglieder)*

Landstuhl

Müller, Robert: Die vormals jüdische Gemeinde in Landstuhl. — Westricher Anzeiger, 1974

Paul, Roland: Die jüdische Gemeinde in Landstuhl. Anmerkungen zu ihrem Schicksal im Dritten Reich. — Heimatkalender (Kaiserslautern) 1982, 60-64

Paul, Roland: Zur Geschichte der Juden in Landstuhl: Grabsteine mahnen uns eindringlich. — Die Rheinpfalz, Ausgabe Kaiserslautern, 9.11.1978

Lauterecken

Zink, Albert: Chronik der Stadt Lauterecken von den Anfängen bis zum Beginn des 20. Jahrunderts. Lauterecken 1968 *(u.a. Polizeiverordnung 1807; Viehhandel 19. Jh.)*

Leimersheim

Bitteres Schicksal einer Minderheit. — Die Rheinpfalz, Ausgabe Landau, 5.1.1984

Boltz, Alfred: Neupotzer Heimatbuch. Heidelberg 1985 *(keine Juden in Neupotz; zur Judenverfolgung in Leimersheim 1933-1940)*

Hodapp, Carl Josef: Geschichte des Ortes Leimersheim und des weiteren Heimatraumes. Leimersheim 1960 *(nur statistische Hinweise)*

Schicksal einer religiösen Minderheit. — Die Rheinpfalz, Ausgabe Landau, 27.12.1983

Sittinger, Helmut: Schicksale einer religiösen Minderheit. Geschichte der Leimersheimer Juden. — Die Rheinpfalz, Ausgabe Landau, 27.12.1983, 4.1. und 5.1.1984

Lingenfeld

Dokumentation über die jüdische Familie Adler aus Lingenfeld. Hrsg. SPD Ortsverein. Lingenfeld 1986

Gedenken an jüdischen Sozialdemokraten. — Die Rheinpfalz, Ausgabe Speyer, 31.12.1985 *(Gottlieb Adler, 1881-1941)*

Ludwigshafen

Als jüdische Bürger zum Freiwild wurden. — Neue LU 9 (1978) H. 11, 32

Bayer, Andreas: Die Einführung der Simultanschule in Ludwigshafen. Ludwigshafen 1930 *(S. 42-62 zu jüd. Lehrern in Ludwigshafen und Gauersheim)*

Bohley, Günter: Erstes Kaufhaus der Pfalz im Jugendstil. Nach der Jahrhundertwende eröffnete Louis Rothschild. — Die Rheinpfalz, Ausgabe Ludwigshafen, 13.11.1987

Bohley, Günter: Wunden der Nazi-Zeit sind vernarbt, nicht verheilt. Der einstige Kaufhausbesitzer Willibald Rothschild und seine Frau Erna haben nicht nur schlimme Erinnerungen an ihre einstige Heimatstadt. — Die Rheinpfalz, Ausgabe Ludwigshafen, 31.3.1988

Borkin, Joseph: Die unheilige Allianz der I.G. Farben. Frankfurt 1979 *(BASF, Auschwitz)*

Burschell, Friedrich: Zwischen München und Berlin. — Deutsche Rundschau 89 (1963) H. 5, 31-39 *(auch über Ernst Bloch und seine Familie)*

Christen überließen den Ludwigshafener Juden ein Bethaus. Vor 120 Jahren wurde die Synagoge an der Kaiser-Wilhelm-Straße eingeweiht. — Die Rheinpfalz, Ausgabe Ludwigshafen, 11.4.1985

Dubbers, Hans: Joh. A. Benckiser GmbH, Ludwigshafen am Rhein, ein Familienunternehmen. — PfFam 8 (1959) = Bd. III, 206-216 *(zu Jakob Levino, 1855-58)*

Einige familiengeschichtliche Daten Blochs. — Bloch-Almanach 3 (1983) 11

Familien und Persönlichkeiten nebst frühen Einwohnerlisten *(von Ludwigshafen im 19. Jh.)*. Hrsg. Oskar Poller. Ludwigshafen 1979 (PfFam, 12. Beiheft)

Faschon, Susanne: Der Mann im Leuchtturm. Pfalz-patriotische Betrachtung über Ernst Bloch. — Pälzer Feierowend (Beilage zur Rheinpfalz) 19 (1967) Nr. 25, 7; verändert in: Stimme der Pfalz 18 (1967) H. 2, 16

Grünebaum, Elias *(Rede 1865 s. Teil C, Rabbiner)*

100 Jahre Carl-Bosch-Gymnasium. 1886-1986. Ludwigshafen 1986 *(S. 36: Hans-Dieter Kuch: Jüdische Lehrer)*

Jan, Helmut von: Beiträge zur Geschichte des Aufstands 1849 in Ludwigshafen. — PfFam 8 (1959) = Bd. III, 217-224 *(Dr. med. Jonas Löwenthal)*

Die Juden in Ludwigshafen. — Wort und Zahl (Beilage zum Stadtanzeiger Ludwigshafen) 3 (1937) Nr. 6

Jüdische Emigranten besuchten alte Heimat. Wiedersehen nach 52 Jahren. — Neue LU 18 (1987) H. 11, 5f

Käufer, Ernst: Judenabwehr in der Pfalz 1847. — Heimatblätter für Ludwigshafen und Umgebung, 1937, Nr. 17 *(staatliche Anordnung über Juden aus Frankreich)*

KDM Ludwigshafen, 1936, 23

Kukatzki, Bernhard: Jüdische Kulturdenkmäler. — Heimatjahrbuch (Ludwigshafen) 3 (1987) 75-78

Lebensstationen. Porträt: E. Kahn-Freund. — Neue LU 18 (1987) H. 7, 18f

Ludwigshafener Judenpogrome vor dem Frankenthaler Schwurgericht. — Die Rheinpfalz, Ausgabe Ludwigshafen, 20.6., 21.6., 22.6.1950

Meinzer, Lothar: Stationen und Strukturen der nationalsozialistischen Machtergreifung: Ludwigshafen am Rhein und die Pfalz in den ersten Jahren des Dritten Reiches. Ludwigshafen 1983 (Veröffentlichungen des Stadtarchivs Ludwigshafen 9) *(u.a. S. 244-258: Anfänge der Judenverfolgung)*

Morweiser, Hermann W.: Auch in Ludwigshafen gab es Widerstand gegen den Faschismus. Ludwigshafen 1981

Müller-Kattwinkel, Josef: Jüdische Kultusgemeinde war Ludwigshafen eng verbunden. — Die Rheinpfalz, Ausgabe Ludwigshafen 17 (1961) Nr. 95 vom 24.4.1961

Poller, Oskar: Geschichte der Juden in Ludwigshafen. — PfH 21 (1970) 56-62 *(mit zahlreichen Hinweisen auf Zeitungsartikel, die in diese Bibliographie nicht aufgenommen wurden)*

Raimar, Josef: Alte Ludwigshafener Familien. — PfFam 8 (1959) = Bd. III, 229-234 *(auch zu Aron Loewenthal und Lazarus Morgenthau)*

Raimar, Josef: Der Gründerkreis der chemischen Industrie im Rhein-Neckar-Raum, bes, der BASF. — PfFam 14 (1965) = Bd. V, 225-231, 271-281, 301-307, 343-347 *(u.a. zu Ladenburg, Caro)*

Reetz, Hans: Wie Ernst Bloch seine Heimatstadt Ludwigshafen sah. — Stadt-Anzeiger Ludwigshafen 6 (1953) H. 36 vom 5.9.1953, 5

Saltin, Günther: »Seine Seele weile bei den Seelen der Gerechten im Garten Eden.« Zur religiösen Bedeutung jüdischer Friedhöfe. — Heimatjahrbuch (Ludwigshafen) 4 (1988) 101-108

Schmitt, Valentin: Geschichte der Juden in Ludwigshafen. — Die Rheinpfalz, Ausgabe Ludwigshafen, 29.8.1963 (Ihre Stiftungen überdauerten die schweren Zeiten); 12.9.1963 (Viele bedeutende Ärzte bis heute unvergessen); 26.9.1963 (Stadtbaumeister Sternlieb schuf den Ebertpark)

Schmitt, Valentin: Von 1400 Ludwigshafener Juden kehrten drei zurück. — Die Rheinpfalz, Ausgabe Ludwigshafen, 14.4.1960

Schuster, Curt: Heinrich Caro. 13. Februar 1834-11. September 1910. — Ludwigshafener Chemiker. Hrsg. Kurt Oberdorffer Bd. 2, Düsseldorf 1960, 45-83

Schuster, Curt: Heinrich Caro. Ein Leben für die Farbe. — Pfälzische Heimatblätter (Beilage zur Rheinpfalz) 7 (1959) 89-92

Viele Juden waren prominente Bürger. — Mannheimer Morgen 24 (1969) Nr. 60 vom 13.3.1969 (Morgenthau, Gutherz, Ladenburg, Caro, Haber)

Zudeick, Peter: »Aus süddeutschen Erbgut.« Zum 100. Geburtstag von Ernst Bloch. — Stimme der Pfalz 36 (1985) H. 3, 3-5

M

Maikammer-Alsterweiler
Chronik Maikammer-Alsterweiler. Teil I: Johannes Leonhardt: Geschichte von Maikammer-Alsterweiler. Teil II: Johannes Damm/Hans Treptow: Chronik von Maikammer-Alsterweiler ab 1928, Chronik der Verbände und Vereine. Maikammer-Alsterweiler 1986 (zu Juden nur passim)

Marienthal
Karmann, Paul: Die Besitzverhältnisse der früheren Marienthaler Juden. — NPfGV 58 (1978) 73-78

Karmann, Paul: Geschichte der Juden in der Nordpfalz, 5: Die alte Synagoge in Marienthal. — Die Rheinpfalz, Ausgabe Rockenhausen, 27.12.1984

Maßweiler
Althoff, Karl: Panama-Hut-Flechterei-Schule in Maßweiler. Eine mißglückte Industriean-siedlung anno 1880. — Heimatkalender (Pirmasens/Zweibrücken) 1978, 200-202 (Firma S. und Moritz Stern)

Maxdorf
Hahn, Johannes: Ortsgeschichte von Maxdorf. Maxdorf 1960 (S. 25-35, 42f: Vom Gänse-stopfen, koschere Schlachtung)

Meckenheim
Schnabel, Berthold: Ein Beitrag zur Geschichte der Juden Meckenheims in den Jahren 1933-1945. — Amtsblatt der Verbandsgemeinde Deidesheim 7 (1979), 6 Folgen vom 31.8., 14.9.,12.10.,26.10.,9.11.,23.11.

Feil, Georg: Meckenheim. Aus der Geschichte eines pfälzischen Dorfes. Speyer 1965 (Veröffentlichungen zur Geschichte von Stadt und Landkreis Neustadt an der Weinstraße Bd. 4) (S. 54f: Die Juden)

Mehlingen

Hub, Karl: Jüdische Gepflogenheiten einst und jetzt. — Pfälzer Wirtschafts-Anzeiger, 20.3.1937 *(Juden 1802/1808)*

Immer wieder stören Rowdies die letzte Ruhe auf dem Mehlinger Judenfriedhof. Nach dem Krieg hergerichtet — nun wieder Schändung. — Die Rheinpfalz, Ausgabe Kaiserslautern, 30.8.1978

Koch, Otmar: Ein Beitrag zur Geschichte der Schulen im Einzugsbereich der heutigen Grundschule Mehlingen. — Grundschule Mehlingen, Umbau und Erweiterung 1986, Festschrift. Enkenbach-Alsenborn 1986, 10-31 *(auch zu jüd. Schulen in Mehlingen und Sembach)*

Ruby, Arnold: Neukirchen — Mehlingen — Baalborn. Geschichte der Dörfer auf dem Kreis. Otterbach 1979 (Ortschroniken des Landkreises Kaiserslautern Bd. 7) *(S. 204-207: Die jüdische Gemeinde zu Mehlingen; mit Namenslisten 1808, jüd. Lehrer, Friedhof)*

Münchweiler/Alsenz

Busch, Egon: Auswanderer aus Gonbach und Münchweiler (Alsenz). — PfFam 33 (1984) = Bd. X, 346-349 *(u.a. Bernhard Felsenthal, 1822-1900)*

Busch, Egon: Geschichte der Juden in der Nordpfalz, 6: Mit 40 Gulden Einzugsgeld in Münchweiler angesiedelt. — Die Rheinpfalz, Ausgabe Rockenhausen, 21.2.1985

Busch, Egon: Münchweiler/Alsenz: Ein Dorfrundgang: Donnersberg-Jahrbuch 10 (1987) 152-154, 11 (1988) 177-179

Busch, Egon: Münchweiler und Gonbach anno 1845. — NPfGV 64 (1984) 81-84 *(zu Juden in Breunigweiler, Gonbach, Münchweiler)*

Busch, Egon: Die Münchweilerer Juden. — NPfGV 50 (1970) 56-63

Busch, Egon: Münchweilerer und Gonbacher Namen und Familien im 18. und 19. Jahrhundert. — PfFam 27 (1978) = Bd. IX, 14-19

Busch, Egon: Münchweilerer und Gonbacher Vorstehereirechnungen erzählen. — Donnersberg-Jahrbuch 2 (1979) 128-133 *(»Judengemeinen Geld« 1759 von 16 Juden)*

Busch, Egon: Namen im Münchweilerer und Gonbacher »Schuldenbuch« 1767-1791. — PfFam 32 (1983) = Bd. X, 266-268

Busch, Egon: Das Verhältnis der Grundherren zu den Protestanten in Münchweiler (Alsenz). — PfH 21 (1970) 135f *(Juden im 18. Jh.)*

Busch, Egon: Wandel und Verschiebung im bäuerlichen Besitztum von Münchweiler (Alsenz). — PfH 28 (1977) 20-23 *(Juden im 18. Jh.)*

Schläfer, Jakob: Die Juden in Münchweiler an der Alsenz. — NPfGV 39 (1959) 337-339

Weber, Friedrich W.: Neuhemsbach in der Nordpfalz. Ludwigshafen 1957 *(u.a. zur Synagoge in Münchweiler; Branntweinkonzession seit 1751; Judenschutzgeld 1774)*

Mühlheim

Stumpf, Karl: 1200 Jahre Mühlheim. 767-1967. Mühlheim 1967 *(Juden 1567, 1648)*

Münsterappel

Storch, Karl: Was uns die Häuser der Hintergasse erzählen. Zeit: 1850-1950. — NPfGV 35 (1955) 91f *(Synagoge, Moses Grünebaum)*

Mußbach

Albert Fraenkel, Arzt und Forscher. Gedenkausgabe anläßlich des 25. Todestages von Albert Fraenkel (22.3.1963). Zusammengestellt von Georg Weiss. Mannheim 2. A. 1964

Grisebach, Hanna: Der Heidelberger Bergfriedhof. Gräber und Gedenksteine ausgewählt und dargestellt. (Fotos Peter Seng). Heidelberg 1981 *(S. 45-48: Albert Fraenkel, 1846-1938)*

Parade, Gustav-Wilhelm: Professor Albert Fraenkel — Arzt und Forscher. — Die Rheinpfalz 20 (1964) Nr. 128 vom 5.6.1964

Wagner, Georg: Albert Fraenkel, Arzt und Forscher. — Die Rheinpfalz, Ausgabe Neustadt, 15 (1959) Nr. 290 vom 16.12.1959

Mutterstadt

Eyselein, Heinrich: Mutterstadt in Vergangenheit und Gegenwart. Mannheim 1967 *(S. 306-309: Die jüdische Gemeinde zu Mutterstadt)*

KDM Ludwigshafen, 1936, 62

Rabbiner sucht Bibelstelle aus. Ehemalige Mutterstadter Synagoge: Pfarrer unterbreitet Gestaltungsvorschläge für Gedenktafel. — Die Rheinpfalz, Ausgabe Ludwigshafen, 1.3.1988 *(mit Skizze der Synagoge)*

N

Neidenfels

Karch, Philipp: Neidenfels. Chronik eines Walddorfes. Neidenfels 1968 *(S. 419: Kaufmann Leo Benjamin)*

Neuhemsbach

Weber, Friedrich W.: Neuhemsbach in der Nordpfalz. Ludwigshafen 1957 *(Juden im 18. Jh.)*

Neuhofen

Neuhofen pflegt jüdische Gräber vorbildlich. In der Pfalz insgesamt 80 jüdische Friedhöfe. — Die Rheinpfalz, Ausgabe Ludwigshafen, 23.10.1986

Neuleiningen

Spritzler, J.: Was alte Häuser in Neuleiningen erzählen. — Grünstadter Zeitung, 1934, Nr. 172 und 175, 27. und 31.7.1934 *(Synagoge 1822-1902)*

Neustadt/Weinstraße

Bach, Albert: Die soziale Gleichstellung der Juden. Neustadt 2. A. 1920

Bauer, Michael: Jüdische Gemeinden in Deutschland: Neustadt. — AJW 40 (1985) Nr. 6 vom 8.2.1985

Bull, Karl Otto: Verkehrswesen und Handel an der mittleren Haardt bis zur Mitte des 19. Jahrhunderts. Speyer 1965 (Veröffentlichungen zur Geschichte von Stadt und Kreis Neustadt an der Weinstraße Bd. 5) *(u.a. zum Wein- und Kredithandel, 14.-19. Jh., bes. S. 70-74)*

Eine wechselvolle Geschichte. — Die Rheinpfalz, Ausgabe Neustadt, 12.5.1978 *(zur jüd. Gemeinde nach 1945)*

Gedenkstein soll an Holocaust erinnern. — Die Rheinpfalz, Ausgabe Neustadt, 5.2.1988

GJ II, 584f

Haas, Alban: Aus der Nüwenstat. Vom Werden und Leben des mittelalterlichen Neustadt an der Weinstraße. Neustadt 2. A. 1964 *(bes. S. 187-191: Die Judengasse, mit Synagoge; S. 267 Zeichnungen zur Synagoge)*

Israelitisches Altersheim für die Pfalz. (gez. J.S.L.) — Jüdisches Gemeindeblatt für das Gebiet der Rheinpfalz 1 (1937/38) Nr. 3, 1f

Kaiser, Josef: Das Schicksal der jüdischen Bürger aus Neustadt/Weinstraße. Neustadt 1983 (Masch., Schülerarbeit)

Kalckbrenner, Werner: Dr. Karl Strauß, ein jüdisches Lehrerschicksal. (1883-1943) — 100 Jahre Gymnasialgebäude. Kurfürst-Ruprecht-Gymnasium. Neustadt an der Weinstraße. 1886-1986. Neustadt 1986, 57-62

KDM Neustadt, 1926, 85

Neues Domizil für jüdische Mitbürger. Gemeindehaus in Dienst gestellt. — Die Rheinpfalz, Ausgabe Neustadt, 13.10.1987 *(erbaut 1909, bereits früher jüd. Gemeindehaus)*

Neustadt an der Weinstraße. Beiträge zur Geschichte einer pfälzischen Stadt. Hrsg. Stadt Neustadt. Bearbeiter Klaus Peter Westrich. Neustadt 1975 *(kein eigener Beitrag zur jüdischen Geschichte; Juden passim in einigen Beiträgen, z.B. S. 387ff, 399ff, 551ff, 711ff; S. 206-209: Das Judenviertel, im 16. Jh. ohne Juden)*

Róth, Ernst: Eine der ältesten Synagogen Deutschlands einst in Neustadt. Historisches Kleinod in der Rathausstraße. / Das Schicksal jüdischer Einwohner im alten Neustadt. — Die Rheinpfalz, Ausgabe Neustadt, 22 (1966) Nr. 24 vom 30.1. und Nr. 25 vom 31.1.1966; auch in AJW vom 25.2.1966; erweiterte Fassung in: Udim 3 (1972) 127-146

Sauer, Heinrich Maria: »Es ist jedermann verboten, vom Juden zu kaufen.« Die Neustadter duldeten früher schon keine Juden. — Pfälzer Anzeiger, Ausgabe Haardt, Nr. 276 vom 26.11.1938 *(1698f)* (Vgl. Nr. 271 vom 21.11.1938: Juden wandern aus.)

Wunder, Gerhard: Die Sozialdemokratie in Neustadt an der Weinstraße seit 1832. Neustadt 1985 *(u.a. zu Gustav Weil und Selma Mayer; S. 86f: Die Juden)*

Niederhochstadt
Über 1200 Jahre Hochstadt. Hrsg. Gerd Pressler. Hochstadt 1982 *(S. 258-271: Zur Geschichte der jüdischen Kultusgemeinde Niederhochstadt)*

Niederkirchen (bei Otterberg)
Frank, Hugo: (Juden in Niederkirchen; wechselnde Titel). Von den Eck-Löbs aus Niederkirchen / Aus der Niederkirchener Chronik / Löb war der Stammvater der Juden in Niederkirchen und Umgebung / Abrahams Söhne. — Stadt- und Landkurier, Otterberger Wochenzeitung, 1978, Nr. 48 vom 30.11., Nr. 51/52 vom 22.12.; 1979, Nr. 4 vom 24.1., Nr.5 vom 1.2., Nr. 7 vom 15.2., Nr. 15 vom 12.4., Nr. 16 vom 19.4.

Nußbach
s.a. Gauch unter Reipoltskirchen

O

Oberhausen
KDM Zweibrücken, 1981, 782f

Oberlustadt
1200 Jahre Lustadt 773-1973. Lustadt 1973 *(u.a. S. 72f: Geschichte der jüd. Gemeinde und ihrer Schule; auch zu Juden in Niederlustadt)*

KDM Germersheim, 1937, 160 (Synagoge, Judenfriedhof mit Abb.)

Zur Erinnerung an die Einweihung der Lustadter Volksschule am 16. September 1967. Hrsg. Schulverband Oberlustadt. Oberlustadt 1967 *(jüd. Schule und Lehrer erwähnt)*

Obermoschel
GJ II, 617; II, 496 (Löwenstein bei Niedermoschel)

Rösch, Heinz-Egon: Auf den Spuren jüdischer Vergangenheit in der Nordpfalz. — NPfGV 44 (1964) 69-74, 98-103 *(Friedhof, Synagoge, Schule, Familiennamen)*

Odenbach
Joisten, Hartmut: Einmalige Malereien gefunden. Odenbacher Synagoge als Beispiel jüdischer Volkskunst. — Evangelischer Kirchenbote, Sonntagsblatt für die Pfalz, 1987, Nr. 35 vom 30.8.1987

Joisten, Hartmut: Ein altes Stück jüdischer Kultur. Im nordpfälzischen Odenbach verfällt die ehemalige Dorfsynagoge. — Evangelischer Kirchenbote, Sonntagsblatt für die Pfalz, 1988, Nr. 18, 5

Joisten, Hartmut: Malereien unter dem Kalk. — Deutsches Allgemeines Sonntagsblatt, 1988, Nr. 15 vom 10.4.1988, 14

Kukatzki, Bernhard: Ein Kleinod gerät in Vergessenheit. Die Odenbacher Synagoge. — Die Pfalz am Rhein, 1987, H. 1, 19

Kukatzki, Bernhard: Ein Kleinod im Kreis Kusel — die Odenbacher Synagoge. — Westrichkalender (Kusel) 1988, 79-82

Unger, Marion: Förderverein angeregt. Engagement für die Erhaltung der Synagoge in Odenbach. — Die Rheinpfalz, Ausgabe Kusel, 9.3.1988

Unger, Marion: Im Hinterhof versteckt liegt die wohl älteste Synagoge der Pfalz. — Der Weg, Evangelisches Sonntagsblatt für das Rheinland, 1986, Nr. 24

Odernheim
Schworm, Karl: Odernheim am Glan und Disibodenberg. Ein Geschichts- und Heimatbuch. Bearbeitet von Ernst Schworm u.a. Koblenz 1984 *(u.a. S. 372f: Juden)*

Otterstadt
Friedhofsmauer steht den Planern im Weg. — Die Rheinpfalz, Ausgabe Ludwigshafen, 13.8.1979 (dazu: Otterstadt gab den Juden nur zögernd Geld, 16.8.1979)

Haffner, Franz: Otterstadter Schulgeschichte. Eine Untersuchung für das 19. Jahrhundert. — Pfälzische Heimatblätter (Beilage zur Rheinpfalz) 11 (1963) 38f *(Kontroverse über jüd. Kinder in kath. Volksschule, 1822)*

Schreiner, Alfons: Otterstadt. Die Geschichte eines Dorfes. Speyer 1981 *(S. 292-296: Juden in Otterstadt im 18.-20. Jh.)*

Otterberg

Becker, Albert: Pfälzisch-amerikanische Menschenfreunde. — Die Pfalz am Rhein 14 (1931) 416 *(Nathan Straus, Otterberg 1848 — New York 1931)*

Cohen, Naomi W.: Encounter with Emancipation. The German Jews in the United States 1830-1914. Philadelphia 1984 *(u.a. zu O. Straus, B. Felsenthal)*

Jews from Germany in the United States. Ed. by Eric E. Hirshler. New York 1955 *(u.a. zur Familie Straus; Bernhard Felsenthal)*

Joseph, Samuel: History of the Baron de Hirsch Fund. The Americanization of the Jewish Immigrant. New York 1935 *(O. Straus)*

Kaller Gerhard: Geschichte von Kloster und Stadt Otterberg. Bd. 2: Vom Dreißigjährigen Krieg bis zur Gegenwart. Otterbach 1981 (Ortschroniken des Landkreises Kaiserslautern Bd. 8) *(S. 346-353: Jüdische Gemeinde im 19. Jh., Familie Straus)*

Karch, Hermann: In Otterberg geboren, mit der Titanic untergegangen. — Stadt- und Landkurier, Otterberger Wochenzeitung, 4.8.1977 *(Geschichte der verschiedenen Zweige der Familie Straus)*

Karch, Hermann: Otterberg. Alte Häuser erzählen. Otterberg 1985 (Aus Otterbergs vergangenen Tagen Bd. 2) *(verschiedene Hinweise auf jüd. Bürger, u.a. zur Familie Straus S. 128f; Zeichnung der Synagoge S. 146)*

Korn, Bertram W.: Jewish 48'ers in America — American Jewish Archives 2 (1949) 3-20 *(zu Familie Straus, B. Felsenthal)*

Paul, Roland: Nathan Straus, 50. Todestag. — Stadt- und Landkurier, Otterberger Wochenzeitung, 5.2.1981

Paul, Roland/Hans Steinebrei: Die Straus-Familie. — 400 Jahre Stadt Otterberg. 1581-1981. Otterberg 1981, 48-56 *(auch in USA, Jerusalem)*

Rink, Franz: Die Ereignisse im Kanton Otterberg während der Jahre 1848/49. — JbKL 22/23 (1984/85) 349-375 *(auch zur Beteiligung von Juden aus Niederkirchen und Otterberg an der demokratischen Bewegung, bes. zu Lazarus Straus jun.)*

Steinebrei, Hans: Das Oskar Salomon Straus Memorial in Washington. — Kaiserslautern, Stadt und Land, 15 (1979) H. 3, 6f

Straus, Oscar S.: Under Four Administrations. From Cleveland to Taft. Recollections. Boston/New York 2. Ed. 1922 *(S. 1-29: Ancestry and early years)*

Straus, Robert K.: Straus Genealogical Miscellany. o.O. (Santa Barbara, Cal.) o.J. (1977)

P

Pirmasens

Kimmle, Andrea: US-Bürgerin sucht in Pirmasens nach ihren Vorfahren. Der Ururgroßvater von Mary Ryan war Rabbiner in der Horebstadt. — Pirmasenser Zeitung, 10.10.1985 *(Salomon Weil, geb. 1770 in Baiersdorf)*

Lehnung, Julius B.: Geliebtes Pirmasens. Heimatgeschichtliche Erinnerungen. Bde. 1-8. Pirmasens 1979-1987 *(zahlreiche verstreute Hinweise zur jüd. Bevölkerung)*

Mitteilungsblatt der israelitischen Kultusgemeinde Pirmasens. Hrsg. Dagobert Nellhaus. Pirmasens 1935-1937 *(Ein Exemplar ist bisher nicht nachweisbar.)*

Rabbiner Dr. David Nellhaus. — Mitteilungen des Verbandes ehemaliger Breslauer und Schlesier in Israel Nr. 44, Oktober 1978, 4

Schäfer, Oskar: Pirmasenser Chronik. Gassennamen und Hausinschriften. Pirmasens 1927 *(zu Synagogen und Rabbinern)*

Synagogenlieder für den Rabbinatsbezirk Pirmasens. Pirmasens 1838 *(zit. bei Lehnung II, 231; nicht nachzuweisen)*

Von Kalifornien nach Pirmasens der Ahnen wegen. Mary Ryan auf der Suche nach ihren Vorfahren. — Die Rheinpfalz, Ausgabe Pirmasens, 10.10.1985

Wagner, Roland: Liebe Pirmasenser draußen. Briefwechsel. — Heimatbriefe der Stadt Pirmasens 34 (1980/81) Nr. 76/77, 4-9 *(jüd. Emigranten; auch über Rabbiner Juda Oppenheim, 1800-1878)*

Zwei »Argentinier« nach 50 Jahren in der Heimat. — Heimatbriefe der Stadt Pirmasens 40 (1987) Nr. 88/89, 30 *(Friedrich Meyer und Dr. Julius Weil)*

200 Jahre Stadt Pirmasens. 1763-1963. Hrsg. Stadt Pirmasens. Pirmasens 1963 *(S. 95f: Theodor Kaul: die jüdische Kulturgemeinde (sic))*

Q

Quirnbach
Zink, Albert: Kampf zwischen Quirnbach und Kusel um die Vorherrschaft bei der Abhaltung von Märkten. — Westrich-Kalender, Kusel 1958, 157-164 *(jüd. Viehhändler)*

R

Reipoltskirchen
Gauch, Sigfrid: Die jüdischen Gemeinden von Nußbach und Reipoltskirchen im Jahre 1808. — Westricher Heimatblätter n.F. 3 (1972) 115-118

Gauch, Sigfrid: Die pfälzisch-jüdische Familie Grünebaum. — Heimatkalender (Kaiserslautern) 1973, 163-165

Keiper, Johann: Reichsherrschaft Hohenfels-Reipoltskirchen. — MHVPf 46 (1927) 47-119 *(Nationalgüterversteigerungen nach 1800)*

Rheingönheim
Brinkmann, Carl J.: Vom Ghetto an den Fürstenhof: die Juden der Kurpfalz. Moses Lemle aus Rheingönheim. — Stadt-Anzeiger Ludwigshafen am Rhein 8, 1941, Nr. 3, 4-6

Gedenktafel an früherer Rheingönheimer Judenschule. — Die Rheinpfalz, Ausgabe Ludwigshafen, 24.3.1983

Göller, Leopold: Lemle Moses. — Kurpfälzer Jahrbuch, 1927, 103-110

Die Karriere des Rheingönheimers Lemle Moses. Der älteste jüdische Einwohner Ludwigshafens starb 1724. — Mannheimer Morgen 24 (1969) Nr. 59 vom 12.3.1969

Kreuter, Karl: Lemle Moses aus Rheingönheim ein bedeutender Geldmann. — Heimatblätter für Ludwigshafen und Umgebung, 1920, Nr. 10

Rhodt

Bertram, Otto: Jüdische Blutsauger in Rhodt (15. Jh.). — NSZ-Rheinfront. Ausgabe Süd 30.7.1936

Rockenhausen

Christmann, Ernst: Rockenhausener Bürger vor und nach dem 30-jährigen Krieg. — NPfGV 36 (1956) 145-156, 169-177 *(Juden in den Listen von 1566 und 1684)*

Dhom, Emil: Bedeutende Rolle im Getreide und Viehhandel. Aus der Geschichte der Juden in Rockenhausen, 1. — Die Rheinpfalz, Ausgabe Rockenhausen, 14.8.1984

Dhom, Emil: Steinerne Zeugen der jüdischen Gemeinde. Geschichte der Juden in Rockenhausen, 2. — Die Rheinpfalz, Ausgabe Rockenhausen, 18.8.1984

Engel, Armin: Die ehemalige Judenschule in Rockenhausen. — NPfGV 63 (1983) 77-85

Engel, Armin: Rockenhausen. Die Geschiche eines Landstädtchens. Rockenhausen 1974 *(u.a. S. 275-279: Die jüdische Kultusgemeinde)*

GJ II, 701f

Rehberger, Reinhold: Am Anfang waren es neun. Über die Geschichte des SPD-Ortsvereins Rockenhausen und die politisch-wirtschaftliche Entwicklung der Nordpfalz (1850-1948). Rockenhausen 1976 *(S. 109: Die Juden)*

Rink, Franz: Die Bevölkerung Rockenhausens im Jahre 1772. — NPfGV 45 (1965) 1-7

Schitter, Walter: Die Bewahrung des Kahnweiler-Erbes durch die Stadt Rockenhausen. — Donnersberg-Jahrbuch 6 (1983) 50-52

Schitter, Walter: Daniel Henry Kahnweiler: Familiengeschichtliches zu seinem 100'. Geburtstag. — Donnersberg-Jahrbuch 8 (1985) 192-196

Schitter, Walter: «Hommage à Kahnweiler»: Huldigung an einen großen Förderer der Künstler und der Kunst des 20. Jahrhunderts. — Donnersberg-Jahrbuch 8 (1985) 74-76

Schitter, Walter: 1981 erstmals verliehen: Der »Daniel-Henry-Kahnweiler-Preis«. — Donnersberg-Jahrbuch 6 (1983) 53-56

Rodalben

Eis, Ruth: Torahbinders of the Judah L. Magnes Museum. Berkeley (California) 1979 *(auch über Torawimpel aus Rodalben)*

Heringer, Edmund: Juden in Rodalben. Erinnerung an unsere Mitbürger. — Heimatkalender der (Pirmasens/Zweibrücken) 1988, 43-49

Heringer, Edmund: Der Steine lebendige Sprache! Jüdischer Friedhof in Rodalben. — Heimatkalender (Pirmasens/Zweibrücken) 1978, 82-85

Heringer, Edmund: Die Synagoge — Zentralstelle der Jüdischen Gemeinschaft. — Heimatkalender (Pirmasens/Zweibrücken) 1988, 33f

750 Jahre Gräfensteiner Land 1237-1987. Mit der Geschichte von Rodalben. Hrsg. Stadt Rodalben. Pirmasens 1987 *(u.a. Edmund Heringer S. 248-255: Die israelitische Glaubensgemeinschaft — Friedhof als letztes Zeugnis; Vinzenz Bernhard S. 423: jüdischer Ehrenbürger Ludwig Samuel)*

Weber, Alois: Einer überlebte. *(Lehrer Ludwig Samuel, 1874-1958)* — Heimatkalender (Pirmasens/Zweibrücken) 1979, 206

Weber, Alois: Die israelitische Schule zu Rodalben. — Heimatkalender (Pirmasens/ Zweibrücken) 1978, 189-192

Weber, Alois: Vom Casinoclub zum jüdischen Sportverein. — Heimatkalender (Pirmasens/ Zweibrücken) 1983, 128-137

Roxheim

Biundo, Georg: Roxheim. Aus der Geschichte eines Rheindorfes. Roxheim 1926 *(u.a. S. 59: Die jüdische Gemeinde)*

Gössmann, E.: Viel Gras wuchs über den Gräbern der Juden. Eine alte Roxheimerin erinnert sich. — Die Rheinpfalz, Ausgabe Frankenthal, 14.5.1980

(Roxheimer Synagoge) Meldungen in der Rheinpfalz, Ausgabe 18.7., 20.7.,25.7., 20.9.1985

s.a. Bobenheim, G. Biundo

Ruchheim

Barth, Friedrich: Die Geschichte der Juden in Ruchheim. Ludwigshafen 1985

Barth, Friedrich: Heimweh nach Deutschland. Aus einem jüdischen Familienschicksal. — PfH 30 (1979) 149-151 *(Otto Leva aus Ruchheim)*

Barth, Friedrich: Ruchheim gestern und heute. Ruchheim 1974 *(S. 93-104: Die Juden in Ruchheim)*

Wenige Worte stehen für millionenfaches Leid. Am Gemeindehaus in Ruchheim, der ehemaligen Synagoge, mahnt eine bronzene Gedenktafel an das Schicksal der Juden. — Die Rheinpfalz, Ausgabe Ludwigshafen, 17.7.1985

Rülzheim

Heimatbrief der Verbandsgemeinde Rülzheim 1978, H. 1 *(S. 2f: Ferdinand Haas, 99 Jahre alt, Nashville, USA)*

Heimatbrief der Verbandsgemeinde Rülzheim 1974, H. 2 *(darin: jüdische Wörter in Rülzheimer Mundart)*

Johann, Alois: Aus dem Alltag unserer Vorfahren. — Rülzheimer Heimatbrief 5 (1967) H. 1, 1-4 *(u.a. zu Juden 1807)*

Johann, Alois: Der »Rülzheimer Heimatbrief« überwindet rassische und politische Vorurteile. — Rülzheimer Heimatbrief 5 (1967) H. 4, 3-7 *(Geschichte der Juden mit einer Liste der Emigranten)*

Johann, Alois: Wo sind unsere jüdischen Mitbürger geblieben? — Rülzheimer Heimatbrief 4 (1966) H. 2, 6-9 *mit zahlreichen Leserbriefen in den folgenden Heften; umfassende Namensliste)*

Judenfriedhöfe werden unter Denkmalschutz gestellt. In Rülzheim größere Grabstätte mit typischen Denkmalen. — Die Rheinpfalz, Ausgabe Germersheim, 7.11.1986

Kukatzki, Bernhard: Jüdische Gotteshäuser einst und jetzt. — AJW vom 19.12.1986 *(Synagoge Rülzheim)*

Kukatzki, Bernhard: Die Synagoge in Rülzheim. — Die Rheinpfalz, Ausgabe Landau, 24.1.1986

Wetzel, Albert: Katholische Kirche. — Rülzheimer Heimatbrief 5 (1967) H. 4, 18-23 *(Beschreibung der ehemaligen Synagoge, jetzt Jugendheim; dazu ein kontroverser Briefwechsel: Arnold Feibelmann in 6 (1968) H. 1, S. 32f; Albert Wetzel S. 33-35)*

S

Saalstadt

Schneider, Hermann: Losgüterbeständer in Saalstadt 1788. — PfFam 28 (1979) = Bd. IX, 197f *(3 Juden als Eigentümer)*

Schifferstadt

Atteln, Gisela: Mahnmal für mehr Menschlichkeit. — Die Rheinpfalz, Ausgabe Ludwigshafen, 28.11.1984

Kukatzki, Bernhard: Stille Ruhestätte unter Birken. Aus der Geschichte des jüdischen Friedhofs in Schifferstadt. — Die Rheinpfalz, Ausgabe Ludwigshafen, 8.11.1980

Kukatzki, Bernhard: Vom Schicksal Schifferstadter Juden. — Die Rheinpfalz, Ausgabe Ludwigshafen, 8.11.1980

Kukatzki, Bernhard: Zur Geschichte des jüdischen Friedhofs. — Speyerer Tagespost, Schifferstadter Tagblatt, Nr. 259 vom 7.11.1987

Sold, Emil Georg/Bernhard Kukatzki: Die Schifferstadter Juden. Ein Lesebuch. Schifferstadt 1988 (Beiträge zur Schifferstadter Ortsgeschichte 4/5)

Sturm, Georg: Geschichte meiner Heimatgemeinde Schifferstadt. Speyer 1961 *(nur Statistik)*

Synagoge. Dokumentation über die Initiative des Kleinen Kulturvereins Schifferstadt für eine Synagogengedenktafel. Hrsg. Kleiner Kulturverein. Schifferstadt 1983

Schwegenheim

1000 Jahre Schwegenheim. Hrsg. Ute Heintz. Schwegenheim 1984 *(u.a. S. 146-154: Jüdische Kultusgemeinde; S. 178f: israelitische Schule; S. 255ff: Auswandererlisten)*

Speyer

(Wie im Vorwort vermerkt, kann die Bibliographie für die Geschichte der Juden in Speyer keine Vollständigkeit anstreben. Die wichtigsten Titel, bes. auch zum Mittelalter, sind in der »Geschichte der Juden in Speyer« (1981) aufgeführt. Mehrere Bücher und Aufsätze, bes. für das Mittelalter und die frühe Neuzeit, sind im Teil C eingeordnet, da sie nicht nur für die jüd. Gemeinde in Speyer von Bedeutung sind.)

Antifaschistischer Stadtführer Speyer. Stätten des antifaschistischen Widerstands 1933-1945. Hrsg. Vereinigung der Verfolgten des Naziregimes. Speyer 1984 *(auch zu jüd. Einrichtungen und Personen)*

Auerbach, Selig: Die rheinischen Rabbinerversammlungen im 13. Jahrhundert. Würzburg 1931. Rez. Adolf Kober: MGWJ 79 (1935) 17f *(Synoden in Speyer; Rabbiner aus Speyer und Hornbach)*

Berliner, Abraham: R. Eliakim in Speyer. — MGWJ 17 (1868) 182f

Berzel, Gerhard: Burg Spangenberg im Elmsteiner Tal. Landau 1987 *(S. 15-17: Burglehen 1385 an Juden aus Speyer)*

Blaul, Friedrich: Ein neues Bild und eine alte Geschichte. — Palatina. Belletristisches Beiblatt zur Pfälzer Zeitung, 1859, 97-99, 101-103 *(Gemälde von Adolph Schmitz: Beschützung der verfolgten Juden durch Bischof Johann I. von Speyer)*

Böcher, Otto: Rheinische Juden und rheinische Kunst. — Lebendiges Rheinland-Pfalz 5 (1968) 110-114 *(u.a. Speyer)*

Böhm, Richard: Zu den ältesten hebräischen Grabinschriften des Rheingebiets. — Zeitschrift der Deutschen Morgenländischen Gesellschaft 112 = N.F. 37 (1962) 275-290 *(zu Speyer S. 280-284)*

Bresslau, Harry: Diplomatische Erläuterungen zu den Judenprivilegien Heinrichs IV. — ZGJD 1 (1887) 152-159

Brincken, Anna-Dorothee v. den: Das Rechtfertigungsschreiben der Stadt Köln wegen Ausweisung der Juden im Jahre 1424. Zur Motivierung spätmittelalterlicher Judenvertreibungen in West- und Mitteleuropa. — Mitteilungen aus dem Stadtarchiv von Köln Bd. 60: Köln, das Reich und Europa. Köln 1971, 305-339 *(mehrfach Vergleiche mit Speyer, 11.-15. Jh.)*

Carlebach, Ephraim: Die rechtlichen und sozialen Verhältnisse der jüdischen Gemeinden: Speyer, Worms und Mainz von ihren Anfängen bis zur Mitte des 14. Jahrhunderts. Leipzig 1901

Carmoly, Eliacin: Aus früherer Zeit: Die Märtyrer von Speyer im Jahre 1096. — Ben Chananja, Szegedin, 7 (1864) Nr. 5, Sp. 90-92 *(Hs. Oxford)*

Debus, Karl Heinz: Das Geistesleben der Speyerer Juden — Spannungen in ihrer Gemeinde und ihre Beziehungen zu den Christen. — Schriftenreihe der Stadt Speyer 1, 1983, 59-96 *(11.-20. Jh.)*

Dietrich, Ernst L.: Das Judentum im Zeitalter der Kreuzzüge. — Saeculum 3 (1952) 94-131 *(zu Speyer 1096, 1196, R. Samuel Chasid)*

Dokumente zur Geschichte der Speyerer Juden. Ausstellung des Stadtarchivs Speyer vom 29. Juli bis 12. August 1964 in der Kreis- und Stadtsparkasse Speyer. Speyer 1964

Ehrend, Helfried/Günter Stein/Friedrich Wielandt: Der Münzschatz von Lingenfeld 1969. Speyer 1975 *(Vermutung: Geldschatz eines jüd. Kaufmanns, 1349)* Kritisch dazu: Elisabeth Nau: Münzumlauf im ländlichen Bereich mit besonderer Berücksichtigung Südwest-Deutschlands. — Die Grundherrschaft im späten Mittelalter. Hrsg. Hans Patze. Sigmaringen 1983, Bd. 1, 97-156

Epstein, Adolf: Jüdische Altertümer in Worms und Speyer. Breslau 1896

Eschelbacher, Josef: Vermögensverhältnisse der Schutzjuden im Hochstift Speyer in der 1. Hälfte des 18. Jahrhunderts. — Mitteilungen der Gesellschaft für jüdische Volkskunde, 1900, 97ff

Fischer, Herbert: Die verfassungsrechtliche Stellung der Juden in den deutschen Städten während des 13. Jahrhunderts. Breslau 1931 (Untersuchungen zur deutschen Staats- und Rechtsgesehichte 140)

Geschichte der Juden in Speyer. Hrsg. Bezirksgruppe Speyer des Historischen Vereins der Pfalz. Speyer 1981 (Beiträge zur Speyerer Stadtgeschichte 6) *(Mit folgenden Beiträgen: S. 9-47: Karl Heinz Debus, Geschichte der Juden in Speyer bis zum Beginn der Neuzeit (1534); S. 48-64: Günter Stein, Der mittelalterliche Judenhof und seine Bauten; S. 65-72: Günter Stein, Der Schatzfund von Lingenfeld; S. 73-89: Dorothee Menrath, Geschichte der Juden in Speyer von 1534 bis 1933; S. 90-102: Günter Stein, Die Judaica des Historischen Museums der Pfalz; S. 103-119: Clemens Joeckle, Die Synagoge in Speyer — Zentrum der jüdischen Kultusgemeinde im 19. Jahrhundert (mit Gottesdienstordnungen 1837 und 1937); S. 120-131: Elisabeth Schleicher-Landgraf, Unsere jüdischen Mitbürger in Speyer; S. 132-169: Karl Heinz Debus, Verfolgung und Auslöschung (1933-1945))*

Geschichte der Stadt Speyer. Hrsg. Stadt Speyer. Redaktion Wolfgang Eger. 2 Bde. Stuttgart 1982 *(zu Juden bes. Ernst Voltmer: I, S. 249ff; Hans Fenske über Juden im 19. Jh.: II, S. 253f; Karl Heinz Debus über Juden 1918-1945: II, S. 472-477)*

GJ I, 326-366; II, 775-782; III, 2

Goldmann, Simon: die jüdische Gerichtsverfassung innerhalb der jüdischen Gemeindeorganisation: ein Beitrag zur Geschichte des Judenbischofs im Mittelalter in seiner Entwicklung von den ältesten Zeiten bis zum 15. Jahrhundert. — Udim 2 (1971) 21-67 *(bes. zu Speyer 1090 und später)*

Haffner, Franz: Juden lebten hier in guter Hut. — Speyerer Tagespost, Nr. 187 vom 15.8.1967 *(Mittelalter)*

Harant-Müller, Sabine: Nach über 40 Jahren Schritt zurück in die Geschichte ohne Ressentiments (Dorrit Reichenberg-Gomar). — Speyerer Tagespost, 8.5.1985

Herz, Reinhold: Gedenkschrift zum 100-jährigen Bestehen der Synagoge zu Speyer. Speyer 1937

Herz, Reinhold: Gruß für Leon Waldbott (Speyer, 70. J.). — Israelitisches Gemeindeblatt 15 (1937) Nr. 3, 12

Herz, Reinhold: 100 Jahre Synagoge zu Speyer. — Jüdisches Gemeindeblatt 15 (1937) Nr. 24, 5

Herz, Reinhold/Siegmund Marx: Zum 100jährigen Bestehen der Synagoge in Speyer 1837-1937. — Jüdisches Gemeindeblatt für das Gebiet der Rheinpfalz 1 (1937/38) Nr. 4

Herz, Reinhold: Zur Geschichte der deutschen Juden: 850 Jahre jüdische Gemeinde zu Speyer. — Israelitisches Gemeindeblatt 12 (1934) Nr. 12, 8f

Herz, Reinhold: Zur Geschichte der Juden in Speyer. — Jüdisches Gemeindeblatt für das Gebiet der Rheinpfalz 1 (1937) Nr. 4, 2f

Heuser, Emil: Das Judenbad in Speyer. — PfM 19 (1902) 74f

Hildenbrand, Friedrich Johann: Das romanische Judenbad im alten Synagogenhofe zu Speier am Rhein. Speyer 1920. Rez. Albert Pfeiffer: PfM 37 (1920) 40; Albert Becker: PfM 38 (1921) 119

Historisches Museum der Pfalz, Speyer. *(Auswahlkatalog)* Hrsg. Historisches Museum der Pfalz in Speyer und Landesbildstelle Rheinland-Pfalz in Koblenz. Speyer 1983 (Museen in Rheinland-Pfalz 1) *(darin von Günter Stein Beschreibungen verschiedener »Judaica«: S. 84f: Flügelaltar 15. Jh.; S. 88f: Schatzfund von Lingenfeld; S. 106f: Grabstein von 1365; S. 108f: Torahzeiger und Purimteller; S. 110f: Feldgottesdienst vor Metz 1870; S. 138f: Gemälde von Melchior Roos, Porträt eines alten Mannes mit Mausefalle; S. 190f: Gartenskulptur »Nathan Hirschl« 18. Jh.)*

Joeckle, Clemens: Kreishauptstadt Speyer: Bauten aus bayerischer Vergangenheit. 100 Beispiele. Speyer 1984 (Beiträge zur Speyerer Stadtgeschichte Heft 7) *(S. 31-33: Die Synagoge; zuerst in: die Rheinpfalz, Ausgabe Speyer, 2.1.1980)*

Joeckle, Rudolf: »Allmächtiger, weh uns Menschen«. Geschichte des Judentums im Wandel der Jahrhunderte. Ausstellung im Historischen Museum, Speyer. — Die Rheinpfalz, 23.6.1984

Der Judenfriedhof in Speyer. Verlassen — aber nicht vergessen! — Speyerer Anzeiger, 1983, H. 11

Kauffmann, Judith: Judenbad in Speyer restauriert: 800 Jahre jüdischer Geschichte. — Die Pfalz am Rhein, 1983, H. 1, 19

Kaufmann, David: Die hebräischen Urkunden der Stadt Speyer. — MGWJ 35 (1886) 517-520

KDM Speyer, 1934, 494ff, 505

Klotz, Fritz: Ein jüdischer Grabstein aus dem Jahre 1282. — MHVPf 67 (1969) 237-240 (mit 2 Tafeln)

Klotz, Fritz: Das Judenbad zu Speyer im 18. Jahrhundert. — PfH 5 (1954) 16-18

Klotz, Fritz: Der Judengarten. — Die Rheinpfalz, Ausgabe Speyer 14 (1958) Nr. 43 vom 20.2.1958 *(Judenfriedhof 1823-1881)*

Klotz, Fritz: Speyerer Friedhöfe in früherer Zeit. — Speyerer Vierteljahreshefte 11 (1977) H. 3, 2-9 *(auch 3 jüd. Friedhöfe)*

Kober, Adolf: Jewish Monuments of the Middle Ages in Germany. One Hundred an Ten Tombstone Inscriptions from Speyer, Cologne, Nuremberg and Worms (1085-c.1428). — American Academy for Jewish Research. Proceedings 14 (1944) 149-220, 15 (1945) 87f

Krautheimer, Richard: Mittelalterliche Synagogen. Berlin 1927

Künzler-Behncke, Rosemarie: Entstehung und Entwicklung fremdvölkischer Eigenviertel im Stadtorganismus. Ein Beitrag zum Problem der »primären« Viertelsbildung. Frankfurt 1960 (Frankfurter Geographische Hefte 33/34) *(zum Judenghetto Speyer bes. S. 29f)*

Kulturdenkmäler in Rheinland-Pfalz. Hrsg. Landesamt für Denkmalpflege. Bd. 1 Stadt Speyer. Bearbeitet von Herbert Dellwing. Düsseldorf 1985 *(neben Judenhof und Judenbad auch über den jüd. Friedhof und über früher jüd. Häuser)*

Littmann, Ellen: Studien zur Wiederaufnahme der Juden durch die deutschen Städte nach dem schwarzen Tode. Breslau 1928 (Diss. Köln)

Litzel, Georg: Beschriebung der alten Jüdischen Synagoge zu Speyer. Speyer 1759

Litzel, Georg: Beschreibung eines jüdischen Grabsteins im Garten des Ratskonsulenten Baur. Speyer 1759

Litzel, Georg: Sendschreiben von einer Schrift eines alten Steines. Speyer 1747

Mann, Albrecht: Zur Baudekoration des Speyerer Judenbades. — PfH 21 (1970) 10-12

Mannheimer Moses: Die Judenverfolgungen in Speyer, Worms und Mainz im Jahre 1096 während des ersten Kreuzzuges. Darmstadt 1877

Marchtaler, Kurt Erhard von: Die Namensveränderung der Juden in Speyer anno 1808. — Rheinische Sippenkunde 3 (1939) 58f

Marx, Siegmund: Neugründung, Aufstieg und erneute Abnahme der Gemeinde Speyer im 19. und 20. Jahrhundert. — Jüdisches Gemeindeblatt für das Gebiet der Rheinpfalz 1 (1937) Nr. 4, 3f

Morweiser, Hermann W.: Vom antifaschistischen Widerstand in Speyer. Speyer 1983 *(zu Juden bes. S. 120-145)*

Neyer, Maria Amata: Edith Stein: ihr Leben in Dokumenten und Bildern. Würzburg 1987 *(Bergzabern und Speyer, S. 31-46; andere Titel zu E. Stein wurden nicht aufgenommen!)*

Pfeiffer, Maximilian Joseph: Kyrie eleison. Ein Roman von Juden und Christen aus dem alten Speyer. (1. A. 1921) Nachwort von Karl Heinz Debus, Kurzbiographie von Alexandra Stürmer. Speyer 3. A. 1984

Pinthus, Alexander: Studien über die bauliche Entwicklung der Judengassen in den deutschen Städten. — ZGJD 2 (1930/31) 101-130, 197-217, 284-300 *(auch zu Speyer)*

Rapp, Eugen Ludwig: Die ältesten hebräischen Inschriften Mitteleuropas in Mainz, Worms und Speyer. — Jahrbuch der Vereinigung »Freunde der Universität Mainz« 8 (1959) 1-48; dazu: Ruth Baron: Jüdisches Mittelalter am Rhein. Bericht über die Arbeiten Prof. Eugen Rapps. — Pfälzische Heimatblätter (Beilage zur Rheinpfalz) 7 (1959) Nr. 6

Rapp, Eugen Ludwig: Beiträge zur Geschichte der Juden Speyers im Mittelalter. I: Die hebräischen Steininschriften im Speyerer Museum von 1112-1443. — MHVPf 58 (1960) 150-188

Rapp, Eugen Ludwig: Deutung des Speyerer Judengrabsteins von 1282. Neufund einer hebräischen Inschrift in Speyer. — MHVPf 67 (1969) 241

Rapp, Eugen Ludwig/Otto Böcher: Die mittelalterlichen hebräischen Epitaphien des Rheingebiets. — 56/57 (1961/62) 155-182 *(umfangreiche Literaturangaben)*

Rosenthal, Ferdinand: Einiges über die Takkanot Schum. — MGWJ 46 (1902) 239-261

Róth, Ernst: Die Geschichte der jüdischen Gemeinden am Rhein im Mittelalter. Von der Epoche der Kreuzzüge bis zur Auflösung der Großgemeinden im 15. Jahrhundert. — Lebendiges Rheinland-Pfalz 5 (1968) 104-109 *(u.a. Speyer)*

Rothschild, Leopold: Die Judengemeinden Mainz, Speyer und Worms von 1349-1438. Berlin 1904

Scheckenbach, Achim: Speyer und die Juden. — Speyerer Vierteljahresheft, 1977, Heft 1,

Scheckenbach, Achim: Speyer und die Juden (3 Folgen mit wechselndem Titel). — Die Rheinpfalz, Ausgaben Speyer, Landau, 11.3., 23.3., 5.4.1977

Schiffmann, Sara: Die deutschen Bischöfe und die Juden zur Zeit des ersten Kreuzzuges. — ZGJD 3 (1931) 233-250

Schiffmann, Sara: Heinrichs IV. Verhalten zu den Juden zur Zeit des ersten Kreuzzuges. — ZGJD 3 (1931) 39-58

Schiffmann, Sara: Die Urkunden für die Juden von Speyer 1090 und Worms 1157. — ZGJD 2 (1930) 28-39

Sefer ha-chasidim. Hrsg. Wistinetzki/Freimann. Frankfurt 1924 *(begonnen von R. Samuel Chasid, Speyer)*

Siebert, M.: Das Judenbad in Speyer. — Die Baudenkmale in der Pfalz. Bd. 1, Ludwigshafen 1884-1889, 22-24

Sonne, J.: Nouvel examen des trois relations hébraiques sur les persécutions de 1096 suivi d'un fragment de version judéo-allemande inédite de la première relation. — REJ 95, 1933, 113-156 *(auch zu Speyer)*

Speyer anno dazumal. 100 Jahre Speyerer Stadtgeschichte zwischen 1854 und 1954. Dokumentation zu der Fotoausstellung der Speyerer Volksbank 1978/79. Speyer 1979 *(Bilder der Synagoge)*

Stein, Günter/Heinz-Josef Engels: Die Grabung im Speyerer Judenhof 1965-1968. — PfH 22 (1971) 97-110

Stein, Günter: Grabungen im Speyerer Judenviertel. — Speyerer Vierteljahreshefte 6 (1966) H. 2, 11-15

Stein, Günter: Das Hospiz (Gästehaus) der Speyerer Judenheit im 15. Jahrhundert. — Bericht über die 32. Tagung der Koldewey-Gesellschaft 1982 in Innsbruck. Bonn 1984, 53-56; erweiterte Fassung: Ein Hospiz der jüdischen Gemeinde im mittelalterlichen Speyer. — Les Juifs au regard de l'histoire. Mélanges en l'honneur de Bernhard Blumenkranz. Ed. Gilbert Dahan. Paris 1985, 217-224

Stein, Günter: Die Judaica des Historischen Museums der Pfalz. — MHVPF 67 (1969) 290-306 (mit 12 Abb.); auch als Sonderdruck (= Kleine Schriften aus dem Historischen Museum der Pfalz, Heft 2)

Stein, Günter: Die Juden und ihre Kultbauten am Oberrhein bis 1349. — ZGO 117 (1969) 333-355 (zuerst: Karlsruhe 1964, Arbeitsgemeinschaft für geschichtliche Landeskunde am Oberrhein, Protokoll 44)

Stein, Günter: Jüdisches Speyer. — Lebendiges Rheinland-Pfalz 5 (1968) 115-117

Stein, Günter: Die mittelalterlichen Befunde der Grabung im Speyerer Judenhof. — Bericht über die 25. Tagung der Koldewey-Gesellschaft in Speyer 1969. Bonn 1971, 60ff

Stein, Günter: Spandau und Spangenberg. Zwei landesherrliche Burgen im 14. Jahrhundert in jüdischer Hand? — Jahrbuch für brandenburgische Landesgeschichte 25 (1974) 16-28 *(Belehnung des Juden Kaufmann aus Speyer mit der Burg Spangenberg im Elmsteiner Tal, 1385)*

Stein, Günter: Speyer — Judenhof und Judenbad. Berlin 1969, 6. A. 1982 (Große Baudenkmäler 238)

Stein, Günter: Wegweiser durch die Ausstellung »1084-1984 — 900 Jahre Speyerer Judenprivileg«. Speyer 1984 (Masch.)

Stein, Günter: Zur Datierung des Speyerer Judenbades. — PfH 15 (1964) 87-94

Stern, Moritz: Die Wiederaufnahme der Juden in Speyer nach dem Schwarzen Tode. — ZGJD 3 (1889) 245-248

Stobbe, Otto: Die Judenprivilegien Heinrichs IV. für Speyer und für Worms. — ZGJD 1 (1887) 205-215

Straus, Raphael: The Significance of the Jews in the Medieval German Cities. — HistJud 3 (1941) 107-109 *(Speyer 1084)*

Straus, Raphael: Die Speyerer Judenprivilegien von 1084 und 1090. — ZGJD 7 (1937) 234-239

Voltmer, Ernst: Zur Geschichte der Juden im spätmittelalterlichen Speyer. Die Judengemeinde im Spannungsfeld zwischen König, Bischof und Stadt. — Zur Geschichte der Juden im Deutschland des späten Mittelalters und der frühen Neuzeit. Hrsg. Alfred Haverkamp. Stuttgart 1981, 94ff

Wallach, Luitpold: Die Judenansiedlung der Staufer in Deutschland. — MGWJ 79 (1935) 241-246

Wenninger, Markus J.: Man bedarf keiner Juden mehr. Ursachen und Hintergründe ihrer Vertreibung aus den deutschen Reichsstädten im 15. Jahrhundert. Wien 1981 *(u.a. zu Speyer)*

Weisstein, H.: Das Judenbad in Speyer. — Centralblatt der Bauverwaltung 5 (1885) Nr. 2, 14f

Wiener, Max: Geschichte der Juden in der Stadt und Diöcese Speyer. — MGWJ 12 (1863) 161-177, 255-269, 297-310, 417-431, 454-466

Zuncker, Walter: die Judenpolitik der fränkisch-deutschen Könige und Kaiser bis zum Interregnum. Jena 1941(Hanfried. Arbeiten zur mittleren und neueren Geschichte 3) *(auch zu Speyer)*

Steinbach am Donnersberg
Nist, Hedi: Versöhnungsdienst mit Hacke und Spaten. Acht freiwillige Helfer des Internationalen Bauordens gestalten Steinbachs Judenfriedhof neu. — Die Rheinpfalz, 7.8.1980

Steinbach am Glan
Jüdischer Friedhof verwüstet — Die Rheinpfalz, Ausgabe Kusel, 11.9.1979./Die Grabsteine stehen wieder. Zerstörungen auf dem jüdischen Friedhof in Steinbach beseitigt. — Die Rheinpfalz, Ausgabe Kusel, 13.9.1979

Paul, Roland: Vor 40 Jahren stand Steinbachs jüdisches Gotteshaus in Flammen. Erinnerung an die Judengemeinde in Steinbach/Glan. — Die Rheinpfalz, Ausgabe Kusel, 9.11.1978

T

Thaleischweiler
Festbuch zur 750-Jahr-Feier der Ortsgemeinde Thaleischweiler-Fröschen. Pirmasens 1987 *(S. 377-393: Die Geschichte der Juden)*

Festschrift zur Einweihung der Volksschule in Thaleischweiler/Pfalz. Thaleischweiler 1963 *(S. 16 auch kurz zur jüd. Schule bis 1878)*

U

Ulmet
Drumm, Paul: Wie einst es war. Ein Dorf im Wandel. Speyer 1981 (Masch.) *(S. 126-130: Die Juden in Ulmet)*

V

Venningen
Kukatzki, Bernhard: Ein Schriftzug über dem Portal. - Die Rheinpfalz, Ausgabe Landau, 1.8.1986 *(Synagoge Venningen)*

Teutsch, Albert: Geschichte der Juden der Gemeinde Venningen. Karlsruhe 1936. Rez. Berthold Rosenthal: Jüdisches Gemeindeblatt Mannheim 16 (1938) Nr. 13, 8f

W

Wachenheim
Beiträge zur Geschichte von Wachenheim, H. 1-4; H. 5-11: Wachenheimer Geschichts-blätter. Von Otto Spangenberger u.a. Wachenheim 195x-1966 *(auch Notizen zur jü-dischen Bevölkerung)*

GJ II, 858f

Niedhammer, Heinrich P.: Geschichte der Stadt und Burg Wachenheim a.d.H. Landau 1906 *(u.a. zum Privileg von 1699, S. 232f: Juden im 14.-18. Jh.)*

Spangenberger, Otto: Der jüdische Zentralfriedhof von Wachenheim. — Pälzer Feier-owend (Beilage zur Rheinpfalz) 18 (1966) Nr. 11, 6

Wendel, Fritz: Geschichte der Stadt Wachenheim an der Weinstraße. Neustadt/W. 1967 *(u.a. S. 110-128: Die Juden; S. 313ff: Handel- und Kreditwesen)*

Waldfischbach
Waldfischbach 1182-1982. Heimatbuch zur 800-Jahrfeier. Hrsg. Ortsgemeinde. Wald-fischbach 1982 *(zu jüdischen Emigranten S. 115-123: Roland Paul: Auswanderung aus Waldfischbach)*

Waldgrehweiler
Schlundt, Rainer: Waldgrehweiler. Chronik eines Dorfes. Otterbach 1987 *(S. 30-32: Die Juden)*

Waldmohr
Bröhmer, Benno: Das Schicksal der Waldmohrer Juden im Dritten Reich. — Westrichka-lender (Kusel) 1988, 76-79

Waldmohr zwischen vorgestern und gestern. Bilddokumente von 1890 bis 1960. Hrsg. Klaus Groß. Waldmohr 1985 *(auch jüdische Bürger, bes. Arzt Dr. Salomon)*

Wallhalben
Weber, Herbert: Eine Reise beginnt, die schrecklich endet ... Vom Leben und Sterben der jüdischen Mitbürger. — Heimatkalender (Pirmasens/Zweibrücken) 1988, 35-38

Weber, Herbert: Eine Reise beginnt, die schrecklich endet ... Vom Leben und Sterben der jüdischen Mitbürger. — Pfälzischer Merkur, Zweibrücken, 9.7. und 10.7.1985

Weidenthal
Stuckert, Heinrich: Weidenthal. Die Geschichte eines Walddorfes. Mit einem Nachtrag von Friedrich Laubscher. Weidenthal 2. A. 1984 *(keine jüd. Einwohner; S. 243f zu jüdischen Händlern)*

Weingarten
GJ II, 870

Weisenheim am Berg
Ein Amerikaner auf den Spuren seiner Ahnen. David Mayer aus New York findet in Wei-senheim das Haus seines Urgroßvaters. — Die Rheinpfalz, Ausgabe Bad Dürkheim, xx.4.1986

Kukatzki, Bernhard: Die Synagoge Weisenheim am Berg. — Die Rheinpfalz, Ausgabe Bad Dürkheim, 17.4.1986

Winnweiler

Bäuml, Walter: Gedenkstein macht Schandtat unvergessen. Vor 46 Jahren Synagoge in Winnweiler zerstört. — Die Rheinpfalz, Ausgabe Rockenhausen, 10.11.1984

Dhom, Emil: Geschichte der Juden in der Nordpfalz (4): Aktive Gemeinschaft mit eigener Synagoge und Schule *(Winnweiler).* — Die Rheinpfalz, Ausgabe Rockenhausen, 30.10.1984

Hopp, Helmut: Die Juden im Kantonalbezirk Winnweiler nach der Französischen Revolution. — NPfGV 40 (1960) 433-437 *(neue Familiennamen der Juden 1808: Winnweiler, Alsenbrück, Lohnsfeld, Münchweiler/Alsenz, Gonbach, Neuhemsbach, Börrstadt, Breunigweiler, Steinbach a. Dbg., Imsbach, Sembach)*

Mit der Gedenkstätte dem Vergessen entgegenwirken. Feierstunde in Winnweiler erinnert an Schicksal der Juden während der nationalsozialistischen Gewaltherrschaft. — Die Rheinpfalz, Ausgabe Rockenhausen, 12.11.1984

Rösch, Heinz-Egon: Auf den Spuren jüdischer Vergangenheit in der Nordpfalz. — NPfGV 44 (1964) 69-74, 98-103 *(u.a. zu Winnweiler, Rockenhausen, Alsenz, Obermoschel)*

Weber, Stefan: Auf den Spuren der Juden in der Nordpfalz. Exkursion des Volksbildungswerks Winnweiler führt zu den jüdischen Friedhöfen. — Die Rheinpfalz, Ausgabe Rockenhausen, 6.5.1988

Wörth am Rhein

Bader, Manfred/Albert Ritter/Albert Schwarz: Wörth am Rhein. Ortschronik. 2 Bde. Wörth a. Rh. 1983 *(S. 1440f: Antisemitismus 1935-1938)*

Z

Zweibrücken

Debus, Karl Heinz: Zur Stellung der Juden im »Kreis« Zweibrücken nach der Französischen Revolution. — Heimatkalender (Pirmasens/Zweibrücken) 1981, 218-222

(Ein Bußbrief von Rabbiner Dr. Mayer, Zweibrücken.) Notiz. — AZJ, Ausgabe vom 23.9.1892

Die erste Zweibrücker Synagoge von 1833 (gez. A. B.). — Aus heimatlichen Gauen (Beilage zum Pfälzischen Merkur) 4 (1928) Nr. 44

Fuchs, Hans: Alt-Zweibrücker Gassen und Gassennamen. — Heimatkalender (Zweibrücken) 1970, 38-44 *(Judengäßchen)*

KDM Zweibrücken, 1981, 176 *(Ehemalige Synagoge)*

Keller, Lothar: Die »Pfaltz-Zweybrückische Zoll- und Geleitordnung« aus dem Jahre 1716. — Westricher Heimatblätter n.F. 2 (1971) 93-97

Kuby, Alfred Hans: Vom Werden und Sterben der jüdischen Gemeinde in der Stadt Zweibrücken. — Heimatkalender (Pirmasens/Zweibrücken) 1988, 39-42

Loth, Peter: Anfang und Ende der Zweibrücker Synagoge. — Nachrichten aus dem Dekanat Zweibrücken (Beilage zum Evang. Kirchenboten) 9 (1968) Nr. 11

Molitor, Ludwig: Vollständige Geschichte der ehemals pfalz-bayerischen Residenzstadt Zweibrücken von ihren ältesten Zeiten bis zur Vereinigung des Herzogthums Zweibrücken mit der Bayerischen Krone. Zweibrücken 1885 *(passim, u.a. 1775)*

Müller, Josef: Die Flur- und Gewannen-Namen der Stadt Zweibrücken. Zweibrücken 1938 (Mitteilungen des Historischen Vereins für die Westpfalz in Zweibrücken 9) *(Judenthal, Judenäcker seit 1554/75)*

Müller, Josef: Zweibrücken. Geschichte eines städtischen Gemeinwesens 1660-1930. Zweibrücken 1948 *(nur passim in der Chronik, z.B. 1829, 1842)*

Rapp, Ernst Ludwig: Verhängung des »Großen Banns« in Zweibrücken 1722. — BllpfKG 30 (1963) 123-126

Die Rechte und Verbindlichkeiten der Israeliten in der Pfalz. Ein alphabetisches Repertorium der die Israeliten ... betreffenden Gesetze ... Von einem Justizbeamten des linken Rheinufers. *(Subskriptionsanzeige der Buchhandlung G. Ritter in Zweibrücken in den Israelitischen Annalen 1 (1839) 256; vermutlich nicht erschienen!)*

Recueil de pièces intéressantes sur les deux questions célèbres; savoir, si un Juif converti au Christianisme, lorsque son épouse Juive refuse de le suivre, et si un Juif endurci devenu Baron, peut nommer aux Canonicats d'une Collégiale de sa Baronie. Zweibrücken 1779 *(zitiert nur nach Szajkowski, Franco-Judaica 1962; auch unter dem Titel: Recueil sur les questions célèbres si ...)*

Reinwald, Ignaz: Gustav Aschaffenburg, ein Gelehrter aus Zweibrücken. — Pälzer Feierowend (Beilage zur Rheinpfalz) 18 (1966) Nr. 22, 2

Wilms, Rudolf: Zweibrücken auf alten Postkarten. Zweibrücken 1979 *(Judengasse, Synagoge, Häuser jüd. Bürger)*

Zu den Autoren:

Bernhard H. Gerlach, geb. 1948, Dipl.-Theologe; Oberstudienrat mit den Fächern Deutsch, Philosophie/Ethik, Kath. Religion in Kaiserslautern; Veröffentlichungen und Ausstellungen zur Geschichte der Juden in Kaiserslautern.

Samuel Kamenetzki, geb. 1918 als Staatenloser in der Schweiz, gelernter Holztechniker; lebte 20 Jahre lang in Israel, wohnt seit 1971 in Neustadt a.d. Weinstraße.

Helga Karch, geb. 1956, wohnt in Mannheim, Dokumentationsredakteurin beim SWF (Landesstudio Rheinland-Pfalz); Arbeiten zur pfälzischen Geschichte.

Wilhelm Kreutz, Dr. phil., geb. 1950, Wissenschaftlicher Assistent am Seminar für Neuere Geschichte der Universität Mannheim; Hauptarbeitsgebiete: Bayern in der Reaktionszeit; Ulrich von Hutten; Deutschland und die Französische Revolution; historischer Film; pfälzische Geschichte des 19. Jahrhunderts.

Alfred H. Kuby, geb. 1923, Pfarrer i.R., Edenkoben, zahlreiche Veröffentlichungen zur pfälzischen Kirchen- und Bevölkerungsgeschichte.

Bernhard Kukatzki, geb. 1960, studiert Politische Wissenschaft und Mittlere und Neue Geschichte an der Universität Heidelberg sowie an der Hochschule für jüdische Studien Heidelberg. Veröffentlichungen zu Dorfsynagogen und zur pfälzisch-jüdischen Geschichte.

Günther List, geb. 1940, promovierter Historiker, wohnt in Gleiszellen an der Pfälzer Weinstraße, ist in Weinbau und Weinhandel tätig; arbeitet gegenwärtig vor allem über Minderheitenprobleme und ist beteiligt am Aufbau einer Sinti-Geschichtswerkstatt.

Roland Paul, geb. 1951, Historiker und Volkskundler, wissenschaftlicher Mitarbeiter am Institut für pfälzische Geschichte und Volkskunde. Hauptarbeitsgebiete: Pfälz. Volkskunde; Auswanderung aus der Pfalz. Dazu zahlreiche Publikationen.

Hans L. Reichrath, geb. 1926, Vorsitzender Richter am Landgericht Zweibrücken. Seit 30 Jahren aktiv im christlich-jüdischen Gespräch, zahlreiche Aufsätze zu dieser Thematik. Mitarbeiter des Arbeitskreises Kirche und Judentum der Prot. Landeskirche und Mitglied der Schweizer Stiftung Kirche und Judentum.

Volker Rödel, Dr. phil., geb. 1945, Oberarchivrat. Hat Geschichte und Kunstgeschichte studiert und ist, nach längerer Tätigkeit am Landesarchiv Speyer, seit August 1988 Leiter des Staatsarchivs Wertheim. Zahlreiche Publikationen zur Historischen Landeskunde, Rechtsgeschichte, Medizingeschichte, Kirchengeschichte, Zeitgeschichte und Archivkunde.

Georg Schuhmacher, geb. 1961 in Ludwigshafen; Wirtschaftspädagogikstudium in Mannheim (Thema der Diplomarbeit:»Die Emanzipation der pfälzischen Juden in der ersten Hälfte des 19. Jahrhunderts«).

Alfred Sitzmann, geb. 1920, Realschulkonrektor i.R., Schulbuchautor (Geschichte/Sozialkunde), wohnt in Neustadt an der Weinstraße.

Hannes Ziegler, Dr. phil., geb. 1953, Studienrat in Ludwigshafen; Arbeitsschwerpunkt Landesgeschichte.

Juden
wurden gedemütigt, verfolgt, vernichtet —
wegen ihrer Rassenzugehörigkeit.

Nicht nur früher
— auch heute werden tausende von
Menschen in vielen Ländern erniedrigt,
gefoltert und getötet —
wegen ihrer Rassenzugehörigkeit,
wegen ihrer Religion,
wegen ihrer Hautfarbe,
wegen ihres Geschlechts,
wegen ihrer Sprache und
wegen ihrer polltischen Überzeugung.

amnesty international,
eine weltweit tätige internationale
Menschenrechtsorganisation, Trägerin
des Friedens-Nobelpreises, hilft den
Unterdrückten.

Helfen Sie amnesty international!

Kontaktadresse: Heiko Müller, Sauterstr. 174
6730 Neustadt/Weinstraße
Tel.: 06321-82122
Spendenkonto: **BKD Duisburg (BLZ 350601 90)**
Konto-Nr.: 30000-1044